Aymo Brunetti

Volkswirtschaftslehre

Lehrmittel für die Sekundarstufe II und die Weiterbildung

der bildungsverlag

Aymo Brunetti
Volkswirtschaftslehre
Lehrmittel für die Sekundarstufe II
und die Weiterbildung
ISBN Print: 978-3-0355-0526-9
ISBN eLehrmittel: 978-3-0355-0601-3
ISBN Print inkl. eLehrmittel: 978-3-0355-0656-3

Bibliografische Information der Deutschen Nationalbibliothek:
Die Deutsche Nationalbibliothek verzeichnet diese Publikation
in der Deutschen Nationalbibliografie; detaillierte bibliografische
Daten sind im Internet unter http://dnb.dnb.de abrufbar.

8. Auflage 2016
Alle Rechte vorbehalten
© 2016 hep verlag ag, Bern

www.hep-verlag.ch

Zusatzmaterialien und -angebote zu diesem Buch:
http://mehr.hep-verlag.ch/vwl-sek2

Volkswirtschaftslehre

Vorwort

Die Volkswirtschaftslehre ist ein vielfältiges Gebiet. Wie kaum ein anderes Schulfach befasst sie sich einerseits mit «grossen» Themen, welche oft die Schlagzeilen beherrschen. Gleichzeitig interessiert sie sich andererseits aber auch für die Entscheide einzelner Menschen. Entsprechend breit sind auch die Fragestellungen: Warum wächst der Lebensstandard in China so rasant an? Lohnt sich für mich eine Weiterbildung? Wieso ist die Arbeitslosigkeit in der Schweiz relativ tief? Welche Rolle spielten die Banken in der Finanz- und Wirtschaftskrise? Wie wirken sich hohe Erdölpreise auf Wirtschaftslage und Umwelt aus? Für die Beantwortung derartiger Fragen bietet die Volkswirtschaftslehre sehr machtvolle Instrumente. Schon wenn man ein paar wenige Konzepte verstanden hat, kann man zu solch unterschiedlichen Themen kompetent mitdiskutieren. Kurz, und gleich schon in der Fachsprache ausgedrückt: Die Grundzüge der Volkswirtschaftslehre zu lernen, ist eine lohnende Investition.

In meiner langjährigen Unterrichtstätigkeit bestätigte sich eines immer wieder: Vermittelt man das Thema anhand von wenigen Konzepten und – vor allem – mit konkreten Anwendungen auf die Schweizer Realität, so kann man nachhaltig Interesse wecken. Auf Basis dieser Erfahrungen publizierte ich 2006 das Lehrbuch «Volkswirtschaftslehre: Eine Einführung für die Schweiz». Zielpublikum dieses Buches sind vor allem Einsteigerinnen und Einsteiger auf der Stufe Universität oder Fachhochschule sowie das interessierte Publikum. Ich erhielt dafür ermutigende Rückmeldungen verschiedener Lehrpersonen an Mittelschulen, die mir sagten, sie würden das Buch an sich gerne einsetzen, es sei aber für den Unterricht auf ihrer Stufe inhaltlich zu umfassend und in einigen Teilen etwas zu anspruchsvoll. Dies verdeutlichte mir, dass für zahlreiche Lernende heute der erste Kontakt mit der Volkswirtschaftslehre in der Mittelschule erfolgt und nicht – wie das noch zu meiner Schulzeit der Fall war – an der Universität oder in Weiterbildungskursen. Erfreulicherweise werden in den meisten Schulen heute volkswirtschaftliche Themen behandelt. Dies motivierte mich dazu, 2008 die erste Auflage des vorliegenden Lehrmittels zu publizieren, eine deutlich gekürzte, den Leistungszielen einer typischen Schweizer Mittelschule angepasste Version des ausführlicheren Lehrbuchs.

Ich möchte allen herzlich danken, die bei der Erarbeitung dieses Lehrmittels eine wichtige Rolle gespielt haben. Vonseiten des Verlags war Beatrice Sager auch bei diesem Buch eine ausgesprochen kompetente und engagierte Projektleiterin. Effizient unterstützt wurde sie dabei von Damian Künzi. Er hat mit zahlreichen substanziellen Kommentaren und Beiträgen sowie mit durchdachten Vorschlägen massgeblich geholfen, das Lehrmittel und seine Begleitmaterialien spürbar zu verbessern. Sehr wertvolle Rückmeldungen erhielt ich von den drei Lehrpersonen, die sich freundlicherweise bereit erklärten, das Projekt als Evaluatoren zu begleiten. Neben Marcel Bühler, dem Autor des Übungsbuches, waren dies Marco Caluori, Wirtschaftslehrer am Gymnasium Kirchenfeld (Bern), und Christian Seewer, Vorsteher der Berufsmaturitätsschule der Gewerblich-Industriellen Berufsschule in Bern. Ihre ausgezeichneten, von der Unterrichtspraxis geprägten Kommentare haben viel dazu beigetragen, den Text noch spezifischer auf das Zielpublikum auszurichten. Wichtige Hinweise erhielt ich auch von meinem ehemaligen Studienkollegen Peter Gees, heute Wirtschaftslehrer am Gymnasium Münchenstein.

Anpassungen in der 8. Auflage

Um möglichst aktuell zu sein, wird dieses Lehrmittel jedes Jahr neu aufgelegt. Nach der grossen Überarbeitung für die 7. Auflage wurde in der vorliegenden 8. Auflage nur wenig geändert. Die Anpassungen beschränkten sich darauf, die Daten zu aktualisieren und die neusten wirtschaftspolitischen Entwicklungen zu berücksichtigen.

Für die grosse Unterstützung, auch bei dieser Neuauflage, möchte ich insbesondere dem Projektleiter beim Verlag, Lukas Meier, herzlich danken. Ein grosser Dank gebührt zudem Daniel Steffen für die Datenrecherche.

Zum Inhalt und zu den Zusatzmaterialien

Zu Beginn fragen wir uns, anhand welcher Daten man den wirtschaftlichen Zustand eines Landes beurteilen kann (Kapitel 1), und stellen dann die wichtigsten Konzepte der Volkswirtschaftslehre vor, die in den folgenden Kapiteln verwendet werden (Kapitel 2). Anschliessend diskutieren wir, wie eine Marktwirtschaft funktioniert, und zeigen die Rolle staatlicher Regulierungen und der Wirtschaftspolitik auf; ausführlich beleuchten wir dabei die Wettbewerbspolitik und die Umweltpolitik (Kapitel 3). Die nächsten fünf Kapitel sind entlang der wichtigsten gesamtwirtschaftlichen Ziele aufgebaut. Wir beginnen mit dem Ziel des wirtschaftlichen Wohlstands und damit der Erklärung von Wachstum und Konjunktur (Kapitel 4). Dann wenden wir uns dem Ziel einer hohen Beschäftigung zu und behandeln die Hintergründe der Arbeitslosigkeit (Kapitel 5). Anschliessend diskutieren wir das Ziel der Preisstabilität und lernen die Rolle des Geldes kennen (Kapitel 6). Dann wenden wir uns dem Ziel der Finanzstabilität zu und besprechen die besondere Rolle der Banken (Kapitel 7). Abschliessend befassen wir uns mit dem Ziel einer nachhaltigen Staatsfinanzierung und behandeln dabei Steuern, staatliche Verschuldung sowie die Sozialpolitik (Kapitel 8). Zuletzt beleuchten wir die internationale Dimension der Volkswirtschaftslehre und befassen uns mit der Aussenwirtschaft und der globalen Arbeitsteilung (Kapitel 9). In allen Kapiteln steht die Anwendung der erlernten Begriffe und Konzepte auf die Schweizer Volkswirtschaft im Zentrum.

Das Lehrmittel ist mit Elementen angereichert, die das Lernen und den Einsatz im Schulunterricht vereinfachen sollen. So beginnen alle Kapitel mit einer Liste konkreter Lernziele. Sie schliessen jeweils mit einer Zusammenfassung, die Punkt für Punkt diesen Lernzielen folgt, und Repetitionsfragen. Die Antworten zu diesen Fragen finden sich auf der Website des Werkes. Zahlreiche Boxen vertiefen interessante Aspekte und immer wieder sind zusammenfassende Übersichtsgrafiken eingestreut. Gezielt ausgewählte Fotos und Karikaturen lockern den Text auf.

Verschiedene Zusatzmaterialien unterstützen den Einsatz des Lehrmittels im Unterricht. So gibt es für das vorliegende Buch einen reichhaltigen Übungsband von Marcel Bühler, ehemaliger Wirtschaftslehrer am Bildungszentrum für Wirtschaft in Weinfelden. Dazu ist auch ein separat publiziertes Lösungsbuch erhältlich. Für die

Volkswirtschaftslehre

Lehrpersonen stehen zudem Powerpoint-Präsentationen aller Kapitel zur Verfügung. Interessierten Lehrkräften empfehle ich ferner mein Volkswirtschaftslehrbuch für die Universitäten und Fachhochschulen, in dem die meisten Gebiete ausführlicher behandelt sind, das aber auch Themen enthält, die hier bewusst ausgelassen wurden.

Internet-Vertiefung
hep-verlag.ch/vwl-plus

Darüber hinaus stehen seit 2015 unter dem Namen «VWL plus» elf Vertiefungen (inklusive Übungen) zu diesem Buch zur Verfügung, die auf der Website des hep verlags kostenlos heruntergeladen werden können. Diese von Fabio Canetg und Daniel Steffen verfassten Vertiefungen erläutern wichtige Themen des Buches in einer noch detaillierteren und leicht anspruchsvolleren Form und eignen sich insbesondere für spezialisierte Kurse (z.B. in Gymnasien mit Vertiefungsfach VWL). Das in der Randspalte stehende Symbol verweist im Lehrbuch jeweils auf diese Vertiefungen.

Es liegt mir viel daran, dass dieses Lehrmittel ein wirklich hilfreiches Instrument für den Schulunterricht darstellt; dies war ja für mich die Motivation, überhaupt erst eine Version für die Sekundarstufe II und die Weiterbildung zu verfassen. Gerne würde ich mit interessierten Lehrerinnen und Lehrern auch weiterhin einen Dialog führen, wie sich der Text und seine Zusatzmaterialien verbessern lassen. Ich bin deshalb ausgesprochen dankbar für jede Art von Rückmeldung.

Volkswirtschaftslehre

Inhaltsübersicht

1	Womit befasst sich die Volkswirtschaftslehre?	13
2	Einzelentscheidungen, Märkte und Gesamtwirtschaft	33
3	Die Marktwirtschaft und die Rolle des Staates	59
4	Wachstum und Konjunktur	95
5	Beschäftigung und Arbeitslosigkeit	139
6	Geld und Preisstabilität	163
7	Banken und Finanzstabilität	193
8	Staatsfinanzen	211
9	Internationale Arbeitsteilung	241
	Glossar und Stichwortverzeichnis	277

Inhaltsverzeichnis

1	**Womit befasst sich die Volkswirtschaftslehre?**	**13**
1.1	Wie beurteilt man die wirtschaftliche Situation eines Landes?	16
1.2	Die Schweizer Volkswirtschaft als Fallbeispiel	17
	1.2.1 Wohlstand: Reiche, aber nicht sehr dynamische Schweiz	18
	1.2.2 Beschäftigung: Tiefe Schweizer Arbeitslosigkeit	20
	1.2.3 Preisstabilität: Stabiles Schweizer Preisniveau	22
	1.2.4 Finanzstabilität: Seltene Bankenkrisen in der Schweiz	23
	1.2.5 Staatsverschuldung: Moderate Schweizer Staatsschulden	25
1.3	Was wird in der Volkswirtschaftslehre analysiert?	26
2	**Einzelentscheidungen, Märkte und Gesamtwirtschaft**	**33**
2.1	Entscheide in Knappheitssituationen	36
	Box: Der Kobra-Effekt oder die zentrale Bedeutung von Anreizen	38
2.2	Die Nachfrage	39
	2.2.1 Bedürfnisse und Konsumentenverhalten	39
	Box: Das Gesetz des abnehmenden Grenznutzens	39
	Box: Die Bedürfnispyramide	40
	2.2.2 Die Nachfragekurve	41
	2.2.3 Verschiebung der Nachfragekurve	42
2.3	Das Angebot	44
	2.3.1 Die Angebotskurve	44
	2.3.2 Verschiebung der Angebotskurve	45
2.4	Der Markt	47
	2.4.1 Das Marktgleichgewicht	48
	2.4.2 Veränderungen des Marktgleichgewichts	49
	Box: Vollständige Konkurrenz	49
	2.4.3 Die Elastizität	50
2.5	Der Wirtschaftskreislauf	52
	2.5.1 Der einfache Wirtschaftskreislauf	52
	2.5.2 Der erweiterte Wirtschaftskreislauf	53
3	**Die Marktwirtschaft und die Rolle des Staates**	**59**
3.1	Wirtschaftsordnungen: Marktwirtschaft oder Planwirtschaft?	62
	Box: Der Homo oeconomicus oder die Rolle der Eigeninteressen	63
3.2	Die zentrale Rolle der Preise	64
	Box: Adam Smith	65
	Box: Die Messung der Effizienz: Konsumenten- und Produzentenrenten	67
3.3	Was der Staat zum Funktionieren einer Marktwirtschaft beiträgt	69
	3.3.1 Garantie der Eigentums- und Vertragsrechte	69
	3.3.2 Effiziente Regulierungen	70

Volkswirtschaftslehre

3.3.3 Korrektur von Marktversagen	70
Box: Arten von Gütern	73

3.4 Wirtschaftspolitik — 74
- 3.4.1 Die Zielgrössen der Wirtschaftspolitik — 74
- 3.4.2 Magische Vielecke der Wirtschaftspolitik — 74

3.5 Staatsversagen: Die politische Ökonomie — 76
- 3.5.1 Anreize für Politik und Verwaltung — 76
- 3.5.2 Interessengruppen und das Streben nach politisch geschaffenen Vorteilen — 77

3.6 Korrektur von Marktversagen I: Die Wettbewerbspolitik — 78
- 3.6.1 Volkswirtschaftliche Kosten von Monopolen — 78
- 3.6.2 Marktzutrittsschranken und die Wettbewerbspolitik — 80
- 3.6.3 Schweizer Wettbewerbspolitik — 81
- Box: Hochpreisinsel Schweiz — 82

3.7 Korrektur von Marktversagen II: Die Umweltpolitik — 84
- 3.7.1 Volkswirtschaftliche Kosten externer Effekte — 84
- 3.7.2 Ansätze der Umweltpolitik — 85
- 3.7.3 Schweizer Umweltpolitik — 87
- 3.7.4 Internationale Umweltpolitik: Das Kyoto-Protokoll — 89

4 Wachstum und Konjunktur — 95

4.1 Die Messung des wirtschaftlichen Wohlstands — 98
- 4.1.1 Das Bruttoinlandprodukt (BIP) als international vergleichbares Mass — 98
- Box: Wohlstand oder Wohlfahrt? — 98
- 4.1.2 Die Berechnung des Bruttoinlandproduktes — 99
- Box: Ist das BIP ein geeignetes Mass zur Beurteilung des Wohlstands? — 101
- 4.1.3 Das BIP der Schweiz — 102
- Box: Messung der Verteilung — 103

4.2 Die Analyse von Wachstum und Konjunktur — 104
- 4.2.1 Angebot und Nachfrage in der Makroökonomie — 104
- 4.2.2 Ein einfaches makroökonomisches Konzept — 105

4.3 Wachstum: Der langfristige Trend — 107
- 4.3.1 Die Bedeutung des Trendwachstums — 107
- 4.3.2 Produktionsfaktoren und die Quellen des Wachstums — 108
- 4.3.3 Die entscheidende Rolle des technischen Fortschritts — 111
- Box: Nachhaltiges Wachstum — 112
- 4.3.4 Strukturwandel — 112

4.4 Wachstumspolitik — 114
- Box: Die Wachstumschancen von Entwicklungsländern — 116

4.5 Konjunktur: Die kurzfristigen Schwankungen — 117
- 4.5.1 Was ist ein Konjunkturzyklus? — 117
- 4.5.2 Ursachen von Konjunkturzyklen — 118
- 4.5.3 Konjunkturbeobachtung und Konjunkturprognose — 120

Volkswirtschaftslehre

4.6 Konjunkturpolitik — 122
- 4.6.1 Antizyklische Konjunkturpolitik — 122
  - Box: John Maynard Keynes — 124
- 4.6.2 Probleme der antizyklischen Konjunkturpolitik — 126
  - Box: Nachfrage- versus Angebotsökonomie — 127
- 4.6.3 Automatische Stabilisatoren — 128

4.7 Schweizer Wachstums- und Konjunkturpolitik — 129
- 4.7.1 Schweizer Wachstumspolitik — 129
- 4.7.2 Schweizer Konjunkturpolitik — 131
  - Box: Die Schweizer Konjunkturpolitik in der Finanz- und Wirtschaftskrise — 133

5 Beschäftigung und Arbeitslosigkeit — 139

5.1 Die Messung der Arbeitsmarktsituation — 142
- Box: Unterschiedliche Ansätze zur Messung der Arbeitslosenquote — 143

5.2 Formen der Arbeitslosigkeit — 144

5.3 Konjunkturelle Arbeitslosigkeit — 147

5.4 Strukturelle Arbeitslosigkeit — 148
- Box: Geht uns die Arbeit aus? — 149

5.5 Hintergründe der strukturellen Arbeitslosigkeit — 151
- 5.5.1 Regulierungen des Arbeitsmarktes — 152
  - Box: Produktivität und Löhne — 153
- 5.5.2 Aus- und Weiterbildung — 154

5.6 Schweizer Arbeitsmarktpolitik — 155
- 5.6.1 Regulierung des Schweizer Arbeitsmarktes — 155
- 5.6.2 Berufslehre und Jugendarbeitslosigkeit — 156
- 5.6.3 Die Arbeitslosenversicherung — 157

6 Geld und Preisstabilität — 163

6.1 Die Messung der Preisstabilität — 166
- Box: Warum sind die Krankenkassenprämien im Landesindex der Konsumentenpreise (LIK) nicht enthalten? — 167

6.2 Was ist Geld? — 168
- 6.2.1 Wozu ist Geld notwendig? — 168
- 6.2.2 Geldmengen — 169

6.3 Die Entstehung von Geld — 171
- 6.3.1 Wie bringt die Zentralbank Geld in Umlauf? — 171
  - Box: Was bedeutet die Aussage «Die Zentralbank senkt die Zinsen»? — 173
- 6.3.2 Der Geldschöpfungsmultiplikator — 173

6.4 Der Zusammenhang zwischen Geld und Inflation — 174
- Box: Inflation im einfachen Makro-Schema — 175

6.5 Wieso sind Inflation und Deflation schädlich? — 176
- 6.5.1 Kosten der Inflation — 176
- 6.5.2 Kosten der Inflationsbekämpfung — 179
- 6.5.3 Kosten der Deflation — 180

6.6 Geldpolitische Strategien — 182
- 6.6.1 Orientierung am Wechselkurs — 182
- 6.6.2 Orientierung an der Geldmenge — 183
- 6.6.3 Orientierung an der Inflation — 184

6.7 Schweizer Geldpolitik — 185
- 6.7.1 Die Schweizerische Nationalbank (SNB) — 185
- 6.7.2 Das geldpolitische Konzept der SNB — 185
- 6.7.3 Umsetzung der Geldpolitik über Repo-Geschäfte — 188

7 Banken und Finanzstabilität — 193

7.1 Finanzmärkte und Banken — 196

7.2 Die volkswirtschaftliche Rolle von Banken — 197

7.3 Bankenfinanzierung und die wichtigsten Bankgeschäfte — 199
- 7.3.1 Warum sind Banken spezielle Unternehmen? — 199
- 7.3.2 Die Kreditvergabe — 200
- 7.3.3 Andere Bankgeschäfte — 201

7.4 Die Risiken des Bankgeschäfts — 202

7.5 Bankenregulierung — 204
- 7.5.1 Mikroprudentielle Vorschriften — 204
- 7.5.2 Makroprudentielle Vorschriften — 204
- 7.5.3 Bankenregulierung in der Schweiz — 205

8 Staatsfinanzen — 211

8.1 Die Messung der Staatsfinanzen — 214
- 8.1.1 Wichtigste Grössen und ihre Zusammenhänge — 214
- 8.1.2 Anwendung am Beispiel der Schweiz — 215
  - Box: Der ausgeprägte Schweizer Finanzföderalismus — 217

8.2 Steuern — 217
- 8.2.1 Formen von Staatseinnahmen — 217
  - Box: Die Inflationssteuer — 219
- 8.2.2 Kosten der Besteuerung und die Rolle der Elastizität — 220
- 8.2.3 Wer bezahlt die Steuern? — 221
  - Box: Wer zahlt eine «Luxussteuer»? — 222

8.3 Defizite und Staatsverschuldung — 223
- 8.3.1 Effekte der Staatsverschuldung im Inland und im Ausland — 223
- 8.3.2 Vor- und Nachteile der Staatsverschuldung — 224

8.4 Schweizer Staatsfinanzen — 226
- 8.4.1 Die wichtigsten Schweizer Steuern — 226
- 8.4.2 Übersicht zu den Schweizer Staatsfinanzen — 227
- 8.4.3 Die Schuldenbremse — 228

Volkswirtschaftslehre

8.5	**Schweizer Sozialpolitik**	**230**
	8.5.1 Verteilung versus Effizienz	230
	8.5.2 Formen der Umverteilung	230
	8.5.3 Die drei Säulen der Schweizer Altersvorsorge	232
	8.5.4 Die demografische Herausforderung für die AHV	233
	Box: Die Demografie in der 2. Säule	234

9	**Internationale Arbeitsteilung**	**241**
9.1	**Die Messung der internationalen Verflechtung**	**244**
9.2	**Globalisierung**	**246**
9.3	**Spezialisierung und komparative Vorteile**	**248**
	9.3.1 Spezialisierung und Marktgrösse	248
	9.3.2 Das Prinzip des komparativen Vorteils	249
9.4	**Wechselkurse**	**251**
	9.4.1 Wechselkurs und Geldpolitik	251
	9.4.2 Flexible und feste Wechselkurse	252
	Box: Euro-Untergrenze	252
9.5	**Protektionismus und Handelsliberalisierung**	**253**
	9.5.1 Formen des Protektionismus	254
	9.5.2 Warum gibt es Protektionismus?	255
	9.5.3 Formen der Handelsliberalisierung	257
	9.5.4 Die WTO	258
9.6	**Regionale Handelsabkommen (Integration)**	**259**
	9.6.1 Wohlfahrtseffekte von Integrationsräumen	259
	9.6.2 Formen von regionalen Abkommen	260
	9.6.3 Die Europäische Union	263
	Box: Ursachen der Euro-Krise	266
9.7	**Schweizer Aussenwirtschaftspolitik**	**268**
	9.7.1 Stark international ausgerichtete Schweiz	268
	9.7.2 Grundpfeiler der Schweizer Aussenwirtschaftspolitik	269
	9.7.3 Schweizer Integrationspolitik	271

Glossar	**277**
Stichwortverzeichnis	**285**
Bildnachweis	**288**

Womit befasst sich die Volkswirtschaftslehre?

1

«Die erste Lektion der Volkswirtschaftslehre ist die Knappheit: Es gibt nie genug, um alle Wünsche aller zu befriedigen. Die erste Lektion der Politik ist, die erste Lektion der Volkswirtschaftslehre nicht zu beachten.»

Thomas SOWELL, amerikanischer Ökonom und Publizist (*1930)

1.1	Wie beurteilt man die wirtschaftliche Situation eines Landes?	16
1.2	Die Schweizer Volkswirtschaft als Fallbeispiel	17
1.3	Was wird in der Volkswirtschaftslehre analysiert?	26

LERNZIELE

Nachdem Sie dieses Kapitel gelesen haben, sollten Sie in der Lage sein,

1. die fünf wichtigsten Grössen zu nennen, an denen sich der wirtschaftliche Erfolg eines Landes messen lässt;
2. die wirtschaftliche Situation der Schweiz im internationalen Vergleich zu beschreiben;
3. zu erklären, mit welchen drei grundlegenden Themen sich die Volkswirtschaftslehre befasst.

Womit befasst sich die Volkswirtschaftslehre?

Die Volkswirtschaftslehre befasst sich ohne Zweifel mit ausserordentlich bedeutsamen Fragen. Die Wirtschaftslage zählt in Umfragen regelmässig zu den Themen, welche die Menschen besonders stark beschäftigen. Und Wahlen entscheiden sich oft an volkswirtschaftlichen Grössen wie der Entwicklung der Arbeitslosigkeit oder der Konjunktur. Nicht erst seit dem Ausbruch der weltweiten Finanz- und Wirtschaftskrise kann man kaum eine Zeitung aufschlagen, ohne direkt mit volkswirtschaftlichen Fragen konfrontiert zu werden.

In diesem Kapitel geht es in einem ersten Schritt darum, diese zentralen Themen kennenzulernen, mit denen sich die Volkswirtschaftslehre befasst. Wichtig dabei ist, dass sich der wirtschaftliche Zustand eines Landes anhand einiger weniger Kenngrössen beurteilen lässt. Um dies aufzuzeigen, werden wir die Schweizer Volkswirtschaft anhand von Daten zu diesen Kenngrössen mit anderen Ländern vergleichen.

Das Kapitel ist wie folgt aufgebaut:

1.1 zeigt, anhand welcher Grössen der wirtschaftliche Erfolg eines Landes messbar ist.
1.2 beschreibt die wirtschaftliche Entwicklung der Schweiz im internationalen Vergleich.
1.3 diskutiert die Untersuchungsgegenstände der Volkswirtschaftslehre und verdeutlicht, worum es bei der Mikroökonomie und der Makroökonomie geht.

1.1 Wie beurteilt man die wirtschaftliche Situation eines Landes?

Nehmen wir an, Sie hätten den wirtschaftlichen Zustand eines Landes anhand einiger weniger Informationen zu beurteilen. Sie müssten also etwas enorm Komplexes – die Situation einer Gemeinschaft von Millionen Menschen – auf ein paar wenige Daten verdichten. Dazu müssten Sie vor allem definieren, was den wirtschaftlichen Erfolg eines Landes ausmacht. Abzuschätzen wäre dieser anhand allgemein akzeptierter, klar definierter und messbarer Kriterien.

Geht man von Einzelnen aus, so sind es vor allem zwei Gegebenheiten, die das wirtschaftliche Wohlbefinden prägen: der Wohlstand und die Beschäftigungssituation. Einerseits wird die Lage dann positiv beurteilt, wenn der oder die Einzelne sich möglichst viele und qualitativ hochstehende Güter leisten kann und wenn diese Möglichkeit sich über die Zeit verbessert. Damit sind Höhe und Wachstum des Einkommens von Bedeutung. Andererseits ist es entscheidend, überhaupt ein Einkommen zu erzielen, als Arbeitswillige oder Arbeitswilliger also tatsächlich eine Stelle zu finden. Betrachten wir daher eine Volkswirtschaft als Ganzes, so sind der durchschnittliche Wohlstand und die Beschäftigungssituation entscheidend für die Beurteilung ihres Erfolgs. Diese beiden Ziele haben den Vorteil, dass sie völlig unbestritten sind, würde doch kaum jemand ein tieferes Einkommen und eine höhere Arbeitslosigkeit als positiv beurteilen. Wie bedeutend die beiden Kriterien sind, lässt sich an einem bekannten Beispiel zeigen: Der Ausgang der amerikanischen Präsidentschaftswahl lässt sich mit zwei Informationen praktisch sicher prognostizieren: mit dem Wirtschaftswachstum und der Arbeitslosigkeit im Wahljahr. Entwickeln sich diese beiden Grössen in die gewünschte Richtung, so kann der Präsident bzw. der Nachfolgekandidat seiner Partei so gut wie sicher damit rechnen, gewählt zu werden.

Doch es gibt noch drei weitere Faktoren, welche für die Beurteilung des wirtschaftlichen Erfolges eines Landes von Bedeutung sind: die Preistabilität, die Stabilität des Finanzsektors und der Zustand der öffentlichen Finanzen. In normalen Zeiten sind diese drei Faktoren sicher weniger wichtig als Wohlstand und Beschäftigung. Laufen sie aber aus dem Ruder, dann erhalten sie rasch grosse Bedeutung. Ist die Preistabilität nicht gewährleistet, wird die Wirtschaftstätigkeit eines Landes empfindlich gestört. Besonders drastisch sind die Auswirkungen einer Hyperinflation, also einer galoppierenden Geldentwertung; gerät ein Land in diese Situation, so wird die Wiedererlangung der Preistabilität sofort zum dominanten wirtschaftspolitischen Ziel. Wie uns die Finanz- und Wirtschaftskrise vor Augen geführt hat, sind die Auswirkungen von schweren Bankenkrisen und damit die Gefährdung der Finanzstabilität ebenfalls mit sehr hohen Kosten verbunden. Ähnlich drastisch wirkt sich eine Zerrüttung der Staatsfinanzen aus, dann nämlich wenn ein Staat über Jahre Defizite erwirtschaftet und sich dadurch die Staatsverschuldung – und damit die Kosten ihrer Finanzierung – stark erhöhen. Die dramatische Situation Griechenlands seit Frühjahr 2010 veranschaulicht sehr deutlich die Kosten zerrütteter Staatsfinanzen. Die wirtschaftliche Situation eines Landes lässt sich also anhand von fünf recht gut beobachtbaren Grössen abschätzen:

Womit befasst sich die Volkswirtschaftslehre?

→ **Wohlstand**
Materieller Lebensstandard in einer Volkswirtschaft.

→ **Beschäftigung**
Anteil der Personen im erwerbsfähigen Alter, die einer bezahlten Arbeit nachgehen.

→ **Preisstabilität**
Situation, in der die Preise aller Güter weder übermässig steigen (Inflation) noch fallen (Deflation).

→ **Finanzstabilität**
Situation, in der die Finanzmärkte und die Banken ihre Funktionen problemlos erfüllen können.

→ **Staatsverschuldung**
Alle Schulden der öffentlichen Haushalte.

- *Wohlstand,*
- *Beschäftigung,*
- *Preisstabilität,*
- *Finanzstabilität,*
- *Staatsverschuldung.*

Dabei sind in allen fünf Fällen nicht nur der momentane Zustand, sondern auch die zeitliche Entwicklung von Bedeutung, beim Wohlstand also etwa das Wirtschaftswachstum.

In der Folge werden wir uns vertieft mit diesen fünf Themen auseinandersetzen. Jedem ist dabei ein eigenes Kapitel gewidmet. Kapitel 4 befasst sich mit dem Wohlstand, Kapitel 5 mit der Beschäftigung, Kapitel 6 mit der Preisstabilität, Kapitel 7 mit der Finanzstabilität und Kapitel 8 mit der Staatsverschuldung. Wir werden dabei auch deutliche Zusammenhänge zwischen der Entwicklung dieser Grössen sehen: Wirtschaftlich gesunde Länder sind meist in allen fünf Bereichen erfolgreich.

1.2 Die Schweizer Volkswirtschaft als Fallbeispiel

Um das Ganze etwas konkreter zu machen, wollen wir zum Einstieg an einem Beispiel illustrieren, wie sich die wirtschaftliche Situation eines Landes anhand der genannten fünf Kriterien beurteilen lässt. Dazu betrachten wir die längerfristige Entwicklung der Schweizer Volkswirtschaft und vergleichen sie mit der anderer Länder. Wir werden dabei nicht alles im Detail erklären, sondern eine illustrative Übersicht – einen ersten Einstieg also – zu den Themen geben, die uns in den folgenden Kapiteln vertieft beschäftigen werden. Alle Begriffe und Konzepte, die wir hier nur anschneiden, werden später genauer definiert und erläutert.

Wir beleuchten in den folgenden Abschnitten immer zuerst die Situation in der Schweiz und stellen sie dann der Lage in drei Vergleichsländern – Deutschland, Österreich und den USA – gegenüber.

1.2.1 Wohlstand: Reiche, aber nicht sehr dynamische Schweiz

Als Erstes betrachten wir den wirtschaftlichen Wohlstand der Schweiz und seine Entwicklung über die Zeit. Man misst dies mit dem sogenannten *Bruttoinlandprodukt* (BIP) pro Kopf der Bevölkerung. Diese Grösse weist aus, wie viele Waren und Dienstleistungen in der Schweiz während einem Jahr pro Einwohner produziert werden.

Die Schweiz galt lange Zeit zu Recht als reichstes Land der Erde. Obwohl in den letzten Jahrzehnten dieser Wohlstandsvorsprung etwas geschmolzen ist, gehört die Schweiz nach wie vor zu den wohlhabendsten Ländern.

Abbildung 1.1 zeigt die langfristige Entwicklung des realen Schweizer Bruttoinlandproduktes (BIP) pro Kopf. Zunächst lässt sich hier zweierlei feststellen: Erstens stieg das Bruttoinlandprodukt während des gesamten 20. Jahrhunderts tendenziell an, und zweitens verlief die Entwicklung nicht gleichmässig, sondern wies bedeutende Schwankungen auf. Wir erkennen hier zwei grundlegende Phänomene der gesamtwirtschaftlichen Entwicklung jeder Volkswirtschaft:

- Das Trendwachstum: Langfristig erhöht sich das Bruttoinlandprodukt stetig.
- Die Konjunkturschwankungen: Kurzfristig verläuft dieses Wachstum ungleichmässig.

Für die Wohlstandsentwicklung eines Landes sind die Konjunkturschwankungen weniger wichtig als das langfristige Trendwachstum. Betrachtet man **Abbildung 1.1**, so scheint es sozusagen ein Naturgesetz zu sein, dass das reale Bruttoinlandprodukt pro Kopf stetig wächst. Tatsache ist aber, dass der Wohlstand bis etwa zu Beginn des 19. Jahrhunderts über Jahrtausende hinweg in der Schweiz und den anderen heutigen Industrieländern kaum gewachsen ist, sondern über sehr lange Zeit praktisch unverändert geblieben war. Erst seit der industriellen Revolution weist das BIP diesen expliziten Trend nach oben auf.

Für die in **Abbildung 1.1** abgetragene Periode von 1901 bis 2015 können wir in der Schweizer Wirtschaftsentwicklung ganz grob drei Phasen unterscheiden:

Während der ersten Phase bis Mitte der 1940er-Jahre beobachten wir ein relativ geringes Wachstum, das sich nach dem Ersten Weltkrieg etwas beschleunigte, bevor es nach dem weltweiten Börsencrash von 1929 zurückging und dann einer längeren Stagnation Platz machte. Der Wachstumstrend verlangsamte sich damals in den meisten Ländern deutlich.

Eine zweite Phase begann nach dem Ende des Zweiten Weltkriegs, Mitte der 1940er-Jahre. Während dieser Zeit beschleunigte sich das Wachstum spürbar: Das Durchschnittswachstum lag viel höher als in der Phase zuvor. Diese Wachstumsphase dauerte bis zum Beginn der 1970er-Jahre.

Die dritte Phase ab Anfang der 1970er-Jahre begann mit einem scharfen Einbruch. Über die ganze Periode betrachtet, handelte es sich nur um einen kurzen Zeitabschnitt, doch in diesen Jahren wurde der BIP-Rückgang als ein einschneidendes Ereignis empfunden. Allgemein lässt sich feststellen, dass Konjunktureinbrüche in einer langfristigen Betrachtung lediglich kleine, von Auge kaum wahrnehmbare Rückgänge eines trendmässig wachsenden BIP darstellen. Während der

→ **Bruttoinlandprodukt (BIP)**
Wert der gesamten Produktion (abzüglich Vorleistungen) von Waren und Dienstleistungen, die während eines Jahres in einem Land hergestellt werden.

Womit befasst sich die Volkswirtschaftslehre?

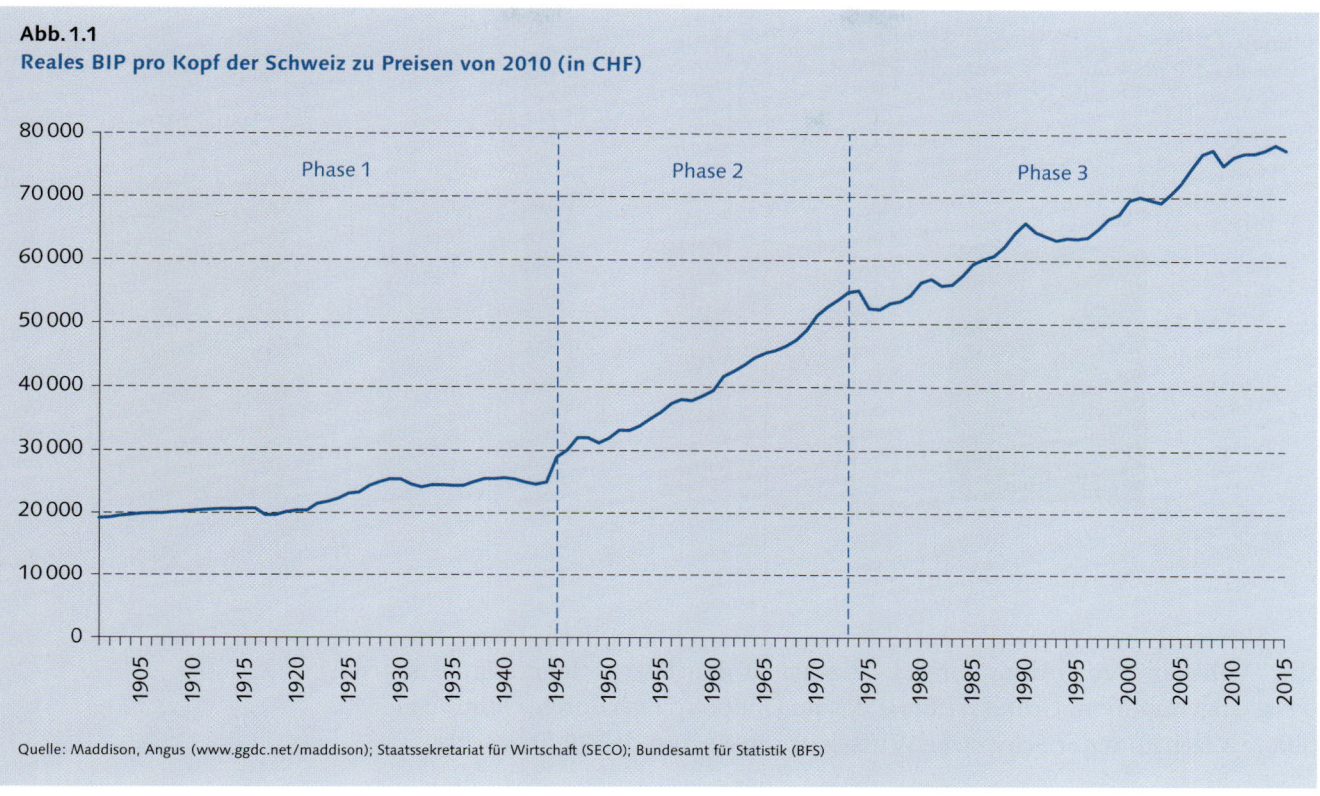

Abb. 1.1
Reales BIP pro Kopf der Schweiz zu Preisen von 2010 (in CHF)

Quelle: Maddison, Angus (www.ggdc.net/maddison); Staatssekretariat für Wirtschaft (SECO); Bundesamt für Statistik (BFS)

Rezessionsphase selbst jedoch beherrscht der temporäre Einbruch die wirtschaftspolitische Debatte. Bis Ende der 1980er-Jahre wuchs die Schweizer Wirtschaft dann nach wie vor, aber von blossem Auge ist erkennbar, dass die Wachstumsrate tiefer lag als in den Nachkriegsjahren. Dieser Rückgang der Wachstumsdynamik verstärkte sich in den 1990er-Jahren, bevor sich dann aber im ersten Jahrzehnt des neuen Jahrtausends das Wachstum erhöhte. Die Effekte der globalen Finanz- und Wirtschaftskrise zeigen sich an der deutlich negativen Wachstumsentwicklung im Jahr 2009.

Wie nimmt sich nun der Schweizer Wohlstand im internationalen Vergleich aus? **Abbildung 1.2** zeigt uns für 2014 das reale Bruttoinlandprodukt pro Kopf der Schweiz im Vergleich zu unseren beiden wichtigsten Handelspartnern (Deutschland und die USA) sowie zu unserem ähnlich grossen Nachbarland Österreich.

Um das tatsächliche Wohlstandsniveau vergleichen zu können, wird das BIP pro Kopf einerseits in eine Währung umgerechnet (US-Dollar) und andererseits kaufkraftbereinigt. Mit der Kaufkraftbereinigung wird berücksichtigt, dass die Preise der Waren und Dienstleistungen in den verschiedenen Ländern unterschiedlich hoch sind. Für die Schweiz mit ihrem hohen Preisniveau bedeutet dies, dass mit dem in Dollar ausgedrückten Einkommen weniger gekauft werden kann als in den anderen Ländern. Mit der Kaufkraftbereinigung ist das Schweizer BIP im internationalen Vergleich tiefer, als wenn wir es einfach in Dollar ausdrücken würden.

Wie **Abbildung 1.2** zeigt, ist die Schweiz auch unter Berücksichtigung der hohen Preise ein reiches Land. Selbst in dieser Gruppe besonders wohlhabender Länder belegt sie einen Spitzenplatz. So weist keines der betrachteten Länder ein höheres kaufkraftbereinigtes BIP pro Kopf auf als die Schweiz.

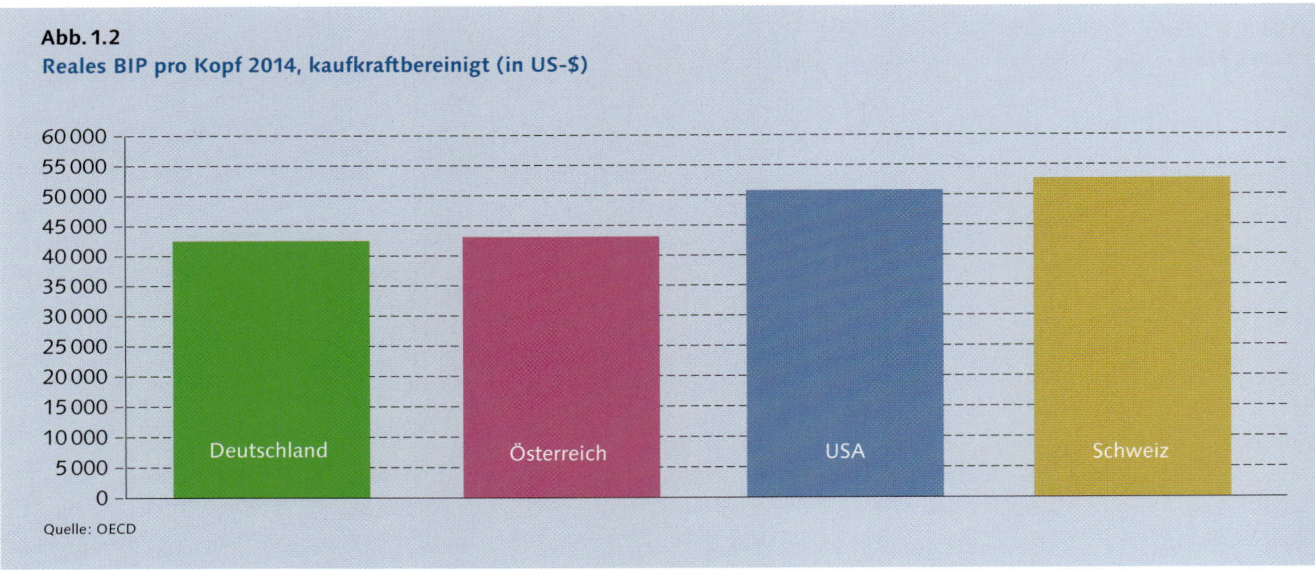

Der Wohlstandsvorsprung der Schweiz hat in den letzten Jahrzehnten schrittweise abgenommen. Grund dafür ist das im Quervergleich durchschnittlich leicht tiefere Wachstum der Schweizer Wirtschaft seit Beginn der 1970er-Jahre.

1.2.2 Beschäftigung: Tiefe Schweizer Arbeitslosigkeit

Das zweite zentrale Kriterium zur Beurteilung der wirtschaftlichen Situation betrifft die Lage auf dem Arbeitsmarkt und hier insbesondere die Entwicklung der Arbeitslosigkeit. Gemessen wird dies mit der sogenannten *Arbeitslosenquote*, die ausweist, welcher Prozentsatz der erwerbswilligen Personen keine Arbeit findet.

→ **Arbeitslosenquote**
Prozentualer Anteil der Arbeitslosen an der Erwerbsbevölkerung.

Auch in Bezug auf die Arbeitslosigkeit war die Schweiz im internationalen Vergleich während langer Zeit ein ausgeprägter Sonderfall im positiven Sinne; und sie ist es weitgehend auch heute noch.

Abbildung 1.3 zeigt, dass die Arbeitslosenquote der Schweiz seit Beginn der 1970er-Jahre einen bemerkenswerten Verlauf nahm. In der Zeit vor den 1990er-Jahren überschritt die Arbeitslosigkeit in der Schweiz kaum je die 1%-Grenze. Eine solche Arbeitslosenquote ist im internationalen Vergleich ungewöhnlich tief. In den meisten Ländern würde man hier von massiver Überbeschäftigung sprechen, ist es doch in einer arbeitsteiligen und dynamischen Wirtschaft normal, dass sich immer ein gewisser Teil der Erwerbsbevölkerung auf Stellensuche befindet.

Zu Beginn der 1990er-Jahre beobachten wir dann aber einen deutlich erkennbaren Bruch. Anders als in der Rezession der 1970er-Jahre wirkte sich der gesamtwirtschaftliche Rückgang diesmal massiv auf die Beschäftigung aus. Innerhalb kurzer Zeit, etwa von 1990 bis 1992, schoss die Arbeitslosenquote in die Höhe, von unter 1% auf beinahe 5%. Dies entspricht einer Verfünffachung – im internationalen Vergleich ein ungewöhnlicher Vorgang. Zwar darf man bei 5% immer noch von einer vergleichsweise moderaten Arbeitslosenquote sprechen. Aufgrund der starken Zunahme empfand die Schweizer Bevölkerung diese Arbeitsmarktverschlechterung jedoch als einschneidendes Ereignis.

Womit befasst sich die Volkswirtschaftslehre?

Die Arbeitslosigkeit verharrte dann bis etwa 1997 auf hohem Niveau. Bemerkenswert ist aber, dass die Arbeitslosigkeit anschliessend wieder stark zurückging. Dazu genügte bereits ein relativ unspektakulärer wirtschaftlicher Aufschwung. Zwischen 1997 und Ende 1999 sank die Arbeitslosenquote von über 5% auf weniger als 2% – was fast ebenso aussergewöhnlich war wie der vorhergehende starke Anstieg. Viele Beobachter hatten der Schweiz Mitte der 1990er-Jahre prophezeit, dass die tiefen Arbeitslosenquoten Sache der Vergangenheit seien und man sich auf «europäische» Quoten von 5% und höher einstellen müsse. Das hat sich mit der Entwicklung von 1997 bis 2000 als falsch erwiesen. Der Schweizer Arbeitsmarkt hat gezeigt, dass er wirksam neue Arbeitsplätze schaffen kann und dass die durchschnittliche Arbeitslosigkeit in der Schweiz nach wie vor relativ tief liegt.

Seit 2001 ist die Arbeitslosigkeit allerdings wieder angestiegen. Sie hat zwar nicht die Rekordwerte der 1990er-Jahre erreicht, hielt sich aber bis Ende 2005 bei knapp 4%, bis sie sich dann im Gefolge der sehr guten Konjunkturentwicklung wieder spürbar zurückbildete. Die Effekte der Finanz- und Wirtschaftskrise sehen wir am deutlichen Anstieg der Arbeitslosigkeit in den Jahren 2009 und 2010.

Abbildung 1.4 zeigt für die bereits angesprochene Ländergruppe, dass die Schweiz im internationalen Vergleich eine ausgesprochen tiefe Arbeitslosenquote aufweist. Die grossen Nachbarländer der Schweiz – hier durch Deutschland vertreten – hatten immer wieder mit hartnäckig hohen Arbeitslosenquoten zu kämpfen. In den letzten Jahren ist die Arbeitslosenquote in Deutschland aber stark zurückgegangen, ebenso in den USA. In Österreich hingegen sind die Arbeitslosenquoten schon seit Langem ähnlich konstant wie in der Schweiz, allerdings auf einem leicht höheren Niveau. Die Zahlen in den **Abbildungen 1.3 und 1.4** lassen sich übrigens nicht direkt vergleichen, da die international vergleichbare Arbeitslosigkeit etwas anders gemessen wird als die offiziellen nationalen Arbeitslosenquoten.

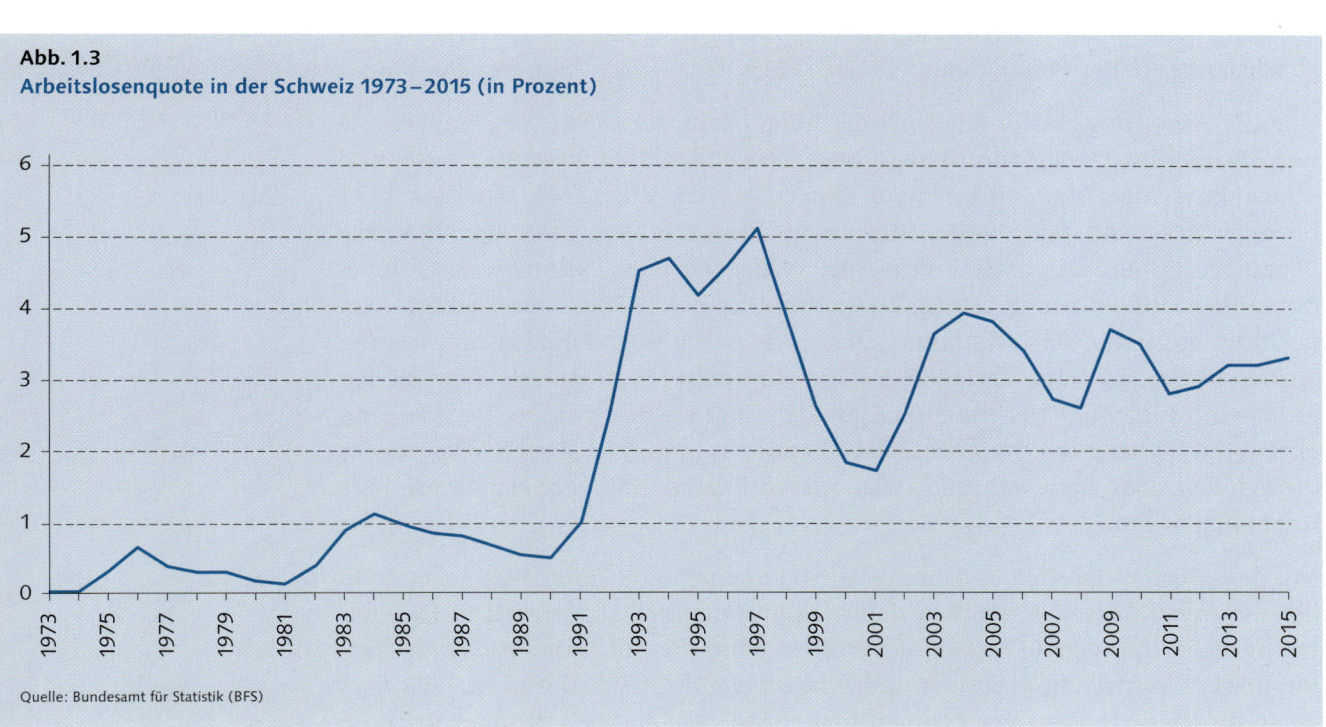

Abb. 1.3
Arbeitslosenquote in der Schweiz 1973–2015 (in Prozent)

Quelle: Bundesamt für Statistik (BFS)

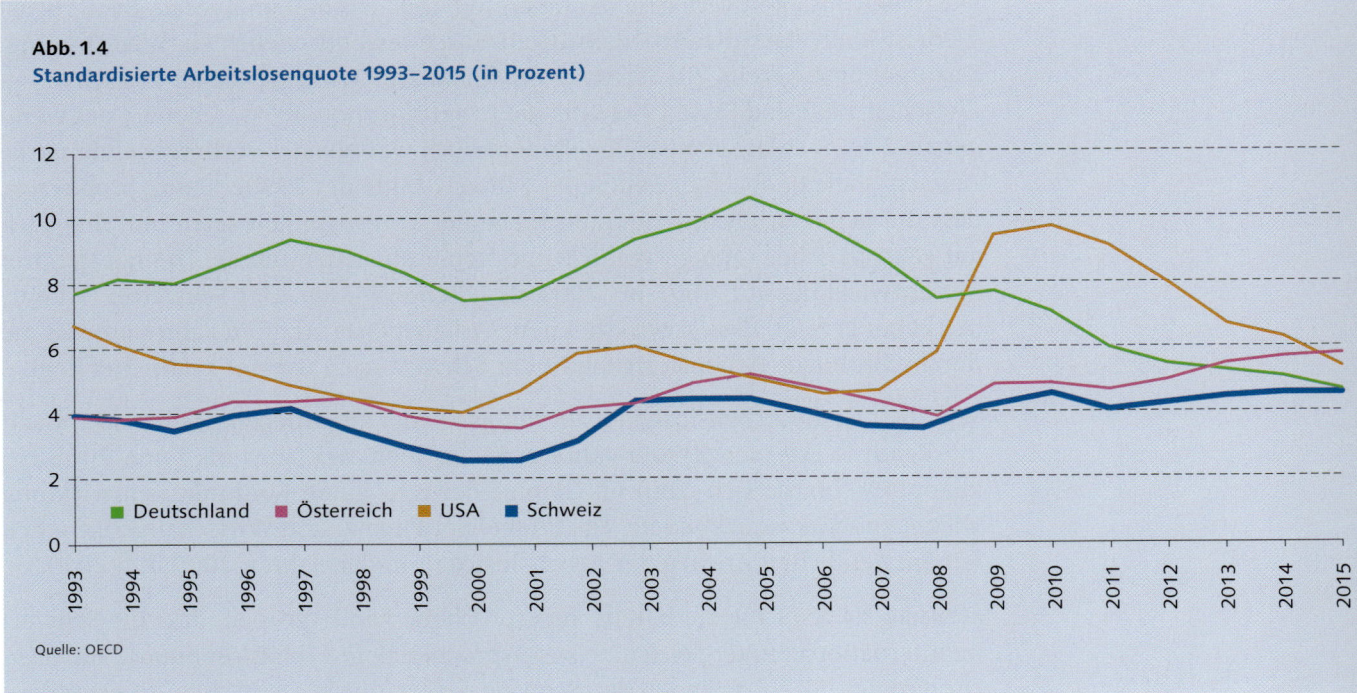

Abb. 1.4
Standardisierte Arbeitslosenquote 1993–2015 (in Prozent)

Quelle: OECD

1.2.3 Preisstabilität: Stabiles Schweizer Preisniveau

Die dritte wirtschaftspolitisch bedeutende Grösse ist die Preisstabilität und damit die Entwicklung der gemessenen Inflation. Gemeint ist hier nicht die Stabilität einzelner Preise, sondern die Stabilität aller Preise. Diese werden mit dem sogenannten Konsumentenpreisindex gemessen, der die Preise eines repräsentativen Warenkorbs ausweist. Steigt diese Grösse, so spricht man von Inflation.

Abbildung 1.5 zeigt die Entwicklung der *Inflation* für die Schweiz und drei Vergleichsländer in der Periode von 1971 bis 2015.

Wie die Arbeitslosigkeit weist auch die Inflation in der Schweiz eine markante Entwicklung auf. Die Inflationsrate ist heute im Durchschnitt wesentlich tiefer und schwankt weniger stark als noch vor einigen Jahren. Wir sehen, dass von 1971 bis noch zu Beginn der 1990er-Jahre die Inflationsrate mehrmals die 5%-Marke überstieg und einmal fast 10% erreichte. Während dieser Periode war die Inflation also relativ hoch und schwankte stark. Mitte der 1970er-Jahre sank sie von fast 10% auf unter 2%, um dann gegen Ende der 1980er-Jahre wieder auf 6% anzuwachsen und Mitte der 1980er-Jahre auf unter 1% zu sinken. Beim letzten grösseren Aufbäumen der Inflation Ende der 1980er-Jahre erhöhte sie sich dann erneut auf beinahe 6%. Im Verhältnis zu anderen industrialisierten Staaten wies die Schweiz aber auch während inflationären Phasen eine vergleichsweise tiefe Inflationsrate auf.

Mit dem Beginn der 1990er-Jahre wurde dann eine neue Periode eingeläutet, in der die Inflationsrate wesentlich tiefer lag und deutlich stabiler blieb. Es überrascht nicht, dass gerade Anfang der 1990er-Jahre die Inflation dermassen sank. Ein starker Wirtschaftseinbruch und eine steigende Arbeitslosigkeit, wie man sie in dieser Periode zu verzeichnen hatte, sind regelmässig mit tiefer Inflation verbunden. Wir sehen aber, dass diese Preisstabilität nicht nur während der re-

→ **Inflation**
Anstieg des generellen Preisniveaus, meist gemessen als prozentuale Veränderung des Preises für einen umfassenden Warenkorb.

Womit befasst sich die Volkswirtschaftslehre?

zessiven Phase in der ersten Hälfte der 1990er-Jahre anhielt, sondern dass die Inflationsrate auch nachher die 2%-Marke kaum mehr überschritt.

Eine solche Preisstabilität, wie sie nun seit mehr als zehn Jahren über alle Konjunkturzyklen hinweg herrscht, ist bemerkenswert. Dieses Phänomen beschränkt sich aber, wie wir in **Abbildung 1.5** erkennen können, nicht auf die Schweiz, sondern lässt sich in den meisten reichen Ländern beobachten. Seit der Nachkriegszeit und bis zu Beginn der 1990er-Jahre waren Perioden mit hohen Inflationsraten durchaus üblich, selbst zweistellige Inflationsraten waren in jener Zeit möglich. Diese hohen und schwankenden Inflationsraten verschwanden jedoch in den 1990er-Jahren und wichen einer Phase aussergewöhnlicher Preisstabilität.

Die Inflationsrate der Schweiz lag auch innerhalb der betrachteten Ländergruppe stets relativ tief. Dies gilt auch dann, wenn man den Vergleich auf alle OECD-Länder ausdehnt. Die Schweiz gehört weltweit zu den Ländern mit den stabilsten Preisniveaus.

1.2.4 Finanzstabilität: Seltene Bankenkrisen in der Schweiz

Das vierte bedeutende gesamtwirtschaftliche Thema ist die Stabilität des Finanzsektors. Dieses unterscheidet sich konzeptionell von den anderen vier gesamtwirtschaftlichen Themen, weil es sich nicht um eine Grösse handelt, die kurzfristig stark schwankt. Vielmehr geht es um eine grundlegende Voraussetzung für die Funktionsfähigkeit einer Marktwirtschaft, die in aller Regel gegeben ist. Ist die Finanzmarktstabilität aber einmal gefährdet, verursacht dies massive gesamt-

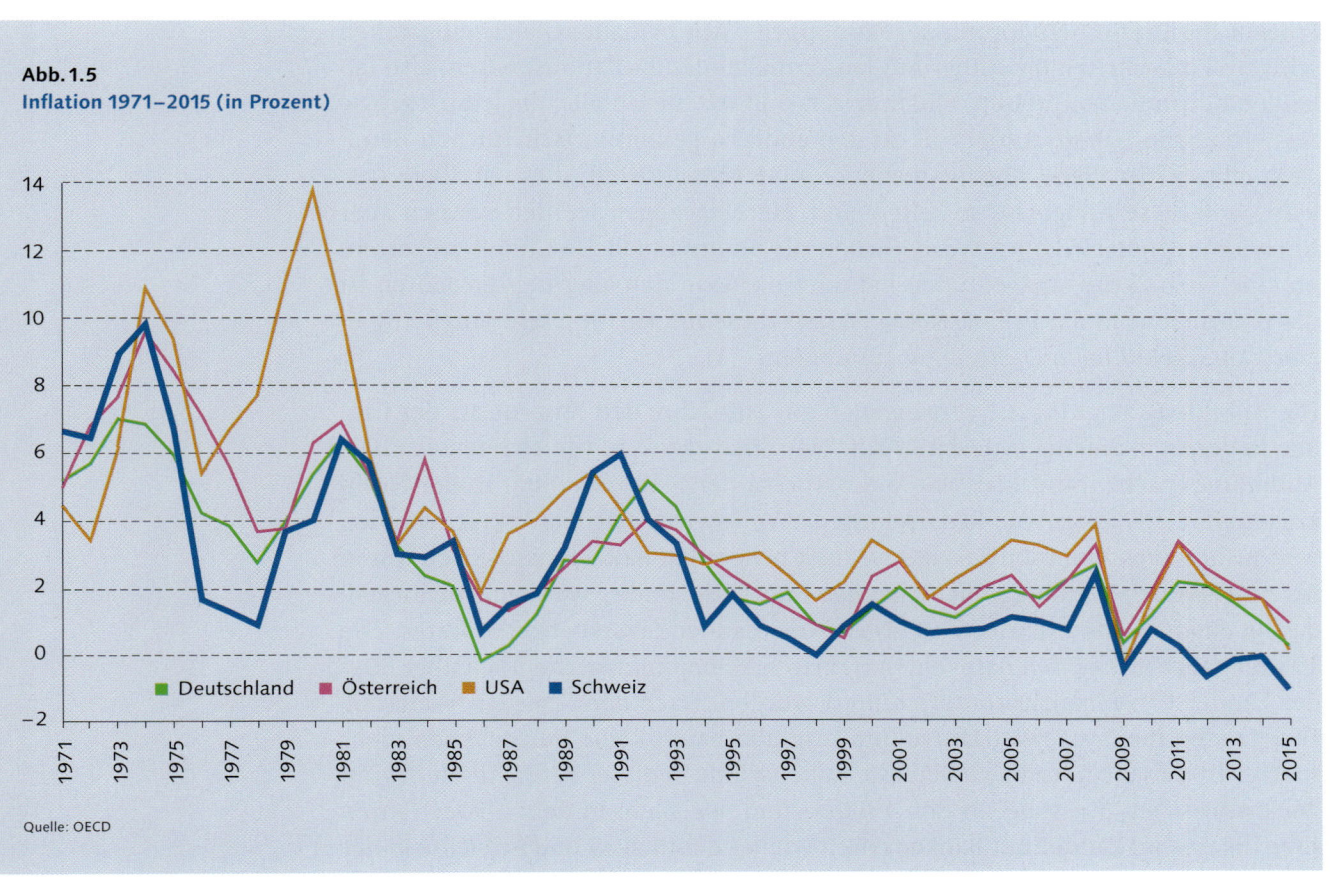

Abb. 1.5
Inflation 1971–2015 (in Prozent)

Quelle: OECD

Die Schweizer Volkswirtschaft als Fallbeispiel

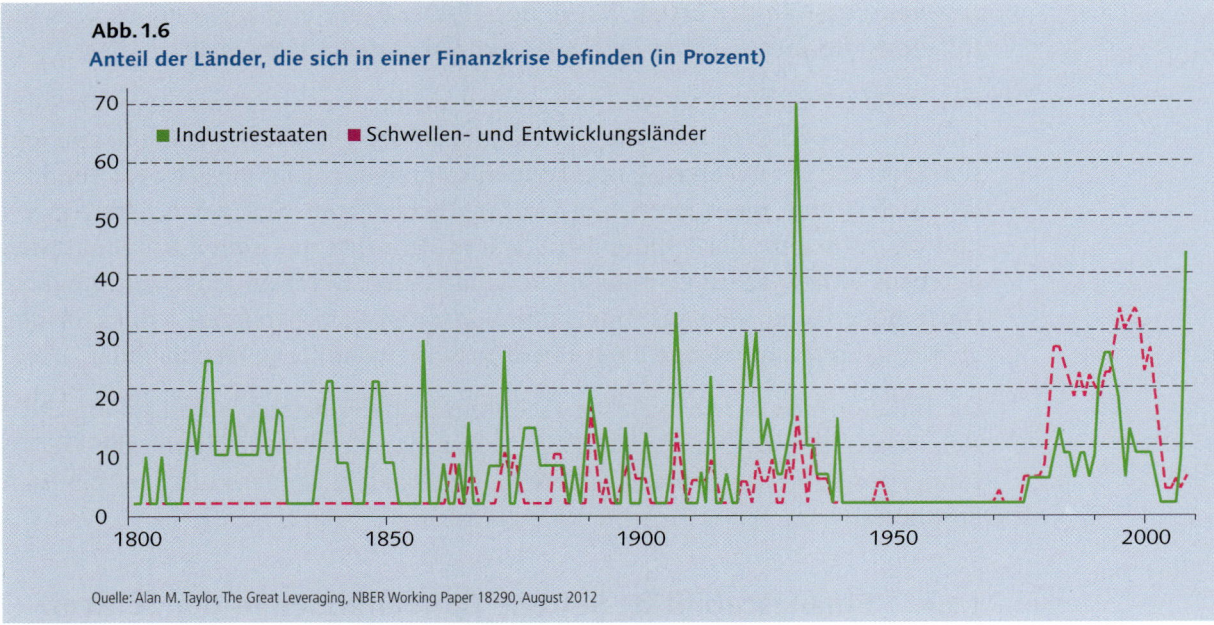

Abb. 1.6
Anteil der Länder, die sich in einer Finanzkrise befinden (in Prozent)

■ Industriestaaten ■ Schwellen- und Entwicklungsländer

Quelle: Alan M. Taylor, The Great Leveraging, NBER Working Paper 18290, August 2012

wirtschaftliche Kosten. In historischen Analysen zeigt sich, dass eine Finanzkrise in der betroffenen Volkswirtschaft sehr tiefe Spuren hinterlässt und es sehr lange dauern kann, bis sie überwunden ist. Das sieht man an den Auswirkungen solcher Krisen auf die anderen gesamtwirtschaftlichen Grössen. Gemäss vergleichenden Studien für alle grösseren Länder fiel das Bruttoinlandprodukt während den Finanzkrisen des 20. Jahrhunderts im Durchschnitt um beinahe 10 Prozentpunkte, die Arbeitslosigkeit stieg um 7 Prozentpunkte an und die Staatsverschuldung in Prozent des Bruttoinlandproduktes verdoppelte sich beinahe. Gleichzeitig gehen schwere Finanzkrisen oft einher mit lang anhaltenden Deflationsphasen, also fallenden Konsumentenpreisen. Finanzkrisen sind seltene Unfälle, die jedoch grosse Auswirkungen haben. Anders als zu den anderen gesamtwirtschaftlichen Bereichen gibt es hier keine allgemein anerkannten Messgrössen; dies vor allem deshalb, weil diese Ereignisse so selten sind. Herbeigezogen werden können aber historische Studien, die im Wesentlichen für unterschiedliche Länder aufzeigen, ob eine Finanzkrise stattgefunden hat oder nicht; in den allermeisten Jahren ist das natürlich nicht der Fall. **Abbildung 1.6** fasst diese Information sehr langfristig in einer aussagekräftigen Darstellung zusammen.

Die Abbildung zeigt für die vergangenen gut 200 Jahre den Prozentsatz der Länder, in denen in einem bestimmten Jahr eine Finanzkrise zu verzeichnen war. Die Abbildung macht sofort klar, wieso das Thema der Finanzstabilität in der Nachkriegszeit relativ lange vom Radarschirm der Volkswirtschaftslehre verschwunden war, während es zuvor die Diskussion stark beherrscht hatte. Finanzkrisen waren bis zum Zweiten Weltkrieg relativ häufige Ereignisse, und es war beinahe normal, dass in einem bestimmten Jahr 10 bis 20% der Länder davon betroffen waren. Die 1930er-Jahre markierten dann einen traurigen Höhepunkt, als deutlich über 50% der Länder von Finanzkrisen erschüttert wurden. Nach dem Zweiten Weltkrieg aber fanden mehr als zwei Jahrzehnte lang überhaupt keine Finanzkrisen mehr statt; es ist dies die mit Abstand längste Ruheperiode in dieser Hinsicht seit Beginn der historischen Messung. In den 1980er- und vor allem in den 1990er-Jahren stieg die Anzahl Länder mit Bankenkrisen wieder deutlich an und erreichte in der grossen Finanzkrise 2008 mit etwa 40 % den höchsten Wert seit den 1930er-Jahren. Deshalb steht das Thema spätestens seit dieser Episode wieder im Zentrum der volkswirtschaftlichen Diskussion.

Auch in der Schweiz sind grosse Bankenkrisen sehr seltene, aber einschneidende Ereignisse. In den 1930er-Jahren mussten von den acht damaligen Grossbanken fünf saniert werden, zwei weitere erhielten Hilfe vom Bund. Im Jahre 2008 erlebten beide verbliebenen Grossbanken empfindliche Verluste, und mit der UBS musste eine dieser Banken staatliche Hilfe in Anspruch nehmen. Im letzten Jahrhundert gab es eine weitere Phase mit Turbulenzen im Bankensektor, und zwar im Gefolge der schweren Immobilienkrise Anfang der 1990er-Jahre. Die Banken erlitten damals massive Verluste im Kreditgeschäft, wodurch die Hälfte der Regionalbanken und Sparkassen die wirtschaftliche Selbstständigkeit verlor. Einzelne Kantonalbanken waren zudem auf staatliche Hilfe angewiesen.

Für die Schweiz wie auch für die meisten anderen Länder gilt also, dass Finanzkrisen seltene Ereignisse sind, die aber substanzielle gesamtwirtschaftliche Kosten verursachen.

1.2.5 Staatsverschuldung: Moderate Schweizer Staatsschulden

Der Zustand der Staatsfinanzen stellt die fünfte bedeutende gesamtwirtschaftliche Grösse dar. Wir konzentrieren uns dabei auf die Staatsverschuldung als ein Mass für die Nachhaltigkeit der Staatsfinanzierung. Denn laufend wachsende Schulden sind letztlich ein Zeichen dafür, dass ein Land nicht in der Lage ist, seine Staatsausgaben mit ordentlichen Staatseinnahmen zu finanzieren. Die Folge sind permanente Budgetdefizite, die mit Kreditaufnahmen auf dem Kapitalmarkt – also mit zunehmender Verschuldung – gedeckt werden müssen.

→ **Verschuldungsquote**
Gesamter Bestand der Staatsverschuldung, gemessen als Prozentsatz des nominalen BIP eines Jahres.

Abbildung 1.7 zeigt die Entwicklung der *Verschuldungsquote*, also der Staatsschulden in Prozent des BIP für die Schweiz (Bund, Kantone und Gemeinden zusammengezählt) und drei Vergleichsländer.

Die Verschuldungsquote war in der Schweiz von 1971 bis Ende der 1980er-Jahre stabil, ja sogar leicht rückläufig. Anfang der 1990er-Jahre wurde eine Verschuldungsquote von etwa 30 % erreicht. Im Verlauf der nächsten zehn Jahre aber erhöhte sich diese Quote stark von 30 % auf mehr als 50 %, was auch auf die schwierige Wirtschaftslage in den 1990er-Jahren zurückzuführen war. Zu dieser Zeit herrschten ja, wie wir bereits gesehen haben, eine Rezession und steigende Arbeitslosigkeit. Eine solche Situation ist typischerweise mit einem Budgetdefizit und folglich mit steigender Verschuldung verbunden. Ende der 1990er-Jahre war mit der Verbesserung der Wirtschaftslage ein leichter Rückgang der Verschuldungsquote zu verzeichnen. Seither scheint der Trend zu steigender Verschuldung gebrochen und die Schweiz bleibt inzwischen deutlich unter der 60 %-Marke. Diese ist im internationalen Vergleich eine wichtige Schwelle. Die Länder, die der Europäischen Währungsunion beitreten wollen, müssen eine Verschuldungsquote von 60 % oder weniger vorweisen. Obwohl diese 60 %-Marke letztlich eine relativ willkürlich gewählte Grösse ist, wird sie heute als eine Art internationaler Benchmark betrachtet, jenseits dessen die Verschuldungssituation als kritisch erachtet wird.

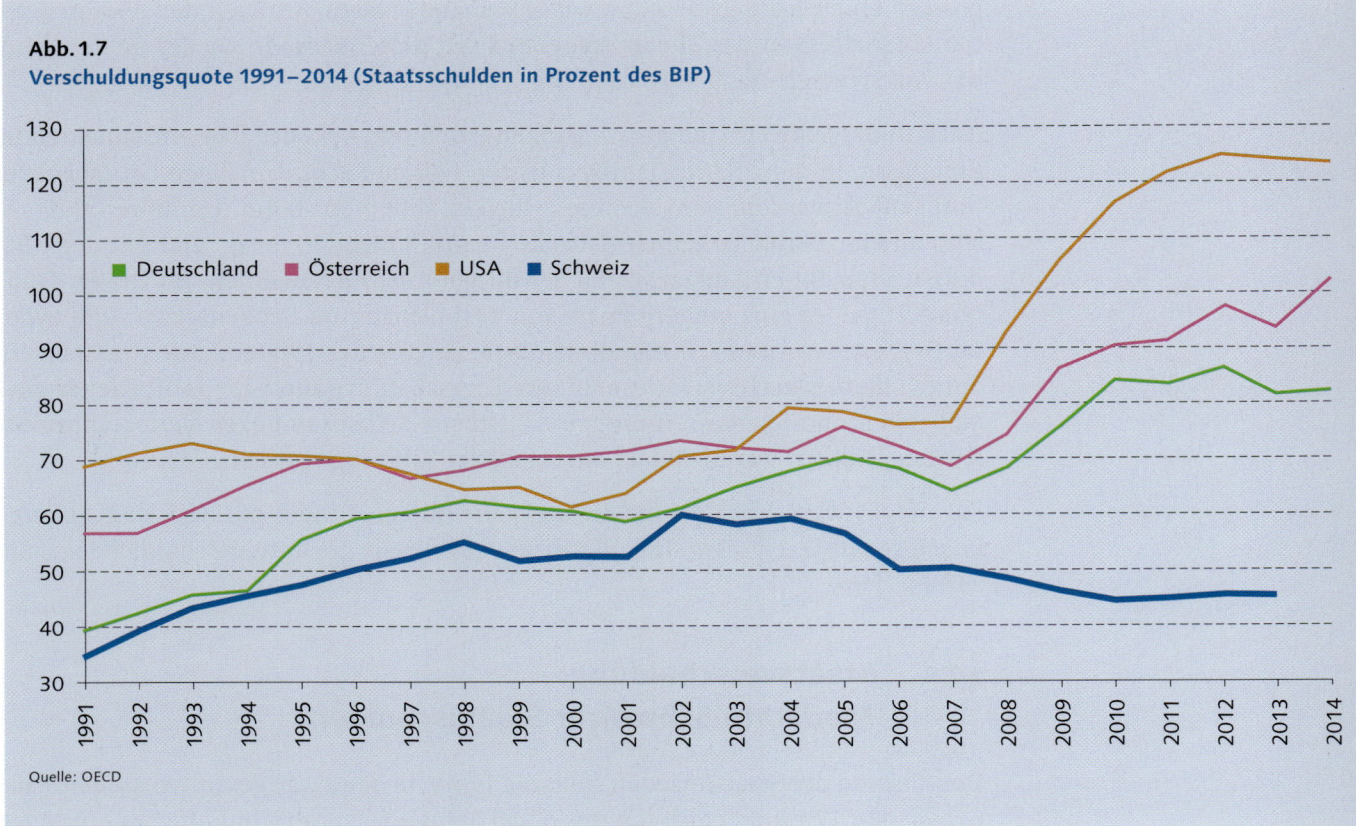

Abb. 1.7
Verschuldungsquote 1991–2014 (Staatsschulden in Prozent des BIP)

Quelle: OECD

Im internationalen Vergleich fällt auf, dass die Schweiz zu Beginn der 1990er-Jahre die tiefste Verschuldungsquote aufwies. Mit dem Anstieg in den darauf folgenden Jahren verschlechterte sich die relative Situation der Schweiz dann spürbar und stabilisierte sich anschliessend wieder, bevor dann vor etwa zehn Jahren ein deutlicher Rückgang einsetzte.

Verschuldungsquoten von über 100% des BIP sind im Übrigen auch in reichen Industrieländern durchaus möglich. Wie wir in **Abbildung 1.7** sehen, führt die Finanz- und Wirtschaftskrise in vielen Ländern – nicht aber in der Schweiz – zu steil ansteigenden Verschuldungsquoten.

1.3 Was wird in der Volkswirtschaftslehre analysiert?

Bevor wir uns in den nächsten Kapiteln mit den zentralen Konzepten zu befassen beginnen, müssen wir uns fragen, welche Themen die Volkswirtschaftslehre damit eigentlich behandeln möchte. Das heisst, wir müssen uns zunächst einmal über den Untersuchungsgegenstand im Klaren werden. Vereinfacht kann man dabei drei eng miteinander verbundene Ebenen unterscheiden:

- Erstens befasst sich die Volkswirtschaftslehre mit den Entscheiden einzelner Menschen,
- zweitens analysiert sie das Zusammenspiel von Menschen in vielfältigen wirtschaftlichen Beziehungen auf sogenannten Märkten,

Womit befasst sich die Volkswirtschaftslehre?

- drittens schliesslich beschäftigt sie sich mit der Gesamtwirtschaft, also mit der zusammengefassten Betrachtung all dieser Entscheide und Märkte.

Die Basis jeder wirtschaftlichen Analyse bilden die Entscheide von Einzelnen. Weil wir nicht im Schlaraffenland leben, stehen jeder und jedem von uns nicht unendlich viele *Ressourcen* zur Verfügung. Wir müssen also laufend zwischen Alternativen entscheiden. Soll ich ins Kino oder ins Restaurant gehen? Kaufe ich mir ein neues Smartphone oder ein neues Velo? Soll ich morgen Nachmittag Fussball spielen gehen oder noch zwei Stunden lernen? Bei derartigen Entscheiden vergleichen wir – bewusst oder unbewusst – Kosten und Nutzen verschiedener Alternativen. Die Volkswirtschaftslehre liefert die Grundlagen für die Analyse solcher Entscheide. Dabei unterscheidet sie zwei Personengruppen: Anbieter und Nachfrager. Die *Anbieter* müssen sich entscheiden, wie sie ihre Mittel einsetzen, um Dinge zu produzieren, die sie mit Gewinn verkaufen können. Die *Nachfrager* entscheiden, wie sie ihre Mittel einsetzen wollen, um Dinge zu kaufen, die sie benötigen. Es ist typisch, dass uns in der Regel viel mehr Beispiele für Nachfrageentscheide einfallen, da wir tagtäglich direkt Dutzende von Produkten nachfragen. Gleichzeitig verkaufen wir in der Regel nur wenige Produkte direkt selbst, sondern sind eher indirekt beim Angebot beteiligt, indem wir bei Unternehmen arbeiten, die Güter produzieren und verkaufen. Für das Verständnis wirtschaftlicher Prozesse sind aber Angebots- und Nachfrageentscheide gleich bedeutend, und wir werden uns daher mit beiden genauer beschäftigen.

Die Tatsache, dass es Anbieter und Nachfrager gibt, macht bereits klar, dass der Austausch von *Gütern* die Basis der wirtschaftlichen Beziehungen und damit den zweiten zentralen Untersuchungsgegenstand der Volkswirtschaftslehre bildet; es lohnt sich nur, etwas anzubieten, wenn jemand bereit ist, das entsprechende Gut auch nachzufragen. Ein wichtiger Teil der volkswirtschaftlichen Analyse befasst sich mit solchen Austauschprozessen. Konzeptionell finden sie auf sogenannten Märkten statt. Dabei bezeichnet der Begriff *Markt* verschiedene Formen des Zusammentreffens von Angebot und Nachfrage. Wenn Sie einen Apfel kaufen, dann wird der Preis, den Sie dafür bezahlen, durch das gesamte Angebot an Äpfeln und die gesamte Nachfrage nach ihnen bestimmt. Wenn Sie einen Job suchen, dann bieten Sie Ihre Arbeitskraft auf einem Arbeitsmarkt an, auf dem andere Leute mit ähnlicher Ausbildung als Anbieter und die Unternehmen als Nachfrager auftreten. Und nicht anders ist es, wenn jemand einen Kredit haben möchte, um ein Haus zu kaufen. Er oder sie ist dann Nachfrager auf einem Kreditmarkt, auf dem Kreditnehmer als Nachfrager auftreten und Sparer (indirekt über die Banken) als Anbieter. Wir sehen also, dass das Verständnis von Marktprozessen es uns erlauben wird, ganz unterschiedliche wirtschaftliche *Transaktionen* zu analysieren. Wie zentral das Konzept des Marktes ist, sieht man im Übrigen nur schon daran, dass die allermeisten Volkswirtschaften heute als Marktwirtschaften bezeichnet werden.

Doch manchmal genügt es nicht, die Entscheide einzelner Personen oder die Vorgänge auf einzelnen Märkten zu analysieren. Wollen wir etwa wissen, wieso der Wohlstand in der Schweiz höher ist als in Griechenland, so müssen wir die gesamte Leistung der beiden Volkswirtschaften miteinander vergleichen. Nicht anders ist es, wenn wir die Arbeitslosigkeit oder die Inflation in einem Land verstehen wollen. In diesen Fällen geht es um Aussagen zur Gesamtwirtschaft. Natürlich setzt sich die Gesamtwirtschaft letztlich aus den einzelnen Entscheiden auf den verschiedenen Märkten zusammen. Aber es ist ein Ding der Unmöglichkeit,

---

→ **Ressourcen**
Materielle oder immaterielle Mittel, die für die Produktion von Gütern oder zur Befriedigung von Konsumbedürfnissen verwendet werden können.

→ **Anbieter**
Wirtschaftliche Akteure, die Güter auf einem Markt zum Verkauf anbieten.

→ **Nachfrager**
Wirtschaftliche Akteure, die Güter erwerben möchten und auf einem Markt als Käufer auftreten.

→ **Güter**
Mittel zur Befriedigung menschlicher Bedürfnisse.

→ **Markt**
Ort oder Institution, wo Angebot und Nachfrage von Waren, Dienstleistungen oder Produktionsfaktoren zusammentreffen.

→ **Transaktion**
Ein wirtschaftlicher Handel, bei dem z. B. Waren oder Dienstleistungen gegen Geld getauscht werden.

Was wird in der Volkswirtschaftslehre analysiert?

jede dieser Milliarden Transaktionen auf Tausenden von Märkten zu erfassen und aufaddieren zu wollen. Vielmehr muss man hier vereinfachen und versuchen, die groben Zusammenhänge zwischen den gesamtwirtschaftlichen Grössen zu erfassen. Auch dafür hat die Volkswirtschaftslehre Instrumente entwickelt, die es ermöglichen, von Details abzusehen und die gesamte Wirtschaft zu überblicken.

Oft wird in der volkswirtschaftlichen Analyse zwischen *Mikroökonomie* und *Makroökonomie* unterschieden. Die Mikroökonomie befasst sich mit den beiden erstgenannten Untersuchungsgegenständen, also den individuellen Entscheiden und dem Zusammenwirken dieser Entscheide auf einzelnen Märkten. Es geht somit – wie dies der Begriff «Mikro» anklingen lässt – um die kleinen Einheiten, die in ihrer Gesamtheit die Volkswirtschaft ausmachen. Die Makroökonomie andererseits richtet den Blick auf die gesamte Volkswirtschaft; sie behandelt also die dritte der oben genannten Fragen der Volkswirtschaftslehre.

Wir werden im Verlaufe dieses Buches sehen, dass je nach Fragestellung eher mit mikro- bzw. mit makroökonomischen Ansätzen gearbeitet werden muss. Analysieren wir etwa Inflation und Geldpolitik, so ist dies in erster Linie Makroökonomie, während zum Beispiel die Wettbewerbspolitik vor allem die mikroökonomische Betrachtung einzelner Märkte verwendet. Bei zahlreichen wichtigen Themen müssen wir aber beide Ansätze verwenden, etwa bei der Arbeitslosigkeit oder bei den Staatsfinanzen.

→ **Mikroökonomie**
Teilgebiet der Volkswirtschaftslehre, das sich mit den Entscheidungen der Haushalte und Unternehmen sowie mit deren Zusammenspiel auf einzelnen Märkten befasst.

→ **Makroökonomie**
Teilgebiet der Volkswirtschaftslehre, das sich mit gesamtwirtschaftlichen Phänomenen wie der Inflation, den Konjunkturschwankungen oder dem langfristigen Wachstum befasst.

Zusammenfassende Übersicht

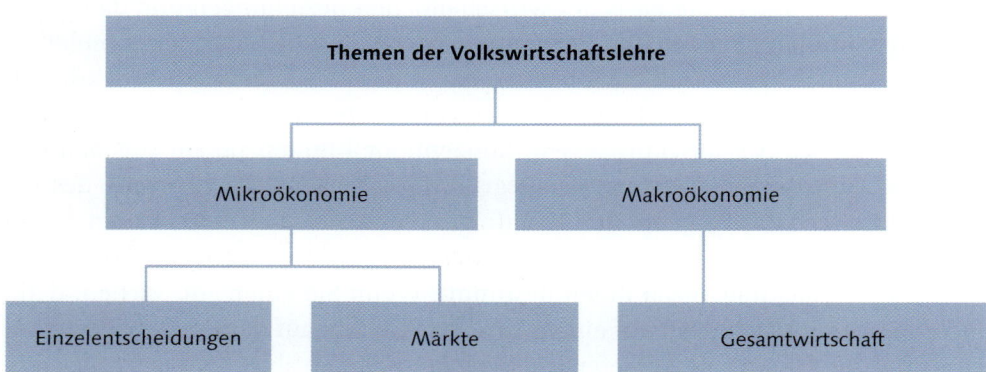

Im nächsten Kapitel werden wir für jeden dieser drei Untersuchungsgegenstände der Volkswirtschaftslehre schrittweise die grundlegenden Konzepte herleiten. Diese werden die Basis für alle weiteren Diskussionen bilden.

Womit befasst sich die Volkswirtschaftslehre?

ZUSAMMENFASSUNG ANHAND DER LERNZIELE

1   **Beurteilung des wirtschaftlichen Erfolgs eines Landes**
Die wirtschaftliche Lage in einem Land ist besser, je höher der Wohlstand, je höher die Beschäftigung (und je tiefer die Arbeitslosigkeit), je stabiler das Preisniveau und die Finanzmärkte und je tiefer die Staatsverschuldung. Diese fünf Kriterien lassen sich relativ einfach messen, und sie eignen sich deshalb gut für internationale Vergleiche. Wirtschaftlich erfolgreiche Länder weisen in der Regel in allen fünf Bereichen gute Werte auf.

2   **Die Schweizer Wirtschaft im internationalen Vergleich**
Die Schweiz ist ein wirtschaftlich erfolgreiches Land. In allen fünf relevanten volkswirtschaftlichen Vergleichsgrössen weist sie gute Werte auf. Im internationalen Vergleich ist der Wohlstand hoch. Arbeitslosigkeit, Inflation und Staatsverschuldung sind im Vergleich mit anderen reichen Ländern ausserordentlich tief und Finanzkrisen sehr selten.

3   **Die Fragestellungen der Volkswirtschaftslehre**
Die Volkswirtschaftslehre befasst sich mit drei grundsätzlichen Fragestellungen. Erstens geht es darum, die Entscheide einzelner Menschen zu verstehen. Zweitens wird das Zusammenwirken von Menschen als Anbieter und Nachfrager auf Märkten untersucht. Drittens beschäftigt sie sich mit der Gesamtwirtschaft, also der Zusammenfassung der grossen Menge von Einzelentscheiden auf den zahlreichen Märkten.

Womit befasst sich die Volkswirtschaftslehre?

ZENTRALE BEGRIFFE

Wohlstand →17
Beschäftigung →17
Preisstabilität →17
Finanzstabilität →17
Staatsverschuldung →17
Bruttoinlandprodukt (BIP) →18
Arbeitslosenquote →20
Inflation →22
Verschuldungsquote →25
Ressourcen →26
Anbieter →27
Nachfrager →27
Güter →27
Markt →27
Transaktion →27
Mikroökonomie →28
Makroökonomie →28

Womit befasst sich die Volkswirtschaftslehre?

REPETITIONSFRAGEN KAPITEL 1

1 Mit welchen fünf gesamtwirtschaftlichen Grössen lässt sich die wirtschaftliche Situation eines Landes beurteilen?

2 Wie steht die Schweiz im internationalen Vergleich betreffend Wohlstand da?

3 Wie steht die Schweiz im internationalen Vergleich betreffend Arbeitslosigkeit da?

4 Wie steht die Schweiz im internationalen Vergleich betreffend Preisstabilität da?

5 Beschreiben Sie, mit welchen drei grundsätzlichen Untersuchungsgegenständen sich die Volkswirtschaftslehre befasst, und geben Sie für jeden Untersuchungsgegenstand ein treffendes Beispiel aus Ihrem Alltag.

2

Einzelentscheidungen, Märkte und Gesamtwirtschaft

«Die bei Weitem wichtigste Erkenntnis über freie Märkte ist, dass ein Tausch nur dann stattfindet, wenn beide Marktseiten davon profitieren.»

Milton FRIEDMAN (1912–2006), amerikanischer Ökonom

2.1	Entscheide in Knappheitssituationen	36
2.2	Die Nachfrage	39
2.3	Das Angebot	44
2.4	Der Markt	47
2.5	Der Wirtschaftskreislauf	52

LERNZIELE

Nachdem Sie dieses Kapitel gelesen haben, sollten Sie in der Lage sein,

1	das Problem der Knappheit zu beschreiben und die Rolle von Anreizen, Opportunitätskosten und Preisen für das Verhalten von Menschen darzulegen;
2	die Nachfrage nach einem Gut in einem Diagramm darzustellen sowie zu erklären, wie sich die Nachfragekurve verschieben kann;
3	das Angebot eines Gutes in einem Diagramm darzustellen sowie zu erklären, wie sich die Angebotskurve verschieben kann;
4	einen Markt grafisch darzustellen sowie zu erklären, wieso der Schnittpunkt der Angebots- und Nachfragekurve ein Gleichgewicht darstellt;
5	den Begriff der Elastizität zu erläutern und zu analysieren, wie sich unterschiedliche Preiselastizitäten auswirken;
6	den einfachen und den erweiterten Wirtschaftskreislauf darzustellen und zu interpretieren.

Einzelentscheidungen, Märkte und Gesamtwirtschaft

Wollen wir volkswirtschaftliche Zusammenhänge nicht nur beschreiben, sondern auch verstehen, so benötigen wir Instrumente, mit denen wir sie analysieren können. In diesem Kapitel werden wir die wichtigsten Konzepte erläutern, die wir für unsere weiteren Analysen der drei Untersuchungsebenen Einzelentscheidungen, Märkte und Gesamtwirtschaft benötigen. Dabei sehen wir, dass die Volkswirtschaftslehre mit vereinfachten Darstellungen der Wirklichkeit, mit sogenannten Modellen, arbeitet. Auch wenn diese Modelle auf den ersten Blick abstrakt wirken mögen, müssen diese keineswegs kompliziert oder gar mathematisch sein. Ihr grosser Vorteil ist, dass man verschiedenste Fragestellungen mit dem gleichen Instrument behandeln kann. Hat man einmal die Grundideen erfasst, lässt sich mit diesen einfachen Denkmodellen viel mehr vom Wirtschaftsgeschehen verstehen und einordnen, als wenn man Hunderte von Seiten mit wirtschaftlichen Fakten auswendig lernen würde.

Das Kapitel ist wie folgt aufgebaut:

2.1 behandelt die wirtschaftlichen Entscheide einzelner Personen und erläutert das Knappheitsproblem, das im Zentrum der volkswirtschaftlichen Analyse steht. Dabei lernen wir die beiden wichtigen Konzepte «Anreize» und «Opportunitätskosten» kennen.

2.2 erklärt, wie aus den Bedürfnissen der Menschen die Nachfrage entsteht. Daraus leiten wir die Nachfragekurve ab, die den Zusammenhang zwischen dem Preis eines Gutes und der Nachfrage nach diesem Gut abbildet.

2.3 erläutert die Rolle der Produktionskosten für die Analyse des Angebots. Daraus leiten wir die Angebotskurve ab, die den Zusammenhang zwischen dem Preis eines Gutes und dessen Angebot darstellt.

2.4 führt Angebot und Nachfrage zusammen und erklärt, wie ein Markt funktioniert.

2.5 präsentiert als einfache Darstellung der Gesamtwirtschaft den sogenannten Wirtschaftskreislauf. Dieser zeigt die Güter- und Geldflüsse zwischen Haushalten, Unternehmen, dem Staat und dem Ausland.

2.1 Entscheide in Knappheitssituationen

Die Grundlage des wirtschaftlichen Wohlstands liegt im Verhalten der Einzelnen. Wie reagieren die Menschen auf Anreize? Verhalten sie sich so, dass die Ressourcen sinnvoll eingesetzt werden? Um diese Fragen zu behandeln, müssen wir verstehen, wie individuelle Entscheide in Knappheitssituationen getroffen werden. In Knappheitssituationen deshalb, weil es eine Tatsache ist, dass die *Bedürfnisse* unbeschränkt, die Ressourcen aber knapp sind. Man kann sich deshalb immer nur eine begrenzte Menge an Gütern, also *Waren* und *Dienstleistungen* leisten. Dies gilt für Einzelne wie auch für die gesamte Gesellschaft. Jede und jeder wird durch das verfügbare Budget, also das Einkommen im weitesten Sinne, beschränkt. Sie oder er muss deshalb entscheiden, wie dieses knappe Budget auf unterschiedliche Verwendungszwecke aufgeteilt werden soll. Wie Menschen mit Knappheiten umgehen, ist die Grundfrage der Volkswirtschaftslehre.

Neben dem Einkommen ist natürlich auch die Zeit eine knappe Ressource. Der Tag hat bekanntlich nur 24 Stunden, sodass auch hier dauernd entschieden werden muss, wie man diese beschränkte Zeit auf die schier unendliche Zahl möglicher Tätigkeiten verteilen soll. Sowohl punkto Einkommen als auch punkto Zeit ist man also ständig mit konkurrierenden Verwendungsmöglichkeiten konfrontiert.

Diese Situation wird mit dem zentralen Konzept der *Opportunitätskosten* beschrieben: Diese tatsächlichen Kosten einer Tätigkeit sind die Vorteile, die einem entgehen, weil man etwas anderes nicht tun kann.

→ **Bedürfnis**
Wunsch, einen empfundenen Mangel zu beseitigen oder zu mildern.

→ **Ware**
Materielles, d. h. greifbares, körperlich vorhandenes Gut.

→ **Dienstleistung**
Immaterielles, d. h. körperlich nicht vorhandenes Gut.

→ **Opportunitätskosten**
Kosten, die bei einer Entscheidung für eine Handlung dadurch anfallen, dass die Vorteile einer alternativen Handlung nicht realisiert werden können.

Dr. Brian May: Der Queen-Gitarrist erkannte die hohen Opportunitätskosten seiner Zeit während der erfolgreichsten Phase der Band; er erwarb sich deshalb seinen Doktortitel in Astrophysik erst im Jahre 2007 – im Alter von 60 Jahren.

Einzelentscheidungen, Märkte und Gesamtwirtschaft

Ein Beispiel ist etwa die Frage, ob sich der Besuch einer weiterführenden Schule finanziell lohnt. Um dies zu beurteilen, muss man sich die Kosten der Weiterbildung vergegenwärtigen. Sie bestehen einmal aus den offensichtlichen Auslagen, wie z. B. den Schulgebühren oder den Kosten für Lehrbücher. Dieses Geld könnte man auch für alternative Verwendungszwecke einsetzen. Den Nutzen dieser Alternativen bezeichnen wir deshalb als Teil der Opportunitätskosten der Weiterbildung. Die gesamten Opportunitätskosten sind allerdings wesentlich höher: Die wertvollste Ressource, die in eine Weiterbildung fliesst, ist nämlich die Zeit. Während der Zeit, in der ich lerne, könnte ich ja einer bezahlten Arbeit nachgehen. Wird der so entgangene Lohn ebenfalls in Rechnung gestellt, resultiert daraus ein wesentlich grösserer Betrag als die zu Beginn genannten, direkt sichtbaren Kosten.

Jede Veränderung der Opportunitätskosten führt letztlich zu einem veränderten Verhalten, beeinflusst also unsere Entscheide. In der Regel sind davon nicht unsere «Ja/Nein-Entscheide» betroffen, sondern meist die «Wie-viel-davon-Entscheide», auch *marginale Entscheide* genannt. Veränderungen der Opportunitätskosten bewirken also eine Anpassung dieser marginalen Entscheide, die etwa die Frage betreffen, ob eine zusätzliche Einheit konsumiert werden soll oder nicht. Um zu unserem Beispiel zurückzukehren: Erhöhen sich die Schulgebühren, so wird das meinen Weiterbildungsentscheid sehr wahrscheinlich beeinflussen – aber in der Regel nicht bezüglich der Frage, ob ich mich überhaupt weiterbilden soll, sondern eher bezüglich der Wahl meines Studienortes oder der Dauer meiner Weiterbildung.

Die Volkswirtschaftslehre hilft bei der Beantwortung der Frage, wie Personen auf Veränderungen der Opportunitätskosten reagieren. Die Opportunitätskosten zeigen uns die relative Knappheit von Gütern, und zwar in Form von Preisen. In diesem Sinn entspricht der Preis eines Gutes, für das ich mich entschieden habe, den Kosten aus dem Verzicht auf andere Güter, für die ich mich ebenfalls hätte entscheiden können. Wird ein Gut knapper, so steigt der Preis – was wiederum *Anreize* für Verhaltensänderungen schafft. Meist führt eine Preiserhöhung zu einem Konsumrückgang des entsprechenden Gutes, da die Opportunitätskosten des Konsums steigen, wie wir im nächsten Abschnitt ausführen werden. Würde ich gleich viel vom entsprechenden Gut konsumieren wie bisher, könnte ich mir weniger von anderen Gütern leisten. Also besteht ein Anreiz, weniger von einem Gut zu konsumieren, wenn sein Preis steigt.

Anreize bilden ein zentrales Element der *ökonomischen* Theorie; sie sind die eigentliche Essenz der Analyse. Ökonominnen und Ökonomen reagieren immer skeptisch, wenn Verhaltensänderungen erreicht werden sollen, ohne dass sich etwas an den Anreizen – den Preisen im weitesten Sinne – verändert. Soll aus ökologischen Gründen das Autofahren eingeschränkt werden, so hält die Volkswirtschaftslehre einen politischen Appell (etwa: «Fahren Sie weniger Auto, denn dies schädigt die Umwelt.») für weniger Erfolg versprechend als die Einführung einer Abgabe auf Benzin. Nur die Preisveränderung garantiert nämlich eine individuell spürbare Veränderung der relativen Knappheit und schafft damit einen echten Anreiz für eine Verhaltensänderung.

Zusammengefasst steht die Analyse von Entscheiden über den Einsatz von knappen Ressourcen im Zentrum der ökonomischen Betrachtungsweise. Preise vermitteln Informationen über die Knappheit der Güter und senden damit Signale,

→ **Marginaler Entscheid**
Der zusätzliche Nutzen aus einer Entscheidung wird den zusätzlichen Kosten gegenübergestellt. Überwiegt der Nutzengewinn, entscheidet man sich dafür.

→ **Anreiz**
Faktor, der einen wirtschaftlichen Akteur motiviert, sich für eine bestimmte Handlungsalternative zu entscheiden.

→ **Ökonomie**
Je nach Zusammenhang ein Synonym für die Volkswirtschaftslehre als Wissenschaft oder ein Synonym für die Gesamtwirtschaft eines Landes (Volkswirtschaft).

Entscheide in Knappheitssituationen

Der Kobra-Effekt oder die zentrale Bedeutung von Anreizen

In Diskussionen erkennt man Ökonominnen und Ökonomen oft daran, dass sie sehr viel von Anreizen sprechen. Gerade bei der Analyse wirtschaftspolitischer Massnahmen beharren sie meist besonders nachdrücklich darauf, die Anreizwirkungen scheinbar guter Vorschläge nüchtern zu untersuchen. Ein inzwischen bekanntes, weil besonders treffendes Beispiel macht klar, warum:

Als Indien eine Kobraplage erlebte, glaubte der britische Gouverneur, die Lösung des Problems gefunden zu haben: Er liess ein Kopfgeld auf jede erlegte Kobra aussetzen. Die Massnahme war auf den ersten Blick ausgesprochen erfolgreich, denn es wurden immer mehr tote Kobras abgeliefert. Allerdings führte dies nicht zur gewünschten Reduktion, sondern zu einer Erhöhung des Bestandes der lästigen Tiere. Die Bevölkerung ging nämlich dazu über, die Schlangen zu züchten und dann zu töten, um von der Prämie profitieren zu können. Als der Gouverneur dies erkannte, hob er die Massnahme wieder auf, mit dem Resultat, dass die gezüchteten Kobras freigelassen wurden, da die Besitzer keine Verwendung mehr für sie hatten. Das Endergebnis war, dass eine teure Massnahme exakt das Gegenteil dessen erreichte, was ursprünglich angestrebt worden war. Anstatt die Kobraplage zu reduzieren, wurde sie vergrössert.

Dieser Kobra-Effekt illustriert die Probleme, die man sich einhandelt, wenn man die Anreizwirkungen von Massnahmen nicht gründlich analysiert. Bei jeder wirtschaftspolitischen Massnahme ist es deshalb wichtig, sich darüber im Klaren zu sein, welches Verhalten dadurch ausgelöst wird. Andernfalls gerät man plötzlich in eine ähnliche Situation wie unser glückloser Gouverneur. Lässt man sich zu sehr davon leiten, wie die Menschen reagieren sollten, und berücksichtigt zu wenig nüchtern, wie sie tatsächlich reagieren, dann haben Massnahmen oft unerwartete, ja kontraproduktive Effekte. So passiert es dann eben,

- dass hohe Mindestlöhne oder ein starker Kündigungsschutz gerade besonders benachteiligte Arbeitnehmerinnen und Arbeitnehmer schwächen und die Arbeitslosigkeit erhöhen,
- dass Luxussteuern ausgerechnet ärmere Bevölkerungsschichten schädigen oder
- dass ein weitgehender Versicherungsschutz die Leute zu riskanterem Verhalten ermutigt.

Für die Analyse der Anreizwirkungen geht man am besten von den Grundmechanismen aus, die in diesem Abschnitt beschrieben werden. Dabei steht immer die Veränderung der Preise im Zentrum. Führt eine Massnahme zu anderen Preisen, so wird sie vorhersehbare Verhaltensänderungen auslösen. Eine Prämie auf erlegte Kobras etwa erhöht ihren Preis, gibt damit das Signal, dass das Gut knapp ist, und setzt Anreize, mehr davon anzubieten. Berücksichtigt man die durch Preisveränderungen ausgelösten Anreize, läuft man kaum Gefahr, Opfer eines Kobra-Effekts zu werden.

die das Verhalten der Marktteilnehmerinnen und Marktteilnehmer beeinflussen. Wird ein Gut knapper, so steigt sein Preis; oder anders ausgedrückt, es erhöhen sich die Opportunitätskosten seines Verbrauchs. Dies setzt Anreize, weniger davon zu konsumieren. In der Regel wird man bei einer Preiserhöhung nicht vollständig auf den Konsum verzichten, sondern ihn lediglich einschränken. Deshalb haben wir oben von marginalen Entscheiden gesprochen. Gleichzeitig setzt der gestiegene Preis für die Produzenten Anreize, mehr herzustellen.

2.2 Die Nachfrage

2.2.1 Bedürfnisse und Konsumentenverhalten

Diese grundsätzlichen Überlegungen zum Verhalten in Knappheitssituation wollen wir nun verwenden, um etwas genauer zu verstehen, was hinter der Nachfrage nach Gütern steckt. Wir gehen dabei von der Feststellung aus, dass die Handlungen der Menschen im weitesten Sinne durch das Bestreben bestimmt sind, ihre Bedürfnisse zu befriedigen. Diese können beschrieben werden als Wunsch, einen empfundenen Mangel zu beseitigen oder zu mildern. Bedürfnisse gibt es dabei auf verschiedenen Ebenen. Diese reichen von den grundlegenden Bedürfnissen, deren Befriedigung das nackte Überleben sichert, bis zum Bedürfnis nach Selbstverwirklichung. Die Bedürfnispyramide (Box S. 40) erläutert diese Hierarchie der Bedürfnisse.

Bedürfnisse sind also grundsätzlich unbeschränkt. Beschränkt jedoch sind die Ressourcen, und zwar für die gesamte Wirtschaft wie auch für die Individuen. So wohlhabend jemand auch sein mag, jede Person hat letztlich nur ein bestimmtes Budget an Geld oder Zeit zur Verfügung. Weil unsere Bedürfnisse unbeschränkt sind, müssen wir Entscheidungen darüber treffen, welche Güter wir nachfragen wollen und auf welche wir verzichten können. Dazu müssen wir beurteilen, welchen *Nutzen* der Konsum verschiedener Güter stiftet. Weil wir aber unterschiedliche Vorlieben haben, ist dieser Nutzen von Mensch zu Mensch verschieden. Eine Weinliebhaberin wird eine höhere Wertschätzung für einen klassierten Bordeaux aufbringen als ein Teetrinker, weshalb ihr der Konsum dieses Gutes mehr Nutzen stiftet und folglich ihre *Zahlungsbereitschaft* für eine Flasche Bordeaux grösser ist.

Für den Entscheid, welche Güter wir als Konsumentinnen und Konsumenten nachfragen, müssen wir also gemäss unseren Vorlieben beurteilen, ob uns ein zusätzlicher Kauf einen höheren Nutzen stiftet als der Verzicht auf den Kauf. Diesen zusätzlichen oder eben marginalen Nutzen bezeichnet die Wirtschaftswissenschaft als *Grenznutzen*.

→ **Nutzen**
Mass für das Wohlbefinden oder die Zufriedenstellung eines wirtschaftlichen Akteurs.

→ **Zahlungsbereitschaft**
Betrag, den ein Konsument maximal zu zahlen bereit ist, um ein bestimmtes Gut zu erwerben.

→ **Grenznutzen**
Nutzen, der entsteht, wenn eine zusätzliche Einheit eines Gutes konsumiert wird.

Das Gesetz des abnehmenden Grenznutzens

Der Grenznutzen – also der zusätzliche Nutzen einer konsumierten Einheit – ist für die Analyse des individuellen Verhaltens zentral. Wichtig ist dabei, dass dieser Grenznutzen bei steigender Konsummenge abnimmt. Wir nennen dies das *Gesetz des abnehmenden Grenznutzens*.
Dazu ein Beispiel: Das erste Stück Brot, das ein hungriger Mensch isst, stiftet einen sehr hohen Nutzen. Auch das zweite und dritte Stück werden mit Genuss konsumiert, doch der zusätzliche Nutzen wird mit jedem weiteren Stück kleiner. Ist jemand aber wirklich satt, dann wird der Verzehr eines Stücks Brot den bereits erreichten Nutzen sogar verringern; der Konsum stiftet dann einen negativen Grenznutzen.

→ **Gesetz des abnehmenden Grenznutzens**
Je mehr man von einem Gut bereits konsumiert hat, desto geringer wird der Nutzen einer zusätzlich konsumierten Einheit.

Die Nachfrage

Die Bedürfnispyramide

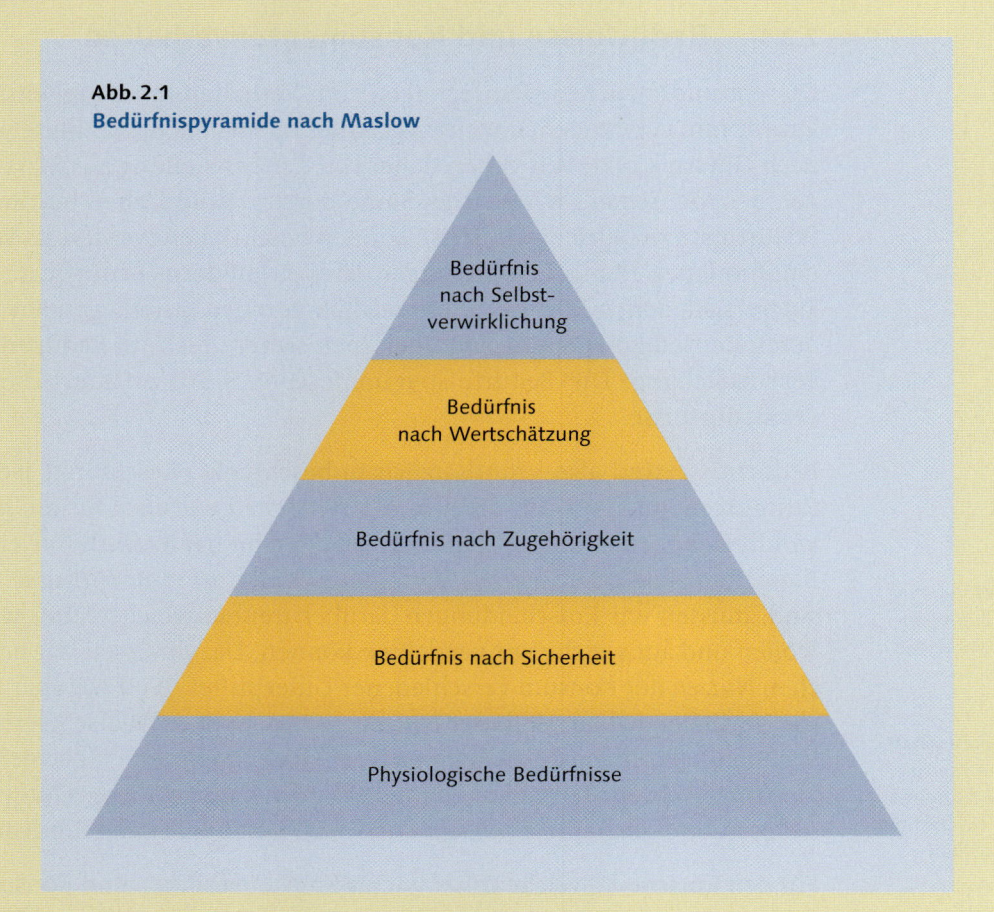

Abb. 2.1
Bedürfnispyramide nach Maslow

- Bedürfnis nach Selbstverwirklichung
- Bedürfnis nach Wertschätzung
- Bedürfnis nach Zugehörigkeit
- Bedürfnis nach Sicherheit
- Physiologische Bedürfnisse

Der amerikanische Psychologe Abraham Maslow entwickelte eine Abfolge der menschlichen Bedürfnisse, die als Maslow'sche Pyramide Berühmtheit erlangt hat. Ihr Vorteil ist es, die Bedürfnisse in verständliche Kategorien zu unterteilen und von den Grundbedürfnissen bis zu den «Luxusbedürfnissen» zu ordnen. **Abbildung 2.1** zeigt diese modellhafte Pyramide.

Die Basis und damit die unterste Stufe der Pyramide bilden die physiologischen, also die elementaren körperlichen Bedürfnisse, etwa sich zu ernähren oder zu schlafen. Ihre Befriedigung ist für das Überleben notwendig, deshalb bilden sie den machtvollsten Antrieb für menschliches Handeln. Sind sie einmal gestillt, folgen als Nächstes die Sicherheitsbedürfnisse wie Stabilität, Schutz oder Angstfreiheit. Nach diesen beiden Basiskategorien von Bedürfnissen kommen die sozialen Bedürfnisse nach Zugehörigkeit oder Freundschaft, gefolgt vom Bedürfnis nach Wertschätzung durch Status, Karriere, Macht oder Auszeichnungen. An der Spitze schliesslich steht das Bedürfnis nach Selbstverwirklichung, der Wunsch also, seine persönlichen Neigungen auszuleben und seine Talente auszuschöpfen.

Die Befriedigung der physiologischen Bedürfnisse erfordert in der Regel materielle Güter. Je höher wir uns in der Pyramide befinden, desto grösser wird die Bedeutung immaterieller Güter zur Befriedigung der entsprechenden Bedürfnisse.

2 Einzelentscheidungen, Märkte und Gesamtwirtschaft

2.2.2 Die Nachfragekurve

Jeder und jede kann an sich selbst die Reaktion der Nachfrage auf Preisänderungen beobachten. Sinken die Handygebühren, so telefoniert man mehr, steigt der Preis für Eintrittsbillette, so besucht man weniger Fussballspiele. Steigt nämlich der Preis eines Gutes, und wir ändern nichts an der nachgefragten Menge, dann können wir uns weniger von anderen Gütern leisten – die Opportunitätskosten für dieses Gut haben sich durch die Preissteigerung erhöht. Deshalb werden wir in der Regel auf die Preiserhöhung eines Gutes mit einer verringerten Nachfrage danach reagieren – die nachgefragte Menge wird also kleiner. Sinken umgekehrt die Preise eines Gutes, dann kaufen wir tendenziell mehr davon; die Opportunitätskosten sind nämlich gesunken. Unsere Nachfrage dehnt sich also aus, wenn die Preise sinken. Man bezeichnet dieses Verhaltensmuster als das *Gesetz der Nachfrage*. Es ist ein Eckpfeiler der ökonomischen Analyse und besagt, dass ein steigender Preis die Nachfrage reduziert, wenn alle anderen Einflüsse auf die Nachfrage unverändert bleiben.

Die *Nachfragekurve* illustriert den Zusammenhang. Dazu tragen wir in einer Grafik auf der horizontalen Achse die Menge eines Gutes ab und auf der vertikalen Achse den Preis desselben Gutes. Wir nehmen dabei an, dass alle anderen Einflussfaktoren auf die Nachfrage – etwa die Preise ähnlicher Güter oder das Einkommen der Käufer – unverändert bleiben. Unter dieser Annahme lässt sich anhand der Grafik analysieren, wie eine Preisveränderung die nachgefragte Menge beeinflusst. **Abbildung 2.2** stellt dies an einem konkreten Beispiel dar.

Die Tabelle zeigt, wie gross in einem Land die wöchentliche Nachfrage nach Milch zu verschiedenen Preisen ist. In der Grafik bezeichnet die horizontale Achse die Menge wöchentlich nachgefragter Milch in 1000 Litern und die vertikale Achse den Preis pro Liter in Schweizer Franken. Betrachten wir nun verschiedene Preis-Mengen-Kombinationen. Beträgt der Preis beispielsweise 2 Franken, so werden

→ **Gesetz der Nachfrage**
Die nachgefragte Menge sinkt mit steigenden Preisen, wenn alle anderen Einflüsse konstant gehalten werden.

→ **Nachfragekurve**
Grafische Darstellung der nachgefragten Menge in Abhängigkeit vom Preis.

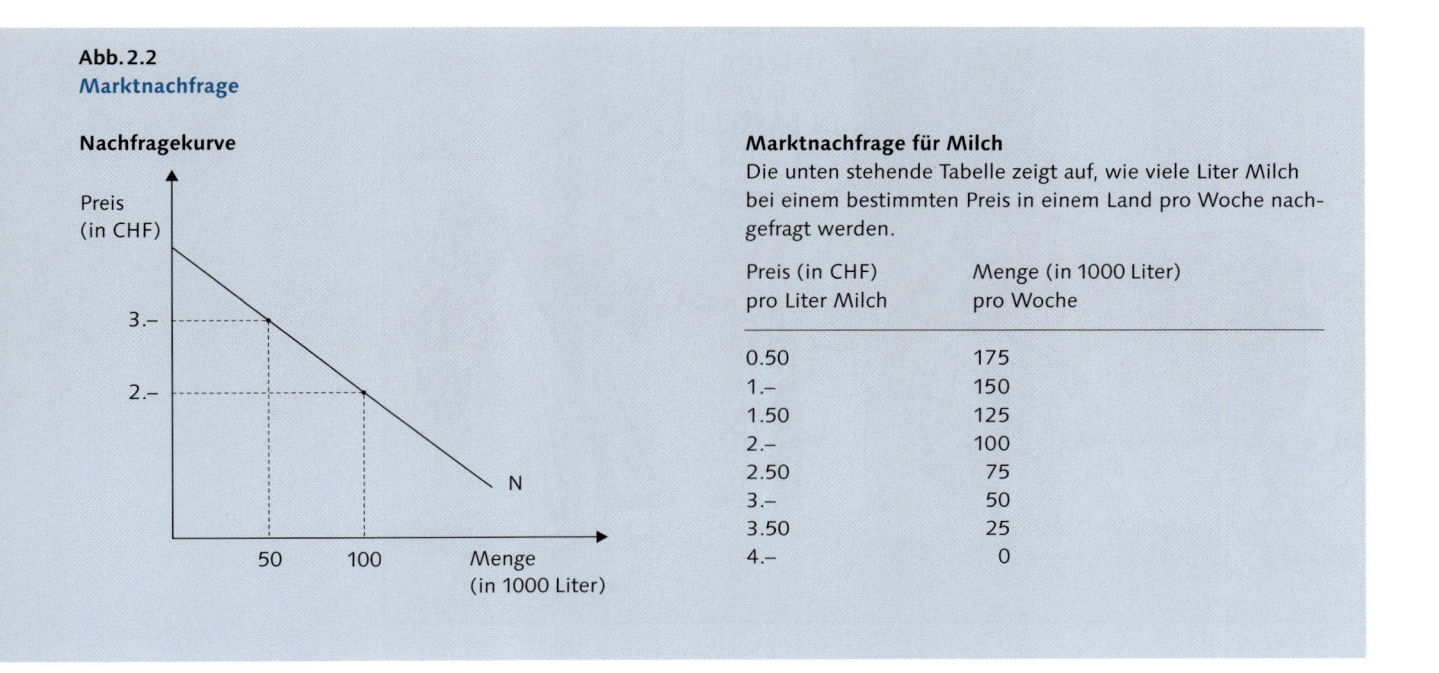

Abb. 2.2 Marktnachfrage

Nachfragekurve

Marktnachfrage für Milch
Die unten stehende Tabelle zeigt auf, wie viele Liter Milch bei einem bestimmten Preis in einem Land pro Woche nachgefragt werden.

Preis (in CHF) pro Liter Milch	Menge (in 1000 Liter) pro Woche
0.50	175
1.–	150
1.50	125
2.–	100
2.50	75
3.–	50
3.50	25
4.–	0

Die Nachfrage

während einer Woche 100 000 Liter Milch gekauft. Erhöht sich der Preis jedoch auf 3 Franken, wird entsprechend weniger nachgefragt – nämlich nur noch 50 000 Liter pro Woche. Die Nachfragekurve N bildet diese beiden und alle anderen Preis-Mengen-Kombinationen ab. Dabei gilt das Gesetz der Nachfrage: Je höher der Preis, desto weniger wird nachgefragt. Unter der erwähnten, wichtigen Annahme, dass alle anderen Einflussfaktoren vernachlässigt werden bzw. konstant bleiben, lässt sich Folgendes ableiten: Erhöht sich der Preis, so bewegen wir uns auf der Nachfragekurve nach links, reduziert er sich, so wandern wir auf der Kurve nach rechts.

2.2.3 Verschiebung der Nachfragekurve

Nun wird die Nachfrage aber noch von anderen Faktoren beeinflusst, beispielsweise vom Einkommen der Käufer oder vom Preis anderer Güter. Was geschieht nun, wenn sich diese Einflussfaktoren verändern? Da es nicht der Preis ist, der sich ändert, können wir die Veränderung nicht als eine Bewegung auf der Nachfragekurve darstellen. Vielmehr wird sich die gesamte Nachfragekurve verschieben, was bedeutet, dass neu zu jedem Preis eine andere Menge nachgefragt wird.

Welche Faktoren können nun die Nachfragekurve verschieben? Es sind dies im Wesentlichen die Veränderungen folgender Faktoren:

- Einkommen,
- Anzahl Nachfrager,
- Preis von ähnlichen Gütern (*Substitutionsgüter*),
- Preis von ergänzenden Gütern (*Komplementärgüter*),
- Geschmack der Konsumenten (*Präferenzen*).

→ **Substitutionsgüter**
Güter, welche dieselben oder sehr ähnliche Bedürfnisse befriedigen.

→ **Komplementärgüter**
Güter, die sich in ihrem Nutzen ergänzen und deshalb oft gemeinsam nachgefragt werden.

→ **Präferenz**
Bevorzugung einer bestimmten Handlungsalternative, die sich aus der individuellen Bewertung aller Handlungsalternativen ergibt.

Milk Prices Reach Record Levels

Die Milchpreise erreichen Rekordwerte: «Ich würde gerne in Fässer Milch investieren.»

Einzelentscheidungen, Märkte und Gesamtwirtschaft

Nehmen wir an, das Einkommen der Bevölkerung im betrachteten Land steige an. Die Folge ist, dass tendenziell mehr von allen Gütern nachgefragt wird und deshalb auch die Nachfrage nach Milch steigt. Das höhere Einkommen verschiebt die Nachfragekurve nach rechts, weil zu jedem Milchpreis eine höhere Menge nachgefragt wird. Ebenfalls nach rechts verschiebt sich die Nachfragekurve, wenn zusätzliche Nachfrager auf dem Markt auftreten. Gerade für den Milchmarkt ist dies sehr aktuell. Das starke Wachstum in Ländern wie China und Indien hat dazu geführt, dass in jüngster Zeit die Nachfrage nach Milch und anderen Rohwaren auf dem Weltmarkt zugenommen hat; zu jedem Preis wird also zusätzliche Milch nachgefragt. Die Karikatur nimmt übrigens Bezug auf dieses Phänomen.

Bei einem Rückgang des Einkommens oder einer Reduktion der Anzahl Nachfrager verschiebt sich umgekehrt die Nachfragekurve nach links, weil dann zu jedem Preis weniger Milch nachgefragt wird. **Abbildung 2.3** zeigt diese Verschiebungen der Nachfragekurve.

Neben dem Einkommen können natürlich weitere Faktoren die Nachfragekurve verschieben, so zum Beispiel die Preise ähnlicher Güter, die zu einem gewissen Grad als Ersatz dienen können. Nehmen wir an, dass der Preis für ein anderes gesundes Getränk, sagen wir Orangensaft, deutlich sinkt. Ein tieferer Preis für das Substitutionsgut Orangensaft wird manche Konsumenten dazu bewegen, auf den neu relativ billigeren Orangensaft umzusteigen. Die Nachfrage nach Milch geht deshalb bei jedem Preis zurück, sodass sich die Nachfragekurve nach links verschiebt. Ebenfalls einen Einfluss haben die Preise sogenannter Komplementärgüter, also Güter, die oft gemeinsam mit Milch konsumiert werden. Eine Preiserhöhung bei solchen Gütern wirkt in die gleiche Richtung wie ein höherer Preis für das betrachtete Gut. Steigt beispielsweise der Preis für Kakaopulver, so wird nicht nur weniger Kakao, sondern tendenziell auch weniger Milch konsumiert.

Präferenzen bilden einen weiteren wichtigen Faktor, der die Nachfrage beeinflusst. Wie sehr schätzen es die Konsumentinnen und Konsumenten, Milch zu trinken? Zeigt etwa eine neue Studie, dass Milchtrinken noch gesünder sei als bisher angenommen, bedeutet dies, dass die Nachfrage nach Milch bei jedem Preis steigen wird; die Nachfragekurve verschiebt sich wiederum nach rechts.

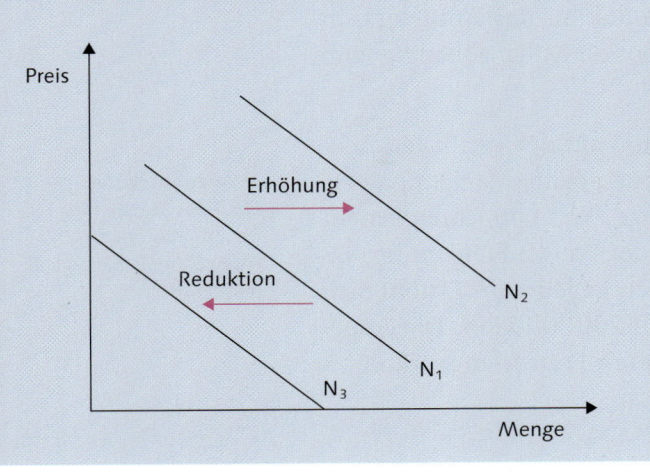

Abb. 2.3
Verschiebung der Nachfragekurve

Eine Erhöhung der Nachfrage bedeutet eine Verschiebung der Nachfragekurve nach rechts. Das heisst, unter der Nachfrage N_2 wird zu jedem Preis mehr nachgefragt als unter Nachfrage N_1. Eine Reduktion der Nachfrage bedeutet eine Verschiebung der Nachfragekurve nach links. Das heisst, unter der Nachfrage N_3 wird zu jedem Preis weniger nachgefragt als unter Nachfrage N_1.

Wir fassen zusammen: Die Nachfragekurve ist eine Kurve mit negativer Steigung, die den Zusammenhang zwischen Preis und nachgefragter Menge darstellt, unter der Annahme, dass alle anderen Einflussfaktoren konstant sind. Variiert anstatt des Preises ein anderer für die Nachfrage bedeutsamer Faktor, so verschiebt sich die Nachfragekurve als Ganzes.

INTERNET-VERTIEFUNG
hep-verlag.ch/vwl-plus

Nachfragekurve: Nutzen und Budget

Zusammenfassende Übersicht

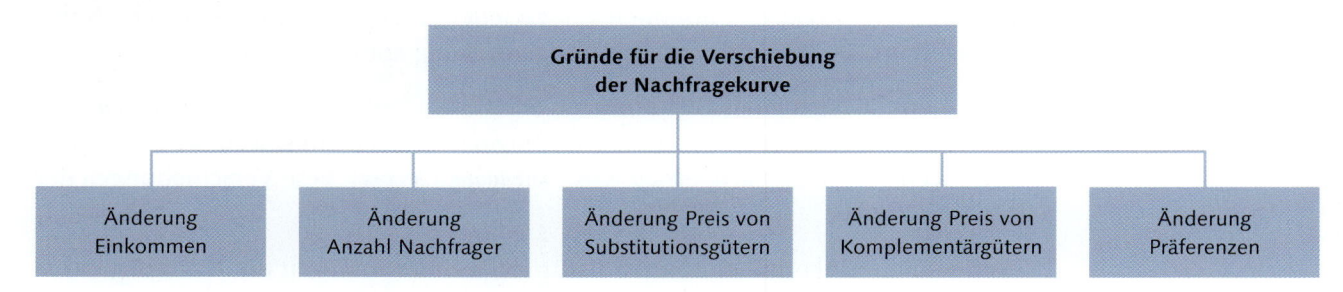

Gründe für die Verschiebung der Nachfragekurve:
- Änderung Einkommen
- Änderung Anzahl Nachfrager
- Änderung Preis von Substitutionsgütern
- Änderung Preis von Komplementärgütern
- Änderung Präferenzen

2.3 Das Angebot

2.3.1 Die Angebotskurve

Auf der Angebotsseite stellen wir uns die gleiche Frage wie zuvor bei der Nachfrage: Wie reagiert die angebotene Menge, wenn sich der Preis verändert? Auch diese Frage ist intuitiv ziemlich einfach zu beantworten. Erhöht sich der Preis eines Gutes, dann lohnt es sich für die Produzenten, mehr von diesem Gut anzubieten, weil der Ertrag pro verkaufte Einheit steigt. Entsprechend wird sich bei steigenden Preisen das Angebot ausweiten. So wird ein Ackerbauer bei stark steigendem Milchpreis einen grösseren Anreiz haben, auf die Haltung von Milchkühen umzusteigen. Mit jedem Landwirt, der diesen Entschluss fasst, wächst die angebotene Menge von Milch.

In unserem Beispiel versetzen wir uns jetzt in die Situation des Anbieters, in diesem Fall des Landwirts. **Abbildung 2.4** stellt das Angebot für Milch abhängig vom Preis dar.

Auch hier ist auf der horizontalen Achse die Menge und auf der vertikalen Achse der Preis abgetragen. Die *Angebotskurve* A weist eine positive Steigung auf – je höher der Preis, desto grösser die angebotene Menge. Wir betrachten erneut zwei konkrete Preis-Mengen-Kombinationen. Beträgt der Preis 2 Franken pro Liter, werden während einer Woche 100 000 Liter Milch angeboten. Erhöht sich der Literpreis auf 3 Franken, so steigt das Angebot auf 200 000 Liter. Die Angebotskurve zeigt wiederum diese beiden und alle anderen Preis-Mengen-Kombinationen an.

→ **Angebotskurve**
Grafische Darstellung der angebotenen Mengen in Abhängigkeit vom Preis.

Einzelentscheidungen, Märkte und Gesamtwirtschaft

Abb. 2.4
Marktangebot

Angebotskurve

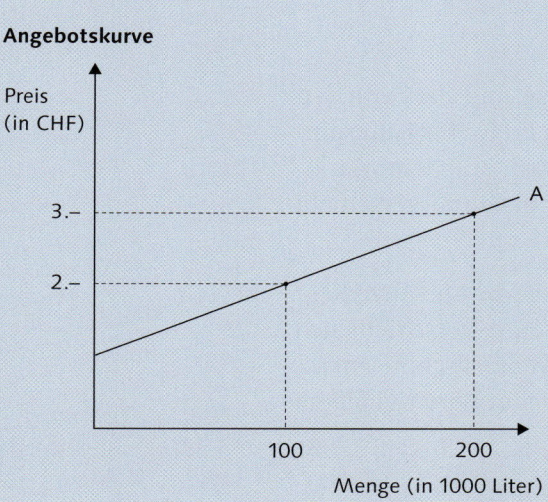

Marktangebot für Milch
Die unten stehende Tabelle zeigt auf, wie viele Liter Milch bei einem bestimmten Preis in einem Land pro Woche angeboten werden.

Preis (in CHF) pro Liter Milch	Menge (in 1000 Liter) pro Woche
0.–	0
0.50	0
1.–	0
1.50	50
2.–	100
2.50	150
3.–	200
3.50	250

Abb. 2.5
Verschiebung der Angebotskurve

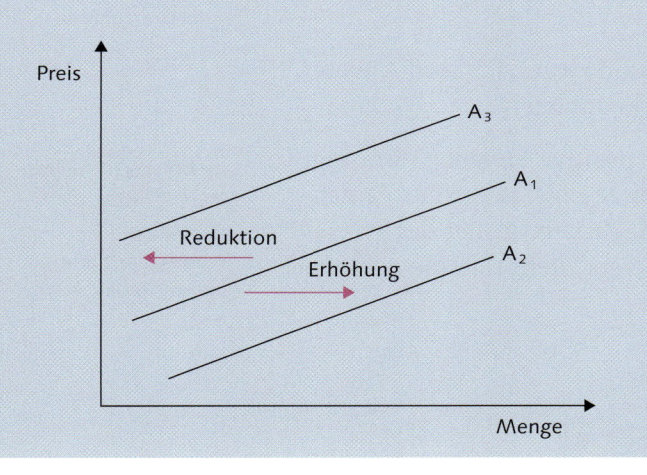

Eine Erhöhung des Angebots bedeutet eine Verschiebung der Angebotskurve nach rechts. Das heisst, unter dem Angebot A_2 wird zu jedem Preis mehr angeboten als unter Angebot A_1. Eine Reduktion des Angebots bedeutet eine Verschiebung der Angebotskurve nach links. Das heisst, unter dem Angebot A_3 wird zu jedem Preis weniger angeboten als unter Angebot A_1.

2.3.2 Verschiebung der Angebotskurve

Wie zuvor müssen wir wieder zwischen Bewegungen auf der Angebotskurve und der Verschiebung der gesamten Kurve unterscheiden. Denn auch die Angebotskurve ist unter der Bedingung gezeichnet, dass alle anderen Einflussfaktoren auf das Angebot konstant sind. Sie verschiebt sich deshalb als Ganzes, sobald sich andere Einflussfaktoren als der Preis verändern. Solche Verschiebungen der Angebotskurve zeigt **Abbildung 2.5**.

Verschiebt sich die Kurve nach rechts, so bedeutet dies, dass zu jedem Preis mehr angeboten wird. Verschiebt sie sich nach links, bedeutet dies umgekehrt eine Reduktion der angebotenen Menge zu jedem Preis.

Welche Faktoren können nun die Angebotskurve verschieben? Es sind dies im Wesentlichen Veränderungen folgender Faktoren:

Das Angebot

- Preise von Vorleistungen,
- Produktivität,
- Preise von Substituten in der Produktion,
- Anzahl Anbieter.

Die wichtigste Einflussgrösse sind die Produktionskosten. Diese sind stark von den Preisen der Vorleistungen abhängig. Steigen zum Beispiel die Preise für Futtermittel, so erhöhen sich die Kosten für die Landwirte und es wird zu jedem Marktpreis eine kleinere Menge an Milch angeboten. Die Angebotskurve verschiebt sich demzufolge nach links.

Ebenfalls auf die Produktionskosten wirkt die Produktivität. Verbessert sich diese zum Beispiel wegen des Einsatzes einer neuen Technologie, dann verschiebt sich die Angebotskurve nach rechts. Wird etwa eine effizientere Melkmaschine entwickelt, so reduzieren sich die Produktionskosten und das Angebot wird bei jedem Preis ausgeweitet.

Ein weiterer Einflussfaktor sind die Preise von anderen Gütern, die ein Produzent ebenfalls anbieten könnte. Steigt beispielsweise der Preis für Getreide an, so werden Landwirte eher dazu übergehen, auf ihren Feldern Getreide anzubauen, anstatt sie als Kuhweide zu verwenden. Ein höherer Preis eines *Substituts in der Produktion* wird also zu einem kleineren Angebot an Milch und damit zu einer Verschiebung der Angebotskurve nach links führen.

→ **Substitut in der Produktion**
Andere Güter, die ein Unternehmen mit der bestehenden Ressourcenausstattung ebenso gut produzieren könnte.

Schliesslich verschiebt sich die Angebotskurve auch, und zwar nach rechts, wenn die Anzahl Unternehmen zunimmt, die auf dem Markt anbieten.

Wir fassen zusammen: Die Angebotskurve hat eine positive Steigung. Sie zeigt den Zusammenhang zwischen Preis und angebotener Menge, unter der Annahme, dass alle anderen Einflussfaktoren konstant sind. Variiert anstatt des Preises ein anderer für das Angebot bedeutsamer Faktor, so verschiebt sich die gesamte Angebotskurve.

INTERNET-VERTIEFUNG
hep-verlag.ch/vwl-plus

Angebotskurve: Produktionsfunktion und Kostenkurven

Zusammenfassende Übersicht

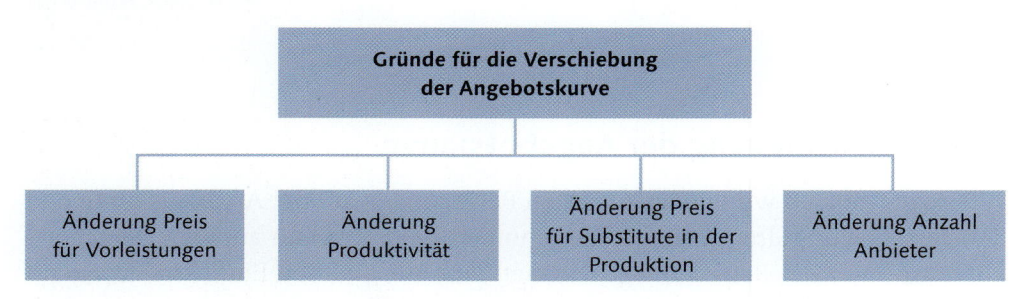

```
            Gründe für die Verschiebung
                der Angebotskurve
    ┌───────────┬──────────┴─────────┬────────────┐
Änderung Preis  Änderung      Änderung Preis   Änderung Anzahl
für Vorleistungen Produktivität  für Substitute in der  Anbieter
                                  Produktion
```

46

2.4 Der Markt

Wir verstehen jetzt die grundsätzlichen Mechanismen von Angebot und Nachfrage und wollen nun das wohl wichtigste Konzept der Volkswirtschaftslehre kennenlernen, den Markt. Ganz einfach ausgedrückt, ist ein Markt das Zusammentreffen von Angebot und Nachfrage. Personen, die etwas anbieten, treffen auf Personen, die etwas nachfragen. Wir können uns am einfachen Bild des Gemüsemarkts in einem Dorf orientieren: Die Bauern bieten dort ihre Ware an, und die Dorfbevölkerung fragt diese Ware nach. Das Zusammentreffen dieser *wirtschaftlichen Akteure* macht dann den «Markt» aus. Auf diesem Markt wird nun getauscht. In aller Regel werden dabei nicht Waren gegen Waren getauscht – obwohl auch dies möglich wäre –, sondern Waren gegen Geld. Dieser Tausch erfolgt freiwillig: Er findet nur dann statt, wenn beide Marktseiten davon profitieren. Der Anbieter gibt seine Waren ab und erhält vom Nachfrager dafür den Gegenwert in Geld, das er dann auf anderen Märkten als Nachfrager verwenden kann, um seinerseits Waren zu kaufen. Auf einem Gemüsemarkt etwa bietet ein Bauer seine Äpfel an und erhält dafür Geld, das er dazu verwendet, um beim Metzger Würste zu kaufen. Jeder wirtschaftliche Akteur ist also sowohl Anbieter als auch Nachfrager, abhängig davon, welchen Markt man betrachtet.

→ **Wirtschaftlicher Akteur**
Einzelne Personen, Unternehmen, staatliche Einheiten oder jeweils eine Gruppe davon, die wirtschaftliche Transaktionen tätigen.

In einer modernen, *arbeitsteiligen* Marktwirtschaft bieten die meisten Personen nicht direkt ein Gut an, sondern in erster Linie ihre Arbeitskraft. Diese wird auf dem Arbeitsmarkt von den Unternehmen nachgefragt, die damit Waren produzieren, um sie auf Gütermärkten zu verkaufen. Das Konzept «Markt» beschränkt sich also nicht allein auf Güter. Haushalte und Unternehmen treffen auf ganz verschiedenen Märkten aufeinander. Auf Gütermärkten werden Waren und Dienstleistungen gehandelt, auf Arbeitsmärkten Arbeit und auf Kapitalmärkten Kredite. Immer geht es um Mengen, die angeboten und nachgefragt werden, und um den Preis, der sich auf dem Markt bildet. Bei Gütermärkten spricht man dabei direkt vom Preis, bei Arbeitsmärkten vom Lohn und bei Kapitalmärkten vom Zins. Das Grundkonzept bei diesen sehr verschiedenen Märkten ist aber immer das Gleiche – Dinge werden freiwillig gegen Geld getauscht.

→ **Arbeitsteilung**
Aufteilung des Produktionsprozesses in einzelne Arbeitsschritte, die durch jeweils verschiedene Personen oder Unternehmen ausgeführt werden.

Angebot und Nachfrage in Aktion.

Der Markt

2.4.1 Das Marktgleichgewicht

Wir wollen jetzt die beiden Kurven, die wir in den vorigen Abschnitten hergeleitet haben, zusammenführen. Der vollständige Markt mit beiden Marktseiten ist in **Abbildung 2.6** dargestellt. Wir betrachten hier wieder die Angebots- und Nachfragekurven für Milch.

Wir sehen, dass es in diesem Markt ein *Gleichgewicht* gibt, also eine Preis-Mengen-Kombination, bei der sich Angebots- und Nachfragekurve schneiden. Im Beispiel beträgt der sogenannte Gleichgewichtspreis 2 Franken. Zu diesem Preis fragen die Konsumentinnen und Konsumenten 100 000 Liter Milch pro Woche nach, und die Produzenten bieten 100 000 Liter pro Woche an. Die angebotene Menge entspricht im Schnittpunkt also genau der nachgefragten Menge. Man spricht hier auch von einem *geräumten Markt*. Dieser Schnittpunkt wird deshalb als Gleichgewicht bezeichnet, weil in einem marktwirtschaftlichen System Kräfte bestehen, die zu dieser Preis-Mengen-Kombination hinführen. Warum ist das so?

Betrachten wir **Abbildung 2.6** und nehmen wir an, dass der Ausgangspreis nicht dem gleichgewichtigen Preis entspreche, sondern 3 Franken betrage. Zu diesem Preis wird weniger nachgefragt, nämlich nur noch 50 000 Liter Milch pro Woche. Für die Anbieter ist dieser Preis natürlich attraktiver, sie würden deshalb gerne mehr – im konkreten Fall 200 000 Liter Milch – verkaufen und möchten ihre Produktion entsprechend ausdehnen. Mit anderen Worten, es entsteht ein *Angebotsüberhang*: Es werden nur 50 000 Liter nachgefragt, jedoch 200 000 Liter angeboten. Was geschieht nun auf einem Markt mit einem Angebotsüberhang? Damit die Anbieter nicht auf ihrer Milch sitzen bleiben, werden sie die angebotene Menge so lange reduzieren, bis wieder der Gleichgewichtspreis erreicht ist und das gesamte Angebot auch nachgefragt wird. Es werden also diejenigen Anbieter aus dem Markt ausscheiden, deren Kosten zu hoch sind, um beim Gleichgewichtspreis genügend entschädigt zu werden. Entsprechend hat dieser Markt die Tendenz, sich bei einer Preis-Mengen-Kombination von 2 Franken und 100 000 Einheiten einzupendeln. Analog ist die Situation bei einem *Nachfrageüberhang*, also bei

→ **Gleichgewicht**
Situation, in der kein wirtschaftlicher Akteur einen Grund hat, seine Handlungen anzupassen.

→ **Markträumung**
Die nachgefragte Menge entspricht der angebotenen Menge. Voraussetzung für Markträumung ist, dass der Marktpreis dem Gleichgewichtspreis entspricht.

→ **Angebotsüberhang**
Die angebotene Menge übersteigt die nachgefragte Menge, weil der herrschende Preis über dem Gleichgewichtspreis des Marktes liegt.

→ **Nachfrageüberhang**
Die nachgefragte Menge übersteigt die angebotene Menge, weil der herrschende Preis unter dem Gleichgewichtspreis des Marktes liegt.

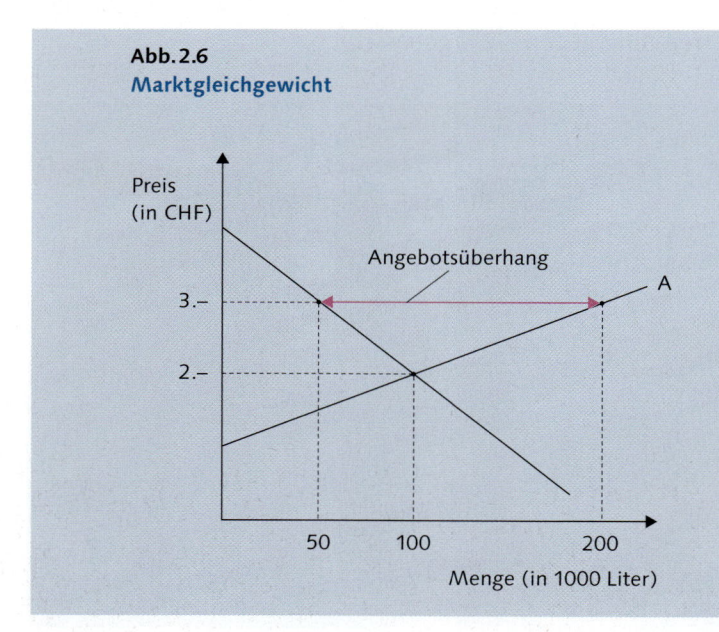

Abb. 2.6
Marktgleichgewicht

Das Marktgleichgewicht stellt sich dort ein, wo sich Angebotskurve und Nachfragekurve schneiden.
Zum Preis von CHF 2.– werden 100 000 Liter angeboten und 100 000 Liter nachgefragt. Der Markt ist somit geräumt.

Bei einem Preis, der über dem gleichgewichtigen Preis von CHF 2.– liegt, z. B. CHF 3.–, entsteht ein Ungleichgewicht, nämlich ein Angebotsüberhang. Das Gegenteil ist der Fall, wenn der Preis unter dem Gleichgewichtspreis liegt; dann entsteht ein Nachfrageüberhang.

Einzelentscheidungen, Märkte und Gesamtwirtschaft 2

«Erklären Sie die Redewendung ‹Reden ist billig›.»
«Das kommt daher, dass hier das Angebot immer grösser ist als die Nachfrage.»

einem zu tiefen Ausgangspreis. Die Nachfrager erhalten in diesem Fall nicht genügend Milch und sind deshalb bereit, so lange mehr zu bezahlen, bis die nachgefragte Menge genau der angebotenen Menge entspricht.

2.4.2 Veränderungen des Marktgleichgewichts

In einem freien Markt pendelt sich also der Gleichgewichtspreis durch das Verhalten der Anbieter und Nachfrager automatisch ein. Wir sehen dies auch daran, dass sich bei einer Verschiebung der Angebots- oder Nachfragekurve sehr rasch wieder ein neues Gleichgewicht bildet.

Nehmen wir in unserem Beispiel an, dass wegen schlechter Witterung die Preise für Heu steigen. Das erhöht für die Landwirte die Produktionskosten der Milch,

---

Vollständige Konkurrenz

Das hier beschriebene Zusammenspiel zwischen Angebot und Nachfrage beruht auf der Annahme der sogenannten *vollständigen Konkurrenz*. Damit ist ein möglichst reibungslos funktionierender Wettbewerb gemeint, wofür die folgenden Voraussetzungen erfüllt sein sollten:

- Die Güter sind *homogen*; das heisst, auf einem bestimmten Markt werden nur Güter gehandelt, die sich qualitativ nicht unterscheiden.
- Es gibt eine so grosse Anzahl von Anbietern und Nachfragern, dass das Verhalten eines Einzelnen den Preis nicht beeinflussen kann.
- Der Marktzutritt ist frei und die Anbieter können den Markt nicht gegen neue Konkurrenten abschotten.
- Die Marktteilnehmer sind vollständig über das Marktgeschehen informiert.

Angesichts dieser Liste könnte man erwarten, dass ein Markt mit vollständiger Konkurrenz in der Realität kaum möglich ist; zu weitgehend erscheinen die Annahmen.

In der Tat sind diese Bedingungen selten vollständig erfüllt, aber meist doch in einem Ausmass, das für unser Marktmodell ausreicht. Denn selbst in Märkten mit nicht völlig homogenen Gütern, wenig Teilnehmern, erschwertem Marktzutritt und unvollständiger Information sind die Marktkräfte so stark, dass über kurz oder lang Angebot und Nachfrage zu einem Markt zusammenfinden, der mehr oder weniger demjenigen bei vollständiger Konkurrenz entspricht. Die nicht erfüllten Bedingungen bedeuten lediglich, dass nicht alle Vorteile realisiert werden können, die bei wirklich vollständiger Konkurrenz möglich wären. Vorteile bringen die Märkte aber selbst in diesem Fall. Und wie schwer es ist, diese Marktkräfte zu bändigen, haben etwa die Erfahrungen in den ehemaligen Planwirtschaften Osteuropas gezeigt. Auch dort reagierten die Menschen auf Knappheitssignale. Überall, wo keine vollständige Kontrolle möglich war, bildeten sich «Märkte»; also Situationen, in denen Anbieter und Nachfrager gegenseitig vorteilhafte Tauschmöglichkeiten suchten.

→ **Vollständige Konkurrenz**
Marktsituation, in der weder Produzenten noch Konsumenten über genügend Marktmacht verfügen, um die Preise zu beeinflussen.

→ **Homogene Güter**
Güter, die sich in ihrer Qualität nicht unterscheiden und vollkommen gegeneinander austauschbar sind.

Der Markt

Abb. 2.7
Veränderung des Marktgleichgewichts

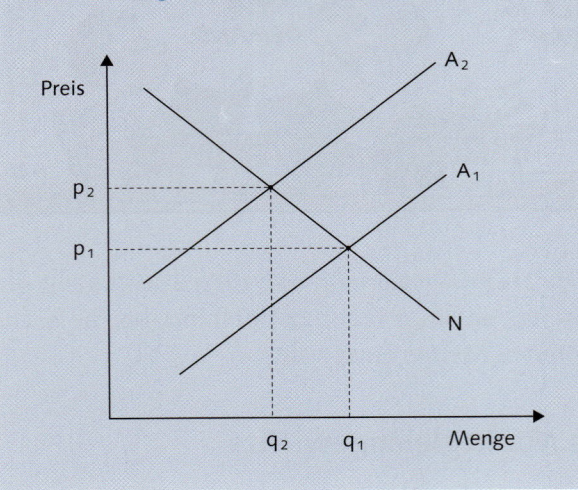

Bei einer Verschiebung der Angebotskurve A_1 nach A_2, z. B. weil die Ressourcen teurer geworden sind, stellt sich ein neues Gleichgewicht ein. In der Ausgangssituation herrscht bei Preis p_1 und Menge q_1 ein Gleichgewicht. Nach der Verschiebung der Angebotskurve würden die Produzenten bei Preis p_1 eine kleinere Menge als q_1 anbieten. Auf diese Verknappung reagieren die Nachfrager, die eine hohe Zahlungsbereitschaft haben, indem sie einen höheren Preis bieten. Dies wiederum setzt den Anreiz, das Angebot auszudehnen. Dies geht so lange, bis sich das neue Gleichgewicht bei Preis p_2 und Menge q_2 einstellt.

sodass sie zu jedem Marktpreis weniger Milch anbieten. Die Angebotskurve verschiebt sich also, wie in **Abbildung 2.7** dargestellt, von A_1 nach links zu A_2.

Wie erfolgt nun die Anpassung an das neue Gleichgewicht? Die Landwirte sind aufgrund der gestiegenen Kosten nicht mehr bereit, zum Preis p_1 die Menge q_1 anzubieten, welche die Konsumentinnen und Konsumenten zu diesem Preis nachfragen. Es entsteht also ein Nachfrageüberhang nach Milch. Die Nachfrager mit einer hohen Zahlungsbereitschaft für Milch werden auf die Verknappung des Angebots reagieren, indem sie den Landwirten einen höheren Preis bieten. Zu einem höheren Preis als p_1 werden die Landwirte wiederum bereit sein, etwas mehr Milch zu produzieren, und es wird sich für Anbieter mit etwas höheren Kosten lohnen, in den Markt einzusteigen. Dieser Prozess wird so lange andauern, bis sich angebotene und nachgefragte Menge wieder entsprechen, was beim Preis p_2 der Fall ist, bei dem die reduzierte Menge q_2 nachgefragt wird.

Ein Rückgang des Angebots führt also zu einem neuen Gleichgewicht, bei dem eine kleinere Menge zu einem höheren Preis gehandelt wird. Das Gegenteil tritt natürlich bei einer Ausweitung des Angebots ein: Das Gleichgewicht pendelt sich dort bei einer grösseren Menge und einem tieferen Preis ein.

2.4.3 Die Elastizität

Wie stark die Verschiebung der Angebots- oder Nachfragekurve die gleichgewichtige Menge verändert, hängt – vereinfacht gesagt – davon ab, wie steil die Kurven sind. Und wie steil die Kurven sind, hängt wiederum von der sogenannten Preiselastizität ab. In diesem Abschnitt erläutern wir dieses für die mikroökonomische Analyse zentrale Konzept der *Elastizität*. Wir diskutieren dabei beispielhaft die wohl wichtigste Anwendung, nämlich die Preiselastizität der Nachfrage. Sie zeigt an, wie stark die nachgefragte Menge reagiert, wenn sich der Preis verändert. **Abbildung 2.8** erläutert das Konzept in zwei Grafiken, die sich nur darin unterscheiden, dass die Nachfrage unterschiedlich elastisch ist. Die Angebotskurven haben in beiden Fällen den genau gleichen Verlauf.

→ **Elastizität**
Ausmass der Reaktion einer Grösse auf die Veränderung einer anderen wirtschaftlichen Grösse.

Einzelentscheidungen, Märkte und Gesamtwirtschaft

Abb. 2.8
Effekte einer Angebotsänderung bei unterschiedlicher Elastizität der Nachfrage

Unelastische Nachfrage

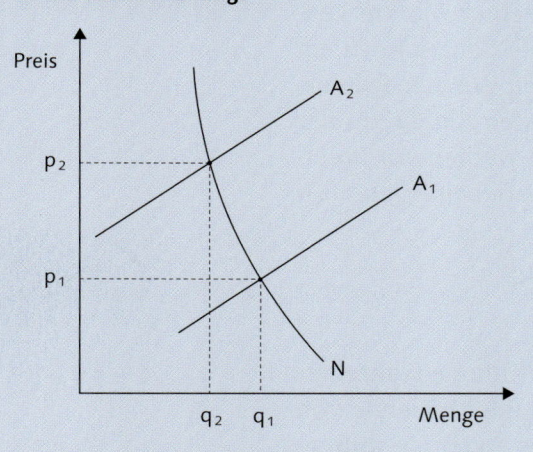

Eine Verschiebung der Angebotskurve A_1 nach A_2 löst bei einer sehr unelastischen Nachfrage nur eine relativ geringe Mengenreaktion aus. Die gehandelte Menge sinkt nur von q_1 auf q_2.

Elastische Nachfrage

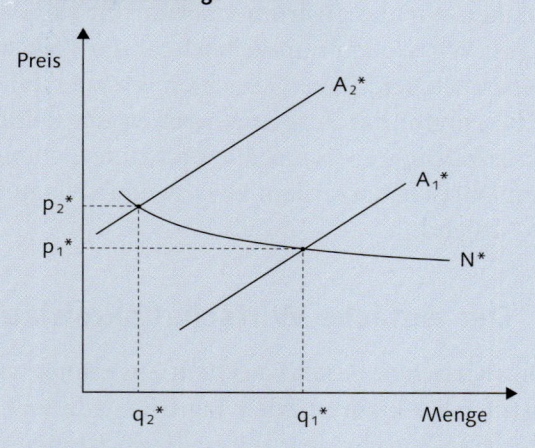

Eine gleich starke Verschiebung der Angebotskurve von A_1^* nach A_2^* löst bei einer sehr elastischen Nachfrage eine relativ starke Mengenreaktion aus. Die gehandelte Menge sinkt von q_1^* auf q_2^*.

Die linke Grafik zeigt eine sehr unelastische Nachfrage. Eine Verschiebung der Angebotskurve von A_1 nach A_2 bedeutet hier eine starke Preiserhöhung von p_1 nach p_2, reduziert aber die nachgefragte Menge nur wenig. Sie sinkt lediglich von q_1 auf q_2. Ein Beispiel für einen solchen Fall ist etwa die Nachfrage nach Zigaretten – es erfordert schon spürbare Preiserhöhungen, bevor ein starker Raucher seinen Konsum einzuschränken beginnt.

Ganz anders die in der rechten Grafik dargestellte, äusserst elastische Nachfragekurve. Schon eine kleine Erhöhung des Preises von p_1^* nach p_2^* – verursacht durch die gleich starke Verschiebung der Angebotskurve von A_1^* nach A_2^* – bewirkt eine drastische Mengenreaktion: Die gehandelte Menge sinkt von q_1^* auf q_2^*. Dies gilt etwa für Güter, die leicht durch andere ersetzt werden können. So werden beispielsweise schon relativ kleine Preiserhöhungen bei einer bestimmten Zigarettenmarke zu einem starken Rückgang der nachgefragten Menge führen, da die Raucher leicht zu einer anderen Marke wechseln können.

Für Ökonominnen und Ökonomen, die den Effekt einer Preiserhöhung auf die nachgefragte Menge prognostizieren sollen, stellt sich also stets die Frage nach der Preiselastizität der Nachfrage.

Ein Konsument mit sehr unelastischer Nachfrage: Der im Alter von 96 Jahren verstorbene Helmut Schmidt, ehemaliger deutscher Bundeskanzler und Kettenraucher.

2.5 Der Wirtschaftskreislauf

Bisher haben wir das Instrumentarium für die Analyse einzelner Märkte kennengelernt. Wir wollen nun versuchen, die Volkswirtschaft als Ganzes in einem Schema darzustellen. Dazu betrachten wir zuerst den einfachen Wirtschaftskreislauf. Er beschreibt das Zusammenwirken der beiden wichtigsten Akteure in der Volkswirtschaftslehre – Haushalte und Unternehmen. Danach werden wir im erweiterten Wirtschaftskreislauf zwei weitere Akteure mit einbeziehen – den Staat und das Ausland.

2.5.1 Der einfache Wirtschaftskreislauf

Eine Volkswirtschaft besteht aus dem Zusammenwirken von Millionen einzelner wirtschaftlicher Akteure. Jeden Tag trifft jede und jeder von uns Dutzende von ökonomischen Entscheiden, die zu Transaktionen mit anderen Akteuren führen. Das reicht von der Frage, was wir zu Mittag essen oder welche Zeitung wir kaufen, bis zur Entscheidung eines Wirtes, welche Mahlzeiten er anbieten soll, oder der Buchhändlerin, welche Romane sie ins Schaufenster stellt.

Wollen wir nun die Gesamtwirtschaft analysieren, können wir nicht jeden dieser Einzelentscheide verfolgen oder erklären – der Aufwand wäre schlicht zu gross. Vielmehr müssen wir einfache Muster identifizieren, die das typische Verhalten und Zusammenwirken etwa des Wirtes und seines Gastes beschreiben. Wir betrachten also die wichtigen Märkte und versuchen, sinnvolle Gruppen von Akteuren und deren Wechselbeziehungen zu bilden und zu beschreiben, um die grundsätzlichen Abläufe der schier unendlichen Zahl ökonomischer Einzelentscheide besser zu verstehen.

Im Zentrum der volkswirtschaftlichen Analyse stehen einerseits die Haushalte und andererseits die Unternehmen. Die Haushalte sind in der Regel Nachfrager nach Gütern, und die Unternehmen bieten diese an. **Abbildung 2.9** stellt dies grafisch dar.

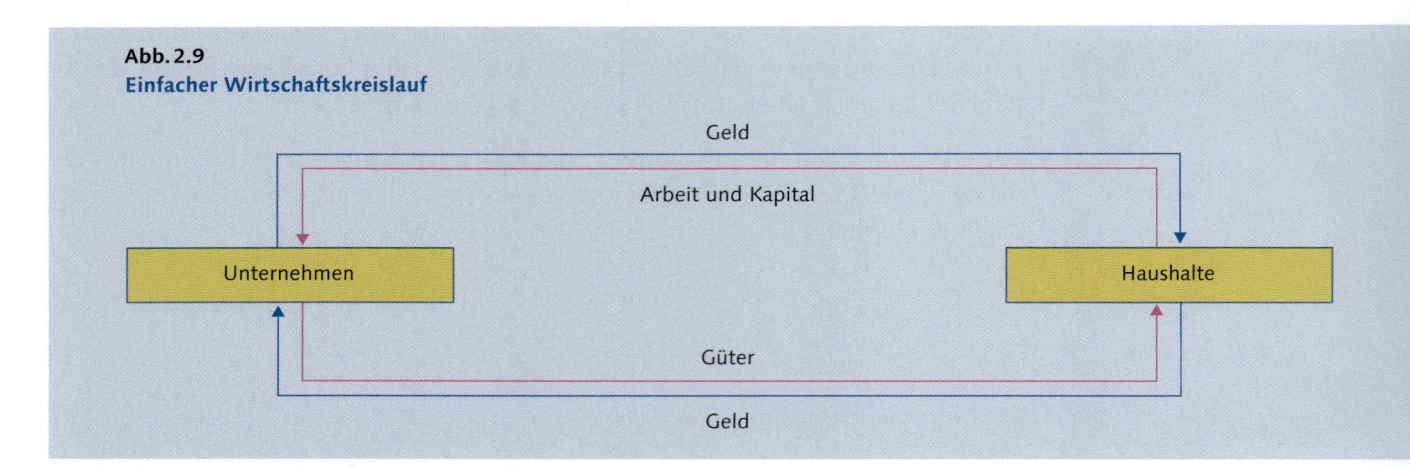

Abb. 2.9
Einfacher Wirtschaftskreislauf

Unternehmen ⇄ Haushalte
- Geld
- Arbeit und Kapital
- Güter
- Geld

Einzelentscheidungen, Märkte und Gesamtwirtschaft

Güter werden von den Unternehmen produziert und an die Haushalte verkauft. Damit beide Seiten an diesem Austausch freiwillig teilnehmen, müssen beide davon profitieren können. Wir sehen in der Darstellung denn auch, dass Ströme in beide Richtungen fliessen. Der Güterstrom (rot) geht von den Unternehmen an die Haushalte und der Geldstrom (blau) von den Haushalten an die Unternehmen. Konkret: Der Gast erhält vom Wirt eine Mahlzeit (Güterstrom) und zahlt ihm dafür den Preis für diese Mahlzeit (Geldstrom).

Wir sehen aber auch, dass dies nur einen Teil der Beziehungen zwischen Haushalten und Unternehmen ausmacht. Denn natürlich benötigen die Unternehmen für die Produktion Ressourcen, auch *Produktionsfaktoren* genannt, die ihnen von den Haushalten zur Verfügung gestellt werden. Diese Ressourcen bestehen aus Arbeitsleistung und Kapital. Bei dieser zweiten Art von Tausch ist nun die Situation gerade umgekehrt als beim Austausch von Gütern: hier besitzen die Haushalte etwas, das sie den Unternehmen verkaufen. Die Haushalte sind also Anbieter und die Unternehmen Nachfrager. Entsprechend verläuft der Geldstrom (blau) von den Unternehmen an die Haushalte und der Ressourcenstrom (rot) von den Haushalten an die Unternehmen. Konkret: Der Wirt erhält vom Koch die Arbeitsleistung (Ressourcenstrom) und zahlt ihm dafür einen Lohn (Geldstrom).

Die wirtschaftlichen Beziehungen zwischen Haushalten und Unternehmen sind dabei nicht direkt, sondern erfolgen in aller Regel – wie wir das schon besprochen haben – über Märkte. Auf den sogenannten Gütermärkten werden dabei die Waren und Dienstleistungen gehandelt. Auf den Faktormärkten wiederum findet der Austausch von Produktionsfaktoren statt; auf dem Arbeitsmarkt für den Produktionsfaktor Arbeit und auf dem Kapitalmarkt für die Kredite zur Finanzierung des Produktionsfaktors Kapital.

→ **Produktionsfaktoren**
Materielle und immaterielle Mittel zur Herstellung von Gütern.

2.5.2 Der erweiterte Wirtschaftskreislauf

Der einfache Wirtschaftskreislauf mit den Beziehungen zwischen Haushalten und Unternehmen erlaubt es bereits, eine beachtliche Zahl der wichtigsten Transaktionen einer Volkswirtschaft abzubilden. Für die gesamtwirtschaftliche Analyse lohnt es sich allerdings, noch zwei weitere Akteure einzuführen. Zum einen spielen der Staat und seine Transaktionen mit den Haushalten und Unternehmen eine wichtige Rolle; und zum anderen ist gerade für ein kleines, offenes Land wie die Schweiz der Austausch zwischen den inländischen Haushalten und Unternehmen und dem Ausland von besonderer Bedeutung.

Abbildung 2.10 stellt den erweiterten Kreislauf dar, wobei hier vereinfachend nur die Geldströme dargestellt sind. In der Realität steht aber jedem Geldstrom natürlich ein Strom realer Grössen wie Güter oder Produktionsfaktoren gegenüber.

Zusätzlich zu den bereits im einfachen Kreislauf eingeführten Beziehungen zwischen Haushalten und Unternehmen kommen hier also die Transaktionen mit dem Staat und dem Ausland hinzu. Betrachten wir zunächst den Staat. Dieser finanziert sich über Steuern, die er bei den Haushalten und den Unternehmen einzieht. Diese Mittel verwendet er einerseits, um Güter bei den Unternehmen zu kaufen, und andererseits, um die Haushalte zu bezahlen, die ihm Arbeit oder Kapital zur Verfügung stellen. Der Kauf von Schulbänken ist ein Beispiel für den

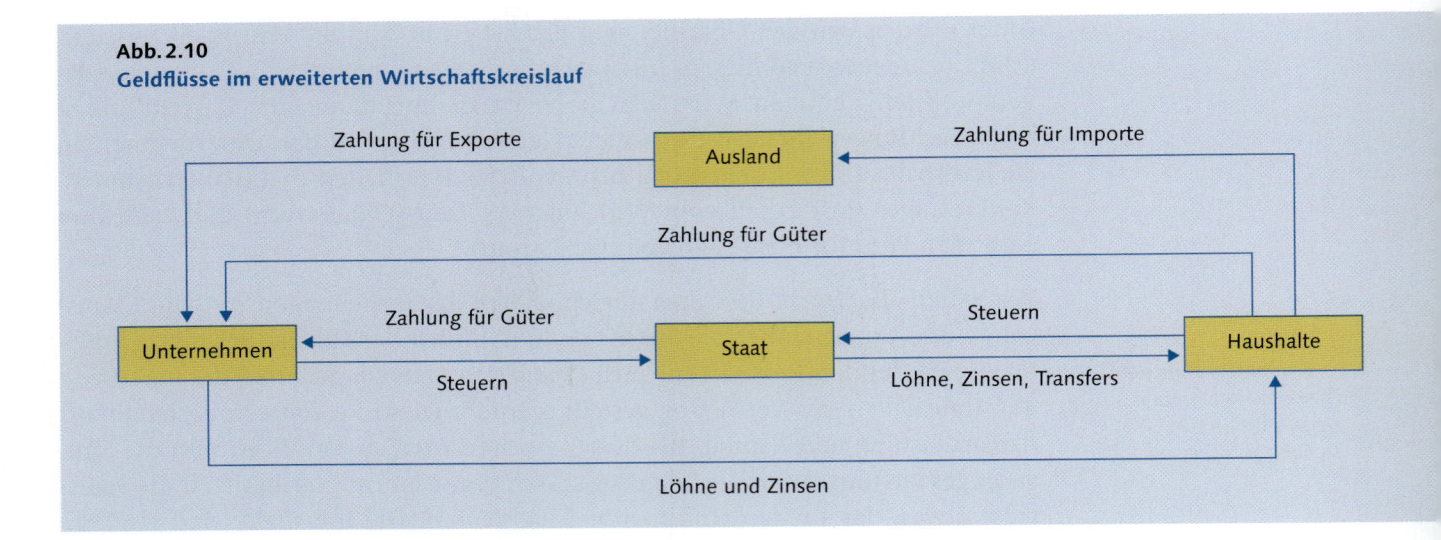

Der Wirtschaftskreislauf

Abb. 2.10
Geldflüsse im erweiterten Wirtschaftskreislauf

```
         Zahlung für Exporte        Ausland        Zahlung für Importe
                           Zahlung für Güter
              Zahlung für Güter              Steuern
    Unternehmen                   Staat                   Haushalte
                  Steuern         Löhne, Zinsen, Transfers
                          Löhne und Zinsen
```

ersten Tausch und die Lohnzahlung an eine Lehrerin eines für den zweiten. Zudem zahlt der Staat gewissen Haushalten ohne Gegenleistung *Transfers*, etwa in Form von Renten.

Das Analyseobjekt der Nationalökonomie (wie die Volkswirtschaftslehre auch genannt wird) ist – der Begriff verdeutlicht es – in erster Linie ein einzelnes Land. Weil es aber auch internationalen Austausch gibt, befinden sich nicht alle wichtigen Akteure im betrachteten Land. Deshalb führt eine erweiterte Analyse des Wirtschaftskreislaufs als vierten Akteur das Ausland ein. Einerseits verkaufen die Unternehmen einen Teil ihrer Güter ins Ausland, womit Zahlungen für diese Exporte vom Ausland an die inländischen Unternehmen fliessen. Andererseits kaufen die Haushalte nicht nur inländische, sondern auch ausländische Güter, womit sie eine Nachfrage nach Importen entfalten. Damit verläuft auch ein Geldstrom von den Haushalten an das Ausland.

Mit diesem Konzept haben wir die wichtigsten Austauschbeziehungen in einer Volkswirtschaft schematisch dargestellt. Wie jedes Modell ist diese Grafik eine starke Vereinfachung der Realität. Auch innerhalb dieses schon sehr modellhaften Schemas könnte man noch eine Reihe zusätzlicher Ströme einzeichnen. So importiert natürlich auch der Staat Güter aus dem Ausland, oder Unternehmen kaufen zahlreiche Güter von anderen Unternehmen. Auch könnten wir als zusätzliche Akteure die Banken einführen, die Spargelder von den Haushalten erhalten und diese als Kredite wieder an die Unternehmen ausleihen. Jeder solche Versuch, die Realität präziser abzubilden, hat aber auch Kosten, und zwar in Form zunehmender Komplexität. Nur schon der Schritt vom einfachen zum erweiterten Kreislauf macht die Darstellung anspruchsvoller. Wollte man jetzt auch noch alle zusätzlich denkbaren Geldströme einzeichnen oder die Akteure noch weiter differenzieren, dann würde die Darstellung ihren eigentlichen Zweck nicht mehr erfüllen, nämlich die wesentlichsten Aspekte der Realität vereinfacht abzubilden. Ein wirklich vollständiges Modell wäre etwa so hilfreich wie eine Landkarte im Massstab 1:1. Allerdings müssen die Vereinfachungen so gewählt bleiben, dass die wichtigsten Akteure und die wichtigsten Geldströme dennoch sichtbar bleiben – diese Bedingung erfüllt der hier dargestellte erweiterte Wirtschaftskreislauf.

→ **Transfer**
Meist staatliche Leistungen, die man ohne direkte Gegenleistung erhält.

ZUSAMMENFASSUNG ANHAND DER LERNZIELE

1 Knappheit, Opportunitätskosten und Preise

Das Problem der Knappheit der Ressourcen und der Reaktionen der Menschen darauf steht im Zentrum der volkswirtschaftlichen Analyse. Die Knappheit führt dazu, dass jede Handlung mit Opportunitätskosten verbunden ist, also mit den Kosten, die dadurch entstehen, dass man auf eine alternative Handlung verzichtet hat. Die Preise stellen diese Opportunitätskosten dar. Veränderungen der Preise setzen Anreize, das Verhalten zu ändern.

2 Die Nachfragekurve

Die Nachfrage nach einem Gut steigt, wenn sein Preis sinkt. Die Nachfragekurve ist eine grafische Darstellung dieses negativen Zusammenhangs zwischen Preis und nachgefragter Menge. Eine Veränderung des Preises führt zu einer Bewegung auf der Nachfragekurve, eine Veränderung aller anderen Einflussfaktoren der nachgefragten Menge (wie etwa Einkommen oder Preise verwandter Güter) dagegen zu einer Verschiebung der ganzen Nachfragekurve.

3 Die Angebotskurve

Das Angebot eines Gutes steigt, wenn dessen Preis steigt. Die Angebotskurve ist eine grafische Darstellung dieses positiven Zusammenhangs zwischen Preis und angebotener Menge. Eine Veränderung des Preises führt zu einer Bewegung auf der Angebotskurve, eine Veränderung aller anderen Einflussfaktoren der angebotenen Menge (wie etwa Produktionskosten oder Anzahl Anbieter) dagegen zu einer Verschiebung der ganzen Angebotskurve.

4 Der Markt

Führt man Nachfrage- und Angebotskurve in einer Darstellung zusammen, erhält man ein grafisches Modell für den Markt eines Gutes. Am Schnittpunkt der beiden Kurven sind die angebotene und nachgefragte Menge identisch – es stellt sich ein Gleichgewichtspreis ein.

5 Die Elastizität

Wie stark sich das Marktgleichgewicht bei einer Verschiebung der Angebotskurve verändert, hängt von der Preiselastizität der Nachfrage ab. Je elastischer die Nachfrage (also je flacher die Nachfragekurve), desto stärker reagiert die nachgefragte Menge auf Preisänderungen. Bei einer Verschiebung der Nachfragekurve entscheidet die Preiselastizität des Angebots darüber, wie stark sich das Marktgleichgewicht verändert.

Einzelentscheidungen, Märkte und Gesamtwirtschaft

6 Wirtschaftskreisläufe

Wirtschaftskreisläufe sind stark vereinfachte Darstellungen der Gesamtwirtschaft. Im einfachen Kreislauf fragen Haushalte Güter nach und bieten ihre Arbeitskraft und ihr Kapital an. Die Unternehmen bieten umgekehrt Güter an und fragen Arbeit und Kapital nach. In einer erweiterten Analyse werden mit dem Staat und dem Ausland zwei zusätzliche Akteure eingeführt. Durch die Berücksichtigung dieser beiden Akteure und ihres Zusammenwirkens mit den Haushalten und Unternehmen wird aus dem einfachen der erweiterte Wirtschaftskreislauf.

ZENTRALE BEGRIFFE

Bedürfnis →36
Ware →36
Dienstleistung →36
Opportunitätskosten →36
Marginaler Entscheid →37
Anreiz →37
Ökonomie →37
Nutzen →39
Zahlungsbereitschaft →39
Grenznutzen →39
Gesetz des abnehmenden Grenznutzens →39
Gesetz der Nachfrage →41
Nachfragekurve →41
Substitutionsgüter →42
Komplementärgüter →42
Präferenz →42

Angebotskurve →44
Substitut in der Produktion →46
Wirtschaftlicher Akteur →47
Arbeitsteilung →47
Gleichgewicht →48
Markträumung →48
Angebotsüberhang →48
Nachfrageüberhang →48
Vollständige Konkurrenz →49
Homogene Güter →49
Elastizität →51
Produktionsfaktoren →53
Transfer →54

Einzelentscheidungen, Märkte und Gesamtwirtschaft 2

REPETITIONSFRAGEN KAPITEL 2

1 Begründen Sie, weshalb der Ausspruch «Zeit ist Geld» aus ökonomischer Sicht zutrifft, und verwenden Sie den entsprechenden Fachbegriff.

2
a) Was besagt das Gesetz des abnehmenden Grenznutzens? Erläutern Sie.
b) Ein gut bezahlter Anwalt wirft einem Strassenmusikanten fünf Franken in den Hut. Obwohl dabei lediglich Geld von einer Person auf eine andere übertragen wird, kann dieser Transfer den gesamten Nutzen steigern. Erklären Sie, weshalb.

3 Aufgrund einer Missernte sind die Preise für Äpfel stark gestiegen, die nachgefragte Menge hat in der Folge deutlich abgenommen.
a) Führt die dargestellte Situation zu einer Verschiebung der Nachfragekurve oder zu einer Bewegung auf der Nachfragekurve?
b) Zeichnen Sie den oben beschriebenen Vorgang in ein Preis-Mengen-Diagramm ein, und beschreiben Sie Schritt für Schritt den Anpassungsprozess vom alten zum neuen Gleichgewicht.

4 Welche Faktoren können eine Nachfragekurve, welche eine Angebotskurve verschieben? Zählen Sie die wichtigsten auf.

5 In einem Markt liegt der Marktpreis unterhalb des Gleichgewichtspreises.
a) Mit welchem Begriff bezeichnet man diese Situation?
b) Weshalb kann diese Situation nicht über längere Zeit Bestand haben? Beschreiben Sie die einzelnen Schritte, mit denen sich der Markt zum Gleichgewichtspreis hinbewegt.

6 Das Konzept der Elastizität ist für die Mikroökonomie zentral. Nennen Sie einige Faktoren, welche die Elastizität einer Nachfragekurve beeinflussen.

7 Transaktionen zwischen den Akteuren im Wirtschaftskreislauf finden in der Regel auf Märkten statt, die sich in Güter-, Kapital- und Arbeitsmärkte unterteilen lassen. Geben Sie im erweiterten Kreislauf für jeden eingezeichneten Geldstrom an, über welchen der oben genannten Märkte die entsprechenden Transaktionen getätigt werden.

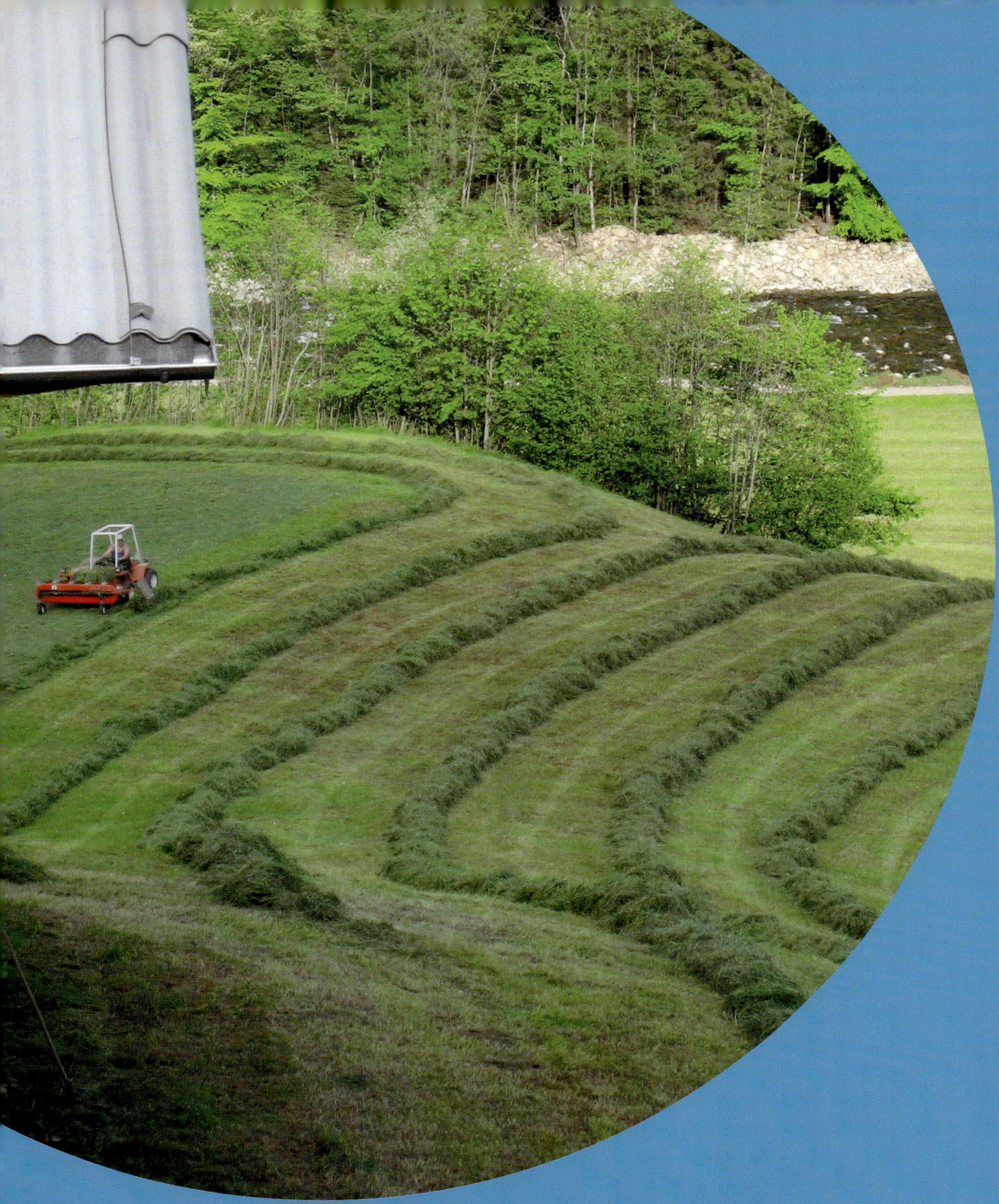

Die Marktwirtschaft und die Rolle des Staates

«Nicht vom Wohlwollen des Metzgers, Bäckers oder Brauers erwarten wir das, was wir zum Leben brauchen, sondern davon, dass diese ihre eigenen Ziele verfolgen. […] Der Mensch hat seine eigene Sicherheit, seinen eigenen Nutzen im Sinn. Und er wird dabei von einer unsichtbaren Hand geleitet, letztlich doch ein Ziel zu verfolgen, das nicht in seiner Absicht lag; indem er nämlich seinen eigenen Nutzen anstrebt, fördert der Mensch häufig den Nutzen der Gesellschaft wirksamer, als hätte er dies beabsichtigt.»

Adam Smith, schottischer Ökonom und Philosoph (1723–1790)

3.1	Wirtschaftsordnungen: Marktwirtschaft oder Planwirtschaft?	62
3.2	Die zentrale Rolle der Preise	64
3.3	Was der Staat zum Funktionieren einer Marktwirtschaft beiträgt	69
3.4	Wirtschaftspolitik	74
3.5	Staatsversagen: Die politische Ökonomie	76
3.6	Korrektur von Marktversagen I: Die Wettbewerbspolitik	78
3.7	Korrektur von Marktversagen II: Die Umweltpolitik	84

LERNZIELE

Nachdem Sie dieses Kapitel gelesen haben, sollten Sie in der Lage sein,

1	den Unterschied zwischen einer Marktwirtschaft und einer Planwirtschaft zu erklären;
2	darzustellen, wieso die Preise in einer Marktwirtschaft eine so zentrale Rolle spielen und was die Grundidee der «unsichtbaren Hand» des Marktes ist;
3	zu zeigen, wieso jeder Preiseingriff in einem funktionierenden Markt den Wohlstand reduziert;
4	die drei zentralen Funktionen des Staates zu erläutern, die eine effiziente Marktwirtschaft ermöglichen;
5	die Hauptziele der allgemeinen Wirtschaftspolitik zu nennen;
6	zu zeigen, wieso auch staatliche Entscheidungsträger Eigeninteressen verfolgen und inwiefern dies die Gefahr eines Staatsversagens in der Wirtschaftspolitik begründet;
7	zu erklären, wieso ein Monopol ein Marktversagen darstellt, welche Rolle Marktzutrittsschranken dabei spielen und was Wettbewerbspolitik ist;
8	zu beschreiben, wie die Wettbewerbspolitik heute in der Schweiz funktioniert;
9	das Marktversagen der externen Effekte am Beispiel der Umweltverschmutzung zu analysieren und zu zeigen, welche grundsätzlichen umweltpolitischen Instrumente es gibt;
10	die Herausforderungen für die globale Umweltpolitik zu beschreiben.

3 Die Marktwirtschaft und die Rolle des Staates

Hätte man die Aufgabe, am Reissbrett ein Wirtschaftssystem zu entwickeln, das zu einem möglichst hohen Lebensstandard führt, so würde einem wohl kaum die Marktwirtschaft einfallen: ein System, bei dem Unternehmen und Haushalte vor allem ihre eigenen Interessen verfolgen und in dem der Austausch über anonyme Märkte erfolgt. Ein System überdies, in dem niemand dafür verantwortlich ist, dass die Abermillionen von tagtäglich getroffenen Entscheiden aufeinander abgestimmt sind. Wie soll das funktionieren?

Adam Smith gilt nicht zuletzt deshalb als Gründervater der Volkswirtschaftslehre, weil er Ende des 18. Jahrhunderts als Erster überzeugend erklären konnte, wieso gerade dieses scheinbar chaosträchtige System am besten in der Lage ist, mit der schier unglaublichen Komplexität einer arbeitsteiligen Wirtschaft effizient umzugehen. Denn wie durch eine «unsichtbare Hand» – so sein treffendes Bild – steuern die Preise den Einsatz der knappen Ressourcen, und zwar so, dass gerade die eigennützigen Entscheide Einzelner besonders wirksam die gesamtwirtschaftliche Wohlfahrt fördern. Will man die Quellen des Wohlstands in einer arbeitsteiligen Marktwirtschaft entdecken, muss man die grundlegenden Mechanismen hinter der «unsichtbaren Hand» verstehen.

Das Kapitel ist wie folgt aufgebaut:

3.1 erläutert die grundsätzlichen Unterschiede zwischen einer Marktwirtschaft und einer Planwirtschaft.

3.2 analysiert die entscheidende Rolle der Preise und verdeutlicht die Kosten von Preiseingriffen in funktionierenden Märkten.

3.3 zeigt, welche klar definierten Rollen der Staat für eine funktionsfähige Marktwirtschaft erfüllen muss und wo ein Staatseingriff Marktversagen korrigieren und damit die Funktionsweise des Marktes verbessern kann.

3.4 zeigt, welche Zielgrössen der Wirtschaftspolitik sich unterscheiden lassen.

3.5 diskutiert die Gefahr eines Staatsversagens bei wirtschaftspolitischen Eingriffen, das vor allem dann zum Tragen kommt, wenn sich politische Partikularinteressen durchsetzen.

3.6 bespricht die Wettbewerbspolitik als einen Bereich, in dem der Staat mit einem Eingriff die Funktionsfähigkeit des Systems verbessern kann.

3.7 analysiert mit den externen Effekten ein zweites Marktversagen, das vor allem in der Umweltproblematik eine wichtige Rolle spielt. Auch hier analysieren wir, wie ein wirtschaftspolitischer Eingriff die Situation verbessern kann.

3.1 Wirtschaftsordnungen: Marktwirtschaft oder Planwirtschaft?

Wenn wir wissen wollen, wie sich der Wohlstand einer Gesellschaft entwickelt, so müssen wir uns fragen, wie die unzähligen Entscheide der Einzelnen koordiniert werden. Wie also muss eine Volkswirtschaft organisiert sein, damit die Einzelentscheide so aufeinander abgestimmt sind, dass auch insgesamt die knappen Ressourcen effizient genutzt werden? Bis weit in die 1960er-Jahre wurden intensive Debatten über die bestmögliche Wirtschaftsordnung geführt, und zwar vor allem über die Frage, ob eine *Marktwirtschaft* oder eine *Planwirtschaft* grösseren Wohlstand schaffen könne. Doch spätestens seit dem wirtschaftlichen Zusammenbruch der Sowjetunion Ende der 1980er-Jahre ist diese Frage – deren Beantwortung den meisten Ökonominnen und Ökonomen längst klar war – auch in der öffentlichen Debatte entschieden. Man weiss heute, dass marktwirtschaftliche Prozesse weit besser als eine zentrale staatliche Planung in der Lage sind, die Komplexität einer arbeitsteiligen Wirtschaft zu bewältigen und die Anreize so zu setzen, dass die knappen Mittel bestmöglich eingesetzt werden. Dabei gilt es zu berücksichtigen, dass auch in den meisten Marktwirtschaften der Staat eine gewichtige Rolle einnimmt, vor allem bei der Verteilung der Einkommen. Man spricht deshalb oft auch von *sozialer Marktwirtschaft*. Entscheidend ist aber, dass das System trotz der vielfältigen Staatseingriffe eben doch eindeutig marktwirtschaftlich orientiert ist, denn der Mitteleinsatz wird in der Regel nicht über eine zentrale Planung gelenkt.

In einer Planwirtschaft dagegen – schon der Name sagt es – werden die wirtschaftlichen Prozesse geplant, das heisst zentral gesteuert. Zwei Elemente sind charakteristisch für die Planwirtschaft: Erstens gehören die Mittel dem Staat, also der Allgemeinheit, und zweitens lenkt eine zentrale Planungsbehörde den Einsatz dieser Mittel. Der Staat bestimmt also, wer wie viel für wen produziert.

Eine Marktwirtschaft sieht im Vergleich dazu wenig geordnet aus: Die allermeisten Mittel gehören nicht dem Staat oder der Allgemeinheit, sondern Privatpersonen, und es gibt keine zentrale Steuerung des Ressourceneinsatzes. Private Haushalte und Unternehmen entscheiden selbst, wie sie ihre Mittel einsetzen wollen. Gesteuert werden sie dabei durch die Preise, welche die *relativen Knappheiten* anzeigen.

Angesichts dieser kurzen Beschreibung der beiden Systeme scheint intuitiv die Planwirtschaft mehr Erfolg zu versprechen. Denn hier sorgt eine zentrale Behörde dafür, dass die verschiedenen Entscheide koordiniert werden, um die Wohlfahrt

→ **Marktwirtschaft**
Wirtschaftssystem, in dem die Produktions- und Konsumentscheide dezentral durch Märkte koordiniert werden.

→ **Planwirtschaft**
Wirtschaftssystem, in dem eine zentrale Planungsbehörde über die Produktion und damit auch den Konsum von Gütern entscheidet.

→ **Soziale Marktwirtschaft**
Marktwirtschaftlich organisiertes Wirtschaftssystem, in dem der Staat politisch gewünschte Umverteilungen von Einkommen und Vermögen vornimmt.

→ **Relative Knappheit**
Knappheit eines Gutes im Verhältnis zur Knappheit anderer Güter.

Die Geburt der freien Marktwirtschaft:
«Ich wünschte, ich hätte einen Stein.»
«Ich wünschte, ich hätte einen Stock.»

Die Marktwirtschaft und die Rolle des Staates

Der Homo oeconomicus oder die Rolle der Eigeninteressen

Bei der Diskussion über das wirtschaftliche Verhalten von Konsumenten oder Unternehmen ist oft vom Eigeninteresse die Rede, das zu dieser oder jener Handlung führt. Man könnte sich jetzt fragen, ob die Volkswirtschaftslehre nicht ein bedenkliches Menschenbild habe, da sie doch so auf eigennütziges Verhalten abstellt. Letztlich geht es aber beim Homo oeconomicus – wie dieses Modell oft genannt wird – lediglich um die Beschreibung, wie sich Menschen in alltäglichen Situationen im Durchschnitt verhalten. Und hier ist es eine realistische Annahme, dass niemand systematisch gegen die eigenen Interessen handelt. Vielmehr versucht man in der Regel, sich so zu entscheiden, dass es einem nützt. Die meisten Menschen sind ja weder Engel noch Verbrecher – üblich ist es, sich innerhalb der gesellschaftlichen Normen milde eigennützig zu verhalten. Im Eigennutz enthalten ist dabei sehr oft auch, was anderen Menschen nützt; so werden wir doch ein Interesse daran haben, dass sich unser Verhalten positiv auf das Wohlergehen unserer Familie oder Freunde auswirkt. Dieses Verhalten ist dann keineswegs im landläufigen Sinne egoistisch, auch wenn es unserem Eigennutz entspringt.

Der Homo oeconomicus ist also einfach jemand, der unter verschiedenen Alternativen diejenige auswählt, die ihm im weitesten Sinne am meisten nützt. Dieses Modell erweist sich in der realen Analyse von Entscheiden meist als ausgesprochen treffsicher.

→ **Homo oeconomicus**
Verhaltensmodell der Volkswirtschaftslehre, das davon ausgeht, dass sich die Menschen bei Entscheiden rational verhalten und ihren Nutzen maximieren.

zu erhöhen. Bei einer Marktwirtschaft dagegen entscheidet jede und jeder Einzelne für sich, und keine zentrale Lenkung sorgt dafür, dass die Mittel «vernünftig» verwendet werden.

Gerade diese dezentrale Organisationsstruktur ist aber der Grund für die enorme Überlegenheit der Marktwirtschaft gegenüber der Planwirtschaft. Dies leuchtet ein, sobald man sich überlegt, welch ein kompliziertes Gebilde eine Volkswirtschaft darstellt. Tagtäglich werden Millionen von Entscheiden getroffen, was produziert und was nachgefragt wird, wo Knappheit und wo Überschuss herrscht. Eine Planungsbehörde ist schlicht und einfach nicht in der Lage, alle diese Informationen zu sammeln und zu verarbeiten, um dann noch effizient und zeitgerecht darauf zu reagieren. Folgen dieses Unvermögens waren die bekannten Fehlplanungen, Warteschlangen und leeren Verkaufsstände in den früheren Planwirtschaften Osteuropas. Zum Problem der Informationsverarbeitung kommt noch dazu, dass natürlich auch die Planungsbehörde selbst Anreizen unterliegt und dass die volle Verfügungsgewalt über die Mittel eine Behörde zum Missbrauch geradezu einlädt. Ausserdem führt die starke Einschränkung des Privateigentums dazu, dass die Leistungsanreize klein sind: Wer strengt sich schon besonders an, wenn er weiss, dass die Früchte seiner Arbeit der Allgemeinheit gehören? Das wirtschaftliche Scheitern der osteuropäischen Planwirtschaften hat gezeigt, dass die Kombination all dieser Probleme tatsächlich unüberwindbar ist.

Die Alternative ist die Marktwirtschaft. Hier gibt es keine Optimierung durch den Staat. Stattdessen verfolgen die Einzelnen ihre Eigeninteressen bei den Entscheiden darüber, wie sie die knappen Mittel einsetzen wollen. Wie aber funktioniert die Koordination dieser individuellen Entscheide in einer Marktwirtschaft, die von keiner zentralen Entscheidungsgewalt gelenkt wird? Dieser fundamentalen Frage möchten wir uns im nächsten Abschnitt zuwenden.

3.2 Die zentrale Rolle der Preise

Vor mehr als 200 Jahren fand Adam Smith in seinem Buch über den Wohlstand der Nationen das wohl bekannteste Bild der Ökonomie: die Idee der «unsichtbaren Hand». In seiner Analyse der Funktionsweise marktwirtschaftlicher Systeme beobachtete er, dass jeder Marktteilnehmer, ob Haushalt oder Unternehmen, in erster Linie seine eigenen Interessen verfolgt. Und obwohl diese Verhaltensweise eigentlich unsozial erscheint, führt nach der Analyse von Adam Smith gerade sie dazu, dass der Wohlstand der gesamten Volkswirtschaft und damit der Allgemeinheit wie durch eine «unsichtbare Hand» erhöht wird.

Was für ein frappanter Unterschied zur «sichtbaren Hand» der zentralen Verwaltungsbehörde in einer Planwirtschaft! Doch welche Kraft ist es, die in einer Marktwirtschaft als «unsichtbare Hand» wirkt? Es sind die *Preise*, welche die relative Knappheit von Gütern und Ressourcen anzeigen. Sie bestimmen in einer Marktwirtschaft letztlich die sogenannte *Allokation der Ressourcen*, also wofür die Mittel verwendet werden. Entscheidend für diese Allokation ist dabei nicht, wie hoch der absolute Preis für ein bestimmtes Gut ist, sondern wie hoch der Preis dieses Gutes im Vergleich zu den Preisen anderer Güter ist. Deshalb ist oft von den sogenannten *relativen Preisen* die Rede.

Die Preise zeigen zweierlei an: einerseits – auf der Nachfrageseite – den Wert, den die Käuferinnen und Käufer einem Gut beimessen; andererseits – auf der Angebotsseite – was es kostet, das Gut zu produzieren. Wie wir bei der Diskussion der Angebots- und Nachfragekurven in Kapitel 2 gesehen haben, vermitteln die Preise den Konsumentinnen und Konsumenten sowie den Unternehmen wichtige Informationen und lenken damit ihre Entscheide.

Konzeptionell können wir diese Lenkungsfunktion der Preise in vier Elemente unterteilen:

- Erstens vermitteln die Preise Informationen über Knappheiten: Ein tiefer relativer Preis (relativ zu den Preisen anderer Güter) gibt das Signal, dass ein Gut relativ reichlich vorhanden ist.
- Zweitens führen diese Knappheitssignale der Preise zu einer effizienten Allokation der Ressourcen: Die Mittel werden dort eingesetzt, wo die grösste Knappheit herrscht.
- Drittens haben die Preise eine Koordinationsfunktion: Der Preis führt dazu, dass der Tausch zwischen Anbietern und Nachfragern in effizienter Weise stattfindet. Preise koordinieren die Einzelentscheide der voneinander getrennt agierenden Anbieter und Nachfrager im Sinne von Smiths «unsichtbarer Hand».
- Viertens schliesslich zeigen die Knappheitssignale der Preise an, wo sich *Innovation* lohnt, und lösen damit technischen Fortschritt aus, der das langfristige Wirtschaftswachstum erhöht, wie wir in Kapitel 4 sehen werden.

Diese vier wichtigen Funktionen der Preise für die marktwirtschaftliche Lenkung hängen eng miteinander zusammen. Am besten lässt sich dies an einem Beispiel zeigen.

→ **Preis**
Mass für die Knappheit von Waren und Dienstleistungen.

→ **Allokation der Ressourcen**
Entscheid darüber, wofür die knappen Ressourcen eingesetzt werden.

→ **Relativer Preis**
Preis eines Gutes im Verhältnis zum Preis anderer Güter.

→ **Innovation**
Erfindung oder Verbesserung eines Produkts oder einer Produktionsmethode und deren Durchsetzung auf dem Markt.

Die Marktwirtschaft und die Rolle des Staates

Adam Smith

Adam Smith wird als der Vater der modernen Volkswirtschaftslehre bezeichnet. Er legte 1776 ein Buch vor, das in seiner Wirkung auf die Ökonomenzunft wohl unerreicht bleiben wird. In diesem Werk über den Wohlstand der Nationen («An Inquiry into the Nature and Causes of the Wealth of Nations») finden sich sehr viele der wichtigsten ökonomischen Konzepte zumindest in angedeuteter, oft aber schon in verblüffend klar ausgeführter Form. Adam Smith wurde 1723 in der Nähe von Edinburgh geboren. Schon im Alter von 28 Jahren erhielt er eine Professur für Logik an der Universität von Glasgow. Ein gutes Jahrzehnt später legte er seine Professur nieder und wurde Lehrer bei einem wohlhabenden schottischen Adligen, den er auf einer zweijährigen Reise durch Europa begleitete. In der Folge wurde ihm eine jährliche Pension von 300 Pfund zugesprochen, die ihm die finanzielle Unabhängigkeit garantierte, um in den nächsten zehn Jahren sein epochales Werk zu erarbeiten.

Die Grundfrage seines Hauptwerks kommt schon im Titel zum Ausdruck. Warum sind gewisse Länder reicher als andere? Die Ende des 18. Jahrhunderts beginnende industrielle Revolution lieferte reichlich Anschauungsmaterial für diese Frage. Die Produktionsweisen in der Textilindustrie oder die Transportmöglichkeiten veränderten sich durch neue Technologien in rasanter Weise. Aus seinen Beobachtungen folgerte Smith, dass für die Entwicklung des Wohlstands vor allem zwei Elemente entscheidend seien, nämlich die Koordinationsleistung freier Märkte einerseits und die Arbeitsteilung andererseits. Das Bild der «unsichtbaren Hand» und die Schilderung der Spezialisierung in einer Nadelfabrik fassten diese beiden Grundprinzipien in einprägsame Beschreibungen.

Mit dem Argument, dass die wohlstandsfördernde Arbeitsteilung durch zu kleine Märkte beschränkt wird, plädierte Smith für die Öffnung der Märkte und damit gegen eine *protektionistische* Wirtschaftspolitik.

→ **Protektionismus**
Handelspolitische Massnahme mit dem Ziel, die inländischen Produzenten vor ausländischer Konkurrenz zu schützen.

→ **OPEC**
Abkürzung für «Organization of the Petroleum Exporting Countries», das Kartell der wichtigsten Erdöl exportierenden Staaten.

Betrachten wir die schockartige Preiserhöhung von Erdöl im Jahr 1973. Damals verknappte die *OPEC*, die Organisation der Erdöl exportierenden Länder, das Angebot und bewirkte dadurch eine plötzliche und massive Erhöhung des Erdölpreises. Was danach geschah, illustriert die Lenkungsfunktionen des Preises auf exemplarische Weise.

Die Preiserhöhung setzte erstens ein Signal: Sie informierte die Marktteilnehmerinnen und Marktteilnehmer darüber, dass Erdöl auf dem Weltmarkt knapp wurde. Dieses Signal schuf den Anreiz für die Nachfrager von Erdöl, den Verbrauch zu verringern, da die Opportunitätskosten des Erdölverbrauchs gestiegen waren. Das betraf Haushalte in ihren Konsumentscheiden ebenso wie Unternehmen in ihren Produktionsentscheiden. Die neuen Knappheitsverhältnisse bewirkten also zweitens eine neue Allokation der Ressourcen, weil die alte Allokation unter den neuen Rahmenbedingungen nicht mehr effizient war. So kauften beispielsweise die Haushalte kleinere, verbrauchsärmere Autos, oder die Unternehmen versuchten, in der Produktion weniger Erdöl zu verwenden. Durch die Preisänderung wurden drittens die voneinander unabhängigen, individuellen Reaktionen von Erdölproduzenten, Erzeugern von Alternativenergie und Energiekonsumenten wie durch eine «unsichtbare Hand» effizient koordiniert, ohne dass eine zentrale Planungsstelle für diese Abstimmung sorgen musste. Viertens schliesslich führte die Preiserhöhung des Erdöls zu einem Schub an Innovationen. Einerseits wurden

Die zentrale Rolle der Preise

Die Auswirkungen der hohen Erdölpreise: «Bitte warten: Wir sind am Bohren.»

alternative Energieträger attraktiver, sodass die Forschung in diese Richtung verstärkt wurde. Andererseits lohnte es sich aufgrund der hohen Preise, neue, bisher zu teure Erdölquellen, z. B. in der Nordsee, zu erschliessen. Ebenfalls angeregt wurde die Suche nach weniger energieintensiven Produktionsmethoden. Dieses Beispiel demonstriert eindrücklich die weitreichenden Effekte von *Preissignalen*.

Preise sorgen also dafür, dass in einer Marktwirtschaft die knappen Ressourcen effizient eingesetzt werden. *Effizienz* bedeutet in dieser volkswirtschaftlichen Betrachtungsweise, dass es keinen anderen Einsatz der Mittel gibt, mit dem man mehr von einem Gut produzieren könnte, ohne gleichzeitig weniger von einem anderen Gut herstellen zu können. Effiziente Ressourcenallokation ist folglich dann erreicht, wenn keine knappen Mittel verschwendet werden. Im nächsten Abschnitt werden wir diesen für die Ökonomie zentralen Begriff der Effizienz etwas präziser erläutern.

→ **Preissignal**
Information, welche die Preise den Marktteilnehmern über die relative Knappheit eines Gutes vermitteln.

→ **Effizienz**
Situation, in der es mit den gegebenen Ressourcen nicht möglich ist, mehr von einem Gut zu produzieren, ohne dass von einem anderen Gut weniger hergestellt werden kann. Im weiteren Sinne bezeichnet Effizienz eine Situation, in der die Wohlfahrt der Akteure maximiert ist.

Zusammenfassende Übersicht

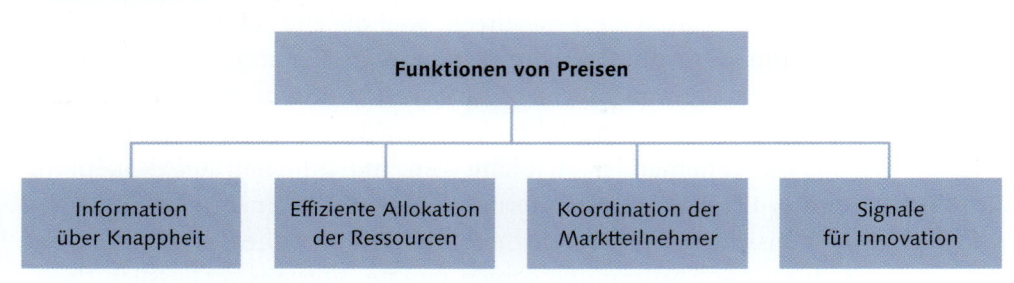

```
                    Funktionen von Preisen
        ┌──────────────┬──────────────┬──────────────┐
   Information    Effiziente Allokation   Koordination der      Signale
   über Knappheit   der Ressourcen       Marktteilnehmer     für Innovation
```

Die Marktwirtschaft und die Rolle des Staates

Die Messung der Effizienz: Konsumenten- und Produzentenrenten

Um zu beurteilen, wie effizient die Transaktionen eines Marktes sind, verwendet man das Konzept von Konsumenten- und Produzentenrenten. Es basiert auf einer Interpretation des Angebot-Nachfrage-Schemas. Wir können dies anhand von **Abbildung 3.1** erläutern.

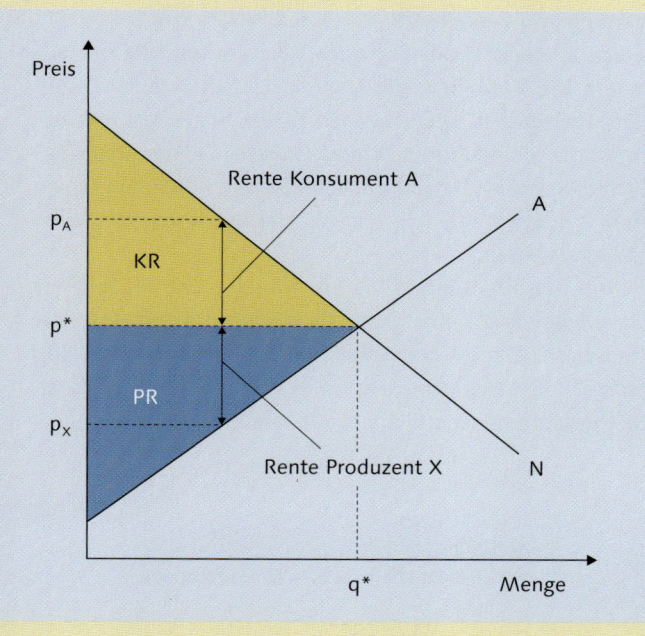

Abb. 3.1
Das Konzept der Konsumenten- und Produzentenrente

Die Konsumentenrente ergibt sich aus der Tatsache, dass gewisse Konsumenten bereit wären, mehr als den Marktpreis p* zu bezahlen. Die Differenz zwischen ihrer Zahlungsbereitschaft und dem Marktpreis ergibt die Konsumentenrente (KR). Bei den Produzenten fliesst all jenen Produzenten eine Rente zu, die bereit wären, das Gut zu einem tieferen Preis als dem Marktpreis zu verkaufen. Die Differenz ergibt die Produzentenrente (PR).

Betrachten wir zuerst die Nachfragekurve: Wir können sie auch interpretieren als eine Darstellung der unterschiedlichen Zahlungsbereitschaften verschiedener Konsumentinnen und Konsumenten für das betrachtete Gut, in unserem Falle wieder Milch. Es gibt Personen, die Milch besonders lieben. Sie sind daher gewillt, relativ viel dafür auszugeben. Andere wiederum, die Milch weniger mögen, würden entsprechend weniger bezahlen. Durch den Marktprozess befinden sich aber alle in einer Situation, in der sie gleich viel für ein Produkt bezahlen, unabhängig von ihrer Zahlungsbereitschaft.

Konsument A etwa wäre bereit, den Preis p_A für das Gut zu bezahlen. Beim geltenden Gleichgewichtspreis p* stellt die Differenz zwischen p_A und p* die sogenannte *Konsumentenrente* dar, also den Vorteil, den Konsument A aus der Markttransaktion erzielt. Zählt man alle Renten der einzelnen Konsumenten zusammen, so entspricht dies der gelben Fläche. Diese Fläche wird als gesamte Konsumentenrente (KR) bezeichnet.

Genau die gleichen Überlegungen gelten für die Produzentinnen und Produzenten. Wie wir dem Verlauf der Angebotskurve entnehmen, gibt es Unternehmen, die bereit wären, das Gut zu einem tieferen Preis zu verkaufen, sodass der aktuelle Marktpreis für sie eine Rente – die sogenannte *Produzentenrente* (PR) – abwirft. Sie entspricht der Differenz zwischen dem Marktpreis und dem Preis, zu dem die Produzenten gerade noch bereit gewesen wären, das Gut zu verkaufen. Produzent X wäre zum Beispiel bereit, schon für den Preis p_X das Gut zu verkaufen. Beim geltenden Gleichgewichtspreis p* stellt die Differenz zwischen p* und p_X die Rente dar, die Produzent X aus der Transaktion erzielt. Das blaue Dreieck zeigt die Summe all dieser Produzentenrenten.

→ **Konsumentenrente**
Zahlungsbereitschaft eines Konsumenten für ein Gut, abzüglich des Preises, den er tatsächlich dafür bezahlen muss.

→ **Produzentenrente**
Erlös eines Produzenten für ein Gut, abzüglich der Kosten, die ihm für den Erwerb oder die Herstellung des Gutes entstanden sind.

Die zentrale Rolle der Preise

Die Summe aus Konsumenten- und Produzentenrente bezeichnet man als die gesamtwirtschaftliche *Wohlfahrt*. Dies ist ein Referenzpunkt, auf den wir uns bei der Beurteilung der Effizienz eines Marktes beziehen können. Der Austauschprozess auf einem Markt führt also dazu, dass für Konsumenten und Produzenten Renten in der Höhe der beiden eingefärbten Dreiecke entstehen. Fände kein Tausch statt, so gäbe es diesen Wohlfahrtsgewinn nicht. Die Effizienz unverzerrter Preise zeigt sich daran, dass jeder künstliche Eingriff in diesen natürlichen Preismechanismus die Summe aus Konsumenten- und Produzentenrente reduziert, was zu einer Einbusse an Wohlfahrt führt. Dabei spielt es keine Rolle, ob ein Preis künstlich zu hoch oder zu tief angesetzt wird.

Wir analysieren den Fall eines *Mindestpreises* anhand von **Abbildung 3.2**. Durch einen staatlichen Eingriff wird hier ein Mindestpreis p_m eingeführt.

Wie wirkt sich dies auf die gesamtwirtschaftliche Wohlfahrt aus? Zum höheren Preis p_m sind weniger Konsumentinnen und Konsumenten bereit, dieses Gut zu kaufen, weil es weniger Konsumenten gibt, deren Zahlungsbereitschaft p_m oder höher ist. Nachgefragt wird deshalb nur noch die Menge q_m und nicht mehr, wie ohne den Preiseingriff, die Menge q^*. Die Konsumentenrente reduziert sich dadurch auf das kleinere gelbe Dreieck, während die Produzentenrente neu der blauen Fläche entspricht. Ein höherer Preis ist also für die Konsumenten nachteilig, für die Produzentinnen und Produzenten kann er dagegen vorteilhaft sein, falls sich die Produzentenrente durch den Eingriff vergrössert.

Eines ist jedoch offensichtlich: Die gesamte Rente und somit die Wohlfahrt der Volkswirtschaft reduziert sich. Der Preiseingriff bewirkt einen *Wohlfahrtsverlust* im Ausmass des kleinen roten Dreiecks. Dieser Teil der ursprünglichen Rente wird nicht einfach von den Konsumenten zu den Produzenten umverteilt, sondern geht der Volkswirtschaft verloren.

Ohne den Preiseingriff wären Anbieter und Nachfrager bereit gewesen, eine grössere Menge des Gutes auszutauschen. Der Mindestpreis verhindert also beidseitig vorteilhafte Markttransaktionen und reduziert dadurch die gesamtwirtschaftliche Wohlfahrt.

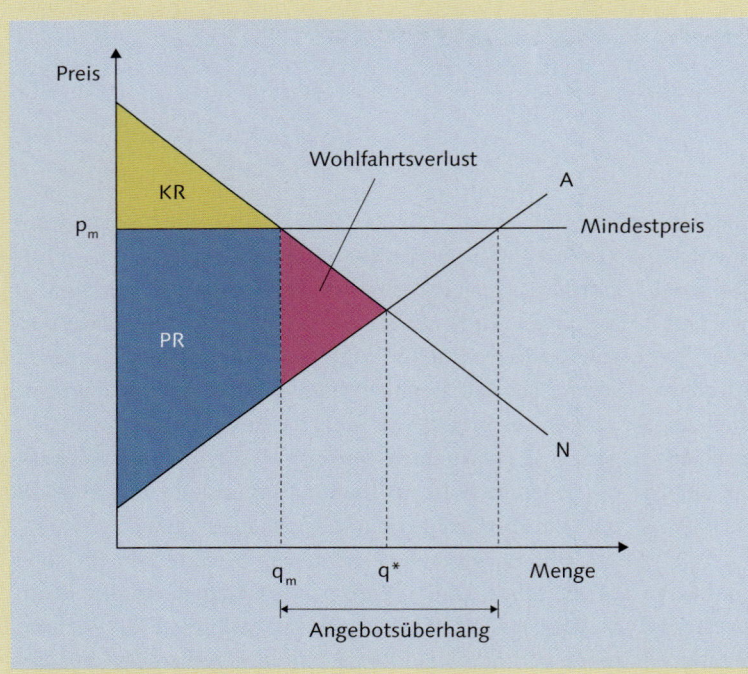

Abb. 3.2
Wohlfahrtseffekte eines Mindestpreises

Durch das Setzen eines Mindestpreises p_m entsteht ein Wohlfahrtsverlust in Höhe der roten Fläche. Zu dem künstlich hoch gehaltenen Preis ist die angebotene Menge grösser als die nachgefragte Menge.

→ **Wohlfahrt**
Gesamte Rente, die auf einem Markt entsteht. Diese entspricht der Summe aus Konsumenten- und Produzentenrente.

→ **Mindestpreis**
Gesetzlich vorgegebener Minimalpreis eines Gutes. Unterhalb dieses Preises darf das Gut auf dem Markt nicht gehandelt werden.

→ **Wohlfahrtsverlust**
Verminderung der Wohlfahrt durch einen preisverzerrenden Eingriff in einen Markt.

3.3 Was der Staat zum Funktionieren einer Marktwirtschaft beiträgt

Die Analyse in der Box auf den Seiten 67 und 68 hat gezeigt, dass Staatseingriffe in funktionierende Märkte zu Wohlfahrtsverlusten führen. Kommt dem Staat also überhaupt eine Rolle in einer Marktwirtschaft zu, oder ist jegliche staatliche Aktivität aus Wohlfahrtssicht problematisch?

Das ist keineswegs der Fall. Für eine funktionierende Marktwirtschaft hat der Staat einige klar definierte, aus Gründen der Effizienz aber auch klar limitierte Aufgaben, deren mangelhafte Erfüllung die Wohlfahrt deutlich vermindert:

- Der Staat muss erstens ein Rechtssystem bereitstellen, das Eigentumsrechte und Vertragsrechte klar definiert und durchsetzt.
- Der Staat sollte zweitens dafür sorgen, dass politisch gewünschte *Regulierungen* so ausgestaltet sind, dass sie die wirtschaftliche Effizienz so wenig wie möglich beeinträchtigen.
- Der Staat sollte drittens in den wenigen, gut definierten Fällen, in denen sogenannte *Marktversagen* bestehen, korrigierend eingreifen. Bei einem Marktversagen zeigen die frei gebildeten Preise falsche relative Knappheiten an, oder aber die Akteure werden daran gehindert, auf an sich korrekte Preissignale zu reagieren.

Wir wollen nun diese drei Aufgaben des Staates und ihren Beitrag zu einer funktionierenden Marktwirtschaft eingehender erläutern.

→ **Regulierung**
Begrenzung des Handlungsspielraums der wirtschaftlichen Akteure durch Gesetze und Verordnungen.

→ **Marktversagen**
Situation, in welcher der Markt keine effiziente Allokation der Ressourcen hervorbringt.

Zusammenfassende Übersicht

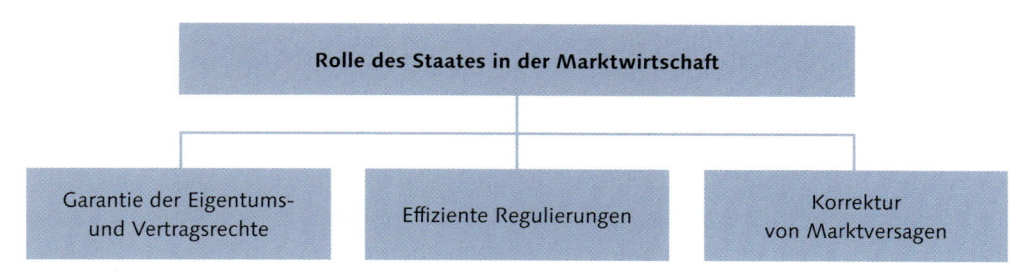

```
                Rolle des Staates in der Marktwirtschaft
                                │
        ┌───────────────────────┼───────────────────────┐
  Garantie der Eigentums-   Effiziente Regulierungen   Korrektur
   und Vertragsrechte                              von Marktversagen
```

3.3.1 Garantie der Eigentums- und Vertragsrechte

→ **Eigentumsrechte**
Durchsetzbare Rechte, die das Eigentum der Menschen schützen.

→ **Vertragsrechte**
Rechte, die sich aus einem Vertrag zwischen ökonomischen Akteuren ergeben.

Ein Rechtssystem mit garantierten *Eigentumsrechten* und *Vertragsrechten* ist wohl die wichtigste Voraussetzung dafür, dass ein arbeitsteiliges, marktwirtschaftliches System überhaupt funktionieren kann. Denn privates Eigentum bildet das Fundament der Marktwirtschaft. Jede Person muss darauf zählen können, dass die Dinge, die sie erwirbt, auch wirklich ihr gehören und dass ihr Recht darauf durchgesetzt wird. Nur dann kann ein System wie die Marktwirtschaft, das auf beidseitig vorteilhaften Austauschbeziehungen beruht, auch effizient funktionieren.

In wirtschaftlich hoch entwickelten Ländern wie der Schweiz ist ein derartiges Rechtssystem selbstverständlich. Zahlreiche Entwicklungsländer aber leiden wirtschaftlich massiv darunter, dass ihr Rechtssystem nicht oder nur unvollständig funktioniert. Dann spielt beispielsweise die Korruption eine zentrale Rolle, staatliche Enteignungen sind an der Tagesordnung, das Eigentum ist dauernd von Diebstahl bedroht, Verträge werden nicht durchgesetzt oder mafiöse Gruppen erpressen Schutzgelder.

Setzt ein Staat die Eigentumsrechte ungenügend durch oder bedroht er sie gar selbst immer wieder, dann wird der Einzelne seine wirtschaftlichen Aktivitäten am Staat und dessen Rechtssystem vorbei entfalten, allerdings mit deutlich verringerter Effizienz. Die wohlbekannten informellen, auf persönlicher Bekanntschaft beruhenden Austauschbeziehungen in Entwicklungsländern sind letztlich eine Antwort auf das Unvermögen des Staates, einen verlässlichen Rechtsrahmen zu bieten. *Informelle Beziehungen* jedoch erfordern einen Vertrauensaufbau durch regelmässige, persönliche Kontakte. Dies verringert die mögliche Ausweitung von Märkten erheblich. Bleibt der wirtschaftliche Austausch nämlich im Wesentlichen auf den Bekanntenkreis beschränkt, so verhindert dies weitgehend die wohlstandsfördernde Arbeitsteilung, mit der wir uns in Kapitel 9 detaillierter auseinandersetzen werden.

3.3.2 Effiziente Regulierungen

Der Staat orientiert sich in seinen Eingriffen natürlich nicht nur am Ziel der Effizienz, sondern er verfolgt dabei auch eine Reihe anderer, politisch gewünschter Ziele. Viele Staatseingriffe betreffen etwa die Verteilung der Mittel zwischen Einkommensgruppen, Regionen oder Generationen. Solche Regulierungen greifen aber letztlich in marktwirtschaftliche Prozesse ein. Nun ist es natürlich nicht die Aufgabe der Volkswirtschaftslehre, diese demokratisch legitimierten Ziele einer Gesellschaft zu hinterfragen. Ist das Ziel einer bestimmten Regulierung aber einmal gesetzt, so lässt sich mit dem Einsatz der ökonomischen Analyse sicherstellen, dass es auf möglichst effiziente Weise erreicht wird.

Oft werden solche Überlegungen auch als *Kosten-Nutzen-Analysen* bezeichnet. In der Schweiz muss bei jeder geplanten staatlichen Regulierung untersucht werden, wie ihr Ziel mit möglichst geringen Effizienzeinbussen erreicht werden kann. Dafür wurde beim Bund auf der Basis internationaler Erfahrungen die sogenannte *Regulierungsfolgeabschätzung* entwickelt. Jede bundesrätliche Botschaft an das Parlament zu einer Gesetzesänderung erläutert heute in einem speziellen Kapitel die Auswirkungen auf die Volkswirtschaft. Und auch in den meisten anderen *OECD*-Ländern werden derartige Kosten-Nutzen-Analysen immer wichtiger, da Regulierungen in den komplexen, arbeitsteiligen Gesellschaften die Tendenz haben, laufend zuzunehmen.

3.3.3 Korrektur von Marktversagen

Die dritte wichtige Aufgabe des Staates für das Funktionieren der Marktwirtschaft besteht schliesslich darin, in den wenigen Fällen einzugreifen, in denen die Preissignale nicht funktionieren. Dabei ist klar zu definieren, wann es sich bei einem Phänomen tatsächlich um ein Marktversagen handelt. Denn in der wirtschaftspolitischen Diskussion wird mit diesem Begriff häufig Missbrauch getrieben. Nicht alle Marktergebnisse, die einer bestimmten Gruppierung missfallen, sind tatsächlich Resultate eines Marktversagens.

→ **Informelle Wirtschaftsbeziehungen**
Aufgrund fehlender Rechtssicherheit handeln die Akteure nicht über anonyme Märkte, sondern nur mit ihnen bekannten Personen oder Unternehmen.

→ **Kosten-Nutzen-Analyse**
Untersuchung, die für eine bestimmte Entscheidung die erwarteten Kosten dem erwarteten Nutzen gegenüberstellt.

→ **Regulierungsfolgeabschätzung**
Verfahren, um die Auswirkungen neuer Regulierungen auf die Volkswirtschaft aufzuzeigen.

→ **OECD**
Organisation von 34 Ländern, die sich einer demokratischen Regierungsform und der Marktwirtschaft verpflichtet fühlen. Die OECD erarbeitet wirtschaftspolitische Entscheidungsgrundlagen in Form von Publikationen und Statistiken.

Die Marktwirtschaft und die Rolle des Staates

Ein echtes Marktversagen liegt nämlich nur dann vor, wenn die Preise nicht die wirklichen Knappheiten signalisieren oder wenn die Akteure an einer Reaktion auf an sich korrekte Preissignale gehindert werden. Dann nämlich führt der uneingeschränkte Markt zu einer ineffizienten Allokation der Ressourcen und damit zu einer tieferen Wohlfahrt.

Es lassen sich vier Formen von Marktversagen unterscheiden:

- *Monopolmacht,*
- *externe Effekte,*
- *öffentliche Güter,*
- *asymmetrische Information.*

→ **Monopolmacht**
Ein Unternehmen ist auf einem bestimmten Markt der einzige Anbieter und kann wegen der fehlenden Konkurrenz die Preise auf diesem Markt beeinflussen.

→ **Externe Effekte**
Auswirkung einer Handlung eines ökonomischen Akteurs auf die Handlungen eines anderen, ohne dass sich dies in den Preisen widerspiegelt. Externe Effekte werden auch als Externalitäten bezeichnet.

→ **Öffentliche Güter**
Güter, die im Gebrauch weder rivalisierend noch ausschliessbar sind und deshalb auf einem freien Markt in ungenügendem Ausmass zur Verfügung gestellt werden.

In den Abschnitten 3.6 und 3.7 werden wir die Marktversagen «Monopolmacht» und «externe Effekte» vertieft besprechen. Keine Vertiefung gibt es zu den beiden Themen «öffentliche Güter» und «asymmetrische Information», weshalb hier die wichtigsten Punkte zusammengefasst werden.

Öffentliche Güter sind Güter, von deren Gebrauch niemand ausgeschlossen werden kann, weshalb ihr Preis für den privaten Konsumenten gleich null ist (vgl. die Box «Arten von Gütern» auf S. 73). Niemand kann beispielsweise daran gehindert werden, sich ein grosses Feuerwerk anzusehen. Daher ist oft auch niemand bereit, etwas für dieses Gut zu bezahlen, und jedermann verhält sich als «Trittbrettfahrer». So aber fehlt der Anreiz für allfällige Produzenten, dieses Gut überhaupt herzustellen. Ein öffentliches Gut wird also in einem freien Markt typischerweise nicht oder in zu geringer Menge produziert. Hier besteht das Problem, dass die Preise nicht die tatsächlichen Knappheiten widerspiegeln. Das Feuerwerk hat einen positiven Nutzen, gleichzeitig kann man von den Betrachtern aber kaum einen Preis dafür verlangen, was letztlich ein falsches Signal über die tatsächliche Knappheit dieses Gutes aussendet. Aus Wohlfahrtssicht lässt sich daher ein Staatseingriff vertreten, etwa indem der Staat ein Feuerwerk veranstaltet und über Steuern alle Bürgerinnen und Bürger an dessen Finanzierung beteiligt.

Die Garantie von Eigentums- und Vertragsrechten, die wir als zentrale Aufgabe des Staates in einer Marktwirtschaft bezeichnet haben, ist im Übrigen eines der wichtigsten öffentlichen Güter. Stellt der Staat dieses nicht zur Verfügung, so wird ein marktwirtschaftliches System entweder nicht oder nur in sehr unvollständiger Art und Weise entstehen.

→ **Asymmetrische Information**
Bei einer Markttransaktion verfügt die eine Seite über mehr und bessere Informationen als die Gegenseite.

Asymmetrische Information liegt dann vor, wenn Personen miteinander handeln, die unterschiedlich gut informiert sind. Ein bekanntes Beispiel ist der Markt für Gebrauchtwagen. Der Verkäufer weiss mehr über die Qualität des Autos als der Käufer. Gleichzeitig weiss der Käufer, dass vor allem Verkäufer mit schlechten Autos einen Anreiz haben, diese zu verkaufen. Folglich ist es nicht sehr attraktiv, einen Gebrauchtwagen zu kaufen; und entsprechend erzielen gebrauchte Autos oft einen viel tieferen Preis als Neuwagen, selbst wenn sie an sich einwandfrei sind. Ein ähnliches Problem besteht auf Versicherungsmärkten, da dort ein Versicherungsnehmer wesentlich mehr über seine Risiken weiss als die Versicherungsunternehmung. Zudem führt die Tatsache, versichert zu sein, oft dazu, dass man sich weniger vorsichtig verhält. Die Versicherung ihrerseits weiss um ihre Informationsnachteile und wird entsprechend vorsichtig handeln, womit gewisse Versicherungsformen nicht oder in zu geringem Ausmass angeboten werden könnten. Solche asymmetrischen Informationen können tatsächlich unter gewissen Bedingungen ein Marktversagen verursachen, das einen Staatseingriff rechtfertigen könnte. Allerdings gibt es praktisch für jedes asymmetrische Informationsproblem Marktlösungen. So wird etwa ein Gebrauchtwagen oft nur dann zu einem vernünftigen Preis verkauft werden können, wenn er von einem unabhängigen Automechaniker geprüft wurde. Oder eine Versicherung kann einen Selbstbehalt verlangen, sodass der Versicherungsnehmer einen Anreiz hat, sich vorsichtig zu verhalten. Derartige private Lösungen ermöglichen es, die meisten Situationen mit asymmetrischen Informationen effizient zu meistern. Deshalb sind zur Behebung asymmetrischer Informationsprobleme oft weniger weitgehende Staatseingriffe angebracht als bei den anderen drei Marktversagen.

Monopolmacht, externe Effekte, öffentliche Güter und asymmetrische Information bilden im Wesentlichen eine abschliessende Liste von Marktversagen, von Situationen also, in denen der freie Markt zu ineffizienten Lösungen führen kann. Das muss man sich immer vor Augen halten, wenn in wirtschaftspolitischen Diskussionen sehr schnell alle möglichen anderen Sachverhalte zu Marktversagen erklärt werden. In der Regel geht es in diesen Debatten aber meist um Verteilungsfragen, und zwar dann, wenn der Markt zu einer Einkommensverteilung führt, die nicht den Erwartungen einzelner Menschen oder einer bestimmten Gruppe entspricht. Mit einem Marktversagen im Sinn einer Verschwendung von Ressourcen bei freien Märkten hat dies aber nichts zu tun. In der wirtschaftspolitischen Analyse ist es deshalb entscheidend, Verteilungsfragen immer klar von der Frage nach der Effizienz einer Lösung zu trennen.

Zusammenfassende Übersicht

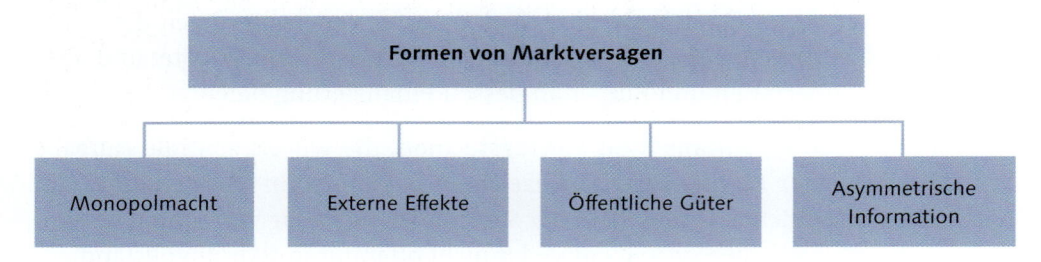

```
                    Formen von Marktversagen
          ┌──────────────┬──────────────┬──────────────┐
   Monopolmacht   Externe Effekte   Öffentliche Güter   Asymmetrische
                                                         Information
```

Arten von Gütern

In diesem Abschnitt zeigen wir, dass öffentliche Güter in der ökonomischen Analyse nicht gleich behandelt werden können wie die «normalen» Güter, über die wir sonst sprechen. Die Unterscheidungsmerkmale der verschiedenen Güter wollen wir in dieser Box anhand eines einfachen Schemas etwas genauer erläutern. Dabei sind für jedes Gut jeweils zwei Fragen zu beantworten:
1. Ist das Gut *rivalisierend* im Gebrauch?
2. Ist die Verwendung des Gutes *ausschliessbar*?

Ein Gut ist dann rivalisierend, wenn es nicht von zwei Personen gleichzeitig verwendet werden kann. Esse ich einen Apfel, kann kein anderer den gleichen Apfel essen. Der Apfel ist also ein Gut, dessen Gebrauch rivalisierend ist.

Ein Gut ist dann ausschliessbar, wenn es möglich ist, jemand anderen am Gebrauch dieses Gutes zu hindern. Kaufe ich einen Apfel, dann kann ich andere davon abhalten, den Apfel zu essen. Der Apfel ist also auch ein Gut, dessen Verwendung ausschliessbar ist. Die Extremformen hinsichtlich dieser beiden Eigenschaften bilden die reinen privaten und die reinen öffentlichen Güter. *Private Güter* sind rivalisierend im Gebrauch und vollständig ausschliessbar. Deshalb sind sie in **Abbildung 3.3** links oben aufgeführt. Ein Apfel erfüllt beide Eigenschaften und ist folglich ein Beispiel für ein privates Gut.

Öffentliche Güter andererseits sind nicht rivalisierend im Gebrauch und überhaupt nicht ausschliessbar. Nehmen wir als Beispiel den Satz des Pythagoras. Wende ich diesen an, so stört es mich keineswegs, wenn gleichzeitig tausend andere das Gleiche tun. Er ist immer gleich produktiv, egal, wie viele ihn verwenden. Gleichzeitig ist der Satz des Pythagoras überhaupt nicht ausschliessbar. Ich kann niemanden daran hindern, ihn ebenfalls anzuwenden. Er ist deshalb ein rein öffentliches Gut.

Wenden wir uns nun noch den Zwischenformen zu. Gewisse Güter sind rivalisierend im Gebrauch, aber überhaupt nicht ausschliessbar. Das sind die sogenannten *Allmendgüter*. Bei ihnen besteht das Problem, dass sie viel zu intensiv verwendet werden. Das klassische Beispiel sind Fischbestände. Der einzelne Fisch stellt ein Gut dar, das rivalisierend ist im Gebrauch: Wenn ich den Fisch fange, kann niemand denselben Fisch fangen. Gleichzeitig ist er aber nicht ausschliessbar. Es ist nämlich so gut wie unmöglich, ein Eigentumsrecht auf einen Fisch durchzusetzen, der im Ozean umherschwimmt. Die andere Zwischenform bilden jene Güter, die nicht rivalisierend im Gebrauch, zugleich aber ausschliessbar sind – die sogenannten *Clubgüter*. Ein Beispiel dafür ist das Pay-TV. Eine Pay-TV-Sendung ist nicht rivalisierend. Die ganze Welt könnte die Sendung zur gleichen Zeit verfolgen wie ich, meinen Gebrauch dieses Gutes würde dies in keiner Weise beeinträchtigen. Dieses Gut ist aber ausschliessbar, und zwar indem man es kodiert und nur zahlenden Konsumentinnen und Konsumenten zugänglich macht.

In den meisten Fällen haben wir es mit privaten Gütern zu tun; wir können uns bei der ökonomischen Analyse deshalb weitgehend auf sie konzentrieren.

Abb. 3.3
Arten von Gütern

	rivalisierend	nicht rivalisierend
ausschliessbar	Private Güter (z.B. Äpfel)	Clubgüter (z.B. Pay-TV)
nicht ausschliessbar	Allmendgüter (z.B. Fischbestände)	Öffentliche Güter (z.B. Satz des Pythagoras)

→ **Rivalität**
Eigenschaft eines Gutes, wonach der Gebrauch des Gutes verhindert, dass ein anderer wirtschaftlicher Akteur das gleiche Gut auch konsumieren kann.

→ **Ausschliessbarkeit**
Eigenschaft eines Gutes, wonach ein Akteur einen anderen am Gebrauch eines Gutes hindern kann.

→ **Private Güter**
Güter, die rivalisierend und ausschliessbar im Gebrauch sind. Die meisten Güter sind private Güter.

→ **Allmendgüter**
Güter, die zwar rivalisierend im Gebrauch, aber nicht ausschliessbar sind. Bei Allmendgütern besteht die Gefahr der übermässigen Nutzung des Gutes.

→ **Clubgüter**
Güter, die ausschliessbar, aber nicht rivalisierend im Gebrauch sind.

3.4 Wirtschaftspolitik

Der vorherige Abschnitt hat gezeigt, welche Vorkehrungen der Staat grundsätzlich treffen muss, damit eine Marktwirtschaft effizient funktioniert. Konkret umgesetzt wird dies im Rahmen der Wirtschaftspolitik, die alle staatlichen Aktivitäten umfasst, mit denen direkt oder indirekt die Wirtschaft beeinflusst wird. Dies kann im weitesten Sinne über die Gesetzgebung geschehen oder über die staatliche Finanzierung von Tätigkeiten. Im Folgenden wollen wir die wichtigsten Ansatzpunkte kurz ansprechen; in den restlichen Kapiteln des Buches werden wir uns mit den wichtigsten Facetten der Wirtschaftspolitik noch ausgiebig beschäftigen.

3.4.1 Die Zielgrössen der Wirtschaftspolitik

Die bisherige Diskussion hat sich auf einer relativ abstrakten Ebene bewegt. Wir haben uns vor allem gefragt, in welchen Situationen es aus Effizienzgründen gerechtfertigt ist, mit staatlichen Massnahmen in den Markt einzugreifen. Die wirtschaftspolitische Diskussion orientiert sich aber nicht am abstrakten Ziel der Effizienz; Sie haben den Begriff in den Medien wahrscheinlich noch kaum je in diesem Zusammenhang gehört. Vielmehr geht es hier um Themen wie Konjunkturpolitik, Steuerpolitik, Aussenwirtschaftspolitik, Geldpolitik oder Arbeitsmarktpolitik, um nur einige wichtige Beispiele zu nennen. Diese Politiken zielen natürlich ebenfalls darauf ab, die Marktwirtschaft möglichst funktionsfähig zu machen, unnötige Verschwendungen zu vermeiden und damit letztlich Effizienz zu erreichen. In der Praxis aber wird dieses übergeordnete Ziel quasi übersetzt, indem Ziele formuliert werden, die besser messbar sind und unter denen sich auch Nicht-Ökonomen etwas vorstellen können. Damit sprechen wir die in Abschnitt 1.1 vorgestellten allgemein anerkannten Zielgrössen «hoher Wohlstand», «tiefe Arbeitslosigkeit», «stabile Preise», «stabiler Finanzsektor» und «nachhaltige Staatsfinanzierung» an.

«Allgemein anerkannt» sind diese Ziele deshalb, weil sich wohl kaum jemand tieferen Wohlstand, höhere Arbeitslosigkeit, hohe Inflationsraten, Finanzkrisen oder zerrüttete Staatsfinanzen herbeiwünscht. Mit anderen Worten: Die Ziele selbst sind wenig umstritten – uneinig kann man sich aber in der Beurteilung der relativen Wichtigkeit dieser Ziele sein. Die nächsten fünf Kapitel des Buches werden je einem dieser wirtschaftspolitischen Ziele gewidmet sein.

3.4.2 Magische Vielecke der Wirtschaftspolitik

Geht es um die Ziele der Wirtschaftspolitik, sprechen die allermeisten deutschsprachigen Lehrbücher von sogenannten «magischen» Vier-, Fünf- oder Sechsecken. Der Grund liegt nicht zuletzt im deutschen Stabilitätsgesetz. Es hält ausdrücklich fest, dass wirtschafts- und finanzpolitische Massnahmen zu den vier Zielen Wirtschaftswachstum, Preisstabilität, hohe Beschäftigung und aussenwirtschaftliches Gleichgewicht beitragen sollen. In unserer Darstellung im vorherigen Abschnitt sind die ersten drei Zielgrössen ebenfalls enthalten, nicht jedoch das Ziel des aussenwirtschaftlichen Gleichgewichts. Nun stammt das deutsche Stabilitätsgesetz aus dem Jahre 1967, aus einer Zeit also, in der die Industrieländer un-

Die Marktwirtschaft und die Rolle des Staates

Wahlkampfrede: «Dank meiner neuen Wirtschaftspolitik werden Sie Ihren Lebensstandard halten können!» – «Genau das habe ich befürchtet.»

→ **Fixer Wechselkurs**
Wechselkurssystem, bei dem die Kurse der beteiligten Währungen innerhalb einer gewissen Bandbreite gegeneinander fixiert sind.

→ **Flexibler Wechselkurs**
Wechselkurs, der sich auf dem freien Markt bildet, ohne dass die Zentralbank versucht, diesen Kurs mit gezielten geldpolitischen Eingriffen zu gestalten.

→ **Wechselkurs**
Preis einer Währung, ausgedrückt in einer anderen Währung.

→ **Zielkonflikt**
Situation, in der die Erreichung eines Zieles verhindert, dass gleichzeitig ein anderes Ziel erreicht werden kann.

tereinander *fixe Wechselkurse* kannten (mehr dazu in Abschnitt 9.4.2). In einem solchen System ist ein Gleichgewicht von Exporten und Importen wichtig, um die Wechselkursfixierung nicht zu erschweren. Seit Mitte der 1970er-Jahre aber kennen wir in weiten Teilen der Weltwirtschaft statt des globalen Fixkurssystems *flexible Wechselkurse*. Bei Wechselkursflexibilität aber wird das Gleichgewicht zwischen Exporten und Importen durch die Anpassung der *Wechselkurse* sichergestellt. Deshalb ist die Liste der wirtschaftspolitischen Ziele in letzter Zeit flexibler gehandhabt worden und berücksichtigt je nachdem auch andere Grössen, wie die Umweltqualität oder die Verteilungsgerechtigkeit. So kommt man dann rasch einmal auf Fünf- oder Sechsecke. Wir konzentrieren uns hier aber auf die eigentlichen volkswirtschaftlichen Ziele der Wirtschaftspolitik. Deshalb ergänzen wir die drei unbestrittenen Ziele Wohlstand, Beschäftigung und Preisstabilität noch um die finanzpolitischen wichtigen Ziele des stabilen Finanzsektors und der gesunden Staatsfinanzen.

Als «magisch» bezeichnet man die Vielecke im Übrigen, weil man annimmt, es bestünden *Zielkonflikte*, die ein gleichzeitiges Erreichen aller Ziele verunmöglichen würden. Doch derartige Zielkonflikte spielen nur in der kurzfristigen Betrachtung eine gewisse Rolle. Mittel- und langfristig sind die Ziele weitgehend komplementär. Wirtschaftlich erfolgreiche Länder weisen für alle fünf Ziele gute Werte auf. So kennt etwa die Schweiz gleichzeitig hohen Wohlstand, tiefe Arbeitslosigkeit, stabile Preise, stabile Finanzmärkte und gesunde Staatsfinanzen (siehe Abschnitt 1.2).

Wirtschaftspolitik wird aber in der politischen Realität natürlich nicht nur vom Streben nach Effizienz bestimmt, sondern auch von handfesten Interessen verschiedenster Gruppierungen. Auch wenn eine Massnahme aus Sicht der Gesamtwirtschaft die Effizienz verbessert, heisst das noch lange nicht, dass alle Bevölkerungsgruppen gleichermassen davon profitieren. Diese unterschiedlichen Interessen und ihre grundsätzlichen Auswirkungen auf die Wirtschaftspolitik wollen wir im nächsten Abschnitt diskutieren.

3.5 Staatsversagen: Die politische Ökonomie

Wir haben besprochen, welche Rolle dem Staat aus Sicht der Ökonomie zukommt, damit eine Markwirtschaft effizient funktioniert. Doch der Staat übernimmt diese Rolle nicht einfach als *wohlwollender Diktator*. Vielmehr sind auch die Repräsentanten des Staates unterschiedlichen Einflüssen ausgesetzt und reagieren auf Anreize. Interessen von Politikerinnen und Politikern, Verwaltungen und Interessengruppen haben daher bei der praktischen Umsetzung der Wirtschaftspolitik einen grossen Einfluss. Auch die bestkonzipierten wirtschaftspolitischen Empfehlungen müssen ja stets von politischen Akteuren umgesetzt werden, die nebst den allgemeinen auch immer eigene Interessen verfolgen. Die sogenannte *politische Ökonomie* gibt wichtige Anhaltspunkte dafür, wie man diese Interessen angemessen berücksichtigen kann. Bei jeder Wirtschaftspolitik ist deshalb immer die Möglichkeit eines *Staatsversagens* zu beachten. Dabei besteht nicht nur die Gefahr, dass wirtschaftspolitische Massnahmen aufgrund «technischer» Fehler zu schlechteren Resultaten führen können, als wenn man gar nichts getan hätte. Noch wichtiger ist eben die Berücksichtigung der Anreize der beteiligten Personen oder Gruppen, die dem ursprünglich angestrebten Ziel zuwiderlaufen können. Wir wollen hier kurz die beiden Hauptpunkte der politisch-ökonomischen Analyse betrachten: die Anreize für Politiker sowie die Bedeutung verschiedener privater Interessengruppen.

→ **Wohlwollender Diktator**
Gedankenkonstrukt, bei dem ein vollständig informierter, allmächtiger und wohlwollender Entscheidungsträger die gesamtwirtschaftliche Wohlfahrt zu optimieren versucht.

→ **Politische Ökonomie**
Zweig der Volkswirtschaftslehre, der politische Prozesse mit ökonomischen Konzepten untersucht.

→ **Staatsversagen**
Versagen des Staates, ineffiziente Allokationen in einer Marktwirtschaft zu korrigieren.

3.5.1 Anreize für Politik und Verwaltung

Wie alle Menschen reagieren auch Politiker auf Anreize. Und ein ganz wichtiges Ziel eines jeden Politikers ist es, wiedergewählt zu werden. Er wird sich also bei jeder Umsetzung von wirtschaftspolitischen Empfehlungen überlegen, wie sich diese auf seine Wahlchancen auswirken könnten. Zudem ist es nicht von der Hand zu weisen, dass Politiker auch einen Anreiz haben können, ihre Machtbefugnisse zu verwenden, um persönliche Interessen durchzusetzen.

Eine zweite wichtige Gruppierung neben den gewählten Politikerinnen und Politikern bildet die Verwaltung. Sie beeinflusst die Wirtschaftspolitik oder bereitet sie vor, und sie unterliegt dabei ebenfalls persönlich gefärbten Anreizen. Mitarbeiterinnen und Mitarbeiter öffentlicher Verwaltungen müssen nicht wiedergewählt werden und befinden sich häufig in einer Monopolsituation. Die Skepsis vieler Ökonominnen und Ökonomen, was staatliche Problemlösungen betrifft, gründet meist auf diesem Fehlen der «Kontrollinstanz» Wettbewerb. Entsprechend wichtig ist es, auch für die Verwaltung die richtigen Anreize zu setzen, vor allem bei der Organisation und bei der – hierarchischen – Kontrolle. Brauche ich beispielsweise eine Bewilligung, um ein Geschäft zu eröffnen, dann gibt es dafür keinen Markt, auf dem ich mir einen Anbieter aussuchen kann, sondern es besteht genau eine staatliche Instanz, welche die Bewilligung vergibt; es herrscht also kein Wettbewerb. Damit der Beamte diese Monopolstellung nicht ausnützen kann (etwa indem er Bestechungsgelder verlangt), braucht es eine starke Kontrolle innerhalb des Verwaltungsapparates. Fehlverhalten kann in diesem Fall nicht dadurch bestraft werden, dass ich den Anbieter der Bewilligung nicht berücksichtige und zu einem anderen Anbieter wechsle, sondern nur dadurch, dass der Beamte mit einer Sanktion rechnen muss, wenn er sich nicht an die Regeln hält.

Die Marktwirtschaft und die Rolle des Staates 3

«Senator, welchen Plan haben Sie, um auf einen Ölpreis von 100$ pro Fass zu reagieren?» «Kleinere Fässer verwenden.»

Will man die Umsetzungschancen wirtschaftspolitischer Empfehlungen erhöhen, so müssen die Anreize für Politiker und die Verwaltung sorgfältig analysiert und berücksichtigt werden.

3.5.2 Interessengruppen und das Streben nach politisch geschaffenen Vorteilen

→ **Interessengruppen**
Unterschiedlich stark organisierte, nicht gewählte Gruppierungen, die versuchen, den politischen Prozess zu ihren Gunsten zu beeinflussen.

Interessengruppen spielen neben Politik und Verwaltung ebenfalls eine wichtige Rolle bei der Umsetzung der Wirtschaftspolitik. Ein grosser Teil der wirtschaftspolitischen Diskussion dreht sich nämlich um die Wirkung von Massnahmen auf einzelne Gruppen. Dabei kann es sich um die Arbeiterschaft, eine bestimmte Region, bestimmte Unternehmen oder einzelne Branchen handeln. Praktisch jede dieser Gruppen wird durch Interessenorganisationen, oft auch Lobbys genannt, vertreten. Darunter fallen etwa Berufsverbände, Gewerkschaften oder Arbeitgeberorganisationen. Ihr Ziel ist es, den politischen Prozess zugunsten ihrer Gruppe zu beeinflussen. Weit weniger setzen sie sich – von den Anreizen her gut verständlich – für die Zunahme der gesamtwirtschaftlichen Wohlfahrt ein.

→ **Rent-Seeking**
Statt Ressourcen produktiv zu verwenden, werden diese eingesetzt, um über den politischen Prozess Umverteilungen zu erreichen.

Das sogenannte *Rent-Seeking*, mit «Streben nach Renten» nur unzureichend übersetzbar, ist ein eng mit den Interessengruppen verbundener Begriff. Er bezeichnet deren Absicht, über Regulierungen oder staatliche Gelder Vorteile für ihre Gruppe zu erzielen. So kann beispielsweise eine bestimmte Branche versuchen, mithilfe der Politik einen Mindestpreis einzuführen, um so die eigenen Gewinne zu steigern. Wie wir gesehen haben, liegt eine solche Politik keineswegs im Gesamtinteresse einer Volkswirtschaft. Häufig besteht ein Gegensatz zwischen den Interessen einer bestimmten Gruppe und den Interessen der gesamten Wirtschaft oder der gesamten Bevölkerung.

Man könnte argumentieren, die Interessengruppen seien ja ein Abbild der verschiedenen Gruppen innerhalb der Gesellschaft und sollten daher auch deren relative Bedeutung widerspiegeln. Doch dem ist nicht so: Die Bedeutung von Interessengruppen entspricht in der Regel nicht ihrem Anteil an der Bevölkerung. Denn die Organisation von Interessen kostet Geld und Zeit, und es ist nicht für alle Gruppen gleich einfach und lohnend, die Mittel für eine wirksame Interessenvertretung aufzubringen.

So ist zum Beispiel der Bauernverband politisch wesentlich einflussreicher als die Konsumentenorganisationen. Auf den ersten Blick ist das erstaunlich, sind doch die Bauern den Konsumenten zahlenmässig weit unterlegen. Tatsächlich sind aber gerade die Interessen einer kleinen, intensiv betroffenen Gruppe einfacher zu organisieren. So vertritt der Bauernverband eine eher kleine Gruppe, und jede

Bäuerin und jeder Bauer hat durch Änderungen der Landwirtschaftspolitik viel zu gewinnen oder zu verlieren. Bei den Konsumentinnen und Konsumenten, die eine sehr grosse Gruppe darstellen, ist es gerade umgekehrt. Der Einzelne hat beim Abbau einer bestimmten Regulierung, etwa bei der Senkung der Importzölle für ein bestimmtes Landwirtschaftsprodukt, nur relativ geringe Vorteile; es geht nur um eines der zahlreichen Güter, die er nachfragt. Also sind die Gewinne für den einzelnen Konsumenten klein im Vergleich mit dem, was der einzelne Bauer zu verlieren hat. Insgesamt aber würden die Gewinne der Gesellschaft – und das ist natürlich die relevante Grösse für die gesamtwirtschaftliche Analyse – durch einen solchen Zollabbau steigen, wie wir in Kapitel 9 zeigen werden. Je grösser also die Anzahl der Nutzniesser und je kleiner der erwartete Pro-Kopf-Gewinn, desto schwieriger ist es, politische Interessen zu organisieren. Das bedeutet aber, dass wirtschaftspolitische Aktionen, von denen die Gesellschaft insgesamt profitieren würde, im politischen Prozess oft Schiffbruch erleiden.

Die Berücksichtigung politisch-ökonomischer Aspekte ist bei der Ausgestaltung der Wirtschaftspolitik entscheidend. Analysiert man hier nicht sorgfältig, kann jede gut gemeinte Massnahme sehr rasch zu einer Verschlechterung führen. Ein Staatsversagen ist deshalb bei jedem wirtschaftspolitischen Eingriff eine nicht zu unterschätzende Gefahr.

Auch Interessengruppen versuchen, sich hier Gehör zu verschaffen.

3.6 Korrektur von Marktversagen I: Die Wettbewerbspolitik

In den letzten beiden Abschnitten dieses Kapitels wollen wir nun konkreter werden, was mögliche Eingriffe des Staates in die Marktwirtschaft betrifft. Insbesondere geht es darum, aus Sicht der Effizienz gerechtfertigte Staatseingriffe darzustellen. Dabei konzentrieren wir uns auf die zwei wohl wichtigsten Formen von Marktversagen, die Monopolmacht einerseits und die externen Effekte andererseits. Die Diskussion wird insbesondere auch aufzeigen, mit welchen wirtschaftspolitischen Massnahmen hier vorgegangen werden kann.

3.6.1 Volkswirtschaftliche Kosten von Monopolen

Der entscheidende Unterschied zwischen der vollständigen Konkurrenz und dem Monopol ist, dass der Monopolist den Preis seines Gutes beeinflussen kann, das Unternehmen in vollständiger Konkurrenz jedoch nicht. Ein Unternehmen in vollständiger Konkurrenz hat eine grosse Anzahl von Konkurrenten, die alle das gleiche Produkt verkaufen. Bei einem genügend grossen Markt führt dies dazu, dass die Entscheide eines einzelnen Anbieters bezüglich der Produktionsmenge überhaupt keinen Einfluss auf den Marktpreis haben. Verlangt das Unternehmen einen Preis, der auch nur minimal über dem Marktpreis liegt, so wird es nichts verkaufen können und folglich vom Markt verdrängt werden. Es besteht für das Unternehmen aber auch keinerlei Anreiz, einen Preis unterhalb des Marktpreises zu setzen, da es seine Güter jederzeit zum höheren Marktpreis verkaufen und damit höhere Einnahmen erzielen kann.

Die Marktwirtschaft und die Rolle des Staates

Ganz anders stellt sich die Situation des Monopolisten dar. Er sieht sich der gesamten Marktnachfrage gegenübergestellt, da er ja der einzige Anbieter ist. Im Gegensatz zum Unternehmen in vollständiger Konkurrenz hat der Mengenentscheid des Monopolisten einen Einfluss auf den Preis – und das ist entscheidend. Denn der Monopolist kann sich gewissermassen den für ihn vorteilhaftesten Punkt auf der Nachfragekurve des Marktes aussuchen. Erhöht er nämlich seine Produktionsmenge, so wird der Preis fallen. Im Gegensatz zu einem Unternehmen unter vollständiger Konkurrenz kann der Monopolist einen höheren Gewinn erzielen, indem er die verkaufte Menge reduziert und damit einen höheren Preis pro verkaufte Menge setzen kann. Dabei wird insgesamt weniger angeboten als bei vollständiger Konkurrenz, und dies führt zu einem gesamtwirtschaftlichen Verlust. Die Mittel werden in einer Monopolsituation also ineffizient eingesetzt.

Neben diesem negativen Effekt erzeugen Monopolsituationen noch eine ganze Reihe zusätzlicher gesamtwirtschaftlicher Kosten, die wir hier kurz ansprechen wollen.

→ **X-Ineffizienz**
Ein Unternehmen produziert mit den vorhandenen Ressourcen weniger, als maximal möglich wäre.

Erstens begünstigen Monopole die sogenannte *X-Ineffizienz*. Das Management von Monopolunternehmen hat wenig Anreiz, die Produktionskosten so tief wie möglich zu halten, da es nicht im harten Wettbewerb zu anderen Unternehmen steht. Dies zeigt sich etwa daran, dass man sich unnötigen Luxus wie wertvolle Möbel oder teure Bürotürme leistet. Im Laufe der Zeit kann das zu grossen betriebsinternen Ineffizienzen führen, die einen guten Teil des Monopolgewinns wieder «wegfressen».

→ **Marktzutrittsschranken**
Faktoren, die potenzielle Konkurrenten davon abhalten, in einen bestehenden Markt einzutreten.

Zweitens, und dies wird uns gleich noch beschäftigen, müssen Monopolgewinne in aller Regel durch *Marktzutrittsschranken* gesichert werden. Der Monopolist investiert in Barrieren, die seine Konkurrenten am Markteintritt hindern und ihm eine *Monopolrente* sichern. Aus gesamtwirtschaftlicher Sicht dienen solche Investitionen lediglich der Umverteilung und sind daher ineffizient. Oft fliessen sie in die Politik: Mittels Rent-Seeking – gesamtwirtschaftlich eine reine Verschwendung – wird versucht, Politiker dazu zu bringen, mit gesetzlichen Massnahmen die Konkurrenz vom Markt fern zu halten. So beobachtet man häufig, dass die Vertreter monopolistischer Firmen oder Branchen Mittel aufwenden, um sich im politischen Prozess gegen den Abbau von Zöllen zur Wehr zu setzen, da dies zu Konkurrenz durch Importe führen und damit das Monopol beseitigen würde.

→ **Monopolrente**
Rente, die ein Monopolist im Vergleich zum vollkommenen Wettbewerb zusätzlich erhält, weil er seine Preise unabhängig vom Wettbewerb gewinnmaximierend festlegen kann.

Drittens schliesslich haben Monopolisten auch wenige Anreize, durch Innovationen die Effizienz der Produktion langfristig zu steigern. Dies bremst den technischen Fortschritt und damit – wie wir sehen werden – den entscheidenden Motor des Wirtschaftswachstums. Ein Unternehmen in Monopolstellung hat kaum Anreize, sich durch den Einsatz der bestmöglichen Technologie oder durch die Entwicklung neuer Produkte oder Prozesse ständig zu verbessern. Die Rente ist ja auch ohne derartige Anstrengungen gesichert. Dieser negative Effekt von Monopolen auf die Innovation verursacht aus Sicht der Gesamtwirtschaft wohl die höchsten Kosten.

Aus all diesen Gründen kann eine staatliche Bekämpfung von Monopolen die Effizienz erhöhen. Oder anders ausgedrückt: Es besteht ein gutes Argument für eine Wettbewerbspolitik.

Zusammenfassende Übersicht

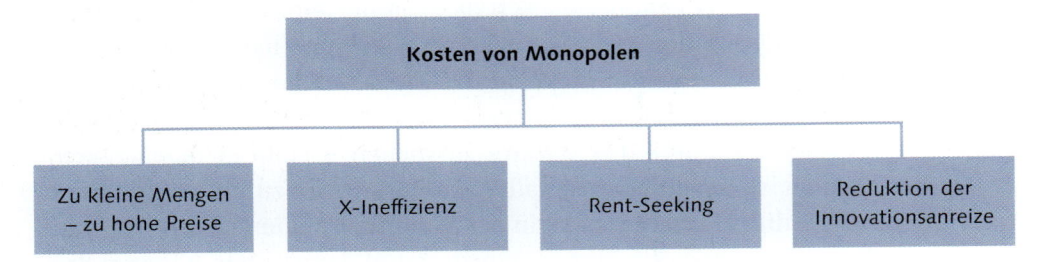

```
                    Kosten von Monopolen
        ┌───────────────┬──────────────┬───────────────┐
Zu kleine Mengen    X-Ineffizienz   Rent-Seeking   Reduktion der
– zu hohe Preise                                   Innovationsanreize
```

3.6.2 Marktzutrittsschranken und die Wettbewerbspolitik

Manche mögen sich gefragt haben, warum bei Monopolen der Preismechanismus eigentlich nicht funktionieren soll. Der Monopolist verknappt künstlich die Menge eines Gutes, was zu einem hohen Preis führt. Dieser hohe Preis zeigt doch völlig korrekt die bestehenden Knappheiten an und sollte daher neue Konkurrenten anlocken. Man müsste also so lange Markteintritte von Unternehmen beobachten, bis wir uns der Situation vollständiger Konkurrenz annähern. Warum führt hier die Signalwirkung des Preises nicht direkt zur Beseitigung des Monopols?

Die Antwort sind Marktzutrittsschranken, die in irgendeiner Form die potenziellen Konkurrenten vom Markteintritt abhalten. Die Analyse von Monopolsituationen muss deshalb immer bei der Analyse von Marktzutrittsschranken ansetzen.

Zwei Formen von Marktzutrittsschranken lassen sich unterscheiden. Erstens gibt es *natürliche Monopole*. Den Marktzutritt erschweren dort die hohen *Fixkosten*, die aufgewendet werden müssen, bevor die Produktion des betreffenden Gutes überhaupt beginnen kann. Beispiele dazu finden sich vor allem in den Infrastrukturbereichen. So bilden etwa das Schienennetz oder die Hochspannungsleitungen natürliche Monopole, da es für einen Marktneuling viel zu teuer wäre, parallele Netze aufzubauen.

Zweitens gibt es Monopolisten, die bewusst in künstliche Marktzutrittsschranken investieren, um ihre Stellung zu sichern. Hierbei lassen sich wiederum zwei Formen unterscheiden: staatliche Regulierungen (zum Beispiel Zölle) und strategisches Unternehmensverhalten. Letzteres besteht zum Beispiel in Form von *Kartellen*, also Absprachen zwischen Unternehmen über Preise, Mengen oder Lieferbedingungen.

Wettbewerbspolitik bedeutet also in erster Linie die Bekämpfung von Marktzutrittsschranken. Hier gibt es zwei Ansatzpunkte. Einerseits kann der Staat mit der Art, wie Märkte reguliert werden, die Höhe der Marktzutrittsschranken stark beeinflussen. Regulierungstätigkeit ist deshalb immer bis zu einem gewissen Grad auch Wettbewerbspolitik. Andererseits können Monopole und monopolistische Absprachen zwischen Unternehmen direkt bekämpft werden, indem eine Wettbewerbsbehörde solches Verhalten einschränkt oder verbietet. Beide Ansätze werden wir im Folgenden kurz am Beispiel der Schweiz diskutieren.

→ **Natürliches Monopol**
Monopolsituation, die deshalb besteht, weil die hohen Fixkosten der Produktion potenzielle Konkurrenten davon abhalten, in den Markt einzutreten.

→ **Fixkosten**
Kosten, die unabhängig davon anfallen, wie viel von einem Gut produziert wird.

→ **Kartell**
Gruppe von Unternehmen, die sich absprechen, um eine monopolistische Stellung zu erlangen.

INTERNET-VERTIEFUNG
hep-verlag.ch/vwl-plus

Verschiedene Marktformen

Die Marktwirtschaft und die Rolle des Staates

Zusammenfassende Übersicht

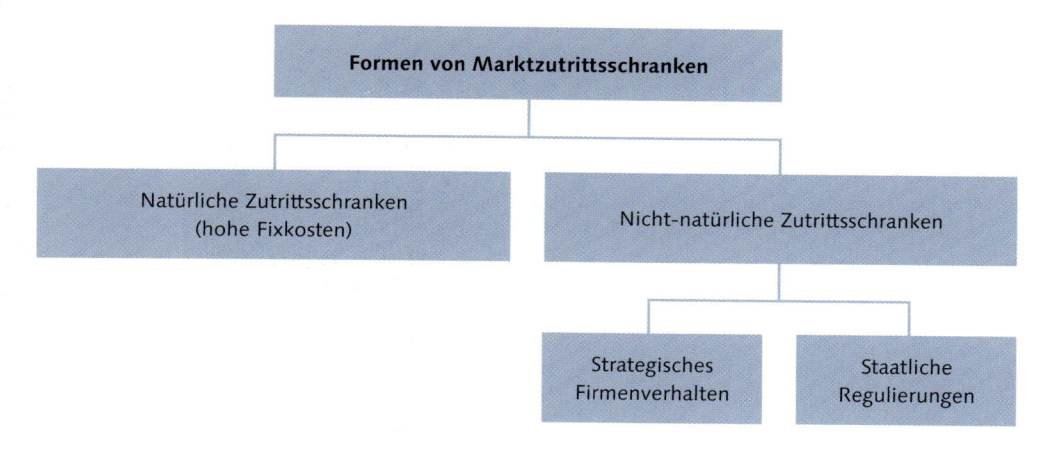

```
                    Formen von Marktzutrittsschranken
                              |
            ┌─────────────────┴─────────────────┐
   Natürliche Zutrittsschranken      Nicht-natürliche Zutrittsschranken
        (hohe Fixkosten)                        |
                                    ┌───────────┴───────────┐
                              Strategisches            Staatliche
                              Firmenverhalten          Regulierungen
```

3.6.3 Schweizer Wettbewerbspolitik

Sowohl bei den wettbewerbssteigernden Regulierungen wie auch bei der Verschärfung der Wettbewerbspolitik hat die Schweiz in den letzten Jahren einige Anstrengungen unternommen.

Wettbewerbssteigernde Regulierung in der Schweiz

Bei den natürlichen Monopolen haben die meisten OECD-Länder in den letzten Jahren *Liberalisierungsversuche* unternommen. Die Schweiz geriet hier in einen gewissen Rückstand, was in letzter Zeit vermehrte Reformanstrengungen ausgelöst hat. Im Telekommunikationsbereich wurden bereits in den 1990er-Jahren *Deregulierungsschritte* eingeleitet. Im Elektrizitätsbereich hat das Parlament – nach einer ersten verlorenen Abstimmung – mit dem Stromversorgungsgesetz von 2007 einen zweiten Versuch gestartet, in einem zweistufigen Prozess mehr Wettbewerb in diesem Sektor zu schaffen. Aber auch beim Schienenverkehr und bei der Post sind Deregulierungsschritte erfolgt oder zumindest geplant.

Ebenso sind in Bereichen mit künstlichen Marktzutrittsschranken in den letzten Jahren einige Reformversuche in Gang gekommen. Das betrifft zum Beispiel das öffentliche Beschaffungswesen (Kauf von Waren und Dienstleistungen durch den Staat), das Gesundheitswesen, aber auch die generelle Öffnung gegenüber ausländischen Anbietern, etwa im Rahmen der Abkommen mit der EU (z. B. bei den verarbeiteten Landwirtschaftsprodukten oder im Luftverkehr).

Kartellbekämpfung in der Schweiz

Der zweite Ansatzpunkt ist die Wettbewerbspolitik im engeren Sinne, also die Arbeit der *Wettbewerbsbehörde*. Dabei geht es um die Bekämpfung von kartellistischen Absprachen zwischen Unternehmen und um die Bekämpfung des Missbrauchs von Marktmacht einzelner Unternehmen.

Die Schweiz ist in einem gewissen Sinn ein Spezialfall, weil gemäss Bundesverfassung Kartelle nicht verboten sind. Deshalb kannte die Schweiz – von der OECD in früheren Berichten oft als Kartellweltmeister bezeichnet – sehr lange eine Wettbewerbsgesetzgebung, die deutlich kartellfreundlicher war als die vergleichbarer Länder. Allerdings ist in den letzten Jahren das Kartellgesetz stark verschärft worden.

→ **Liberalisierung**
Öffnung eines bisher monopolistischen Marktes durch die Zulassung von Wettbewerb.

→ **Deregulierung**
Lockerung oder Beseitigung staatlicher Regulierungen.

→ **Wettbewerbsbehörde**
Staatliche Institution, die für einen funktionierenden Wettbewerb sorgt und monopolistische Stellungen und Kartelle bekämpft.

Korrektur von Marktversagen I: Die Wettbewerbspolitik

Hochpreisinsel Schweiz

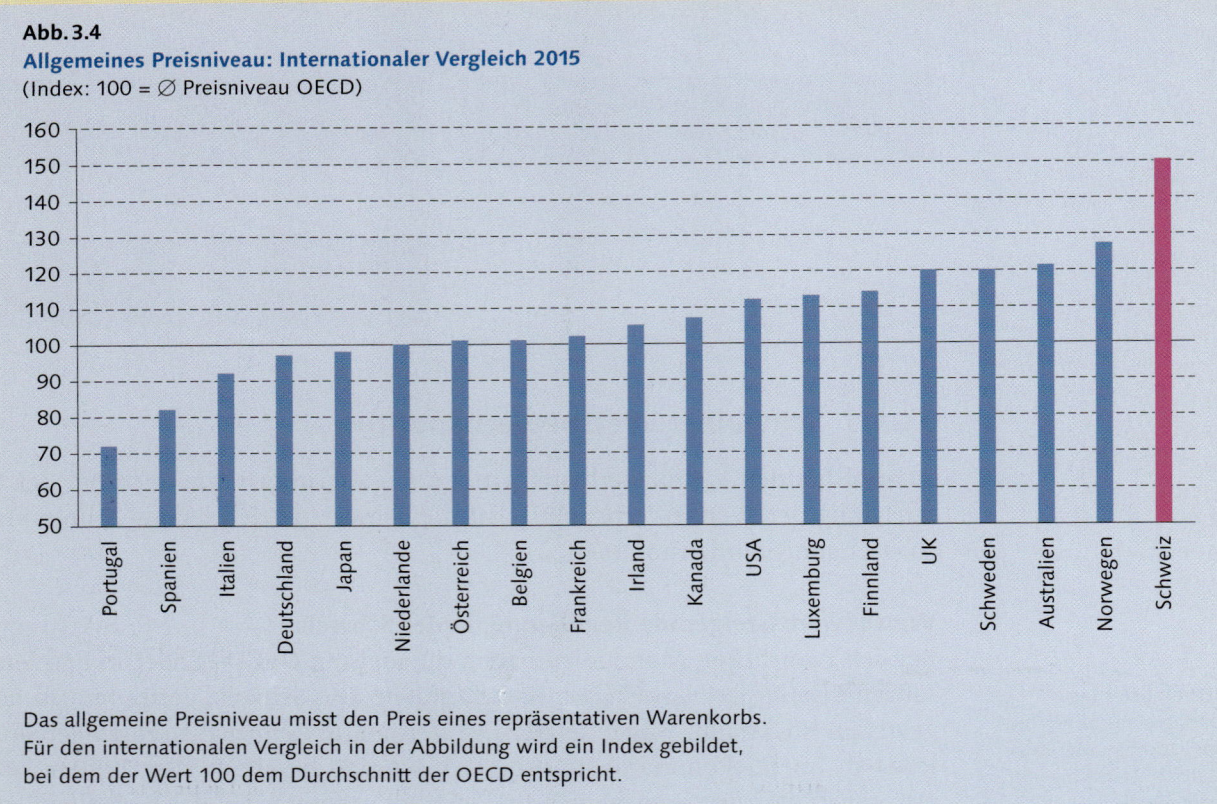

Abb. 3.4
Allgemeines Preisniveau: Internationaler Vergleich 2015
(Index: 100 = ⌀ Preisniveau OECD)

[Balkendiagramm mit folgenden Werten (ungefähr):
Portugal ~72, Spanien ~82, Italien ~93, Deutschland ~97, Japan ~99, Niederlande ~100, Österreich ~102, Belgien ~102, Frankreich ~103, Irland ~106, Kanada ~108, USA ~113, Luxemburg ~115, Finnland ~116, UK ~121, Schweden ~121, Australien ~123, Norwegen ~129, Schweiz ~152]

Das allgemeine Preisniveau misst den Preis eines repräsentativen Warenkorbs. Für den internationalen Vergleich in der Abbildung wird ein Index gebildet, bei dem der Wert 100 dem Durchschnitt der OECD entspricht.

Quelle: OECD

Abbildung 3.4 zeigt, dass im Jahre 2015 die Schweizer Preise 50 % höher lagen als der Durchschnitt aller OECD-Länder.

Warum aber diese hohen Preise? Drei mögliche Gründe könnten zur Erklärung herangezogen werden:

1. Qualitätsunterschiede,
2. Einkommensunterschiede,
3. unterschiedliche Wettbewerbsintensität.

Betrachten wir zuerst die Qualitätsunterschiede: Häufig wird argumentiert, die Schweiz habe zwar hohe Preise, die Konsumentinnen und Konsumenten erhielten aber wegen der hohen Qualität der Güter auch einen höheren Gegenwert. Die Preise der Schweiz und des Auslands seien deshalb nicht miteinander vergleichbar. Nun besteht bei internationalen Vergleichen tatsächlich die Gefahr, dass Äpfel mit Birnen verglichen werden; und für gewisse Güter mag das Argument der Unvergleichbarkeit durchaus zutreffen. Ein bekanntes Beispiel zeigt aber, dass zumindest ein guter Teil der höheren Schweizer Preise nicht auf Qualitätsunterschiede zurückgeführt werden kann. Der Big Mac der Firma McDonald's ist ein Produkt, das auf der ganzen Welt in gleich ausgestatteten Restaurants nach dem gleichen Rezept hergestellt wird. Denn die Geschäftsphilosophie von McDonald's fordert, dass der Big Mac und das restliche Produktsortiment weltweit die gleiche Qualität aufweisen sollen. Vergleicht man aber den Preis eines Big Mac international – die britische Wochenzeitschrift «The Economist» errechnet jährlich diesen «Big-Mac-Index» –, dann landet die Schweiz immer auf einem Spitzenplatz. In Dollars umgerechnet kostet ein Big Mac in Zürich rund 31 % mehr als in New York. Qualitätsunterschiede können folglich die Schweizer «Hochpreisinsel» kaum allein erklären.

Zum Zweiten könnten die Preisunterschiede eine Folge der Einkommensunterschiede sein. Dass ein reiches Land wie die Schweiz höhere Preise aufweist, ist bis zu einem gewissen Grad logisch. Denn hier sind viele Dienstleistungen wesentlich teurer als in einem Land mit tieferen Einkommen, und zwar vor allem dann, wenn diese Dienstleistungen nicht international gehandelt werden

Die Marktwirtschaft und die Rolle des Staates

können. Nehmen wir das Beispiel eines Haarschnitts, der in der Schweiz wesentlich teurer ist als in Mexiko. Und das kommt nicht daher, dass der mexikanische Coiffeur produktiver wäre als derjenige in der Schweiz; beide werden ungefähr gleich lange für einen üblichen Haarschnitt benötigen. Aber das Einkommensniveau in der Schweiz liegt so hoch, dass ein Schweizer Coiffeur auf keinen Fall bereit wäre, mit dem Einkommen des mexikanischen Kollegen seiner Arbeit nachzugehen. Er könnte damit in der Schweiz mit ihrem hohen Preisniveau ja kaum überleben. Aufgrund des unterschiedlichen Lohn- und Preisniveaus sind also zahlreiche nicht handelbare Güter in einem reichen Land teurer als in einem weniger wohlhabenden Land. Nun gibt es aber Länder wie etwa die USA oder Luxemburg, die gleich reich oder noch reicher sind als die Schweiz. Dennoch liegt gemäss **Abbildung 3.4** das Preisniveau in den USA mit 112 und in Luxemburg mit 113 deutlich unterhalb des Schweizer Werts von 150.

Wären es wirklich nur Einkommensunterschiede, die zu den höheren Schweizer Preisen führen, dann müssten die amerikanischen und luxemburgischen Preise ähnlich hoch liegen wie die der Schweiz.

Qualitätsunterschiede und Einkommensunterschiede können also das hohe Schweizer Preisniveau nicht wirklich erklären. Folglich müssen die Gründe für die «Hochpreisinsel Schweiz» etwas mit den Unterschieden in der Wettbewerbsintensität – und damit mit der Wettbewerbspolitik im weitesten Sinne – zu tun haben.

Die Qualität ist nicht unbedingt typisch schweizerisch – der Preis schon.

→ **Harte Kartelle**
Absprachen, die den Wettbewerb besonders drastisch einschränken. Darunter fallen Preis-, Mengen- und Gebietskartelle.

Mit einer ersten substanziellen Reform in den 1990er-Jahren wurde darauf abgezielt, sogenannte *harte Kartelle* zu erschweren und gleichzeitig eine Fusionskontrolle einzuführen. Als harte Kartelle bezeichnet man drei Fälle von besonders drastischen Einschränkungen des Wettbewerbs:

- Preiskartelle, bei denen die Kartellmitglieder Preisabsprachen treffen;
- Mengenkartelle, deren Mitglieder Mengen absprechen;
- Gebietskartelle, deren Teilnehmer vereinbaren, sich in gewissen Gebieten nicht zu konkurrenzieren.

Diese harten Kartelle sollten, wenn auch nicht formal, so doch faktisch verboten werden, indem die Wettbewerbsbehörde hier neu von vornherein eine Schädlichkeit des Kartells vermuten musste. Damit wird die Beweislast umgekehrt: Die Kartelle müssen ihrerseits nachweisen, dass sie volkswirtschaftlich nicht schädlich sind.

→ **Wettbewerbskommission**
Bezeichnung für die staatliche Wettbewerbsbehörde in der Schweiz. Sie ist überall dort zuständig, wo Wettbewerb möglich wäre.

→ **Preisüberwachung**
Behörde der schweizerischen Wettbewerbspolitik, die für jene Bereiche zuständig ist, bei denen aufgrund natürlicher Monopole oder von Regulierungen kein Wettbewerb möglich ist.

Mit dieser Reform wurde die Kartellkommission zur heutigen *Wettbewerbskommission*. Was die Organisation der Wettbewerbspolitik betrifft, weist die Schweiz im Übrigen eine Besonderheit auf. Neben der Wettbewerbskommission gibt es nämlich mit der *Preisüberwachung* eine zweite Behörde für die Umsetzung der Wettbewerbspolitik. Der Preisüberwacher ist das Ergebnis einer im Jahre 1982 angenommenen Volksinitiative. Er ist dort zuständig, wo es beispielsweise aufgrund eines natürlichen Monopols oder einer staatlichen Regulierung keinen Wettbewerb gibt. Dort kann er Preismissbräuche feststellen und ahnden. Ist aber Wettbewerb grundsätzlich möglich, ist die Wettbewerbskommission zuständig.

Das revidierte Kartellgesetz brachte zwar eine gewisse Verschärfung, doch wurde bald klar, dass die Wettbewerbsgesetzgebung im internationalen Vergleich nach wie vor recht zahnlos war. Dies zeigte ein besonders spektakulärer Fall, nämlich das weltweite Vitaminkartell, an dem unter anderem die Schweizer Firma Roche beteiligt war. Dieses Kartell, das den Mitgliedern gewaltige Gewinne beschert hatte, wurde Ende der 1990er-Jahre aufgedeckt, weil eines der Kartellmitglieder mit den Behörden zusammenarbeitete. Die Folgen waren dramatisch. In den USA mussten die Kartellmitglieder sehr hohe Bussen bezahlen, und einige Hauptverantwortliche, darunter zwei Schweizer Spitzenmanager der Firma Roche in den USA, wurden zu Gefängnisstrafen verurteilt. Auch in der EU mussten hohe Bussen bezahlt werden.

In der Schweiz dagegen konnte die Wettbewerbsbehörde lediglich eine Verwarnung aussprechen und der Firma mitteilen, dass ihr im Wiederholungsfall eine Busse drohe. Letztlich fehlte es in der Schweiz an direkten Sanktionen für Kartellvergehen, und eine Bestrafung wäre erst möglich geworden, wenn das Unternehmen ein zweites Mal das gleiche Vergehen begangen hätte. Dieser Fall rüttelte auf, weil er die Problematik einer Bestrafung, die erst bei wiederholtem Vergehen erfolgt, beleuchtete. Vergleichbar wäre dies damit, dass eine Verkehrsbusse erst dann bezahlt werden müsste, wenn ein Autofahrer an der gleichen Stelle ein zweites Mal geblitzt würde.

Gleichzeitig hat dieser Fall gezeigt, wie wichtig eine sogenannte *Kronzeugenregelung* für eine erfolgreiche Wettbewerbspolitik ist. Denn ein Kartell kann erst dann wirklich effektiv aufgedeckt werden, wenn eines der Mitglieder vor den Behörden gegen das Kartell aussagt. Die Kronzeugenregelung verspricht Firmen, die mit den Behörden zusammenarbeiten, eine Strafreduktion oder sogar eine Befreiung von der Strafe.

→ **Kronzeugenregelung**
Strafbefreiung oder Strafreduktion für Unternehmen, die als Mittäter helfen, Verstösse gegen das Kartellgesetz aufzudecken.

Bei diesen beiden Kernpunkten setzte die Kartellgesetzrevision von 2004 an. Zum einen wurde die Kronzeugenregelung eingeführt; zum anderen sind nun direkte Sanktionen möglich, sodass überführte Kartellmitglieder künftig schon beim ersten Vergehen mit hohen Bussen rechnen müssen.

Die Erkenntnis, dass eine Beschränkung des Wettbewerbs über Absprachen hohe gesamtwirtschaftliche Kosten verursacht, hat sich auch in der Schweiz in zunehmendem Masse durchgesetzt und die deutlichen Anpassungen der Wettbewerbsgesetzgebung in jüngerer Vergangenheit geprägt.

3.7 Korrektur von Marktversagen II: Die Umweltpolitik

3.7.1 Volkswirtschaftliche Kosten externer Effekte

Nehmen wir an, ein Stahlwerk leite seine Abwässer ungereinigt in einen Fluss, was die Erträge der Fischer verringert, die flussabwärts ihr Geschäft betreiben. Hier haben wir es mit einem externen Effekt zu tun, da der Verursacher nicht alle Kosten seiner Tätigkeit selbst tragen muss. Die Umweltverschmutzung hat für das Stahlwerk keinen Preis, und deshalb unterschätzt dieses die wahren Kosten seiner Tätigkeit. Dies lässt sich anhand von **Abbildung 3.5** einfach analysieren.

In der Grafik ist auf der horizontalen Achse die produzierte Menge Stahl eingetragen und auf der vertikalen Achse dessen Preis. Die Nachfragekurve hat wie üblich eine negative Steigung.

Die Marktwirtschaft und die Rolle des Staates

Abb. 3.5
Negative Externalität

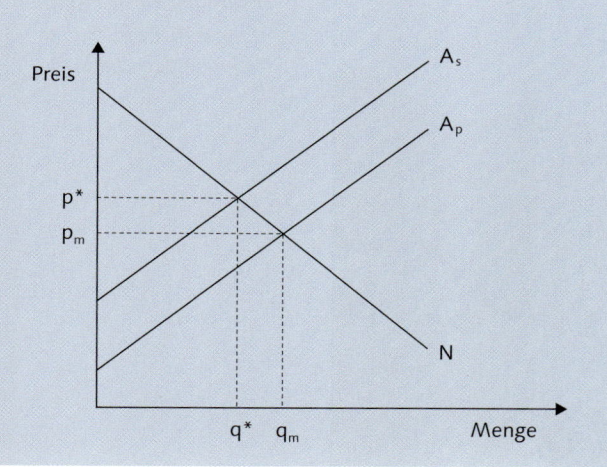

Eine negative Externalität in der Produktion zeichnet sich dadurch aus, dass das Marktergebnis nicht die sozial optimale Menge hervorbringt. In der Produktion werden nur die privaten Kosten, repräsentiert durch die Angebotskurve A_p, berücksichtigt, jedoch nicht die gesamten sozialen Kosten (A_s). Dadurch wird zu viel zu einem zu tiefen Preis produziert und konsumiert.

→ **Private Kosten**
Kosten, die bei der Produktion von Gütern beim Produzenten anfallen.

→ **Soziale Kosten**
Gesamte Kosten der Produktion von Gütern, also auch diejenigen, die aus externen Effekten resultieren.

Für die folgende Analyse ist jedoch die Angebotskurve von Bedeutung. Wie wir in Kapitel 2 festgehalten haben, sind die Produktionskosten die wichtigste Bestimmungsgrösse der Angebotskurve. Im Fall externer Effekte müssen wir nun die Kosten für den Produzenten von den Kosten für die Gesellschaft unterscheiden. Das Stahlwerk selbst erfährt durch die von ihm verursachte Umweltverschmutzung keine Kosten. Für die gesamte Gesellschaft sind diese aber durchaus relevant. Die von den *privaten Kosten* der Stahlproduktion bestimmte Angebotskurve A_p kommt daher in der Grafik unterhalb der von den *sozialen Kosten* bestimmten Angebotskurve A_s zu liegen. Weshalb? Wie wir bereits wissen, führen höhere Produktionskosten zu einer Linksverschiebung der Angebotskurve. Müsste also das Stahlwerk neben den privaten Kosten zusätzlich auch die sozialen Kosten bezahlen, die für die Gesellschaft entstehen, so müsste es gezwungenermassen die angebotene Menge an Stahl zu jedem Preis reduzieren. Der vertikale Abstand der beiden Kurven entspricht dabei genau den Kosten der – vom Stahlwerk nicht berücksichtigten – Umweltverschmutzung. Der Marktpreis p_m liegt deshalb tiefer als der eigentlich effiziente Preis p^*, der die relativen Knappheiten korrekt widerspiegeln würde. Deshalb produziert das Stahlwerk mehr Stahl (q_m) als die gesamtwirtschaftlich optimale Menge q^*, womit die Umwelt zu stark verschmutzt wird. Bei negativen externen Effekten bilden sich also zu tiefe Preise, und es wird zu viel produziert.

3.7.2 Ansätze der Umweltpolitik

Nirgends tritt das Problem externer Effekte deutlicher zutage als im Umweltbereich. Die Verschmutzung der Gewässer, das Ozonloch oder die globale Erwärmung können direkt auf dieses Marktversagen zurückgeführt werden. Im Umgang mit Umweltfragen, das heisst in der Ausgestaltung der Umweltpolitik, lassen sich grundsätzlich vier Methoden unterscheiden, die wir kurz erläutern.

Die erste Möglichkeit ist der freiwillige Umweltschutz. Erkennt der Verursacher das Externalitätenproblem, kann ihn dies dazu motivieren, die von ihm verursachten und als unfair beurteilten Kosten für die Gesellschaft selbst zu tragen.

Korrektur von Marktversagen II: Die Umweltpolitik

Global Warming In The Alps

Die Folgen der Klimaerwärmung für die Alpen: «Schnee AOC (geschützte Ursprungsbezeichnung)».

Der zweite Ansatz ist die staatliche *Nachsorge*: Man lässt die Umweltschädigung zu und beseitigt nachträglich die Schäden. Ein Beispiel dafür war lange Zeit die Kehrichtverbrennung. Die Produktion von Abfall durch Haushalte war für diese gratis, obwohl dessen Beseitigung negative externe Effekte bewirkte. Im Sinne einer Nachsorge entsorgte der Staat die Abfälle und finanzierte dies über allgemeine Steuermittel.

Der dritte, am weitesten verbreitete Ansatz ist der *polizeirechtliche Umweltschutz* über Regulierungen. Dabei werden Tätigkeiten, die externe Effekte auf die Umwelt haben, durch Vorschriften eingeschränkt. Das kann beispielsweise über Produktionsbeschränkungen, wie z. B. Stoffverbote, oder über Grenzwerte geschehen. Dabei werden umweltschädigende Tätigkeiten so weit eingeschränkt, dass im Idealfall das gleiche Ergebnis erreicht wird wie auf einem Markt, auf dem die wahren (sozialen) Kosten berücksichtigt würden.

Alle drei bisher genannten Massnahmen weisen ernst zu nehmende Nachteile auf:

- Beim freiwilligen Umweltschutz beschränkt sich die Rolle der Behörden darauf, Informationen über die Kosten der Umweltverschmutzung zu geben. Da aber eine tatsächliche Preiserhöhung für die umweltschädigende Tätigkeit ausbleibt, besteht bei reiner Freiwilligkeit ein starker Anreiz zum Trittbrettfahren: Man bleibt selbst passiv und hofft, dass sich die anderen umweltfreundlich verhalten.
- Nachsorge führt zwar zu einer Reduktion der Schäden, schafft aber keine Anreize, die schädigende Tätigkeit zu vermindern.
- Polizeirechtlicher Umweltschutz führt zu ineffizienten, weil starren Vorschriften, die den individuellen Kosten eines Unternehmens keine Rechnung tragen und umweltschonende Innovationen kaum begünstigen.

→ **Nachsorge**
In der Regel durch den Staat organisierte, nachträgliche Beseitigung einer Umweltverschmutzung.

→ **Polizeirechtlicher Umweltschutz**
Staatliche Vorschriften in Form von Geboten und Verboten, die umweltschädigende Tätigkeiten einschränken sollen.

Die Marktwirtschaft und die Rolle des Staates

→ **Verursacherprinzip**
Grundsatz, nach dem die Verursacherin oder der Verursacher einer Umweltverschmutzung die Kosten ihrer Beseitigung zu tragen hat.

→ **Internalisierung**
Berücksichtigung der externen Effekte durch die Verursacher.

→ **Lenkungsabgabe**
Besteuerung einer umweltschädigenden Tätigkeit mit dem Ziel, die externen Effekte zu internalisieren.

→ **Umweltzertifikat**
Handelbares Recht, das dem Inhaber dieses Rechts erlaubt, eine bestimmte Menge an Schadstoffen an die Umwelt abzugeben. Umweltzertifikate werden auch als Emissionsrechte bezeichnet.

Letztlich kranken alle drei Vorgehensweisen daran, dass keine Anreize über die Preise vermittelt werden. Ihre Analyse bestätigt einmal mehr, dass in einer Marktwirtschaft kein alternatives Steuerungssystem so wirkungsvoll ist wie Preise, welche die tatsächlichen Knappheiten anzeigen. Deshalb ertönt die immer dringendere Forderung, Umweltschutz mithilfe der Marktkräfte anzustreben.

Diese vierte umweltpolitische Strategie – die Anwendung des *Verursacherprinzips* – bezeichnet man als marktwirtschaftlichen Umweltschutz. Dabei wird der externe Effekt *internalisiert*; der Verursacher wird so mit den tatsächlichen Kosten für die gesamte Volkswirtschaft konfrontiert. Die Verwendung der Umwelt erhält damit einen Preis. In der Praxis lassen sich vor allem zwei Formen unterscheiden: *Lenkungsabgaben* (etwa die CO_2-Abgabe) und *Umweltzertifikate* (Emissionsrechte). Die Lenkungsabgabe ist eine Steuer, die im Idealfall genauso hoch ist wie die Kosten der Umweltverschmutzung. Werden die Erträge dieser Steuer gleichmässig an die Bevölkerung zurückverteilt, spricht man von einer reinen Lenkungsabgabe. Sie erreicht so die gewünschte Lenkungswirkung ohne eine Erhöhung des Steuerniveaus. Bei den Emissionsrechten legt man die akzeptable Verschmutzung fest und schafft Rechte auf Emissionen, die gehandelt werden können. Damit erhält die Verschmutzung einen Preis und wird so zu einem Kostenfaktor, der bei der Produktion berücksichtigt werden muss. Ein typisches Beispiel ist das Emissionshandelssystem der EU.

Zusammenfassende Übersicht

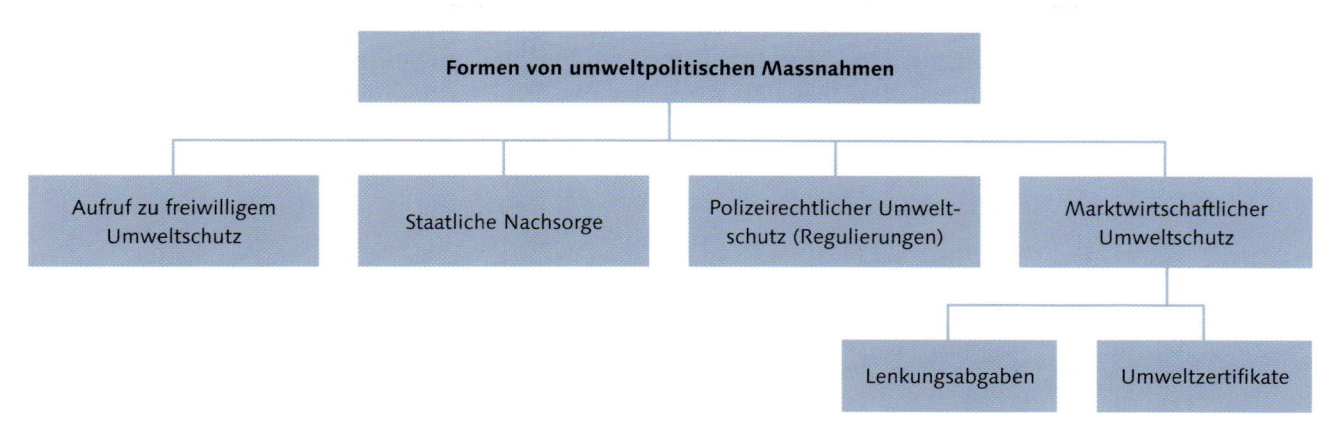

```
                    Formen von umweltpolitischen Massnahmen
    ┌───────────────────┬──────────────────┬──────────────────┬─────────────────────┐
  Aufruf zu          Staatliche         Polizeirechtlicher   Marktwirtschaftlicher
  freiwilligem       Nachsorge          Umweltschutz         Umweltschutz
  Umweltschutz                          (Regulierungen)       │
                                                              ├──────────────┐
                                                        Lenkungsabgaben  Umweltzertifikate
```

3.7.3 Schweizer Umweltpolitik

Wie in den anderen OECD-Ländern ist die Umweltpolitik auch in der Schweiz erst im letzten Jahrhundert ins Zentrum der Wirtschaftspolitik getreten. Zwei Tendenzen lassen sich dabei ausmachen. Erstens wird immer klarer, dass der marktwirtschaftliche Umweltschutz den anderen Formen aus Effizienzsicht überlegen ist. Zweitens verlagert sich das Gewicht zunehmend weg von den lokalen und hin zu den globalen Umweltproblemen, die sich umfassender auswirken und vor allem schwieriger zu verhindern sind.

Korrektur von Marktversagen II: Die Umweltpolitik

Bis Mitte des 20. Jahrhunderts stand in der Schweizer Umweltpolitik die Bekämpfung der Gewässerverschmutzung – eine Form der eher lokalen Umweltverschmutzung – eindeutig im Vordergrund. In der zweiten Hälfte des 20. Jahrhunderts gewann dann das Thema der Luftverschmutzung ebenso an Bedeutung wie die Problembereiche Lärm, Abfälle, Bodenbelastung und umweltgefährdende Stoffe.

Um die Umweltverschmutzung zu bekämpfen, wurden in der Schweiz verschiedenste umweltpolitische Instrumente geschaffen. Hier zwei klassische Beispiele:

- Verbote gefährlicher Stoffe wie Fluorchlorkohlenwasserstoffe (FCKW) gehören zum polizeirechtlichen Umweltschutz. Darunter fallen auch verschiedene Gebote und Vorschriften, etwa zur Wärmeisolation von Gebäuden oder zur Katalysatorenpflicht für Fahrzeuge.
- Lenkungsabgaben – etwa für flüchtige organische Verbindungen (VOC) oder für Heizöl extraleicht mit hohem Schwefelgehalt – wurden in jüngerer Vergangenheit als marktwirtschaftliche Instrumente eingeführt. Umweltzertifikate sind auf Bundesebene noch nicht realisiert worden; erste Erfahrungen hat man aber vor einigen Jahren in den Kantonen Baselland und Basel-Stadt gesammelt.

Häufig sind aber nicht die reinen Formen, sondern Kombinationen der vier klassischen Umweltschutzinstrumente anzutreffen. Ein wichtiges Beispiel sind Abfallsackgebühren, eine Kombination aus marktwirtschaftlichem Umweltschutz und staatlicher Nachsorge. Das marktwirtschaftliche Element besteht darin, dass die Gebühr den Preis erhöht und damit eine gewisse Lenkungswirkung entfaltet. Gleichzeitig wird das eingezogene Geld dafür verwendet, die Abfallentsorgung zu finanzieren. Typisch sind auch Branchenvereinbarungen, die freiwillige und marktwirtschaftliche Massnahmen kombinieren. So kündigen beispielsweise die Umweltbehörden die Einführung von Lenkungsabgaben an, falls die Umweltverschmutzung nicht auf freiwilliger Basis reduziert wird. Das gibt den Unternehmen Anreize, über ihre Branchenverbände «freiwillige» Massnahmen zu organisieren.

Die Eindämmung des Wachstums des CO_2-Ausstosses, vor allem auch in Schwellenländern wie China, ist die grösste Herausforderung für die weltweite Klimapolitik.

Die Marktwirtschaft und die Rolle des Staates

Ein wichtiges Beispiel dazu werden wir bei der Umsetzung der im nächsten Abschnitt besprochenen internationalen Verpflichtungen sehen. Man kann sich zwar darüber streiten, ob dieser Umweltschutz wirklich «freiwillig» ist. Doch haben die Unternehmen so immerhin die Möglichkeit, durch geeignete Aktionen staatliche Zwangsmassnahmen zu vermeiden.

3.7.4 Internationale Umweltpolitik: Das Kyoto-Protokoll

Umweltverschmutzung ist in vielen Fällen grenzüberschreitend. Ihre Eindämmung erfordert dann eine internationale, oft sogar globale Koordination nationaler Wirtschaftspolitik. Das wichtigste Beispiel ist die Klimaerwärmung aufgrund der zu hohen CO_2-Emissionen. Dieses Problem muss über internationale Abkommen angegangen werden, da es vollkommen gleichgültig ist, wo auf der Erde CO_2 ausgestossen wird. Den Ausgangspunkt bildete die bekannte Konferenz in Rio de Janeiro von 1992, die zur Klimarahmenkonvention führte. Damals vereinbarten 189 Länder, gemeinsam das Ziel einer Reduktion der Klimaerwärmung anzustreben. Mit dem *Kyoto-Protokoll* von 1997 verpflichteten sich viele Industrieländer dann zu konkreten Massnahmen. Das Kyoto-Protokoll ist ein internationales Abkommen, das von allen beteiligten Ländern im nationalen Recht umgesetzt werden muss. Dazu hat sich allerdings die USA, der mit Abstand wichtigste Emittent von CO_2, bisher nicht durchringen können. Trotzdem hatten genügend Länder – die Schweiz im Jahr 2003 – das Kyoto-Protokoll unterzeichnet, sodass es Anfang 2005 auch formell in Kraft gesetzt werden konnte.

Wie werden nun die eingegangenen Verpflichtungen hierzulande umgesetzt? Die Schweiz hatte sich für die Periode 2008 bis 2012 verpflichtet, den Ausstoss von Treibhausgasen, insbesondere CO_2, gegenüber 1990 um 8% zu senken. Kernstück der Klimapolitik war das CO_2-Gesetz, das bis 2010 eine Reduktion der CO_2-Emissionen um 10% verlangte. Dazu wurden freiwillige Massnahmen mit einer marktwirtschaftlichen Massnahme kombiniert. Den Unternehmen wurde nahe gelegt, «freiwillig» CO_2-reduzierende Vorleistungen zu erbringen, mit der Drohung, eine *CO_2-Abgabe* einzuführen, falls zu wenig unternommen würde. Man hoffte, so die Einführung einer Lenkungsabgabe unnötig zu machen.

Im Jahr 2004 wurde aber klar, dass die angestrebten Ziele so nicht vollständig zu erreichen waren. Im Vergleich zum Abbauplan bis 2010 war der CO_2-Ausstoss von Treibstoffen deutlich und der von Brennstoffen knapp zu hoch. Um das Ziel trotzdem zu erreichen, wurden zwei Massnahmen vorgeschlagen:

- erstens die Einführung einer CO_2-Abgabe auf Brennstoffe, also die Umsetzung der ursprünglich angekündigten Lenkungsabgabe;
- und zweitens die Einführung des sogenannten *Klimarappens*. Dies ist ein kleiner Aufschlag auf den Treibstoffpreis in der Höhe von 1,5 Rappen pro Liter mit dem Ziel, die Einnahmen zur Finanzierung umweltschonender Massnahmen zu verwenden.

Inzwischen hat die Schweiz sowohl die CO_2-Abgabe auf Brennstoffen wie auch den Klimarappen für Treibstoffe umgesetzt. International wird es entscheidend sein, ob die Länder ihre in neuster Zeit getroffenen Vereinbarungen auch tatsächlich realisieren. So wurde an der Klimakonferenz in Doha im Dezember 2012 beschlossen, das Kyoto-Protokoll bis 2020 zu verlängern. Ein noch wichtigerer

---

→ **Kyoto-Protokoll**
Internationale Vereinbarung über verbindliche Reduktionsziele beim Ausstoss von CO_2, abgeschlossen 1997 in der japanischen Stadt Kyoto.

→ **CO_2-Abgabe**
Schweizerische Lenkungsabgabe auf fossile Brennstoffe, wie z. B. Heizöl oder Erdgas. Die Einnahmen werden vollständig an die Bevölkerung und die Unternehmen zurückverteilt.

→ **Klimarappen**
Kleine Abgabe pro importierten Liter Benzin oder Diesel. Die Einnahmen der Abgabe werden im Inland und Ausland in Projekte zur Verminderung von Treibhausgasen investiert.

Korrektur von Marktversagen II: Die Umweltpolitik

Schritt erfolgte im Dezember 2015 an der Klimakonferenz in Paris. Sämtliche Staaten unterzeichneten ein neues Abkommen über die internationale Klimapolitik. Dieser Weltklimavertrag bezweckt unter anderem, den Anstieg der Erderwärmung auf unter zwei Grad zu begrenzen. Jeder Staat muss dafür in regelmässigen Abständen nationale Ziele erarbeiten und geeignete Massnahmen zur Reduktion der Treibhausgasemissionen durchführen.

ZUSAMMENFASSUNG ANHAND DER LERNZIELE

1 Marktwirtschaft versus Planwirtschaft

In einer Marktwirtschaft wird über den Ressourceneinsatz dezentral entschieden, während in einer Planwirtschaft eine staatliche Planungsbehörde diese Entscheide trifft. Planwirtschaften scheitern früher oder später an der Unmöglichkeit, eine komplexe, arbeitsteilige Wirtschaft wirksam zu planen. Es ist undenkbar, die Millionen von Einzelentscheiden, die jede Minute nötig sind, zentral zu organisieren.

2 Rolle der Preise und die «unsichtbare Hand»

Preise geben Informationen über die Knappheiten, lenken damit den Einsatz der Ressourcen, koordinieren so die Handlungen von Anbietern und Nachfragern und setzen effiziente Anreize für Innovationen. Das von Adam Smith eingeführte Bild der «unsichtbaren Hand» illustriert, dass die Preise effizienter als jede «sichtbare Hand» einer Planungsbehörde die Lenkung und die Koordination des Mitteleinsatzes bewerkstelligen.

3 Kosten von Preiseingriffen

Staatliche Eingriffe in einen funktionierenden Preismechanismus führen zu Effizienzverlusten und reduzieren die Wohlfahrt, unabhängig davon, ob ein Mindest- oder ein Höchstpreis verordnet wird. In beiden Fällen wird das Ausmass von beidseitig vorteilhaftem Tausch reduziert, womit das Potenzial des Marktes nicht voll ausgeschöpft wird.

4 Rolle des Staates in der Marktwirtschaft

Der Staat kann auf verschiedene Arten dazu beitragen, dass freie Märkte möglichst effizient funktionieren. Erstens kann er ein wirksames Rechtssystem zur Verfügung stellen. Zweitens kann der Staat dafür sorgen, dass politisch gewünschte Regulierungen so ausgestaltet werden, dass sie die wirtschaftliche Effizienz so wenig wie möglich beeinträchtigen. Drittens kann der Staat in denjenigen Fällen korrigierend eingreifen, in denen die Preise die Knappheiten nicht korrekt angeben oder in denen die Akteure an einer Reaktion auf korrekt angezeigte Knappheiten behindert werden. Diese Marktversagen umfassen externe Effekte, Monopolmacht, die zu geringe Bereitstellung öffentlicher Güter und asymmetrische Information.

Die Marktwirtschaft und die Rolle des Staates

5 Ziele der Wirtschaftspolitik
Die Wirtschaftspolitik umfasst alle staatlichen Eingriffe in den Marktprozess. Letztlich sollten sich diese am Ziel orientieren, die Effizienz der Marktwirtschaft zu sichern. In der Praxis wird das eher abstrakte Ziel der Effizienz in messbare, allgemein akzeptierte Zielgrössen gefasst. Dabei stehen die folgenden fünf Ziele im Vordergrund: Wohlstand, tiefe Arbeitslosigkeit, Preisstabilität, Finanzstabilität und gesunde Staatsfinanzen.

6 Eigeninteressen staatlicher Entscheidungsträger
Die Wirtschaftspolitik orientiert sich in der Realität nicht immer am Ziel, das Funktionieren der Marktwirtschaft zu verbessern. Vielmehr verfolgen Politiker auch eigene Interessen. Die sogenannte politische Ökonomie analysiert die Anreize von Politikern, Verwaltungen und Interessengruppen in der Wirtschaftspolitik. Ihre Berücksichtigung ist wichtig, wenn man verhindern will, dass die Bekämpfung von Marktversagen zu Staatsversagen führt, was die Situation oft verschlechtern kann.

7 Monopole und Wettbewerbspolitik
Ein Monopolist kann aufgrund fehlender Konkurrenz den Preis so ansetzen, dass sein Gewinn maximiert wird. Im Vergleich zur vollständigen Konkurrenz wird die Menge verknappt und damit der Preis erhöht. Dieses Verhalten des Monopolisten reduziert die Wohlfahrt. Es handelt sich hier um ein Marktversagen, das einen Staatseingriff rechtfertigen kann. Marktzutrittsschranken sind für die Aufrechterhaltung einer monopolistischen Stellung unverzichtbar. Andernfalls würden die hohen Preise zusätzliche Anbieter anlocken, was zu einer Eliminierung der Monopolrente führen würde. Die Wettbewerbspolitik zielt darauf ab, monopolistische Stellungen zu bekämpfen. Der Abbau von Marktzutrittsschranken ist dabei ein zentraler Ansatzpunkt.

8 Schweizer Wettbewerbspolitik
Die Schweiz kennt im Gegensatz zu den meisten Ländern kein Kartellverbot. Über lange Zeit war die Wettbewerbspolitik entsprechend wenig wirksam. Die «Hochpreisinsel Schweiz» – zu einem guten Teil auf die halbherzige Bekämpfung monopolistischer Stellungen zurückzuführen – wurde in den letzten Jahren mit wirksameren Regulierungen einerseits und einer schrittweisen Verschärfung des Kartellgesetzes andererseits bekämpft.

9 Externe Effekte und Umweltpolitik
Bei negativen externen Effekten sind die Kosten der Produktion aus gesamtwirtschaftlicher Sicht zu tief, und es wird zu viel produziert. Wichtigstes Beispiel ist die Umweltverschmutzung. Aus Effizienzsicht ist die Veränderung der relativen Preise die beste Methode, mit externen Effekten umzugehen. In der Umweltpolitik dominierte lange die Strategie, negative externe Effekte mit Regulierungen einzudämmen (sogenannter polizeirechtlicher Umweltschutz). In den letzten Jahren hat die Internalisierung über Preisveränderungen – der sogenannte marktwirtschaftliche Umweltschutz – stark an Bedeutung gewonnen.

Die Marktwirtschaft und die Rolle des Staates

10 Globale Umweltprobleme

Die Erderwärmung aufgrund des übermässigen CO_2-Ausstosses bildet eine grosse Herausforderung für die Wirtschaftspolitik. Das globale Klima wird nämlich unabhängig davon, wo die Emission erfolgt, geschädigt, sodass die Gegenmassnahmen eines einzelnen Landes nur einen kleinen Einfluss haben. Nötig ist daher eine koordinierte internationale Zusammenarbeit und die Beteiligung aller oder sicher der meisten Länder. Mit dem Kyoto-Protokoll hatten sich 1997 zahlreiche Industrieländer darauf geeinigt, den CO_2-Ausstoss gemeinsam einzudämmen. An der Klimakonferenz 2015 in Paris haben nun sämtliche Staaten ein neues weitgehendes Abkommen zur Klimapolitik unterzeichnet.

ZENTRALE BEGRIFFE

Marktwirtschaft →62	Kosten-Nutzen-Analyse →70	Natürliches Monopol →80
Planwirtschaft →62	Regulierungsfolgeabschätzung →70	Fixkosten →80
Soziale Marktwirtschaft →62	OECD →70	Kartell →80
Relative Knappheit →62	Monopolmacht →71	Liberalisierung →81
Homo oeconomicus →63	Externe Effekte →71	Deregulierung →81
Preis →64	Öffentliche Güter →71	Wettbewerbsbehörde →81
Allokation der Ressourcen →64	Asymmetrische Information →71	Harte Kartelle →83
Relativer Preis →64	Rivalität →73	Wettbewerbskommission →83
Innovation →64	Ausschliessbarkeit →73	Preisüberwachung →83
Protektionismus →65	Private Güter →73	Kronzeugenregelung →84
OPEC →65	Allmendgüter →73	Private Kosten →85
Preissignal →66	Clubgüter →73	Soziale Kosten →85
Effizienz →66	Fixer Wechselkurs →75	Nachsorge →86
Konsumentenrente →67	Flexibler Wechselkurs →75	Polizeirechtlicher Umweltschutz →86
Produzentenrente →67	Wechselkurs →75	Verursacherprinzip →87
Wohlfahrt →68	Zielkonflikt →75	Internalisierung →87
Mindestpreis →68	Wohlwollender Diktator →76	Lenkungsabgabe →87
Wohlfahrtsverlust →68	Politische Ökonomie →76	Umweltzertifikat →87
Regulierung →69	Staatsversagen →76	Kyoto-Protokoll →89
Marktversagen →69	Interessengruppen →77	CO_2-Abgabe →89
Eigentumsrechte →69	Rent-Seeking →77	Klimarappen →89
Vertragsrechte →69	X-Ineffizienz →79	
Informelle Wirtschaftsbeziehungen →70	Marktzutrittsschranken →79	
	Monopolrente →79	

Die Marktwirtschaft und die Rolle des Staates

REPETITIONSFRAGEN KAPITEL 3

1 a) Nennen Sie die zwei wichtigsten Merkmale, welche die Marktwirtschaft von der Planwirtschaft unterscheiden.
b) Führen Sie drei unüberwindbare Probleme auf, die bewirken, dass die Planwirtschaft der Marktwirtschaft unterlegen ist.

2 Da der Preis für Brot massiv gestiegen ist, hat die Regierung entschieden, einen Höchstpreis für dieses wichtige Nahrungsmittel zu setzen.
a) Übertragen Sie die beschriebene Situation in ein Angebot-Nachfrage-Diagramm und zeichnen Sie den Wohlfahrtsverlust ein.
b) Warum verhindert ein solcher Höchstpreis Transaktionen, die zum beidseitigen Vorteil von Konsumenten und Produzenten wären? Argumentieren Sie.
c) Das Ziel des Höchstpreises wäre es eigentlich, die Konsumenten vor den Auswirkungen des hohen Brotpreises zu schützen. Nimmt durch den Höchstpreis die Konsumentenrente tatsächlich zu oder kann ein Höchstpreis die Konsumentinnen und Konsumenten gar schädigen?

3 a) Zählen Sie die vier Formen von Marktversagen auf.
b) Die internationale Öffnung des Landwirtschaftsmarkts sorgt in einem Land für ein massives «Bauernsterben», da die Betriebe preislich zu wenig wettbewerbsfähig sind. Handelt es sich bei diesem Beispiel um ein Marktversagen? Falls ja, um welche Art von Marktversagen? Begründen Sie.

4 Nennen Sie die vier grundlegenden, allgemein anerkannten Zielgrössen der Wirtschaftspolitik.

5 a) Definieren Sie die beiden volkswirtschaftlichen Begriffe «Marktversagen» und «Staatsversagen». Worin genau liegen die Unterschiede?
b) Aus welchen politisch-ökonomischen Gründen kann es zu Staatsversagen kommen?

6 «Je mehr Leute von einer politischen Massnahme betroffen sind, desto besser lassen sich die Interessen dieser Leute in einer Interessengruppe organisieren. Dies zeigt zum Beispiel der TCS, der die zahlreichen Autofahrerinnen und Autofahrer vertritt.» Nehmen Sie zu dieser Aussage Stellung.

7 Welche volkswirtschaftlichen Kosten verursachen Monopole?

8 a) Erklären Sie anhand eines Angebot-Nachfrage-Schemas, weshalb bei negativen externen Effekten aus Sicht der gesamtwirtschaftlichen Wohlfahrt zu viel des entsprechenden Gutes produziert und konsumiert wird.
b) Mit welchen marktwirtschaftlichen Instrumenten lassen sich die Externalitäten im Umweltbereich internalisieren?

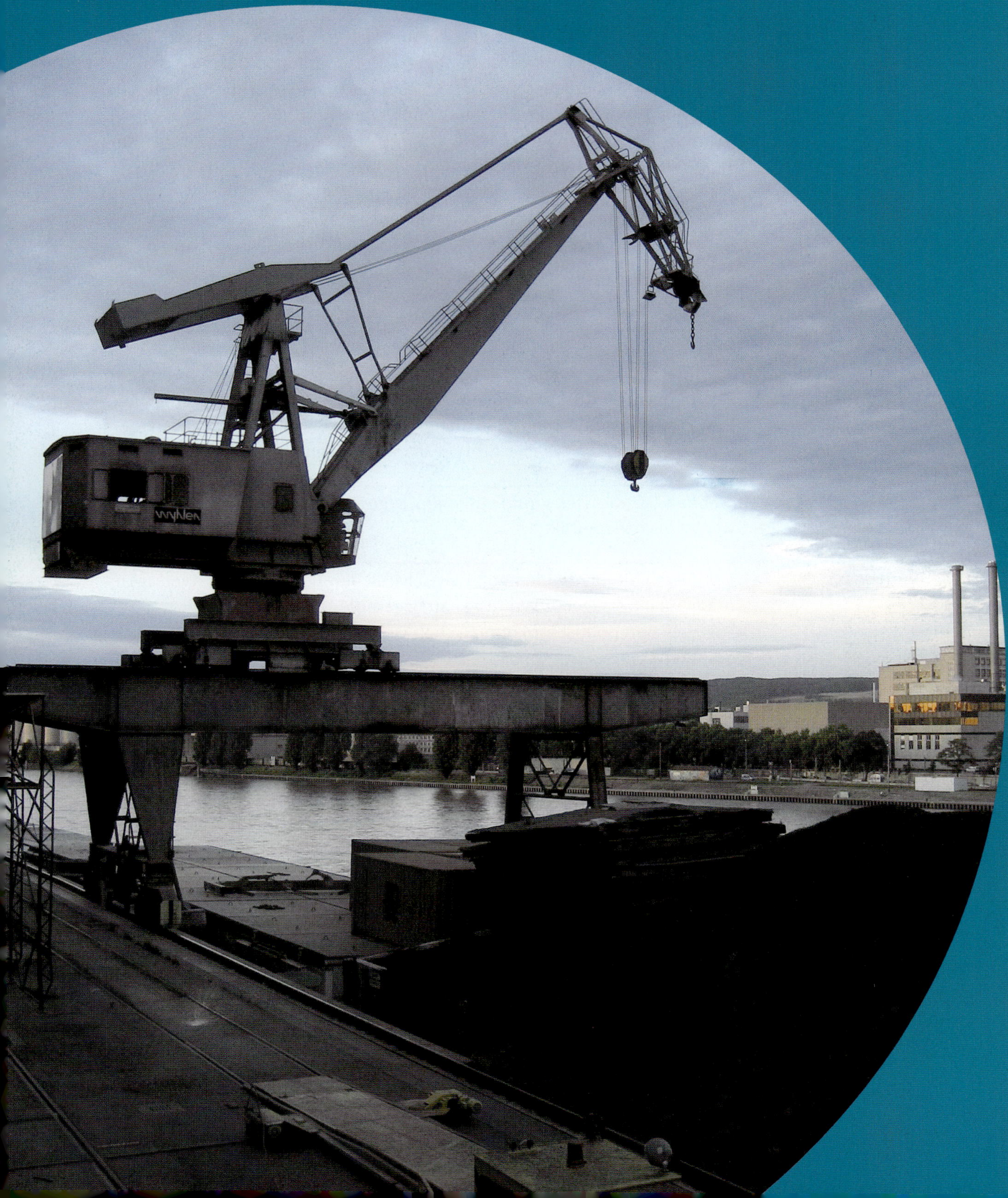
wyhlen

Wachstum und Konjunktur

« Die Auswirkungen von Wachstumsraten auf den Wohlstand der Menschen sind einfach verblüffend. Beginnt man einmal über die Thematik nachzudenken, fällt es schwer, noch an andere Fragen zu denken. »

Robert Lucas, amerikanischer Ökonom (*1937)

4.1	Die Messung des wirtschaftlichen Wohlstands	98
4.2	Die Analyse von Wachstum und Konjunktur	104
4.3	Wachstum: Der langfristige Trend	107
4.4	Wachstumspolitik	114
4.5	Konjunktur: Die kurzfristigen Schwankungen	117
4.6	Konjunkturpolitik	122
4.7	Schweizer Wachstums- und Konjunkturpolitik	129

LERNZIELE

Nachdem Sie dieses Kapitel gelesen haben, sollten Sie in der Lage sein,

1	zu erklären, was das Bruttoinlandprodukt ist, und die drei Arten zu beschreiben, wie man es berechnen kann;
2	den Unterschied zwischen Wachstum und Konjunktur zu erklären;
3	die beiden Quellen des langfristigen Wirtschaftswachstums zu unterscheiden und die wichtigsten Bestimmungsfaktoren dieser Wachstumsquellen zu benennen;
4	die besondere Bedeutung des technischen Fortschritts für den langfristigen Wachstumsprozess zu erläutern;
5	zu zeigen, wie die Wirtschaftspolitik auf das langfristige Wachstum wirkt;
6	einen Konjunkturzyklus zu beschreiben;
7	zu erläutern, was eine Rezession ist und wie sie entstehen kann;
8	die Möglichkeiten und Grenzen der Konjunkturpolitik bei der Bekämpfung von Rezessionen aufzuzeigen;
9	die Schweizer Wachstumspolitik zu beschreiben;
10	zu zeigen, wie und von wem in der Schweiz Konjunkturpolitik betrieben wird.

4 Wachstum und Konjunktur

Kleine Veränderungen der Wachstumsrate einer Volkswirtschaft haben über die Zeit hinweg gewaltige Auswirkungen auf das Pro-Kopf-Einkommen. Dies zeigt sich besonders deutlich, wenn wir Entwicklungsländer mit Industrieländern vergleichen. Wir können dies aber selbst an der Entwicklung wohlhabender Länder beobachten. So hatte etwa die Schweiz in den ersten Jahrzehnten der Nachkriegszeit während einer langen Periode vergleichsweise hohe Wachstumsraten und war deshalb bis in die 1970er-Jahre mit Sicherheit das reichste Land der Erde. Da sich aber seither das Wachstum verlangsamt hat, büsste die Schweiz innerhalb weniger Jahrzehnte den grossen Wohlstandsvorsprung ein und wurde inzwischen von anderen Ländern mit höheren Wachstumsraten überholt. Kleine, in der jährlichen Betrachtung unwesentlich erscheinende Unterschiede in den Wachstumsraten resultieren längerfristig in eindrücklichen Wohlstandsunterschieden. Das langfristige Wachstum gehört deshalb ohne Zweifel zu den erstrangigen Themen der Wirtschaftswissenschaften und damit auch zu den wichtigsten Themen für die Wirtschaftspolitik. Neben dem langfristigen Trendwachstum sind auch die kurzfristigen Schwankungen, die Konjunkturzyklen also, wichtige Themen der Volkswirtschaftslehre. Seit der Weltwirtschaftskrise in den 1930er-Jahren sind konjunkturelle Einbrüche und mögliche wirtschaftspolitische Reaktionen darauf ein Gegenstand lebhafter volkswirtschaftlicher Debatten.

Das Kapitel ist wie folgt aufgebaut:

- 4.1 zeigt, wie der wirtschaftliche Wohlstand einer Volkswirtschaft und seine Entwicklung über die Zeit gemessen werden kann.
- 4.2 stellt ein einfaches Konzept zur Analyse der Gesamtwirtschaft vor.
- 4.3 analysiert die Bestimmungsfaktoren des langfristigen Wachstums.
- 4.4 zeigt, über welche Wege die Wirtschaftspolitik auf das langfristige Trendwachstum einwirken kann.
- 4.5 erläutert die Hintergründe der konjunkturellen Schwankungen.
- 4.6 analysiert, wie die Wirtschaftspolitik auf diese Schwankungen des BIP reagieren kann.
- 4.7 erklärt schliesslich, wie die Schweizer Wirtschaftspolitik auf das langfristige Wachstum und die Konjunkturschwankungen einwirkt.

4.1 Die Messung des wirtschaftlichen Wohlstands

4.1.1 Das Bruttoinlandprodukt (BIP) als international vergleichbares Mass

Wollen wir die Wohlstandsentwicklung eines Landes beurteilen, dann müssen wir uns fragen, wie der Wohlstand gemessen werden kann. Dafür hat sich das Bruttoinlandprodukt pro Kopf als Standardmass durchgesetzt. Es ist wohl die wichtigste Zahl, um den Zustand einer Volkswirtschaft insgesamt zu beurteilen. Zu ihrer Ermittlung wird der Marktwert aller Güter gemessen, die in einem Land während einer bestimmten Periode hergestellt worden sind. Berücksichtigt werden dabei allerdings nur Endprodukte, um Doppelzählungen zu vermeiden; wir werden diesen wichtigen Punkt noch genauer erläutern. Man misst also die effektive *Wertschöpfung*, die im betrachteten Land zu aktuellen Marktpreisen erbracht worden ist, und spricht vom *nominalen BIP*.

Damit man das gegenwärtige BIP der Schweiz mit dem BIP vergangener Perioden vergleichen kann, muss die Inflation berücksichtigt und das BIP entsprechend korrigiert werden. Wegen der Teuerung ist ein Franken heute weniger wert als noch vor zehn Jahren, was im BIP zu Marktpreisen nicht berücksichtigt wird. Indem man also die Inflation herausrechnet, erhält man aus dem nominalen BIP das *reale BIP*. Dieser Wert lässt sich dann auch über die Zeit vergleichen.

Will man das BIP verschiedener Länder vergleichen, so muss man berücksichtigen, dass die Länder unterschiedlich gross sind. Deutschland wird immer ein wesentlich höheres BIP aufweisen als die Schweiz, denn seine Bevölkerungszahl

→ **Wertschöpfung**
Wertsteigerung bei der Produktion, indem bestehende Güter in ein neues Gut umgewandelt werden. Entspricht dem Wert der produzierten Güter abzüglich der Vorleistungen.

→ **Nominales BIP**
Die gesamte, zu laufenden Preisen bewertete Produktion von Gütern einer Volkswirtschaft.

→ **Reales BIP**
Die gesamte, zu konstanten Preisen bewertete Produktion von Gütern einer Volkswirtschaft.

Wohlstand oder Wohlfahrt?

In der volkswirtschaftlichen Diskussion ist oft in ähnlichen Zusammenhängen von Wohlstand und Wohlfahrt die Rede und man könnte annehmen, dass die beiden Begriffe letztlich das Gleiche bedeuten. Dies ist aber konzeptionell nicht der Fall, wenn auch die beiden Grössen in der Regel positiv miteinander zusammenhängen.
Unter Wohlstand versteht man den materiellen Lebensstandard einer Gesellschaft (oder auch eines Individuums). Dabei geht es vor allem um die Menge an Waren und Dienstleistungen, die man sich im Durchschnitt leisten kann. Dieser Wohlstand eines Landes lässt sich mit dem Konzept des Bruttoinlandproduktes (BIP) messen. Natürlich kann man argumentieren, dass das BIP ein unvollständiges Mass für den Wohlstand ist; in der Box auf Seite 101 werden wir diesen Punkt diskutieren. Aber zumindest besteht hier ein international standardisiertes und daher vergleichbares Mass für den Reichtum von Ländern.

Die Wohlfahrt ist ein breiteres, aber damit auch weniger leicht messbares Konzept. Es enthält neben dem materiellen Wohlstand auch weitere Aspekte der Lebensqualität, die sich im Wohlbefinden eines Menschen zeigen. Konzeptionell ausgedrückt erfasst die Wohlfahrt, welchen Nutzen jemand aus einem Gut erzielt, und vergleicht diesen mit den Kosten. Ist der Nutzen grösser als die Kosten, so erzielt man einen Gewinn an Nutzen und damit an Wohlfahrt. Genau dies messen die Konsumenten- und Produzentenrenten, die in der Box auf den Seiten 67 und 68 genauer erläutert werden. Man kann die dort erläuterte Summe der beiden Renten als die gesamte Wohlfahrt bezeichnen, die auf einem Markt geschaffen wird. Mit diesem Konzept kann man auch beurteilen, ob eine Massnahme diese Wohlfahrt erhöht oder reduziert.

Wachstum und Konjunktur

Abb. 4.1
Berechnung des BIP: Ein Beispiel

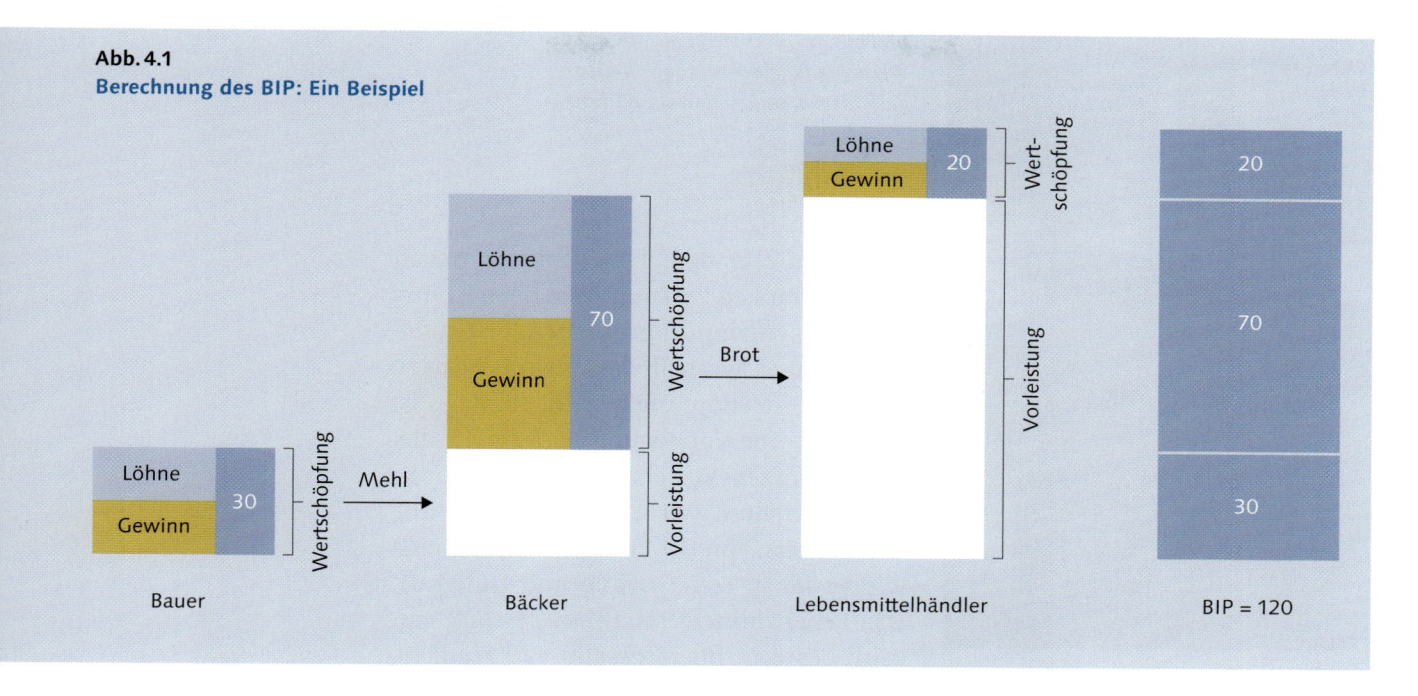

ist um ein Vielfaches grösser. Bei Ländervergleichen wird daher das reale BIP pro Kopf ausgewiesen, indem man das BIP durch die Bevölkerungszahl dividiert. Rechnet man dieses reale BIP pro Kopf in eine einheitliche Währung um – meist in US-Dollars –, so erhält man ein international vergleichbares Wohlstandsmass.

4.1.2 Die Berechnung des Bruttoinlandproduktes

Das BIP – ob pro Kopf oder absolut ausgedrückt – wird in der volkswirtschaftlichen Diskussion so häufig verwendet, dass wir etwas genauer verstehen sollten, was hinter dieser Grösse steckt. Daher erläutern wir das Konzept zunächst an einem Beispiel. Anschliessend zeigen wir anhand dieses Beispiels, dass sich die Grösse auf verschiedene Arten berechnen lässt.

Ein einfaches Beispiel

Entscheidend ist, dass das BIP nur den Wert der Endprodukte einer Volkswirtschaft ausweist. Um Doppelzählungen zu vermeiden, werden deshalb bei der Berechnung die *Vorleistungen* abgezogen. Berücksichtigt wird lediglich die Wertschöpfung, der Wert also, der innerhalb eines Unternehmens neu geschaffen wurde. Dazu ein Beispiel:

→ **Vorleistung**
Wert der von anderen Unternehmen bezogenen Güter, die in die Produktion eingehen.

Wir betrachten eine Volkswirtschaft, die nur ein Endprodukt herstellt, nämlich Brot. An der Herstellung sind drei Produzenten beteiligt: ein Bauer, ein Bäcker und ein Lebensmittelhändler. **Abbildung 4.1** zeigt die Zusammenhänge.

Der Bauer produziert das Getreide und verarbeitet es zu Mehl, das er an den Bäcker verkauft. Dieser backt aus dem Mehl Brote und verkauft sie an einen Lebensmittelhändler, der die Brote an die Endkunden liefert. Nehmen wir an, der Bauer verlange vom Bäcker für eine bestimmte Menge Mehl 30 Franken. Damit deckt der Bauer die Lohnkosten ab und erwirtschaftet einen Gewinn. Diese 30 Franken sind seine Wertschöpfung, und die Löhne und Gewinne gehen an die Angestellten und den Landwirt selbst. Der Bäcker verwendet das Mehl, um daraus Brote zu

Die Messung des wirtschaftlichen Wohlstands

Im Preis des Brots steckt nicht nur die Wertschöpfung des Verkäufers, sondern auch die des Bauern und des Bäckers.

backen, die er dem Lebensmittelgeschäft für 100 Franken verkauft. Wie hoch ist nun seine Wertschöpfung? Das Mehl produziert nicht er, weshalb dessen Preis nicht zu seiner Wertschöpfung gezählt wird; es ist vielmehr eine Vorleistung. Ziehen wir diese 30 Franken Vorleistung vom Brotpreis ab, so erhalten wir eine Wertschöpfung des Bäckers von 70 Franken; diese fliesst wiederum in seine Löhne und Gewinne. Das Lebensmittelgeschäft schliesslich verkauft das Brot für insgesamt 120 Franken. Zieht man davon die Vorleistungen von 100 Franken ab, so erzielt dieser dritte Produzent eine Wertschöpfung von 20 Franken. Die Kunden des Lebensmittelladens kaufen das Brot für 120 Franken und konsumieren es. Das verkaufte Brot ist also das Endprodukt, und der Wert dieses Endprodukts entspricht dem BIP dieser einfachen Volkswirtschaft.

Drei Arten, das BIP zu ermitteln

Vergegenwärtigen wir uns nun an diesem einfachen Beispiel die drei Arten, wie sich das BIP einer Volkswirtschaft berechnen lässt: von der Entstehungsseite, von der Verwendungsseite und von der Verteilungsseite her. Keine dieser Betrachtungsweisen ist besser als die andere, und es hängt von der Fragestellung ab, welche man in den Vordergrund stellt. In allen drei Fällen kommt der gleiche Betrag heraus.

Die *Entstehungsseite* konzentriert sich auf die Produktion. In unserer einfachen Volkswirtschaft zählen wir dafür die Wertschöpfungen der einzelnen Produktionsstufen zusammen, also 30 (Bauer) + 70 (Bäcker) + 20 (Lebensmittelhändler) = 120 Franken. Wie bereits erwähnt, ist es hier wichtig, Doppelzählungen zu vermeiden, indem hier nur die Wertschöpfung und nicht der gesamte Wert der einzelnen Zwischenprodukte berücksichtigt wird. Beim Bäcker nehmen wir deshalb nicht die gesamten 100 Franken, die er vom Lebensmittelhändler erhält, sondern nur seine Wertschöpfung von 70 Franken.

Die *Verwendungsseite* setzt bei der Nachfrage nach den Endprodukten an und misst den Betrag, den die Verbraucher dafür bezahlen. In unserem Beispiel wird das Brot von den Konsumentinnen und Konsumenten gekauft und dann verbraucht. Dafür bezahlen sie 120 Franken und das entspricht – diesmal von der Verwendungsseite her betrachtet – dem BIP der betrachteten Volkswirtschaft.

Die *Verteilungsseite* schliesslich misst die Einkommen, die aus diesen Transaktionen auf jeder der drei Wertschöpfungsstufen entstanden sind. Sie werden an die Beschäftigten in Form von Löhnen und an die Kapitalgeber in Form von Gewinnen ausgezahlt. Ihre Summe entspricht der Wertschöpfung des jeweiligen Unter-

→ **Entstehungsseite des BIP**
Berechnung des BIP über die entstandene Wertschöpfung bei der Produktion von Gütern.

→ **Verwendungsseite des BIP**
Berechnung des BIP über die gesamten Ausgaben der privaten Haushalte, der Unternehmen, des Staates und des Auslandes für im Inland produzierte Güter.

→ **Verteilungsseite des BIP**
Berechnung des BIP über die Verteilung der erzielten Wertschöpfung an die Unternehmen (Gewinne) und Arbeitnehmenden (Löhne).

Wachstum und Konjunktur 4

Ist das BIP ein geeignetes Mass zur Beurteilung des Wohlstands?

In der internationalen Praxis hat sich das BIP als Wohlstandsmass konkurrenzlos durchgesetzt. Alle Länder errechnen diese Grösse und verwenden ihr Niveau zur Beurteilung des Wohlstands sowie ihre Veränderung als Mass für die Wachstumsdynamik. Trotzdem muss man sich darüber im Klaren sein, dass das BIP kein «perfektes» Mass ist. Es handelt sich um eine Grösse, die den Wohlstand so gut wie möglich zu erfassen sucht, die aber auch ihre klaren Limiten hat. Ein wichtiger Kritikpunkt ist, dass das BIP nur jene Wertschöpfung misst, die über den Markt erzielt wird. Erfasst werden also nur bezahlte Transaktionen. Deshalb das wohlbekannte Problem, dass Hausarbeit nicht ins BIP einfliesst, obwohl es sich dabei eindeutig um eine Wertschöpfung handelt. Stellt man jemanden für die Hausarbeit an und zahlt ihm einen Lohn, so fliesst dies ins BIP ein. Erledigt man dagegen die Arbeit selbst, so bleibt das BIP unberührt. Ein anderer Kritikpunkt ist, dass das BIP jede Wertschöpfung erfasst, nicht aber vorausgegangene Wertminderungen. So geht ein Verkehrsunfall positiv ins BIP ein, da die Reparaturleistungen eine Wertschöpfung darstellen; das Gleiche gilt für die Bewältigung von Naturkatastrophen. Auch wird oft eingewendet, dass mit dem BIP nur der durchschnittliche Wohlstand einer Volkswirtschaft erfasst wird und nicht seine Verteilung auf verschiedene Gruppen.

Diese Limiten entwerten das Konzept aber nicht entscheidend. Sein grosser Vorteil ist, dass es sich um ein international standardisiertes Mass handelt, das nach klaren Regeln erstellt wird. Zudem hängt es relativ eng mit anderen Massen für das Wohlbefinden, wie etwa der Lebenserwartung, zusammen. Und im Gegensatz zu diffuseren Konzepten wie «Lebensqualität» oder «Glück» ist das BIP einfacher messbar.

nehmens. Addieren wir also in unserem Beispiel alle Löhne und alle Gewinne, so erhalten wir wiederum das BIP in Höhe von 120 Franken.

Das BIP eines ganzen Landes berechnet sich nun genau gleich wie in unserem kleinen Beispiel; mit dem Unterschied, dass man hier Abertausende von derartigen Wertschöpfungsketten berücksichtigen muss.

- Auf der Entstehungsseite wird für alle Branchen der Wirtschaft der Wert der Endprodukte berechnet, also die Summe der Wertschöpfungen auf den einzelnen Verarbeitungsstufen.
- Auf der Verwendungsseite wird für alle Verbraucher ermittelt, wie viel sie für die Güter ausgegeben haben; die Verbrauchergruppen unterteilen sich dabei, wie wir noch genauer erläutern werden, in die Konsumentinnen und Konsumenten (Konsumausgaben), die Unternehmen (Investitionsnachfrage), den Staat (Staatsausgaben) und das Ausland (Exportnachfrage).
- Schliesslich werden auf der Verteilungsseite alle Lohnsummen und alle Gewinne der Volkswirtschaft ermittelt und daraus wiederum das gesamte BIP bestimmt.

Natürlich ist die Berechnung für die gesamte Volkswirtschaft wesentlich anspruchsvoller als in unserem Beispiel; das Grundprinzip ist aber genau das gleiche.

Zusammenfassende Übersicht

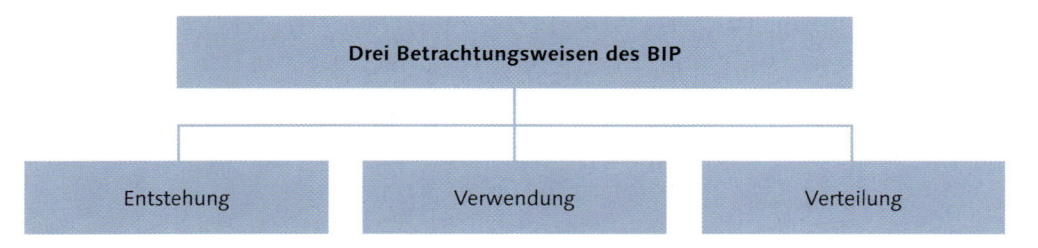

```
        Drei Betrachtungsweisen des BIP
       /            |              \
  Entstehung     Verwendung      Verteilung
```

101

Die Messung des wirtschaftlichen Wohlstands

4.1.3 Das BIP der Schweiz

Um diese Überlegungen etwas konkreter zu machen, betrachten wir das BIP der Schweiz, unterteilt in die drei Berechnungsarten. **Abbildung 4.2** zeigt diese Daten für das Jahr 2015: im linken Diagramm für die Entstehungsseite, aufgeteilt auf die wichtigsten Schweizer Branchen, im mittleren Diagramm für die Verwendungsseite und rechts für die Verteilungsseite.

Auf der Entstehungsseite stellen wir fest, dass die Landwirtschaft nur noch einen sehr kleinen Teil der Schweizer Produktion ausmacht. Auch der Industriesektor ist in den letzten Jahrzehnten stark geschrumpft und beträgt noch ein Fünftel des BIP. Dominiert wird die Schweizer Wertschöpfung heute durch die Dienstleistungen, die – in drei Untergruppen unterteilt – beinahe drei Viertel der Schweizer Produktion ausmachen.

Auf der Verwendungsseite sehen wir die grosse Bedeutung des *privaten Konsums*, der rund 54 % der gesamtwirtschaftlichen Nachfrage ausmacht. Die *Investitionsausgaben* (Bau- und Ausrüstungsinvestitionen) machen über 20 % aus und der *Staatskonsum* etwas mehr als 11 %. Hierzu ein kleine Anmerkung zur Definition: Wir sehen, dass in dieser Statistik nur der Staatskonsum ausgewiesen wird und nicht die gesamten Staatsausgaben; staatliche Investitionen sind

→ **Privater Konsum**
Konsumausgaben der privaten Haushalte.

→ **Investitionsausgaben**
Ausgaben der Unternehmen und der öffentlichen Hand für sehr langlebige Güter.

→ **Staatskonsum**
Staatliche Konsumausgaben für Güter.

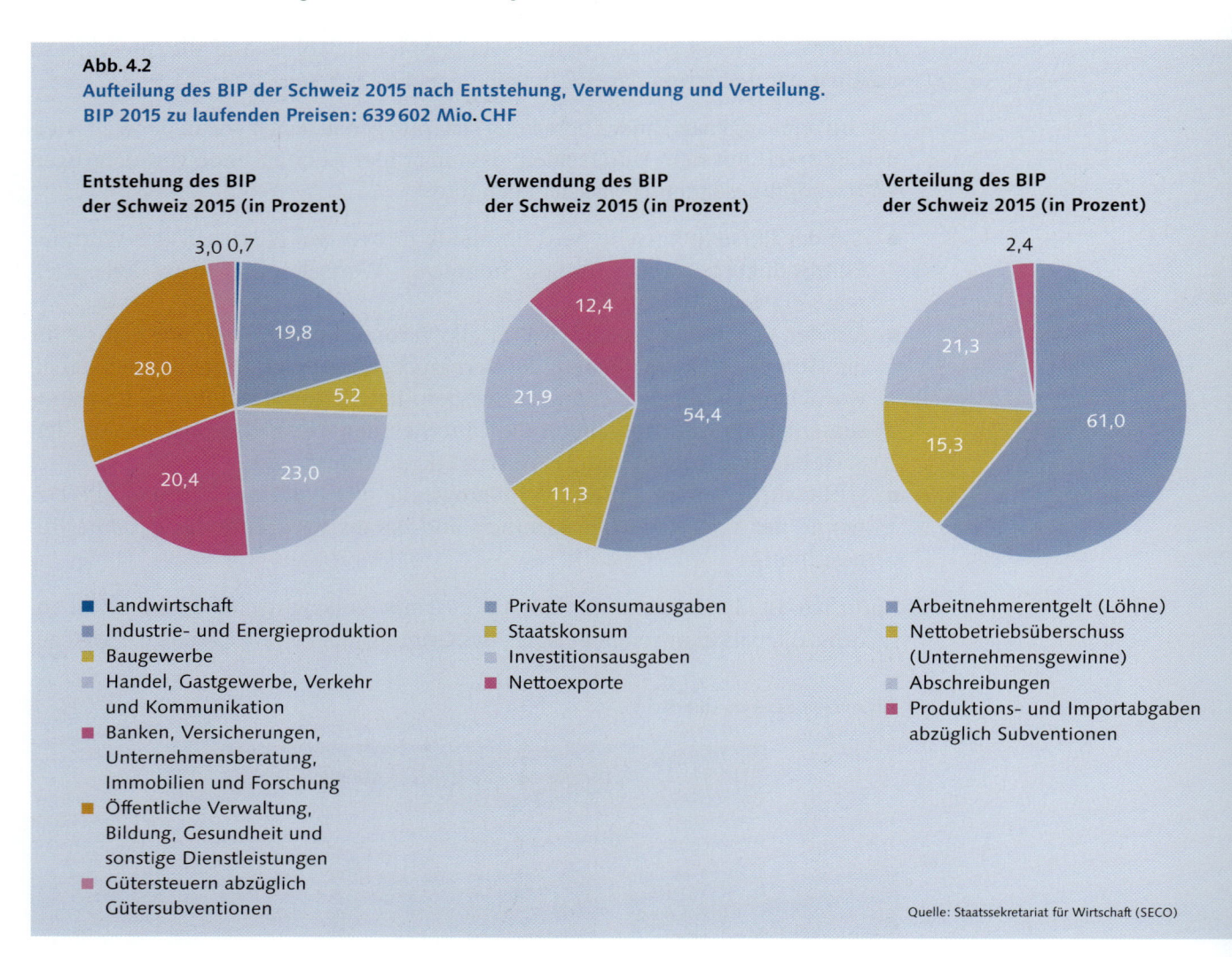

Abb. 4.2
Aufteilung des BIP der Schweiz 2015 nach Entstehung, Verwendung und Verteilung.
BIP 2015 zu laufenden Preisen: 639 602 Mio. CHF

Entstehung des BIP der Schweiz 2015 (in Prozent)
- Landwirtschaft: 0,7
- Industrie- und Energieproduktion: 19,8
- Baugewerbe: 5,2
- Handel, Gastgewerbe, Verkehr und Kommunikation: 23,0
- Banken, Versicherungen, Unternehmensberatung, Immobilien und Forschung: 20,4
- Öffentliche Verwaltung, Bildung, Gesundheit und sonstige Dienstleistungen: 28,0
- Gütersteuern abzüglich Gütersubventionen: 3,0

Verwendung des BIP der Schweiz 2015 (in Prozent)
- Private Konsumausgaben: 54,4
- Staatskonsum: 11,3
- Investitionsausgaben: 21,9
- Nettoexporte: 12,4

Verteilung des BIP der Schweiz 2015 (in Prozent)
- Arbeitnehmerentgelt (Löhne): 61,0
- Nettobetriebsüberschuss (Unternehmensgewinne): 15,3
- Abschreibungen: 21,3
- Produktions- und Importabgaben abzüglich Subventionen: 2,4

Quelle: Staatssekretariat für Wirtschaft (SECO)

Wachstum und Konjunktur

Messung der Verteilung

Das BIP pro Kopf gibt einen verlässlichen Hinweis auf das durchschnittliche Einkommen in einem Land. Und die Verteilungsseite gibt einen gewissen Hinweis darauf, wem das Einkommen zufliesst. Allerdings sehen wir hier nur, wie sich die Einkommen auf die Produktionsfaktoren Arbeit und Kapital verteilen. Wir können jedoch nicht beurteilen, wie gleichmässig die Einkommen auf die Haushalte aufgeteilt sind. Die Frage, ob die Einkommensverteilung gleichmässig oder «gerecht» ist, muss mit anderen Konzepten angegangen werden.

Da die verschiedensten Vorstellungen darüber bestehen, was eine gerechte Verteilung ist, gibt es entsprechend viele Möglichkeiten, die Verteilungsgerechtigkeit zu messen und zu beurteilen. Als wichtigstes Konzept zur Messung der Verteilung von Einkommen und Vermögen in einer Gesellschaft hat sich die sogenannte *Lorenzkurve* durchgesetzt, die in **Abbildung 4.3** grafisch dargestellt ist. Abgetragen sind dabei auf der Horizontalen die Anzahl Haushalte, geordnet nach Einkommen, und auf der Vertikalen die zusammengezählten Einkommen bzw. Vermögen dieser Gruppen. Am einfachsten verständlich wird das Konzept, wenn man die Situation auf der Winkelhalbierenden OB betrachtet. Auf dieser Geraden herrscht absolute Gleichverteilung: 30% der Haushalte erhalten dann genau 30% des Einkommens dieser Gesellschaft. In der Realität begegnen wir natürlich nie einer solchen Gleichverteilung. Vielmehr beobachten wir Ungleichverteilungen, die einer bauchigen Kurve, der sogenannten Lorenzkurve, entsprechen. So verfügen in der Schweiz, wie dies der Punkt X in der Grafik illustriert, die ärmsten 30% der Haushalte nur über 14% des gesamten Einkommens. Macht man diese Analyse für jede Einkommensklasse, so ergibt sich schliesslich die Lorenzkurve. Je näher die Lorenzkurve an der Winkelhalbierenden liegt, desto gleichmässiger sind die Einkommen in einem Land verteilt.

Abb. 4.3
Lorenzkurve der Schweizer Haushaltseinkommen 2013

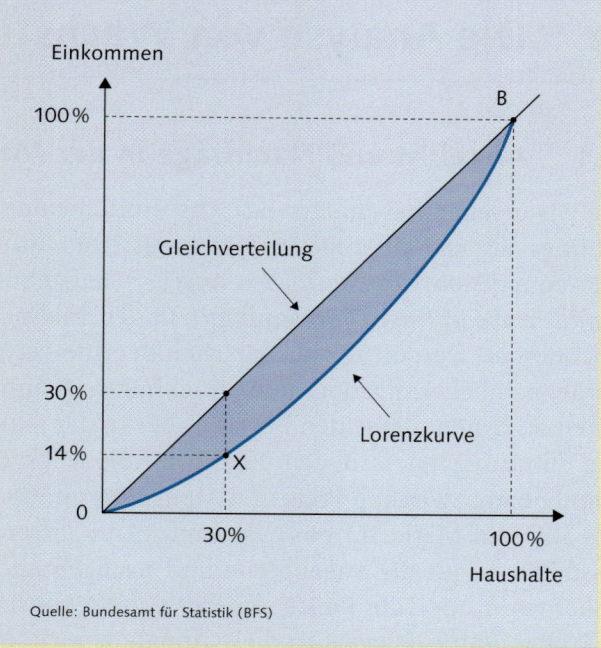

Quelle: Bundesamt für Statistik (BFS)

→ **Lorenzkurve**
Grafische Darstellung der Verteilung von Einkommen oder Vermögen in einer Gesellschaft.

---

nicht hier, sondern in den Investitionsausgaben enthalten. Wenn wir im weiteren Verlauf von den «Staatsausgaben» sprechen, so meinen wir immer die gesamte Nachfrage, also die Summe aus Staatskonsum und staatlichen Investitionen. Bei der Betrachtung der Verwendungsseite des BIP wird viele vielleicht überraschen, dass der Aussenhandel auf den ersten Blick wenig wichtig erscheint, liegen die *Nettoexporte* doch nur bei 12% des BIP. Wie steht es hier mit der oft gehörten Aussage, jeder zweite Franken der Schweiz werde im Ausland verdient? Der Grund ist, dass es sich hier um eine Nettogrösse handelt, also um Exporte minus Importe. Die Exporte für sich alleine machen tatsächlich über 50% des BIP aus; weil aber die Importe – die für die Berechnung des BIP einen Abzugsposten darstellen (siehe Abschnitt 4.2.1) – nur unwesentlich geringer sind, kann hier der falsche Eindruck entstehen, der Aussenhandel sei für die Schweiz gar nicht so bedeutsam.

Auf der Verteilungsseite sehen wir schliesslich, dass über 60% der Schweizer Einnahmen auf die Löhne entfallen und dass die Gewinne der Unternehmen mehr

→ **Nettoexporte**
Wert der Exporte einer Volkswirtschaft abzüglich des Werts der Importe.

als 15% ausmachen. Die Abschreibungen machen rund 21% aus; sie sind hier aufgeführt, weil ein Teil der Einkommen der Unternehmen verwendet werden muss, um die während der Periode verbrauchten, aber in früheren Perioden produzierten Kapitalgüter (z. B. Maschinen) zu finanzieren.

4.2 Die Analyse von Wachstum und Konjunktur

4.2.1 Angebot und Nachfrage in der Makroökonomie

Wie wir gesehen haben, lässt sich das Bruttoinlandprodukt sowohl über die Entstehungs- als auch über die Verwendungsseite bestimmen. Man spricht dabei oft auch vom *gesamtwirtschaftlichen Angebot* (Entstehung) und von der *gesamtwirtschaftlichen Nachfrage* (Verwendung). In der Analyse der Gesamtwirtschaft (Makroökonomie) werden also die gleichen Begriffe verwendet wie in der Mikroökonomie, nämlich «Angebot» und «Nachfrage». Wenn auch gewisse Ähnlichkeiten bestehen, haben die beiden Begriffe aber in der makroökonomischen Sichtweise eine durchaus andere Bedeutung. Denn die Mikroökonomie analysiert den Zusammenhang zwischen Preis und Menge bestimmter Güter unter der Annahme, dass auf dem Markt für ein bestimmtes Gut ausser dem Preis alle anderen Einflussfaktoren auf die angebotene und nachgefragte Menge des Gutes (wie die Einkommen oder die Preise anderer Güter) konstant gehalten werden. In der Makroökonomie dagegen ist diese Annahme nicht mehr zulässig, denn hier wird die Gesamtheit aller Märkte gleichzeitig analysiert.

→ **Gesamtwirtschaftliches Angebot**
Die gesamte, während einer bestimmten Periode produzierte Menge an Gütern.

→ **Gesamtwirtschaftliche Nachfrage**
Die gesamte, während einer bestimmten Periode gekaufte Menge an Gütern.

Betrachten wir zunächst die Angebotsseite. Das gesamtwirtschaftliche Angebot ist die in einer Volkswirtschaft während eines bestimmten Zeitraums produzierte Menge an Gütern z. B. das jährliche Bruttoinlandprodukt (BIP). Es wird bestimmt von der Ausstattung mit Produktionsfaktoren. Diese unterteilt man in die Kategorien Arbeit, Kapital, Technologie sowie Boden und natürliche Ressourcen. Das Wissen darüber, wie man Arbeit, Kapital, Boden und natürliche Ressourcen miteinander kombiniert, ist die *Technologie*.

Nun zur Nachfrageseite. Die gesamtwirtschaftliche Nachfrage ist die in einer Volkswirtschaft innerhalb eines bestimmten Zeitraums gekaufte Menge an Gütern. Wir unterscheiden dabei vier mögliche Käufergruppen:

→ **Technologie**
Wissen darüber, auf welche Art Arbeit und Kapital kombiniert werden können, um Güter zu produzieren.

- Konsumentinnen und Konsumenten, die Konsumgüter erwerben,
- Unternehmen, die vor allem Investitionsgüter nachfragen,
- den Staat mit seinen *Staatsausgaben* (für Konsum- und Investitionsgüter),
- das Ausland, das Exportgüter kauft.

→ **Staatsausgaben**
Konsum- und Investitionsausgaben der öffentlichen Hand.

Auf der Angebotsseite bestimmt also die Verfügbarkeit von Produktionsfaktoren, was und wie viel gesamtwirtschaftlich produziert werden kann (Entstehungsseite des BIP). Auf der Nachfrageseite entscheidet das Verhalten der Konsumentinnen und Konsumenten, der Unternehmen, des Staates und des Auslands, wohin die produzierten Güter fliessen (Verwendungsseite des BIP). Dies ist in **Abbildung 4.4** schematisch dargestellt.

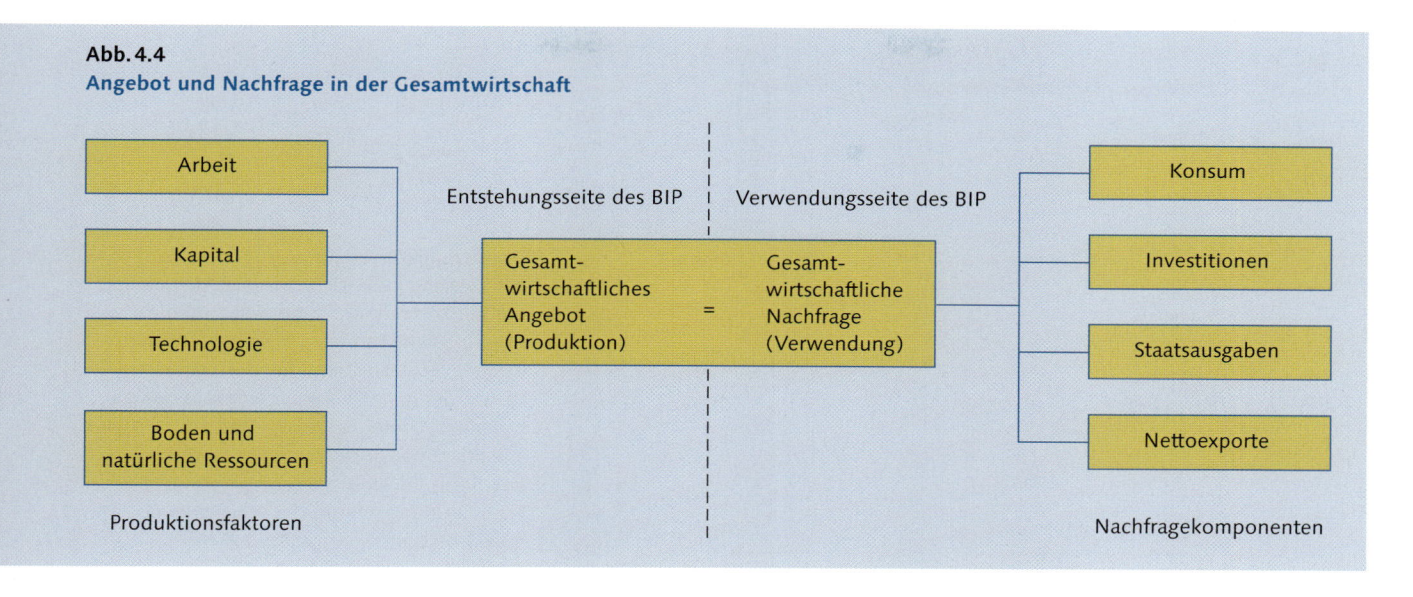

Wachstum und Konjunktur 4

Abb. 4.4
Angebot und Nachfrage in der Gesamtwirtschaft

```
Arbeit
Kapital
Technologie                Entstehungsseite des BIP | Verwendungsseite des BIP
Boden und                  Gesamt-                    Gesamt-
natürliche Ressourcen      wirtschaftliches    =      wirtschaftliche
                           Angebot                    Nachfrage
                           (Produktion)               (Verwendung)

Produktionsfaktoren                                                    Nachfragekomponenten

Konsum
Investitionen
Staatsausgaben
Nettoexporte
```

Bei der Nachfrage ist nicht von Exporten, sondern von Nettoexporten die Rede. Dies deshalb, weil für die Auslastung der inländischen Produktionsfaktoren nur die Nachfrage nach im Inland produzierten Gütern massgebend ist. Alle Käufergruppen erwerben aber auch Güter, die nicht im Inland produziert, sondern importiert werden (im Fall der Schweiz etwa Ananas als importierte Konsumgüter oder Passagierflugzeuge als importierte Investitionsgüter). Um nun die für die makroökonomische Analyse relevante Nachfrage zu ermitteln – also diejenige nach inländischen Produkten –, zieht man von den Exporten die Importe ab und erhält damit die Nettoexporte als Nachfragekategorie. Von der gesamtwirtschaftlichen Nachfrage her betrachtet, setzt sich also das reale BIP folgendermassen zusammen:

Reales BIP = Konsum + Investitionen + Staatsausgaben + Nettoexporte

INTERNET-VERTIEFUNG
hep-verlag.ch/vwl-plus

Das gesamtwirtschaftliche Angebot-Nachfrage-Modell

4.2.2 Ein einfaches makroökonomisches Konzept

Eigentlich geht es bei Wachstum und Konjunktur ja um das Gleiche: die Veränderung des BIP über die Zeit. Im Sprachgebrauch ist denn auch in der Regel einfach von «Wachstum» die Rede. Will man die Entwicklung des BIP aber verstehen und – vor allem – die Effekte wirtschaftspolitischer Entscheide beurteilen, so ist die im Titel dieses Kapitels angesprochene Unterscheidung unerlässlich. Denn ganz verschiedene Faktoren sind für die langfristige Entwicklung des BIP (*Wachstum*) einerseits und für die kurzfristigen Bewegungen dieser Grösse (*Konjunktur*) andererseits verantwortlich. Wir wollen diesen Unterschied anhand eines einfachen grafischen Schemas erläutern. Wir werden dieses «Makro-Schema» in der Folge immer wieder verwenden, wenn es um die Analyse gesamtwirtschaftlicher Phänomene geht.

→ **Wachstum**
Langfristige Entwicklung des Wohlstands einer Volkswirtschaft, gemessen am realen BIP. Wird auch als Trendwachstum oder langfristiges (Wirtschafts-)Wachstum bezeichnet.

→ **Konjunktur**
Auslastung der Produktionsfaktoren in einer Volkswirtschaft, betrachtet über einen kürzeren Zeitraum (Quartale, einzelne Jahre).

Die rote Kurve in **Abbildung 4.5** zeigt die modellhafte Entwicklung des BIP über die Zeit. Modellhaft ist sie deshalb, weil das reale BIP-Wachstum nie so regelmässige Schwankungen aufweist. Wichtig ist aber, dass die Wachstumsraten des BIP über die Zeit relativ stark schwanken. Perioden mit hohem Wachstum folgen auf solche mit langsamer oder gar negativer BIP-Entwicklung. Diese rasche Veränderung des BIP-Wachstums innerhalb kurzer Zeit wird als Konjunktur bezeichnet.

Die Analyse von Wachstum und Konjunktur

Abb. 4.5
Das Makro-Schema: Wachstumstrend und Konjunkturverlauf

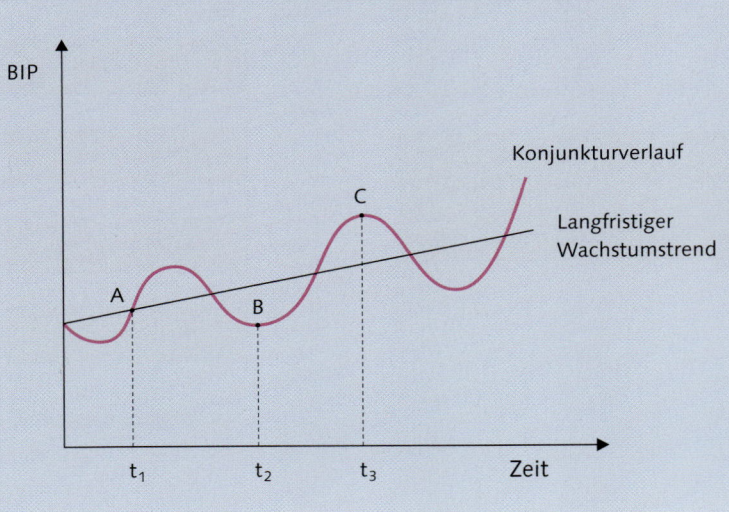

Der Konjunkturverlauf weist Schwankungen auf. Deshalb kann die Wirtschaft kurzfristig z. B. stark unterausgelastet sein, und die Arbeitslosigkeit steigt. Langfristig jedoch ist der Wachstumstrend der entscheidende Faktor, der den Wohlstand eines Landes bestimmt. Dieser langfristige Wachstumstrend entspricht dem Wachstum des Produktionspotenzials bei Normalauslastung; es ist dies auch das durchschnittliche Wachstum einer Volkswirtschaft.

Abbildung 4.5 enthält aber neben der Kurve mit der tatsächlichen Wirtschaftsentwicklung auch eine Gerade mit einer positiven Steigung. Diese Gerade entspricht der durchschnittlichen BIP-Entwicklung im betrachteten Land. Die Steigung dieser Geraden bezeichnet man als langfristiges Wachstum oder Trendwachstum; im Gegensatz zur realen Konjunkturkurve ist diese Gerade aber ein theoretisches Konstrukt. Es stellt dar, mit welcher Rate sich der Wohlstand längerfristig verändert. Die Gerade zeigt uns aber noch etwas anderes als das durchschnittliche Wachstum des BIP, nämlich die für die makroökonomische Analyse wichtige Entwicklung des *Produktionspotenzials*. Dieses gibt an, wie gross das BIP der betrachteten Volkswirtschaft ist, wenn die Produktionsfaktoren normal ausgelastet sind. Wir haben im vorherigen Abschnitt festgehalten, dass das gesamtwirtschaftliche Angebot, also die Produktion einer Volkswirtschaft, von ihrer Ausstattung mit den Produktionsfaktoren Arbeit und Kapital abhängt. Normale Auslastung dieser Faktoren bedeutet, dass die verfügbaren Arbeitskräfte ihre volle Arbeitszeit leisten und die vorhandenen Kapitalgüter, wie Maschinen, Computer oder Gebäude, voll genutzt werden. Das Produktionspotenzial und damit die Punkte auf der Gerade in **Abbildung 4.5** geben uns also die normale Leistung der betrachteten Volkswirtschaft an.

→ **Produktionspotenzial**
BIP einer Volkswirtschaft bei einer normalen Auslastung der Produktionsfaktoren.

Wir wollen nun Kurve und Gerade in der **Abbildung 4.5** mithilfe von ein paar Beispielen interpretieren. Betrachten wir zuerst den Zeitpunkt t_1. Hier schneidet die Kurve die Gerade. Das tatsächliche BIP entspricht also gerade demjenigen, das sich mit einem ausgelasteten Produktionspotenzial realisieren lässt. Man spricht in diesem Fall von einer konjunkturell ausgeglichenen Wirtschaftslage.

Nehmen wir als Nächstes den Zeitpunkt t_2; hier liegt das tatsächliche BIP auf der Kurve am Punkt B und damit deutlich unter dem erreichbaren BIP. Die Volkswirtschaft nützt in dieser Situation nicht alle vorhandenen Ressourcen aus, es gibt hohe Arbeitslosigkeit und ungenutzte Kapitalgüter, wie etwa leer stehende Fabriken. Zum Zeitpunkt t_2 ist die Konjunkturlage schlecht und die Wirtschaft befindet sich in einer *Rezession*.

→ **Rezession**
Periode, in der die Produktionsfaktoren schlecht ausgelastet sind. Die realen Einkommen nehmen ab, und die Arbeitslosigkeit steigt.

Wachstum und Konjunktur 4

Betrachten wir schliesslich den Zeitpunkt t_3. Hier liegt das tatsächliche BIP (Punkt C) über dem Potenzial. In dieser Situation sind die Ressourcen überausgelastet, die Arbeiter leisten Überstunden und die Maschinen laufen auch nachts auf Hochtouren. Die Wirtschaft befindet sich zum Zeitpunkt t_3 in einer *Hochkonjunktur*.

→ **Hochkonjunktur**
Gesamtwirtschaftliche Situation, in der wegen der grossen Nachfrage die Produktionsfaktoren übermässig ausgelastet sind. Wird auch als Boom bezeichnet.

Zusammengefasst zeigt uns **Abbildung 4.5** das langfristige Trendwachstum in Form der Steigung der Geraden und die Konjunkturschwankungen in Form der Kurve. Das Verhältnis der Kurve zur Geraden zeigt uns, in welcher konjunkturellen Lage sich die betrachtete Volkswirtschaft zum entsprechenden Zeitpunkt befindet.

In den nächsten Abschnitten wollen wir erklären, was hinter den beiden Elementen der **Abbildung 4.5** steckt. Dabei analysieren wir in den Abschnitten 4.3 und 4.4 die Gerade, also das langfristige Trendwachstum, und in den Abschnitten 4.5 und 4.6 die Kurve, also die Entwicklung der Konjunktur.

4.3 Wachstum: Der langfristige Trend

4.3.1 Die Bedeutung des Trendwachstums

→ **Wachstumsrate**
Prozentuale Zunahme des BIP innerhalb einer bestimmten Zeiteinheit.

Langfristige *Wachstumsraten* sind von immenser Bedeutung für den Wohlstand von Ländern. Minimal erscheinende Unterschiede in den Wachstumsraten führen längerfristig zu sehr grossen Wohlstandsunterschieden. Dies illustriert **Abbildung 4.6**.

Zu Beginn des 19. Jahrhunderts starteten die USA, Japan und Bangladesch von einem aus heutiger Sicht ähnlich tiefen Einkommensniveau: im Jahr 1820 betrug das reale BIP pro Kopf in den USA geschätzte 1260 US-Dollar, jenes von Bangladesch ungefähr ein Viertel davon. Doch wie frappant unterschiedlich gestaltete sich die weitere Entwicklung! Die USA weisen bis heute ein konstant hohes Wachstum auf und haben inzwischen ein fast 25-mal höheres Pro-Kopf-Einkommen als 1820 erreicht. Japan wiederum zeigte, dass sich ein Rückstand rasch aufholen lässt. Bis zum Zweiten Weltkrieg ein relativ armes Land, konnte Japan innerhalb weniger Jahrzehnte mit zum Teil sehr hohen Wachstumsraten praktisch zu den USA aufschliessen. Bangladesch hingegen verblieb auf dem ähnlichen, extrem tiefen Einkommensniveau wie vor knapp 200 Jahren.

So spektakulär die Wohlstandsunterschiede sich in dieser Periode entwickelt haben, so bescheiden nehmen sich die Unterschiede in den durchschnittlichen

«Du hast zwei Steine? Die Wirtschaft wächst!»

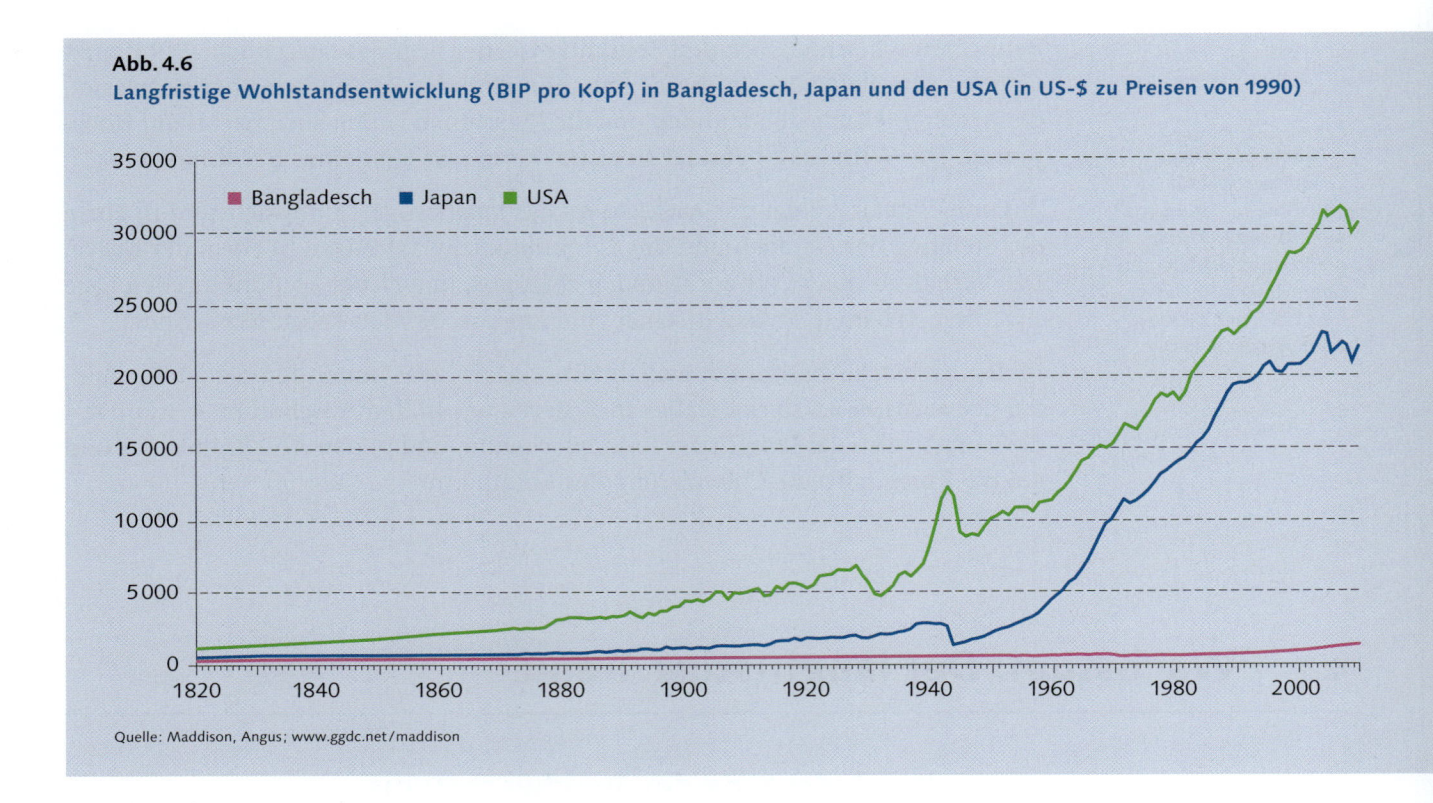

Wachstum: Der langfristige Trend

Abb. 4.6
Langfristige Wohlstandsentwicklung (BIP pro Kopf) in Bangladesch, Japan und den USA (in US-$ zu Preisen von 1990)

Quelle: Maddison, Angus; www.ggdc.net/maddison

jährlichen Wachstumsraten dieser Länder in der betrachteten Zeitspanne aus. Sie betrugen etwa für die USA 1,7 % und für Bangladesch 0,6 %. Dies zeigt, dass auch konstante Wachstumsraten zu überproportionalen Zunahmen des Einkommens führen, analog zur Geldanlage, die neben dem Zinssatz auch den *Zinseszins* als Ertrag abwirft. Ein für sich allein betrachtet durchaus bescheidener Zinssatz führt über längere Zeiträume zu einer spektakulären Erhöhung des Einkommens.

Dazu kommt, dass die Zunahme des Bruttoinlandproduktes (BIP) den Wohlstandsgewinn eher unterschätzt. Denn die Verfügbarkeit neuer Güter wird in der langfristigen Betrachtung nicht genügend berücksichtigt. Man kann ja mit gutem Recht behaupten, dass der Durchschnittseuropäer von heute in vieler Hinsicht reicher ist als der reichste Mensch vor hundert Jahren. Zahlreiche heute selbstverständliche Güter waren damals noch gar nicht bekannt. So hatten damals auch noch so wohlhabende Personen keinen Zugang zu Interkontinentalflügen, Internet, CD-Playern oder zahlreichen Medikamenten; alles Güter, die heute in Industrieländern auch Personen mit durchschnittlichem Einkommen zur Verfügung stehen.

→ **Zinseszins**
Zinszahlung, die bei einer Geldanlage für bereits früher gutgeschriebene und dem Kapitalstock zugeschlagene Zinsen geleistet wird.

4.3.2 Produktionsfaktoren und die Quellen des Wachstums

Woher kommt nun das Wirtschaftswachstum? Das lässt sich anhand einer einfachen Übersicht erläutern. Wir haben gesehen, dass der Wohlstand einer Volkswirtschaft davon abhängt, wie viele Güter sie produzieren kann. Der Wohlstand nimmt also zu, wenn die produzierbare Menge zunimmt. **Abbildung 4.7** stellt die Zusammenhänge schematisch dar.

Zunächst verdeutlicht die Darstellung, dass es nur zwei Möglichkeiten gibt, wie pro Kopf mehr Güter produziert werden können:

Wachstum und Konjunktur 4

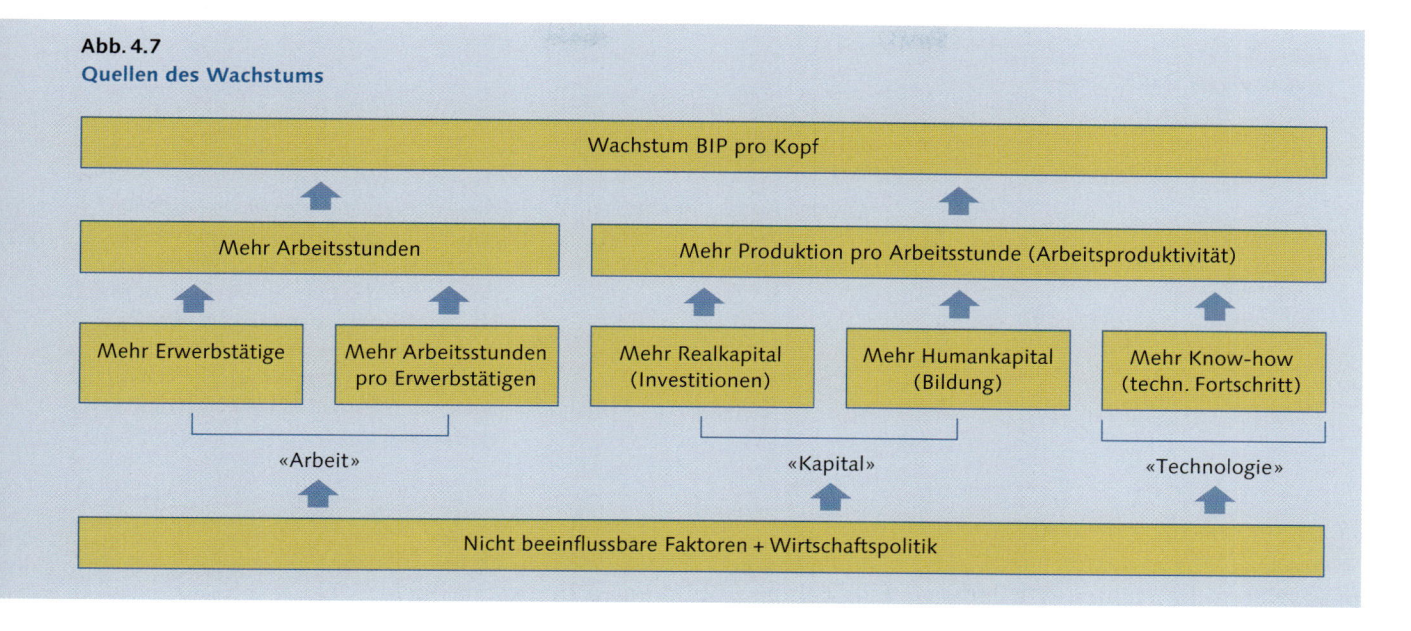

Abb. 4.7
Quellen des Wachstums

```
                        Wachstum BIP pro Kopf
                              ↑                    ↑
        Mehr Arbeitsstunden          Mehr Produktion pro Arbeitsstunde (Arbeitsproduktivität)
         ↑              ↑                  ↑              ↑              ↑
   Mehr         Mehr Arbeitsstunden   Mehr Realkapital   Mehr Humankapital   Mehr Know-how
   Erwerbstätige  pro Erwerbstätigen  (Investitionen)    (Bildung)           (techn. Fortschritt)
         └──────┬──────┘              └──────┬──────────────┘                └──────┬──────┘
             «Arbeit»                      «Kapital»                            «Technologie»
                                              ↑                                    ↑
                        Nicht beeinflussbare Faktoren + Wirtschaftspolitik
```

→ **Arbeitsproduktivität**
Menge an produzierten Gütern pro geleistete Arbeitsstunde.

- entweder werden mehr Arbeitsstunden geleistet
- oder die Produktion pro geleistete Arbeitsstunde (die *Arbeitsproduktivität*) wird erhöht.

Erhöhungen der Anzahl Arbeitsstunden und der Arbeitsproduktivität bilden also die direkten Quellen des Wachstums. In einem zweiten Schritt kann man diese beiden Quellen aber noch weiter untergliedern. Dazu muss man ihre Bestimmungsfaktoren ermitteln.

So lässt sich die Anzahl Arbeitsstunden steigern, indem bei konstanter Bevölkerungszahl mehr Personen arbeiten (mehr Erwerbstätige) oder indem jede einzelne Person mehr arbeitet (mehr Arbeitsstunden pro Erwerbstätigen).

Die Arbeitsproduktivität, also die Produktion pro Arbeitsstunde, hat wiederum drei Bestimmungsfaktoren: die Ausstattung mit Realkapital, die Ausstattung mit Humankapital und die verwendete Technologie.

→ **Realkapital**
Anlagen und Einrichtungen, die zur Produktion von Gütern eingesetzt werden.

Zum Ersten steigt die Produktivität, wenn einer Arbeitskraft mehr *Realkapital* zur Verfügung steht. So sind beispielsweise bei der Energieproduktion relativ wenige Arbeitnehmende mit sehr kostspieligen Kapitalgütern ausgestattet, was zu einer hohen Produktivität führt. Dies etwa im Gegensatz zu den Coiffeuren, die ihrer Tätigkeit mit wesentlich weniger Kapitalausstattung nachgehen und entsprechend eine tiefere Produktivität aufweisen. Eine Erhöhung der Investitionen, das heisst des Aufbaus von Realkapital, kann also einer Volkswirtschaft zu höherer Arbeitsproduktivität und damit zu mehr Wachstum verhelfen.

Zweitens hängt die Produktivität von den Fähigkeiten der Beschäftigten ab. Je besser deren Ausbildung, desto höher ist in der Regel ihre Produktivität und damit ihr Lohn. Im ökonomischen Jargon spricht man hier von *Humankapital*. Eine Erhöhung der Investitionen in die Ausbildung steigert also die Arbeitsproduktivität und führt zu Wachstum.

→ **Humankapital**
Fähigkeiten, Fertigkeiten und Wissen der Arbeitskräfte, in der Regel erworben durch Aus- und Weiterbildung.

Drittens schliesslich lässt sich die Arbeitsproduktivität durch eine verbesserte Technologie – durch technischen Fortschritt also – erhöhen. Diese ist ja das Wissen, auf welche Art Arbeit und Kapital kombiniert werden können, um Güter zu

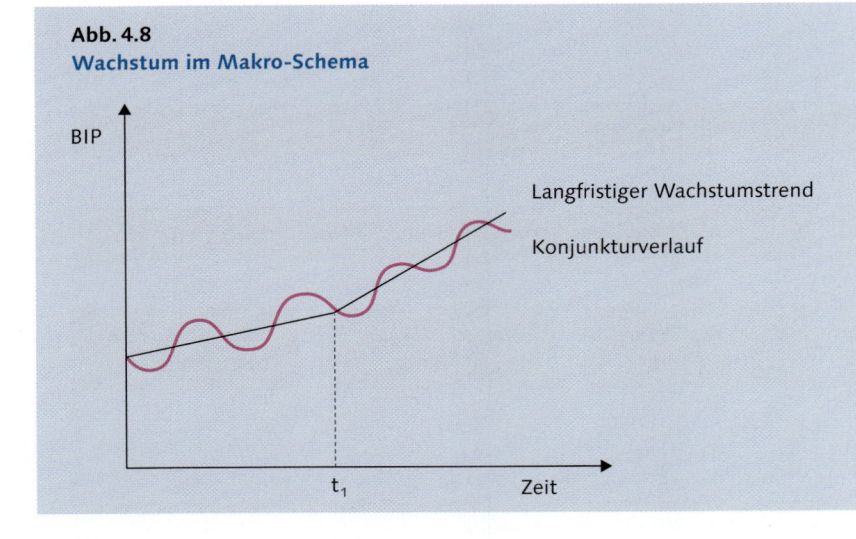

Wachstum: Der langfristige Trend

Abb. 4.8
Wachstum im Makro-Schema

BIP

Langfristiger Wachstumstrend
Konjunkturverlauf

t_1 Zeit

Ab dem Zeitpunkt t_1 erhöht sich das durchschnittliche Wachstum der betrachteten Volkswirtschaft, zum Beispiel aufgrund eines höheren Wachstums der Arbeitsproduktivität. Da ab t_1 die Konjunktur um ein höheres Trendwachstum herum schwankt, geht das Wirtschaftswachstum entsprechend auch in konjunkturell schlechteren Zeiten nicht mehr so stark zurück.

produzieren. Betrachten wir dafür als Beispiel die Abbildungen in diesem Buch. Solche Grafiken liessen sich noch vor wenigen Jahren nur in etlichen Arbeitsstunden herstellen, heute dagegen werden sie dank einem geeigneten Computerprogramm mit wenigen Mausklicks geschaffen.

Abbildung 4.7 zerlegt den Wachstumsprozess in die fünf soeben erläuterten Grössen. Hinter diesen steckt, wie wir in der Abbildung sehen können, das Konzept der *gesamtwirtschaftlichen Produktionsfunktion*: Die Kombination der Produktionsfaktoren Arbeit, Kapital und Technologie bestimmt, wie viel produziert werden kann, wie gross also das gesamtwirtschaftliche Angebot in einer Volkswirtschaft ist – wir haben dies schon in **Abbildung 4.4** (S. 105) festgehalten, wobei dort auch noch der Boden und die natürlichen Ressourcen als Produktionsfaktoren aufgeführt wurden, die wir hier vereinfacht als Teil des Kapitals interpretieren können.

→ **Gesamtwirtschaftliche Produktionsfunktion**
Beziehung zwischen der in einer Volkswirtschaft produzierten Menge an Gütern (reales BIP) und den insgesamt dafür eingesetzten Produktionsfaktoren.

Schliesslich zeigt **Abbildung 4.7** noch die beiden Arten von Einflussgrössen auf das Wachstum von Arbeitsstunden und Arbeitsproduktivität: einerseits die natürlichen Gegebenheiten, also exogene – d.h. wirtschaftspolitisch nicht beeinflussbare – Faktoren wie Klima, geografische Lage oder Nachbarstaaten eines Landes, aber auch kulturelle und politische Rahmenbedingungen; andererseits wirtschaftspolitische Entscheide wie die Steuern, die Bildungsausgaben oder die Wettbewerbspolitik.

Wir können die Veränderungen des langfristigen Wachstums auch in unserem einfachen Makro-Schema zeigen. In **Abbildung 4.5** (S. 106) entspricht das langfristige Trendwachstum ja der Steigung der Geraden. Erhöht sich nun das Trendwachstum – etwa durch ein höheres Wachstum der Arbeitsproduktivität –, so erhöht sich auch die Steigung der Geraden. In **Abbildung 4.8** ist dies ab dem Zeitpunkt t_1 der Fall. Von da an ist das durchschnittliche Wachstum der betrachteten Volkswirtschaft gestiegen und die Konjunktur schwankt um einen steileren Trend herum. Entsprechend geht das Wachstum auch in konjunkturell schlechteren Zeiten nicht mehr so stark zurück.

Ein konkretes Beispiel lässt sich in den USA ab Mitte der 1990er-Jahre beobachten. Aus verschiedenen Gründen erhöhte sich damals das Produktivitätswachstum der amerikanischen Wirtschaft, was eine Steigerung des Trendwachstums bewirkte. Ein höheres Trendwachstum reduziert zudem auch die Gefahr von Rezessionen, also negativem Wachstum des BIP.

4 Wachstum und Konjunktur

4.3.3 Die entscheidende Rolle des technischen Fortschritts

Die eigentliche treibende Kraft des langfristigen Wachstumsprozesses ist eindeutig der dritte Produktionsfaktor, der *technische Fortschritt*. Denn im Gegensatz zu Arbeitskräften und Kapitalgütern ist der technische Fortschritt nicht beschränkt. Er ist der einzige Faktor, der grundsätzlich immerzu weiter wachsen kann.

Auf den ersten Blick scheint dies fragwürdig, und gerade Naturwissenschaftlerinnen und Naturwissenschaftler zeigen oft unverhohlene Skepsis bei der Vorstellung einer langfristig immer weiter wachsenden Wirtschaft. Schliesslich gibt es auf der Erde nur eine bestimmte Menge an natürlichen Ressourcen, die wir nicht erhöhen können. Wie sollte es da möglich sein, dass der Wohlstand langfristig und bei steigenden Bevölkerungszahlen immerfort wächst?

Trotz dieser logisch scheinenden Bedenken gibt es aber keinen Grund zur Annahme, das schon oft verkündete Ende des Wachstums stehe vor der Tür. Der Anlass für den Optimismus der Ökonominnen und Ökonomen liegt darin, dass das gesamtwirtschaftliche Wachstum eben nur zum kleineren Teil von physischen, endlichen Dingen wie Arbeit und Kapital angetrieben wird. Hauptverantwortlich für das langfristige Wachstum ist vielmehr der technische Fortschritt, also die Möglichkeit, die endlichen Ressourcen immer wieder neu miteinander zu kombinieren und so Mehrwert zu schaffen.

Dazu ein einfaches Beispiel. Eisenoxid, auch als Rost bekannt, wurde während langer Perioden der Menschheitsgeschichte als nutzloser Abfall betrachtet. Die Höhlenmenschen kamen dann auf die Idee, mineralisches Eisenoxid als Farbe zu benutzen und damit Höhlenwände zu bemalen. Dies war ein erster Schritt, um aus wertlosem Schmutz eine Ressource zu machen, mit der sich Wertschöpfung erzielen liess. Später lernten die Menschen, aus Eisenoxid Eisen zu gewinnen. Das steigerte die Wertschöpfung erneut, denn jetzt wurde es möglich, aus dem Material eine Fülle nützlicher Produkte herzustellen. Noch später verstand man es, Eisen mit Kohlenstoff zu legieren und so Stahl herzustellen, was die Einsatzmöglichkeiten ein weiteres Mal vervielfachte. Und erst vor wenigen Jahrzehnten fand man heraus, dass sich Eisenoxid zu Magnetdisketten verarbeiten lässt, die als Ton- und Bildspeicher eine ganz neue Medienwelt erschlossen haben.

Für das Wachstum entscheidend ist dabei, dass die endliche Ressource Eisenoxid immer noch in gleicher Menge auf der Erde vorhanden ist wie vor Tausenden von Jahren, dass sich aber aus den neu entwickelten Verwendungsmöglichkeiten dieses Stoffs heute ein spektakulär höherer Wohlstand erzielen lässt. Und es ist wenig wahrscheinlich, dass bereits der letzte wertvermehrende Schritt in der Verwendung dieser Ressource getan ist; vielmehr spricht die Erfahrung dafür, dass sich künftig noch produktivere Anwendungen für diesen Stoff finden werden.

Beim Versuch, grosse Wachstumsschübe zu verstehen, stossen wir regelmässig auf den technischen Fortschritt als entscheidenden Auslöser. Nehmen wir nur den gewaltigen Fortschritt in der Produktion von Licht. Der Preis für eine Einheit Beleuchtung ist durch den Übergang von der Kerzenbeleuchtung zu inzwischen ausserordentlich leistungsfähigen Glühbirnen seit dem Jahre 1800 etwa um den Faktor 4000 gesunken.

Der technische Fortschritt beschränkt sich aber nicht auf naturwissenschaftliche Durchbrüche. Ein grosser Teil der Produktivitätssteigerung entsteht aus kleinen,

---

→ **Technischer Fortschritt**
Verbesserung der Technologie, welche zu einer Steigerung der Produktivität der Produktionsfaktoren führt.

Nicht die aktuellste Verwendung von Eisenoxid.

Wachstum: Der langfristige Trend

Nachhaltiges Wachstum

In diesem Kapitel behandeln wir die Quellen des Wachstums an materiellem Wohlstand. Es ist aber wichtig, diese Analyse auch im Zusammenhang mit der Diskussion zu den Marktversagen in Kapitel 3 zu sehen. Dort haben wir insbesondere festgehalten, dass ohne geeignete wirtschaftspolitische Vorkehrungen externe Effekte zu einer Übernutzung der Umwelt führen können. Dies gilt natürlich auch für die Beurteilung des Wachstumsprozesses, der nur dann den Wohlstand wirklich erhöht, wenn die Effekte auf die Umwelt berücksichtigt werden.

Hier setzt das viel diskutierte Konzept der *Nachhaltigkeit* an. Popularisiert durch die bereits erwähnte internationale Konferenz in Rio de Janeiro im Jahre 1992 besagt dieses Folgendes: Nachhaltig ist eine Entwicklung nur dann, wenn sie die Möglichkeiten der kommenden Generationen nicht einschränkt. Das bedeutet, dass ein Wachstum nur dann als nachhaltig eingeschätzt wird, wenn es nicht auf Kosten der natürlichen Lebensgrundlagen erfolgt. Die Internalisierung externer Effekte im Umweltbereich ist hier der zentrale Ansatzpunkt. Später wurde dieses Konzept noch ausgeweitet, sodass man heute von drei Dimensionen der Nachhaltigkeit spricht: der wirtschaftlichen, der ökologischen und der sozialen. Die soziale Nachhaltigkeit ist dabei vergleichsweise weniger klar definiert. Es geht dabei vereinfacht ausgedrückt darum, dass ein Wachstum nur dann nachhaltig ist, wenn es nicht einseitig auf Kosten von bestimmten Bevölkerungsgruppen geht.

Bezüglich des Wirtschaftswachstums – also auf die ökonomische Dimension ausgerichtet – besagt das Konzept der Nachhaltigkeit folglich, dass die Erhöhung des materiellen Wohlstands nicht durch Massnahmen angestrebt werden sollte, welche die natürlichen Lebensgrundlagen oder den sozialen Zusammenhalt stark beeinträchtigen. Für die Wachstumspolitik bildet die Berücksichtigung der ökologischen und sozialen Effekte Rahmenbedingungen, die es im Interesse eines qualitativ hochstehenden Wachstums zu berücksichtigen gilt.

→ **Nachhaltigkeit**
Situation, in der die Möglichkeiten der kommenden Generationen durch heutige Handlungen nicht eingeschränkt werden.

---

unspektakulären, kaum beachteten Ideen zur verbesserten Organisation von Arbeitsabläufen in Unternehmen. Gemäss Untersuchungen hat beispielsweise die amerikanische Detailhandelsbranche in den 1990er-Jahren einen gewaltigen Produktivitätsschub erlebt. Dies gelang durch eine Kombination der neuen Informations- und Kommunikationstechnologien mit Know-how-Fortschritten bei der Unternehmensorganisation. Man spricht heute davon, dass ein Drittel des zusätzlichen Produktivitätswachstums der USA in den 1990er-Jahren allein auf diese Fortschritte im Detailhandel zurückzuführen ist. Auch hier hat man bestehende Ressourcen auf neue Weise kombiniert und so Mehrwert geschaffen.

4.3.4 Strukturwandel

Starkes Wirtschaftswachstum ist immer mit einer Veränderung in der Branchenzusammensetzung einer Wirtschaft, also mit *Strukturwandel* verbunden. Denn Wachstum beruht vor allem auf technischem Fortschritt, kombiniert mit der Arbeitsteilung. Und sowohl die Einführung neuer Technologien als auch das Fortschreiten der Globalisierung führen zu laufenden Anpassungen in der Wirtschaftsstruktur.

→ **Strukturwandel**
Veränderungen in der Wirtschaftsstruktur eines Landes, insbesondere was die relative Bedeutung verschiedener Branchen betrifft.

So ist es kein Zufall, dass gerade im letzten Jahrhundert dieser Strukturwandel der Wirtschaft viel rascher voranschritt als in den Jahrhunderten zuvor. Bis weit ins 19. Jahrhundert dominierte in der Schweizer Wirtschaft die Landwirtschaft, die als erster Sektor bezeichnet wird. Hier gab es zwar in den vergangenen Jahrhunderten auch Produktivitätsverbesserungen, aber sie vollzogen sich in dieser Zeit nur schrittweise, und entsprechend langsam entwickelte sich das Wachstum der

Wachstum und Konjunktur 4

Früher der wichtigste Sektor der Schweizer Wirtschaft, heute gerade noch 0,7% des BIP.

Gesamtwirtschaft. Mit der voranschreitenden Industrialisierung und der zunehmend stärkeren Einbettung in die internationale Arbeitsteilung änderte sich dies markant. Zunächst nahm die Bedeutung der Industrie, also des zweiten Sektors, deutlich zu. In den letzten Jahrzehnten aber waren es vor allem die Dienstleistungen als dritter Sektor, die ihren Beschäftigungsanteil massiv ausbauten. Wie wir in **Abbildung 4.9** sehen, waren nach dem Ende des Zweiten Weltkriegs immerhin noch rund 20% der Schweizer Bevölkerung in der Landwirtschaft beschäftigt; heute sind es nur noch 3,3%. In der gleichen Periode ist auch der Anteil der Industrie von über 40% auf 21,4% gesunken. Umgekehrt stieg der Beschäftigungsanteil der Dienstleistungen von rund 35% auf heute 75,3% an.

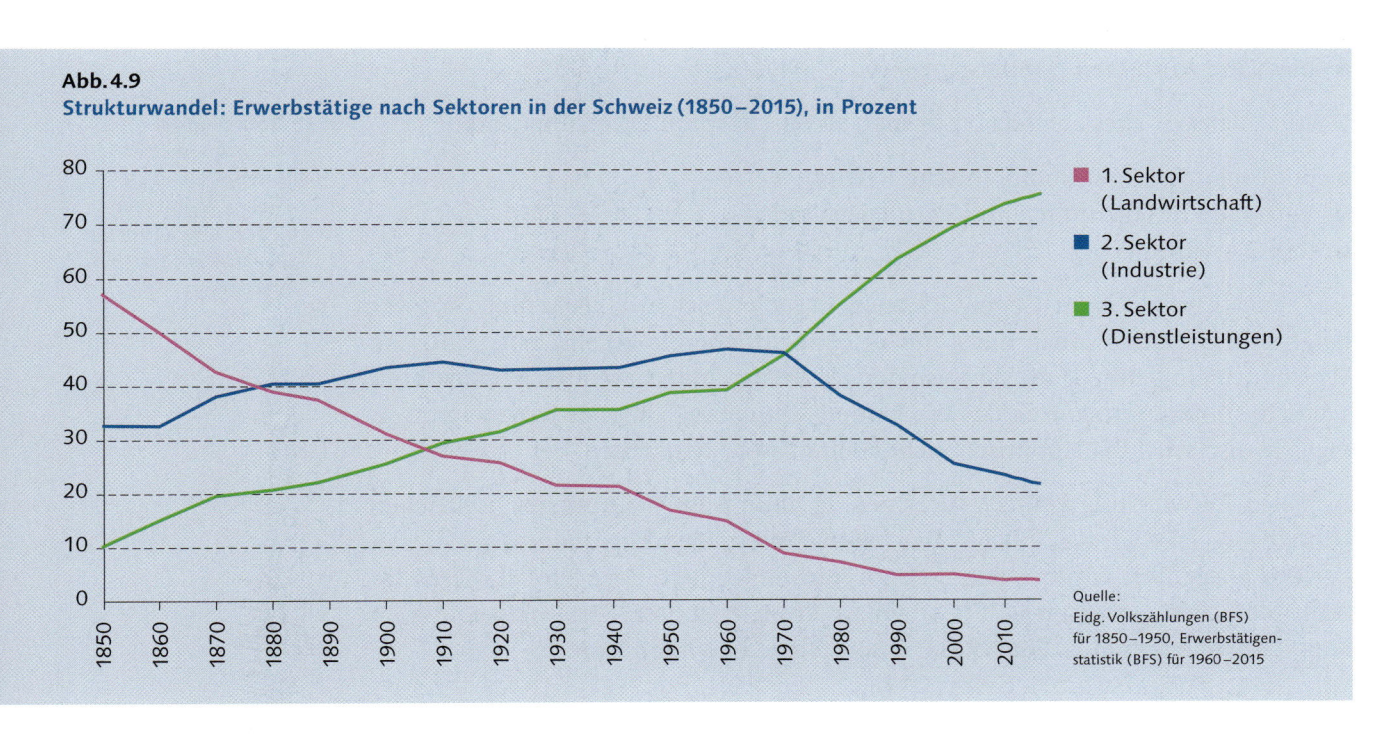

Abb. 4.9
Strukturwandel: Erwerbstätige nach Sektoren in der Schweiz (1850–2015), in Prozent

- 1. Sektor (Landwirtschaft)
- 2. Sektor (Industrie)
- 3. Sektor (Dienstleistungen)

Quelle: Eidg. Volkszählungen (BFS) für 1850–1950, Erwerbstätigenstatistik (BFS) für 1960–2015

Strukturwandel bedeutet dabei immer, dass zwar gewisse Branchen Arbeitsplätze abbauen, dass aber gleichzeitig – und das ist der wesentliche Punkt – in anderen Branchen wieder Arbeitsplätze geschaffen werden.

Für die Betroffenen ist die Anpassung an den Strukturwandel alles andere als einfach. Die meisten von uns reagieren skeptisch auf tief greifende Veränderungen wie den Wechsel des Arbeitsplatzes, besonders dann, wenn der Wechsel eine Umschulung erfordert. Es ist daher keine Überraschung, dass oft konjunkturpolitische Massnahmen gegen den Strukturwandel gefordert werden; ein typisches Beispiel ist die jahrzehntelange Unterstützung der Schweizer Landwirtschaft. Doch eine solche Strukturerhaltung kann Anpassungen zwar aufschieben, letztlich aber nicht verhindern. Und durch den Aufschub werden die nötigen Anpassungsschritte nach und nach immer grösser. Die Folge ist dann oft ein eigentlicher *Strukturbruch*, der zu einem sprunghaften Anstieg der Arbeitslosigkeit im entsprechenden Sektor führen kann. Wesentlich sinnvoller ist es, den Strukturwandel zuzulassen, zugleich aber die Strukturanpassung für die betroffenen Arbeitnehmerinnen und Arbeitnehmer möglichst zu erleichtern; wir werden in Kapitel 5 darauf zurückkommen.

> → **Strukturbruch**
> Grosse, schockartige und in einem kurzen Zeitraum stattfindende Veränderung in der Branchenstruktur.

4.4 Wachstumspolitik

Wie bereits in **Abbildung 4.7** (S. 109) festgehalten, wird das Wachstum auch durch eine Reihe von fix vorgegebenen Faktoren bestimmt. Durch wirtschaftspolitische Weichenstellungen sind diese nicht beeinflussbar. Zu diesen nicht gestaltbaren *Wachstumsdeterminanten* gehören einmal geografische Gegebenheiten, wie

- die Ausstattung mit Rohstoffen,
- das Klima,
- die Nähe zu starken Handelspartnern.

Dazu zählen wir aber auch das, was man als *Sozialkapital* bezeichnen kann:

- politische Stabilität und politische Rechte,
- Vertrauen in Eigentums- und Vertragsrechte,
- tiefe Korruption.

Das Sozialkapital ist im Gegensatz zu den geografischen Gegebenheiten zwar langfristig gestaltbar, doch meist nur durch zeitraubende gesellschaftspolitische Weichenstellungen. Für die Analyse der kurzfristig änderbaren wirtschaftspolitischen Bestimmungsfaktoren des Wachstums kann man daher das Sozialkapital als exogen, also wirtschaftspolitisch nicht beeinflussbar betrachten.

In vielen Entwicklungsländern ist es gerade diese Ausgestaltung des politischen Umfelds, welche wirtschaftliches Wachstum entscheidend behindert, wie dies in der Box ausgeführt wird. In den meisten reichen Ländern dagegen hat dieses Sozialkapital einen gewissen Mindeststandard erreicht, sodass Wirtschaftspolitik im engeren Sinne hier eher Wachstumsunterschiede bewirken kann.

> → **Wachstumsdeterminanten**
> Bestimmungsfaktoren des Wirtschaftswachstums.
>
> → **Sozialkapital**
> Ressourcen, die sich aus den Beziehungen zwischen Menschen ableiten, also aus deren Teilnahme am sozialen Netzwerk.

Wachstum und Konjunktur

Diese wirtschaftspolitischen Einflussmöglichkeiten besprechen wir hier nur überblicksartig, da sie in anderen Kapiteln genauer diskutiert werden. Sie lassen sich danach einteilen, über welche der beiden grundsätzlichen Quellen des Wachstums – Arbeitsstunden (Beschäftigung) bzw. Arbeitsproduktivität – sie auf die Entwicklung des BIP einwirken.

Betrachten wir als erste Quelle des Wachstums die Beschäftigung. Wirtschaftspolitisch gesehen, wird sie einerseits von der Arbeitsmarktpolitik und andererseits von der Sozialpolitik direkt beeinflusst. Die Arbeitsmarktpolitik, d.h. die Regulierung des Arbeitsmarktes, setzt Anreize dafür, wie stark das vorhandene Potenzial an Arbeitskräften tatsächlich ausgeschöpft wird. Die Frage ist hier: Welcher Anteil der potenziell beschäftigungsfähigen Bevölkerung geht mit welcher Wochenarbeitszeit einer bezahlten Arbeit nach, und wie lässt sich die Anzahl gearbeiteter Stunden vergrössern? Aber auch die Sozialpolitik setzt sehr häufig Anreize für oder gegen mehr Erwerbstätigkeit. Sind etwa die Abgaben für die Altersvorsorge sehr hoch oder sind die Leistungen der Arbeitslosenversicherung besonders grosszügig, so kann dies den Arbeitsanreiz reduzieren, was zu einem Rückgang der geleisteten Arbeitsstunden führt.

Arbeitsproduktivität ist die zweite Quelle des Wachstums. Sie wird durch die Wirtschaftspolitik vor allem in vier Bereichen direkt beeinflusst:

- Wettbewerbspolitik (mehr Wettbewerb schafft Anreize für Innovationen),
- Aussenwirtschaftspolitik (verstärkt die Arbeitsteilung durch grössere Offenheit),
- Finanzpolitik (tiefe und gut ausgestaltete Steuern sowie produktive Staatsausgaben),
- Bildungs- und Forschungspolitik (schafft Humankapital und technischen Fortschritt).

Wir werden die meisten dieser Politikbereiche und ihre Ausgestaltung in diesem Buch noch genauer besprechen und können deshalb hier auf eine vertiefte Diskussion verzichten.

Zusammenfassende Übersicht

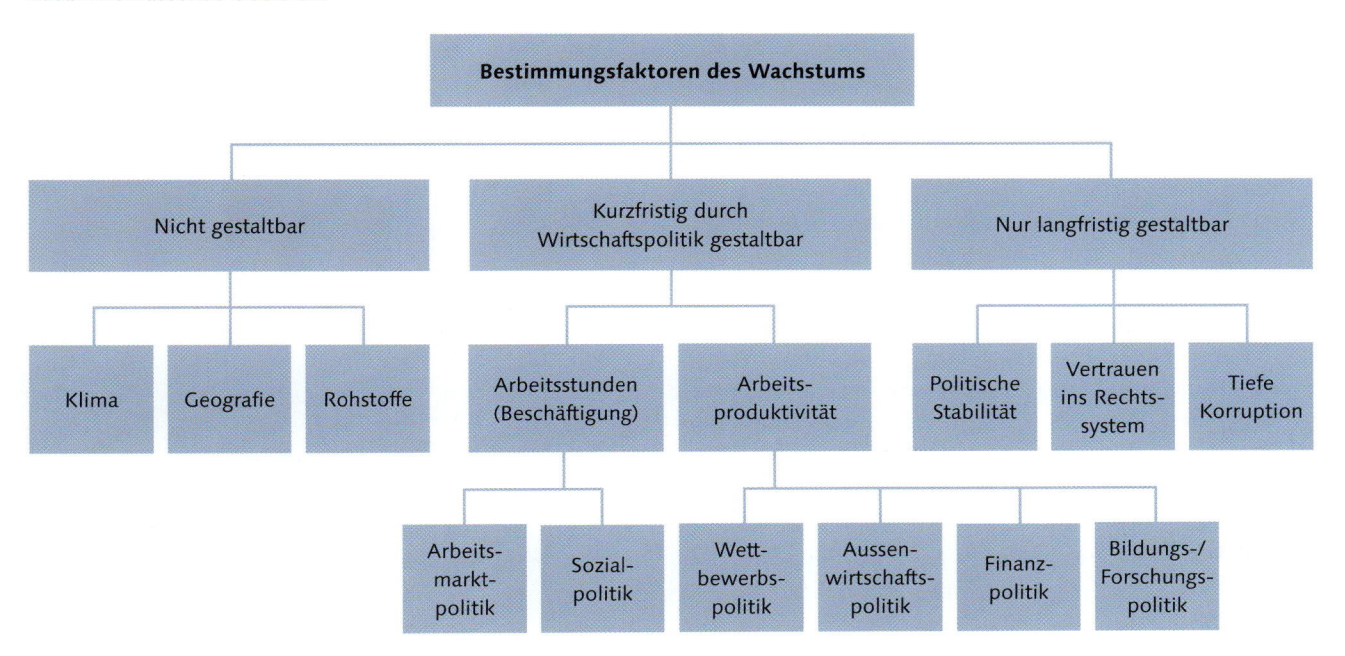

Die Wachstumschancen von Entwicklungsländern

Wie arme Entwicklungsländer einen höheren Lebensstandard erreichen können, gehört wirtschaftlich wie politisch zu den wichtigsten Fragestellungen. Dass unzählige Menschen tagtäglich ums nackte Überleben kämpfen, ist schwer zu akzeptieren, wenn wir es mit dem spektakulären Wohlstandsniveau der reichen Industrieländer vergleichen. Gleichzeitig gibt unser Reichtum aber auch zu Hoffnung Anlass, zeigt er doch, dass ein viel höherer Lebensstandard als in den Entwicklungsländern erreichbar ist. Aber gilt dies wirklich für alle Länder? Sind also die wichtigen Faktoren des Wachstumsprozesses durch die (Wirtschafts-)Politik beeinflussbar?

Die bisherigen Erfahrungen legen hier eine – für Ökonomen nicht untypische – «Ja, aber»-Antwort nahe. «Ja», weil der wirtschaftliche Erfolg von Ländern nicht von unveränderbaren Naturgegebenheiten abhängt; «aber», weil die entscheidenden Wachstumsfaktoren nicht einfach zu beeinflussen sind.

Zuerst zum positiven Teil der Antwort. Unverrückbare geografische Realitäten wie das Klima, eigene Rohstoffe oder die Nähe zu Handelspartnern sind nicht entscheidend für den wirtschaftlichen Erfolg eines Landes. So zeigen etwa Schweden und Singapur, dass man unter sehr verschiedenen klimatischen Bedingungen wohlhabend werden kann. Neuseeland ist ein Beispiel dafür, dass es auch ohne die Nähe zu Handelspartnern geht, und die Schweiz ist ein zwar rohstoffarmes aber reiches Land. Diese Hürden sind also zu überspringen.

Der nicht so positive Teil der Antwort ist, dass weniger die eher «technischen», vergleichsweise einfach zu ändernden Aspekte der Wirtschaftspolitik, als vielmehr politische und institutionelle Faktoren für ein Land über reich oder arm entscheiden. Und gerade diese Faktoren sind oft nur schwer zu verändern. Sehr arme Länder sind häufig charakterisiert durch grosse politische Instabilität, unzuverlässige Behörden oder kaum zu bändigende Korruption. Eigentums- und Vertragsrechte sind dann nicht gesichert, und der Staat erfüllt seine – in Kapitel 3 beschriebene – zentrale Aufgabe für das Funktionieren einer Marktwirtschaft nur unzureichend. Deshalb lohnt es sich in diesen Ländern wenig, längerfristig zu investieren: die Wirtschaftsbeziehungen bleiben informell, gehen also kaum über den persönlichen Bekanntenkreis hinaus. Damit lassen sich aber die grossen Vorteile einer arbeitsteiligen Wirtschaft nicht realisieren. Denn der Entwicklungsprozess kommt nur dann wirklich in Gang, wenn die Institutionen stabile Eigentumsverhältnisse schaffen. Andererseits waren die Entwicklungschancen ärmerer Länder noch nie so gross wie heute. Denn die in Kapitel 9 beschriebene Globalisierung hat es für sie wesentlich vereinfacht, produktive Technologien aus den reichen Ländern zu «importieren». Wir haben gesehen, dass technologisches Wissen die entscheidende Quelle des Wachstums darstellt, und eine bereits verfügbare Technologie kann zum grossen Teil auch von ärmeren Ländern eingesetzt werden. Neben der Sicherung der Eigentumsrechte verspricht deshalb eine zweite Politik bedeutende Wachstumsgewinne: die Öffnung der Wirtschaft nach aussen. Zahlreiche Schwellenländer haben dies bereits bewiesen; China und Indien sind hier nur die aktuellsten, angesichts ihrer Grösse spektakulärsten Fälle. Zusammengefasst lässt sich feststellen, dass ein Wachstum armer Länder möglich ist, dass dafür die Sicherung der Eigentumsrechte eine Grundvoraussetzung bildet und dass die Offenheit der Wirtschaft das Potenzial verstärken kann. Von dieser Erkenntnis zur konkreten Umsetzung ist es aber – die zahlreichen Beispiele deprimierend armer Länder, gerade in Afrika, zeigen es leider überdeutlich – ein weiter, politisch oft steiniger Weg.

CEO mit seinem Lohnauszug und einer Auflistung des BIP (= GDP) von Mali: «Im internationalen Vergleich ist mein Einkommen eigentlich gar nicht so gross.»

4 Wachstum und Konjunktur

4.5 Konjunktur: Die kurzfristigen Schwankungen

4.5.1 Was ist ein Konjunkturzyklus?

Im einfachen Makro-Schema von **Abbildung 4.5** (S. 106) haben wir gesehen, dass die tatsächliche Entwicklung des BIP Schwankungen um das Trendwachstum herum unterworfen ist. Diese Schwankungen bezeichnet man als Konjunktur. Ihr Ablauf folgt gewissen *Zyklen*, die allerdings sehr unregelmässig sein können. Ein solcher Zyklus ist in **Abbildung 4.10** modellhaft dargestellt.

→ **Konjunkturzyklus**
Schwankungen der gesamtwirtschaftlichen Aktivität, gekennzeichnet durch das Aufeinanderfolgen einer Auf- und einer Abschwungsphase.

→ **Depression**
Eine besonders schwere und lang anhaltende Rezessionsphase.

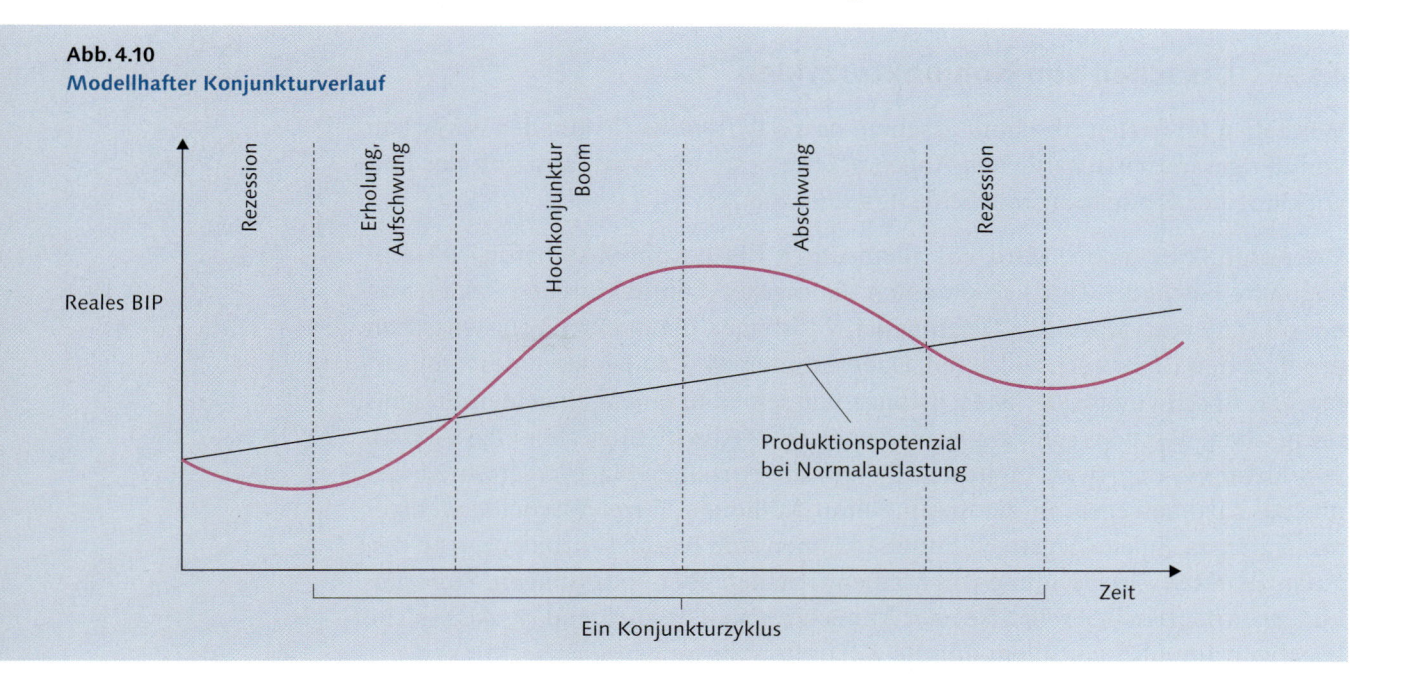

Wir beginnen hier mit einer Situation der Unterauslastung, das heisst, die Wirtschaft befindet sich in einer Rezession. Ist die Unterauslastung besonders stark und anhaltend, so spricht man übrigens von einer *Depression*. Bis zum unteren Wendepunkt ist das Wirtschaftswachstum sehr tief, eventuell sogar negativ, und die Produktion entfernt sich zunehmend vom Produktionspotenzial. Unter anderem äussert sich dies in hoher Arbeitslosigkeit. Ist der tiefste Punkt durchschritten, beginnt die Wirtschaft wieder zu wachsen. Setzt sich der Aufschwung fort, schneiden sich zu einem bestimmten Zeitpunkt die beiden Kurven und die Wirtschaft produziert danach mehr als bei Normalauslastung. Sie befindet sich in einer Hochkonjunktur, auch Boom genannt. Irgendwann aber stösst dieser an physische Grenzen, denn die Kapazitäten sind überausgelastet. Das Wachstum verlangsamt sich wieder, es folgt ein Abschwung. Hält dieser eine gewisse Zeit an, so gerät die Wirtschaft wieder in Unterauslastung. Damit beginnt erneut eine Rezession, und der nächste Zyklus setzt ein. Natürlich verlaufen diese Bewegungen nie so regelmässig wie in dieser Grafik, die einzelnen Phasen lassen sich aber meist deutlich unterscheiden.

Ein Beispiel ist die jüngste Entwicklung der Schweizer Wirtschaft in **Abbildung 4.11**. Im Jahre 2000 war die Schweiz in einer Hochkonjunktur, dann folgte der Abschwung der Jahre 2001/2002, und anfangs 2003 befand man sich in einer spürbaren Rezession. Anschliessend begannen sich die Wachstumsraten wieder

Abb. 4.10
Modellhafter Konjunkturverlauf

Konjunktur: Die kurzfristigen Schwankungen

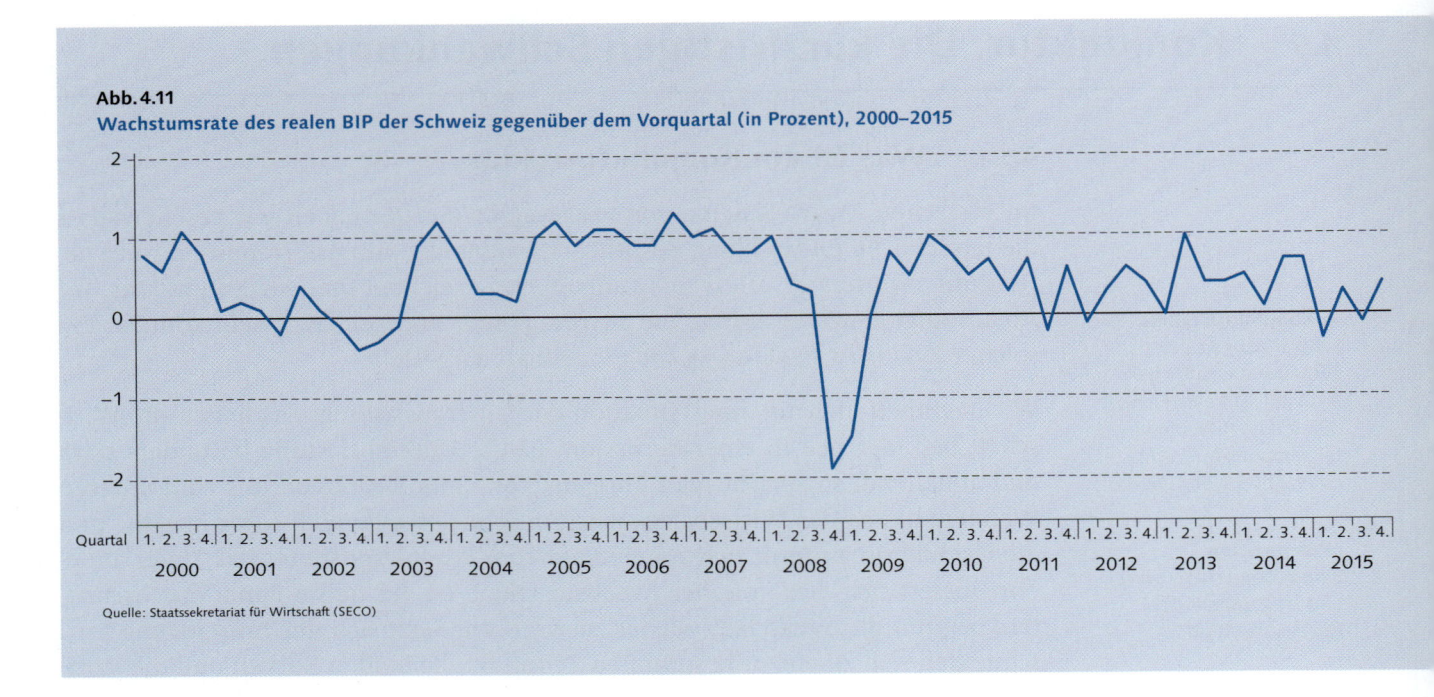

Abb. 4.11
Wachstumsrate des realen BIP der Schweiz gegenüber dem Vorquartal (in Prozent), 2000–2015

Quelle: Staatssekretariat für Wirtschaft (SECO)

zu verbessern und der Aufschwung setzte sich 2005 fort. In den Jahren 2006 und 2007 wiederum waren in der Schweizer Wirtschaft deutliche Anzeichen eines Booms auszumachen, während Ende des Jahres 2008 als Folge der Finanz- und Wirtschaftskrise eine tiefe Rezession einsetzte. Im Vergleich zu anderen Ländern erholte sich die Schweiz ziemlich rasch von diesem *Schock*.

→ **Schock**
Eine bedeutende, plötzliche und unerwartete Änderung einer wirtschaftlichen Kenngrösse.

In **Abbildung 4.11** sollte man übrigens beachten, dass es sich hier um Wachstumsraten pro Quartal handelt und nicht pro Jahr. Dies ist die Art und Weise, wie in den meisten europäischen Ländern, inklusive der Schweiz, die aktuellen BIP-Zahlen jeweils veröffentlicht werden. Will man diese Zahl in ein Jahreswachstum umrechnen, so kann man sie grob gesprochen einfach mit vier multiplizieren (da ein Jahr vier Quartale aufweist).

4.5.2 Ursachen von Konjunkturzyklen

Wir haben im letzten Abschnitt gesehen, dass das Trendwachstum der Wirtschaft von der gesamtwirtschaftlichen Angebotsseite bestimmt wird, also von der Entwicklung der Produktionsmöglichkeiten über die Zeit.

Die Konjunktur jedoch wird vor allem durch die gesamtwirtschaftliche Nachfrageseite bestimmt. Letztlich stammen die meisten konjunkturellen Zyklen von der oft stark schwankenden Neigung der Nachfrager, die in einer Volkswirtschaft produzierten Güter auch zu kaufen. Dabei können wir den Beginn eines konjunkturellen Abschwungs oder Aufschwungs nur selten an einem einzelnen Ereignis festmachen. Meistens steht am Anfang etwa eines Abschwungs eher eine Vielzahl von kleineren negativen Impulsen, die auf die einzelnen Nachfrager einwirken und sie dazu bewegen, in der Summe ihrer Millionen Einzelentscheide weniger nachzufragen. Solche negativen Impulse können zum Beispiel Turbulenzen an den Finanzmärkten, eine Häufung von Medienberichten über Entlassungen, Zinserhöhungen, kriegerische Ereignisse oder Ähnliches sein. Entscheidend ist, dass solche negativen Impulse vor allem auf die Zukunftserwartungen der Nachfrager ein-

Wachstum und Konjunktur

wirken. Massgebend für den Beginn eines Nachfragerückgangs ist nämlich meist weniger die aktuelle wirtschaftliche Situation als vielmehr die Erwartung über deren künftige Entwicklung.

Grundsätzlich können dabei am Anfang eines Abschwungs alle vier Nachfragekomponenten, also der Konsum, die Investitionen, die Staatsausgaben oder die Nettonachfrage des Auslands einen Rückgang erleben. Typisch sind aber vor allem Schwankungen in den Investitionen – der instabilsten Komponente der gesamtwirtschaftlichen Nachfrage. Investitionen reagieren besonders empfindlich auf rasch ändernde Zukunftserwartungen. Auch die Konsumnachfrage nach langlebigen Gütern, wie etwa Autos oder Möbel, die ja auch einen gewissen Investitionscharakter hat, folgt oft solchen Zyklen und verstärkt damit die Schwankungen.

Ein Konjunkturzyklus zeichnet sich dadurch aus, dass ein einmal eingeleiteter Abschwung oder Aufschwung meist über mehrere Perioden anhält. Grund dafür ist, dass hier selbstverstärkende Prozesse wirken. Sinkt etwa die gesamtwirtschaftliche Nachfrage in einer Periode, dann bleiben die Unternehmen auf einem Teil der produzierten Ware sitzen und ihre Lager wachsen an. Sie werden daher in der folgenden Periode ihre Produktion drosseln, da sich die Absatzaussichten verschlechtert haben und sie zuerst die Lager aus der Vorperiode leeren möchten. Ausbauprojekte werden deshalb erst einmal auf Eis gelegt, die Investitionen gehen zurück. Durch den Rückgang der Produktion werden die Kapazitäten nicht mehr vollständig ausgelastet, und es müssen im schlimmsten Fall Stellen abgebaut werden. Die Arbeitslosigkeit nimmt zu, und gleichzeitig wächst bei den Arbeitnehmenden auch die Angst vor dem Stellenverlust, was sich insgesamt negativ auf die private Konsumnachfrage auswirkt. Dies wiederum reduziert die gesamtwirtschaftliche Nachfrage weiter und die Wirtschaft gerät aufgrund dieser selbstverstärkenden Mechanismen immer tiefer in eine Rezession.

Es bleibt die Frage, weshalb der Nachfragerückgang nicht sofort zu sinkenden Güterpreisen und Löhnen führt, die den Mengenrückgang (weniger Produktion, weniger Arbeitsstellen) aufhalten und den Abschwung bremsen würden. Die Ursache für die oft starken Schwankungen der produzierten Mengen ist, dass die meisten Preise – und hier vor allem die Löhne (= der Preis für Arbeit) – nicht sehr rasch auf Veränderungen reagieren. Denn Lohnanpassungen müssen erst ausgehandelt werden. Der Nachfragerückgang auf dem Arbeitsmarkt führt also zuerst einmal nicht zu einer Lohnsenkung, sondern zu einem Rückgang der produzierten Mengen, da die Löhne im Vergleich zu den sinkenden Güterpreisen zu hoch bleiben und sich deshalb für die Unternehmen die Gewinne reduzieren. Mit der Zeit aber werden auch die Löhne auf die sinkende Nachfrage reagieren und nach und nach sinken. Damit reduzieren sich die Kosten für die Unternehmen wieder. Sie werden beginnen, ihre Produktion allmählich wieder auszudehnen. Auch die Nachfrage wird dadurch neu stimuliert, und die Wirtschaft beginnt wieder zu wachsen. Damit ist der Tiefpunkt des Konjunkturzyklus durchschritten und ein neuer Aufschwung beginnt.

Neben den Zukunftserwartungen spielen auch, wie wir unten sehen werden, die *Geldpolitik* der *Zentralbank* und die *Fiskalpolitik* des Staates eine wichtige Rolle für den Konjunkturverlauf. Plötzliche Änderungen können hier ebenfalls Konjunkturschwankungen auslösen oder verstärken. Ein deutlicher Rückgang der Staatsausgaben kann ebenso einen konjunkturellen Abschwung bewirken wie eine restriktive Geldpolitik, welche die Zinsen nach oben treibt und damit die

→ **Geldpolitik**
Steuerung des Geldangebots durch die Zentralbank. Bei einer expansiven Geldpolitik wird die Geldmenge erhöht, bei einer restriktiven reduziert.

→ **Zentralbank**
Institution, die im Gesamtinteresse des Landes für die Geldpolitik verantwortlich ist.

→ **Fiskalpolitik**
Beeinflussung der Konjunktur durch die Gestaltung der Staatseinnahmen und -ausgaben.

Investitionen verteuert. Dieser Zusammenhang zwischen Geldpolitik und Zinsen wird in Kapitel 6 noch genauer erläutert.

Schliesslich können auch Schocks in der Produktion – also auf der gesamtwirtschaftlichen Angebotsseite – konjunkturelle Schwankungen auslösen. Das wichtigste Beispiel dafür waren die Erdölkrisen in den 70er- und 80er-Jahren des letzten Jahrhunderts. Der starke Anstieg des Preises eines wichtigen Rohstoffs für die Produktion löste damals in vielen Ländern eine starke Rezession aus. Auch in diesem Fall aber wurden die so ausgelösten Schwankungen durch Reaktionen auf der Nachfrageseite deutlich verstärkt. Die im Gefolge der Preiserhöhungen und der entsprechenden geldpolitischen Reaktion stark steigenden Zinsen lösten Einbrüche in der Investitionsnachfrage und zum Teil im Konsum aus. Wieder zeigte sich, dass die Konjunktur in erster Linie durch Schwankungen der gesamtwirtschaftlichen Nachfrage getrieben wird.

Es gilt also, vereinfacht ausgedrückt: Das Trendwachstum kommt von der gesamtwirtschaftlichen Angebotsseite und die konjunkturellen Schwankungen um diesen Trend herum von der gesamtwirtschaftlichen Nachfrageseite.

4.5.3 Konjunkturbeobachtung und Konjunkturprognose

Kaum ein anderes volkswirtschaftliches Thema nimmt in den Medien einen so breiten Raum ein wie die Konjunkturlage. Dabei interessieren einerseits die momentane Situation (Konjunkturbeobachtung) und andererseits die Aussichten für die weitere Wirtschaftsentwicklung (Konjunkturprognose). Da die Konjunktur ja vor allem von der Nachfrageseite bestimmt wird, muss sich jede Diskussion der konjunkturellen Lage mit der Entwicklung der wichtigsten Nachfragekomponenten – Konsum, Investitionen, Staatsausgaben und Nettoexporte – befassen.

Ziel der *Konjunkturbeobachtung* ist es, die aktuelle Konjunkturlage zu beschreiben. Das scheint einfach, ist aber tatsächlich mit etlichen Schwierigkeiten verbunden. Der häufig gehörte Vergleich von Wetterprognose und Konjunkturprognose ist hier etwas irreführend: schon die Beurteilung der augenblicklichen Konjunkturlage ist alles andere als einfach. Um zu wissen, wie das Wetter ist, genügt ein Blick aus dem Fenster. Die derzeitige Wirtschaftslage werden wir hingegen erst in relativ ferner Zukunft genau kennen, dann nämlich, wenn alle notwendigen Daten erhoben und analysiert sind. Jede aktuelle Konjunkturbeobachtung beruht daher auf mehr oder weniger provisorischen Zahlen. Dabei muss man offizielle Daten von inoffiziellen Beurteilungen unterscheiden. Offiziell wird rund zwei Monate nach Ablauf eines Quartals eine erste Schätzung der Höhe des BIP in diesem Quartal publiziert. Verwendet wird dabei eine international standardisierte Methode zur Schätzung des BIP auf der Basis frühzeitig vorhandener *Indikatoren*. Indikatoren sind Grössen, die man leicht beobachten kann und die erfahrungsgemäss mit dem nicht direkt beobachtbaren BIP zusammenhängen (z. B. die Industrieproduktion). Für das ganze Jahr wird dann im Folgejahr eine provisorische Berechnung auf viel breiterer Datenbasis erstellt. Nach Vorliegen aller Informationen wird sie später zum offiziellen BIP für das entsprechende Jahr erklärt. Parallel dazu analysieren private Konjunkturbeobachter und -beobachterinnen laufend die vorhandenen Indikatoren und zeichnen ein Bild der Konjunkturlage. Diese Beurteilungen sind zwar weder offiziell noch international abgestimmt, müssen aber deshalb nicht weniger interessant oder zutreffend sein.

→ **Konjunkturbeobachtung**
Ermittlung der aktuellen konjunkturellen Situation mittels Interpretation geeigneter Indikatoren.

→ **Indikator**
Eine beobachtbare Grösse, die Aufschlüsse über eine nicht beobachtbare Grösse oder einen nur schwer messbaren Zustand gibt.

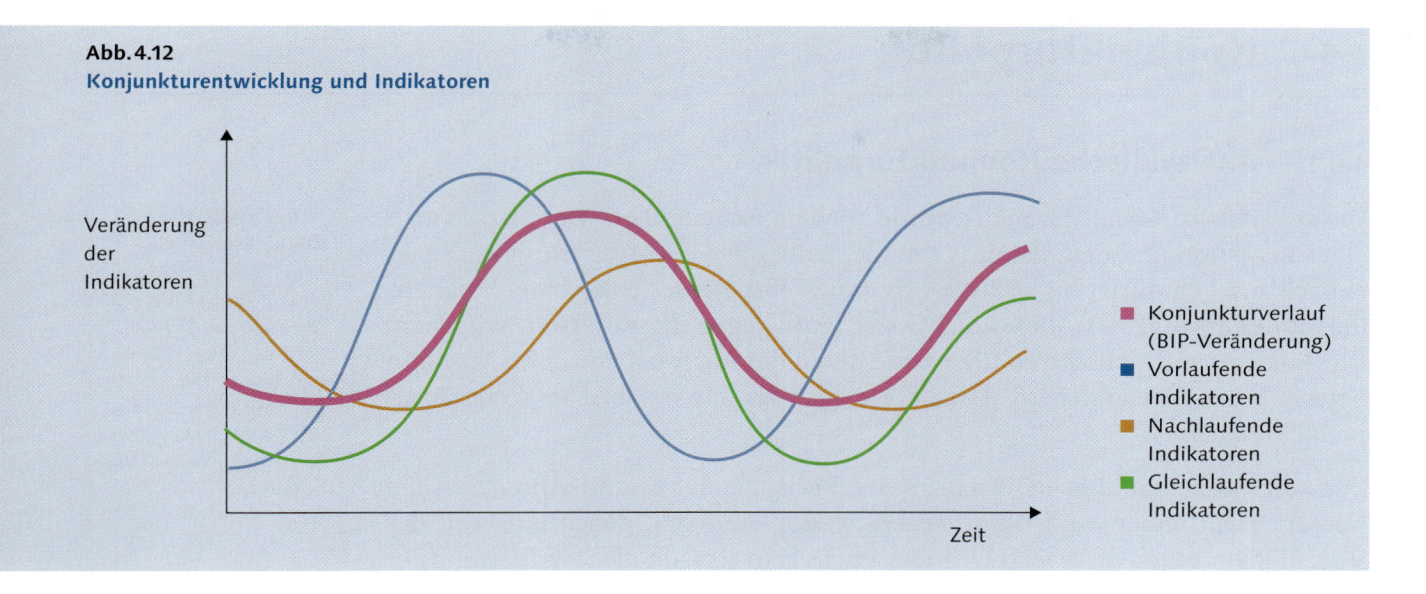

Wachstum und Konjunktur 4

Abb. 4.12
Konjunkturentwicklung und Indikatoren

Veränderung der Indikatoren

Zeit

- Konjunkturverlauf (BIP-Veränderung)
- Vorlaufende Indikatoren
- Nachlaufende Indikatoren
- Gleichlaufende Indikatoren

→ **Konjunkturprognose**
Vorhersage der zukünftigen konjunkturellen Entwicklung mithilfe von Prognosemodellen.

Die *Konjunkturprognose* wiederum versucht, die Entwicklung des BIP und seiner Komponenten für die Zukunft vorherzusagen, in der Regel für das laufende und das kommende Jahr. Sie beruht entweder auf statistischen Modellen oder auf Expertenbeurteilungen, häufig auch auf einer Kombination von beidem. Prognosen werden sowohl von staatlichen als auch von privaten Institutionen gemacht. Da zukünftige Staatseinnahmen und -ausgaben massgeblich von der Wirtschaftsentwicklung abhängen, benötigt der Staat Konjunkturprognosen für die Erstellung seines Budgets. Ebenso ist die Geldpolitik für ihre Entscheidungen auf Prognosen zur zukünftigen Entwicklung der gesamten Wirtschaft angewiesen. Aber auch für private Unternehmen ist der künftige Wirtschaftsgang, gerade für Investitionsentscheide, oft von massgeblicher Bedeutung. All dies führt zu einer starken Nachfrage nach Konjunkturprognosen. Sowohl die Beobachtung als auch die Prognose der Konjunktur können dabei aber nicht auf einer exakten Messung beruhen, dafür ist eine Volkswirtschaft viel zu komplex. Will man trotzdem Aussagen machen, muss man entsprechende Indikatoren verwenden, die mit der Entwicklung des BIP zusammenhängen. Man unterscheidet drei Arten von Konjunkturindikatoren: vorlaufende, gleichlaufende und nachlaufende. **Abbildung 4.12** illustriert dies.

Vorlaufende Indikatoren beginnen schon einige Zeit vor einem Aufschwung zu steigen. So sind beispielsweise die Auftragseingänge in der Industrie eine statistisch erfassbare Grösse, die einen Hinweis auf die zukünftige Entwicklung der Produktion und damit des BIP geben kann. Derartige Grössen sind besonders hilfreich für die Prognose der Wirtschaftsentwicklung. Gleichlaufende Indikatoren wie etwa die Industrieproduktion oder nachlaufende Indikatoren wie die Arbeitslosigkeit oder die Preise sind vor allem für die Konjunkturbeobachtung von Interesse. Sie sind früher messbar als das BIP selbst und geben unter Umständen Hinweise auf die momentane Wirtschaftslage.

Die Konjunkturbeobachtung in Form der Quartalsschätzung des BIP wie auch die Konjunkturprognose beruhen auf Indikatoren, die sich in der Vergangenheit bewährt haben. Dennoch lassen sich damit immer nur Näherungswerte ermitteln, da nur ein kleiner Teil der Bestimmungsfaktoren des BIP wirklich gemessen werden kann. Man muss deshalb grundsätzlich immer mit mehr oder weniger starken Korrekturen der ermittelten Grössen während der Folgeperioden rechnen.

4.6 Konjunkturpolitik

4.6.1 Antizyklische Konjunkturpolitik

Die *antizyklische Konjunkturpolitik* wurde mit dem Argument entwickelt, dass man einer Rezession und dem damit verbundenen Anstieg der Arbeitslosigkeit nicht einfach zusehen dürfe, bis sich die Lage von selbst wieder entspanne. Vielmehr müsse der Staat gemäss dieser Sichtweise aktiv gegen die Rezession vorgehen. Diese aktive, antizyklische Politik wurde durch die Analysen von John Maynard Keynes begründet und wird deshalb oft auch als keynesianische Konjunkturpolitik bezeichnet.

Das Konzept besagt, dass der Staat auf den Rückgang der gesamtwirtschaftlichen Nachfrage mit einer *Nachfragestimulierung* reagieren soll; gleichzeitig soll der Staat in Boomzeiten die Nachfrage bremsen. Es geht also um die Stabilisierung der Konjunkturschwankungen. Doch wie kann der Staat in der Realität die gesamtwirtschaftliche Nachfrage beeinflussen? Handlungsmöglichkeiten dafür ergeben sich in zwei wirtschaftspolitischen Gebieten, nämlich in der Fiskalpolitik und in der Geldpolitik.

Wie wirken Fiskal- und Geldpolitik auf die vier Komponenten der gesamtwirtschaftlichen Nachfrage, also auf Konsum, Investitionen, Staatsausgaben und Nettoexporte? Die Fiskalpolitik kann in erster Linie die beiden Komponenten Konsum und Staatsausgaben beeinflussen. Die Geldpolitik ihrerseits wirkt vor allem auf die anderen beiden Komponenten, also auf die Investitionen und Nettoexporte. Wir wollen die Mechanismen kurz kennenlernen.

Fiskalpolitik und Konjunktur

Beginnen wir mit der Fiskalpolitik, dem Umgang mit den Staatseinnahmen und -ausgaben. Die einfachste und direkteste Methode, die Nachfrage zu stimulieren, ist eine Erhöhung der Staatsausgaben, also der Nachfrage des Staates. Dabei vergibt der Staat in einer Rezession zusätzliche Aufträge oder kauft Güter. Neben dem direkten Effekt auf die Staatsausgaben folgt kurzfristig ein indirekter zweiter Effekt. Die ausgegebenen Gelder landen unter anderem als Löhne bei den Arbeitnehmerinnen und Arbeitnehmern, die sie zum Teil wieder für den Konsum ausgeben und damit die Nachfrage zusätzlich stimulieren. Dies war die Hauptempfehlung der ursprünglichen keynesianischen Analyse. Sie hielt fest, dass es für den angestrebten Effekt auf die Nachfrage gleichgültig sei, wofür der Staat das Geld ausgebe. Er könne sogar Arbeiter anstellen, die Löcher in den Boden graben, um sie anschliessend wieder zuzuschaufeln. Wichtig dabei sei nur,

→ **Antizyklische Konjunkturpolitik**
Beeinflussung der Konjunktur durch eine expansive Geld- und Fiskalpolitik in einer Rezession und eine restriktive während eines Booms. Wird auch als keynesianische Konjunkturpolitik bezeichnet.

→ **Nachfragestimulierung**
Positive Beeinflussung der gesamtwirtschaftlichen Nachfrage mittels wirtschaftspolitischer Massnahmen.

«Sind Sie sicher, dass dies die Wirtschaft stimulieren wird?»

Wachstum und Konjunktur 4

Die Bautätigkeit schafft nicht nur neue Infrastruktur, sondern stimuliert auch die gesamtwirtschaftliche Nachfrage.

dass die Arbeiter dafür einen Lohn erhielten, den sie dann zumindest teilweise wieder ausgeben können. Für das langfristige Wachstum ist es allerdings alles andere als unbedeutend, wofür der Staat das Geld ausgibt.

Die zweite Handlungsmöglichkeit der Fiskalpolitik ist die Stimulierung der Konsumnachfrage. Sie wirkt etwas indirekter, da der Staat ja seinen Bürgerinnen und Bürgern nicht einfach befehlen kann, mehr zu konsumieren. Konsum hängt von einer ganzen Reihe von Faktoren ab, mit Sicherheit aber gehört das *verfügbare Einkommen* dabei zu den wichtigsten. Wie viel Geld ein Haushalt verdient, wird zu einem guten Teil seinen Konsum bestimmen. Dieses verfügbare Einkommen ist definiert als das Einkommen abzüglich der Steuern. Senkt also der Staat in einer Rezession die Steuern, so steigt das verfügbare Einkommen der Verbraucher. Entsprechend erhöht sich ihr Konsum und damit die gesamtwirtschaftliche Nachfrage. Bei dieser zweiten Variante wirkt die Konjunkturpolitik also nicht über die Staatsausgaben, sondern über die Staatseinnahmen. Der Staat reduziert sie, wodurch mehr Einkommen bei der Bevölkerung verbleibt, welches zumindest teilweise für den Konsum verwendet wird.

Erhöhung der Staatsausgaben und Senkung der Staatseinnahmen sind also die beiden fiskalpolitischen Ansatzpunkte zur Bekämpfung der konjunkturellen Arbeitslosigkeit. Klar ist – und das wird uns in Kapitel 8 noch beschäftigen –, dass eine solche antizyklische Fiskalpolitik in der Rezession zu staatlichen *Budgetdefiziten* führt, die über die Staatsverschuldung finanziert werden müssen.

→ **Verfügbares Einkommen**
Einkommen eines Haushalts abzüglich Steuern und Sozialabgaben, zuzüglich staatliche Transfers und Renten.

→ **Budgetdefizit**
Die Ausgaben eines öffentlichen Haushalts übersteigen innerhalb einer Budgetperiode dessen Einnahmen.

Übersicht: Expansive Fiskalpolitik

1. Staatsausgaben

Staatsausgaben ↑ ⟶ BIP (kurzfristig) ↑

2. Konsum

Steuern ↓ ⟶ Haushaltseinkommen ↑ ⟶ Konsum ↑ ⟶ BIP (kurzfristig) ↑

John Maynard Keynes

Der einzige Ökonom, dessen Einfluss auf die Wirtschaftswissenschaften wohl mit demjenigen von Adam Smith vergleichbar ist, war John Maynard Keynes. Er prägte die Wirtschaftspolitik des 20. Jahrhunderts wie kaum ein anderer. Die Makroökonomie als eigenständiger Zweig der Ökonomie geht auf sein Hauptwerk zurück.

Keynes wurde 1883 in England geboren. Er studierte in Cambridge Mathematik und wurde an der gleichen Universität 1908 Dozent für Ökonomie. Im Jahre 1915 trat er ins englische Finanzministerium ein und war dann 1919 Vertreter des britischen Schatzkanzlers an den Versailler Friedensverhandlungen nach dem Ersten Weltkrieg. Aus Protest gegen die seiner Ansicht nach zu harte Behandlung der Kriegsverlierer trat er jedoch von dieser Position zurück und verfasste das Buch «The Economic Consequences of the Peace», das ihm in kürzester Zeit Weltruhm verschaffte. Darin kritisierte er die Deutschland auferlegten Reparationszahlungen vehement und prophezeite, dass diese die ökonomische Saat für weitere Konflikte legen würden. Angesichts der Weltwirtschaftskrise nach dem Börsencrash von 1929 publizierte er 1936 sein Hauptwerk «The General Theory of Employment, Interest and Money». Darin schuf er die Grundlage für die heute als «keynesianisch» bezeichnete makroökonomische Politik. Seine zentrale Aussage war, dass in der kurzen Frist die Nachfrage bestimmt, wie viel produziert wird, wie hoch also das Wachstum und damit die Beschäftigung ausfällt. Die Weltwirtschaftskrise wurde gemäss dieser Analyse durch einen starken Einbruch der gesamtwirtschaftlichen Nachfrage ausgelöst. Den politischen Entscheidungsträgern wurde daher empfohlen, vor allem durch eine Expansion der Staatsausgaben die fehlende Nachfrage zu kompensieren. Die Ereignisse vor dem Zweiten Weltkrieg bestätigten zu einem gewissen Grad diese Theorie, führten doch die forcierten Rüstungsausgaben zu einer deutlichen Verbesserung der Beschäftigungssituation in zahlreichen Ländern. Allerdings war damit eine massiv steigende Staatsverschuldung verbunden – später ein entscheidender Kritikpunkt an der keynesianischen Wirtschaftspolitik.

Gegen Ende des Zweiten Weltkriegs war Keynes englischer Verhandlungsführer an der Konferenz von Bretton Woods, welche die weltwirtschaftliche Nachkriegsordnung begründete. Unter anderem resultierte daraus die Gründung des Internationalen Währungsfonds und der Weltbank.

Keynes war ein vielseitig begabter Mensch, der zu den bekanntesten Intellektuellen seiner Zeit gehörte. So war er auch ein erfolgreicher Börsenspekulant, der damit das Vermögen seiner Universität mehrte, er publizierte zur mathematischen Wahrscheinlichkeitstheorie, und er war Mitglied der legendären Bloomsbury Group, der bekannte Künstler und Intellektuelle angehörten.

Geldpolitik und Konjunktur

Die zweite Möglichkeit der Nachfragesteuerung durch die Behörden liegt im Einsatz der Geldpolitik. Sie wirkt vor allem auf die beiden anderen Komponenten der gesamtwirtschaftlichen Nachfrage, nämlich auf die Investitionsnachfrage einerseits und auf die Nettoexporte andererseits. Die Geldpolitik wird in Kapitel 6 ausführlich behandelt; hier betrachten wir nur die konjunkturellen Effekte einer Geldmengenausweitung, die auch ohne tiefere Analyse der Geldpolitik verständlich sind.

Wie wirkt eine expansive Geldpolitik, also die Ausdehnung der *Geldmenge*, auf die Investitionsnachfrage? Diese hängt von verschiedenen Faktoren ab, wobei die Kosten der Finanzierung wohl die wichtigste Rolle spielen. Diese Kosten wiederum werden unter anderem vom Zinssatz bestimmt. Stellt der Staat mit einer expansiven Geldpolitik mehr Geld zur Verfügung, reduziert er den Preis für dieses Geld und damit den Zinssatz, und dies vermindert die Investitionskosten. Die sinkenden Zinsen stimulieren daher die Nachfrage nach Investitionsgütern.

→ **Geldmenge**
Menge an Mitteln, die für Zahlungen verwendet werden können.

Wachstum und Konjunktur

Eine expansive Geldpolitik hat aber auch Auswirkungen auf die vierte Komponente der gesamtwirtschaftlichen Nachfrage: die Nettoexporte, also die Netto-Nachfrage des Auslands. Durch eine Expansion der Geldmenge erhöht sich im Verhältnis zum ausländischen Geld die Menge an inländischem Geld. Weitet beispielsweise die Schweiz die Geldmenge aus, während diese im Euroraum konstant bleibt, gibt es im Verhältnis zum Euro nun mehr Schweizer Franken. Damit wird der Euro knapper und der Schweizer Franken verliert gegenüber dem Euro an Wert.

→ **Abwertung**
Verringerung des Werts einer Währung gegenüber einer anderen Währung, sodass pro Einheit der Währung weniger Einheiten der anderen Währung gekauft werden können.

Die expansive Geldpolitik führt also zu einer *Abwertung* des Schweizer Frankens. Diese Abwertung wiederum stimuliert die Exporte, weil es für Ausländerinnen und Ausländer billiger wird, Schweizer Waren zu kaufen. Sie erhalten ja für jeden Euro mehr Schweizer Franken. Gleichzeitig werden aber die Importe in die Schweiz reduziert, weil die Schweizerinnen und Schweizer für ihre Franken weniger Euro erhalten und sich deshalb weniger Importe leisten können. Die Abwertung der Währung – durch die expansive Geldpolitik ausgelöst – stimuliert die Exporte und dämpft gleichzeitig die Importe. Das aber bedeutet eine grössere Nachfrage des Auslands nach Schweizer Gütern und gleichzeitig einen kleineren Kaufkraftabfluss über Importe. Beides erhöht die Nettoexporte und stimuliert damit die – für die Binnenkonjunktur relevante – gesamtwirtschaftliche Nachfrage nach in der Schweiz produzierten Gütern.

INTERNET-VERTIEFUNG
hep-verlag.ch/vwl-plus
Der keynesianische Multiplikator

Zusammenfassend besteht aktive Konjunktursteuerung also darin, mit einer expansiven Geld- oder Fiskalpolitik die gesamtwirtschaftliche Nachfrage zu stimulieren, um so die durch den Konjunkturrückgang ausgelöste erhöhte Arbeitslosigkeit zu reduzieren.

Übersicht: Expansive Geldpolitik

1. **Investitionen**

    Geldmenge ↑ ⟶ Zinsen ↓ ⟶ Investitionen ↑ ⟶ BIP (kurzfristig) ↑

2. **Nettoexporte**

    Geldmenge ↑ ⟶ Abwertung Währung ⟶ Exporte ↑ ⟶ BIP (kurzfristig) ↑

    Geldmenge ↑ ⟶ Abwertung Währung ⟶ Importe ↓ ⟶ BIP (kurzfristig) ↑

4.6.2 Probleme der antizyklischen Konjunkturpolitik

Die Idee der aktiven Konjunktursteuerung – die keynesianische Konjunkturpolitik – war lange Zeit sehr einflussreich. Sie bestimmte die makroökonomische Politik der Nachkriegszeit, weckte sie doch die Erwartung, dass sich Konjunkturzyklen durch geschickte Handhabung der Geld- und Fiskalpolitik weitgehend vermeiden liessen. Die Erfahrung hat dann aber gezeigt, dass dieses einfache Konzept in der Realität doch einige grössere Probleme aufweist. Inzwischen hat sich die Begeisterung dafür verflüchtigt, und zwar so weit, dass von einer aktiven Konjunkturpolitik oft vollständig abgeraten wird.

Welches sind nun die wichtigsten Schwierigkeiten, die bei der aktiven Bekämpfung der konjunkturellen Arbeitslosigkeit auftreten können? Vor allem sind dies die zwei folgenden grundsätzlichen Probleme:

- die Wirkungsverzögerungen,
- die problematischen politischen Anreize.

Beginnen wir mit dem Problem der *Wirkungsverzögerungen der Konjunkturpolitik.* In der Theorie sieht die Rezessionsbekämpfung einfach aus: Bei einem *negativen Nachfrageschock* kann die Wirtschaftspolitik mit einer expansiven Geld- oder Fiskalpolitik die rückläufige gesamtwirtschaftliche Nachfrage wieder ankurbeln und so das Problem lösen. In der Realität jedoch lässt sich diese simple makroökonomische Handlungsanweisung nicht so rasch und effizient umsetzen.

→ **Wirkungsverzögerungen der Konjunkturpolitik**
Zeit, die vom Auftreten eines konjunkturellen Problems bis zur Wirkung der wirtschaftspolitischen Gegenmassnahmen verstreicht.

→ **Negativer Nachfrageschock**
Unerwarteter Rückgang der gesamtwirtschaftlichen Nachfrage.

Vergeht nämlich vom Zeitpunkt des negativen Nachfrageschocks bis zur Wirkung der gewählten Massnahmen ein längerer Zeitraum, dann bekämpft die Wirtschaftspolitik unter Umständen eine Rezession, während der Aufschwung bereits wieder voll eingesetzt hat. Dann aber können sich die Massnahmen kontraproduktiv auswirken. Die Grundidee der keynesianischen Feinsteuerung – expansive Politik in einer Rezession, restriktive Politik in einer Überhitzung – kann also bei grösseren Verzögerungen nicht funktionieren.

Was kann nun zu derartigen Verzögerungen führen? Drei Formen lassen sich hier unterscheiden:

- Verzögerung in der Erkenntnis, bis man überhaupt realisiert hat, dass die Wirtschaft in eine Rezession geraten ist,
- Verzögerung in der Umsetzung, bis die entsprechenden fiskal- oder geldpolitischen Massnahmen durch die Politik beschlossen sind,
- Verzögerung in der Wirkung, bis die ergriffenen Massnahmen tatsächlich auf die gesamtwirtschaftliche Nachfrage durchgeschlagen haben.

Insgesamt darf man davon ausgehen, dass diese Verzögerungen sich gut und gerne auf bis zu zwei Jahre summieren können.

Ein zweites Problem der keynesianischen Konjunktursteuerung hat sich als mindestens ebenso gross erwiesen: die Schwierigkeit, ein solches ökonomisches Konzept in einer Welt mit rational eigennützigen Politikerinnen und Politikern konsequent umzusetzen.

Denn zum einen ist eine antizyklische Politik in einer Rezession wesentlich attraktiver als in einem Boom. In der Rezession geht es darum, mit staatlichen Massnahmen die Nachfrage zu steigern, was jeder Politiker liebend gern tun wird.

Wachstum und Konjunktur

Nachfrage- versus Angebotsökonomie

In der konjunkturpolitischen Diskussion war lange Zeit von der Unterscheidung in nachfrageorientierte und angebotsorientierte Politik die Rede. Dabei konnte oft der Eindruck entstehen, eine Rezession liesse sich ebenso gut über die Angebots- wie die Nachfrageseite bekämpfen. Das wäre aber eine Fehlinterpretation. Will man einen Konjunktureinbruch aktiv bekämpfen, so muss man dies über die Nachfrageseite tun. Die Ursache für den Einbruch ist ja in aller Regel ein Rückgang der gesamtwirtschaftlichen Nachfrage, und will man dagegen etwas aktiv unternehmen, dann muss man Instrumente einsetzen, welche die Nachfrage stimulieren. Ob dies eine gute Idee ist, darüber gibt es – wie bereits erläutert – lebhafte Diskussionen, aber rein technisch steht klar die Nachfrage- und nicht die Angebotsseite im Zentrum. Gerade bei der Frage, ob die Nachfragestimulierung grundsätzlich eine gute Idee ist, setzten vor allem seit den 1980er-Jahren die Wirtschaftspolitiker an, die man heute gelegentlich als Angebotsökonomen bezeichnet. Ihr Argument ist, dass eine Stimulierung der gesamtwirtschaftlichen Nachfrage aus den im Haupttext genannten Gründen nicht effektiv ist und unter Umständen gar das Gegenteil des Erstrebten bewirkt. Deshalb sei es wesentlich besser, die Wachstumskräfte der Wirtschaft zu stärken, denn wenn das Trendwachstum höher ist, dann ist die Wahrscheinlichkeit in eine Rezession zu geraten auch deutlich geringer. Will man aber das Trendwachstum erhöhen, so muss man, wie wir gesehen haben, beim gesamtwirtschaftlichen Angebot und nicht bei der Nachfrage ansetzen. Deshalb empfehlen «Angebotsökonomen» Massnahmen zur Produktivitätssteigerung und zur Erhöhung der Beschäftigung. Es war aber nie die Idee, dass solche auf das langfristige Trendwachstum ausgerichtete Politiken Entscheidendes zur kurzfristigen Bekämpfung einer Rezession beitragen könnten.

Aus diesem Grund ist die in der politischen Diskussion immer noch oft anzutreffende Unterscheidung in Nachfrage- und Angebotsökonomen wenig sinnvoll. Sie beruht auf der irrigen Annahme, die Angebotsökonomen hätten ihre Rezepte zur Bekämpfung einer lahmenden Konjunktur vorgeschlagen. Vielmehr kann man sagen, dass die allermeisten Volkswirtschaftler für die Diskussion der kurzen Frist Nachfrageökonomen und für diejenige der langen Frist Angebotsökonomen sind. Geht es um Rezepte, um das Wirtschaftswachstum zu beeinflussen, so ist man sich also einig, dass das langfristige Trendwachstum nur über die Stärkung der Angebotsseite erreicht werden kann, das heisst über Massnahmen zur Unterstützung des Produktivitäts- bzw. Beschäftigungswachstums. Bei der kurzfristigen Bekämpfung einer Rezession dagegen stehen sich zwei entgegengesetzte Positionen gegenüber, welche die Idee einer aktiven Konjunkturpolitik durch Nachfragestimulierung eher befürworten oder ablehnen.

Wesentlich weniger attraktiv ist es aber, in einer Boomperiode die gesamtwirtschaftliche Nachfrage zu dämpfen, um eine Überhitzung zu vermeiden. Welcher Politiker setzt sich schon gerne für Steuererhöhungen und Ausgabendisziplin ein, wenn es der Wirtschaft einmal gut geht? Diese Asymmetrie in den politischen Anreizen führt dazu, dass die Wirtschaft durch eine systematisch einseitige Konjunkturpolitik ständig zu stark stimuliert wird, was die Inflation anheizt.

Ausserdem sind durch eine solch asymmetrische Konjunktursteuerung permanente Budgetdefizite vorprogrammiert, womit die Staatsverschuldung laufend wächst, wie wir in Kapitel 8 genauer erläutern werden. Genau dieses Muster konnte man in der Nachkriegszeit in zahlreichen Ländern beobachten. Die forcierte und asymmetrische Anwendung der keynesianischen Rezepte führte zu einem zunehmenden Anstieg der Inflation und zu einer Verschlechterung der staatlichen Schuldensituation. Zudem stellte man immer wieder fest, dass mit Konjunkturprogrammen private Ausgaben finanziert wurden, die ohnehin getätigt worden wären. Solche sogenannte *Mitnahmeeffekte* können sehr gross sein und die Wirkung der aktiven Konjunkturpolitik noch zusätzlich schwächen.

Zum anderen ist aufgrund dieser politischen Anreize eine aktive Konjunkturpolitik anfällig für politische Manipulationen. Man nennt dies die Theorie der

→ **Mitnahmeeffekt**
Staatliche Zuschüsse, die private Ausgaben finanzieren, die ohnehin getätigt worden wären.

Konjunkturpolitik

«Es scheint, dass die Wahlen näher rücken: Die Regierung hat gerade sehr gute Wirtschaftsnachrichten verbreitet. Diese stammen aus dem neu geschaffenen Ministerium für sehr gute Wirtschaftsnachrichten.»

politischen Konjunkturzyklen. Sie besagt, dass Politikerinnen und Politiker aus wahltaktischen Gründen Konjunkturzyklen auslösen können, um wiedergewählt zu werden. In den USA etwa sind Arbeitslosigkeit und Wirtschaftswachstum im Wahljahr jeweils die besten Prognoseindikatoren für den Wahlausgang. Das schafft für die Regierung den Anreiz, im Wahljahr oder knapp davor eine expansive Konjunkturpolitik zu betreiben, um so ihre Wiederwahlchancen zu erhöhen. Ist die Regierung dann wiedergewählt, kann sie die ersten beiden Jahre der Regierungszeit dafür verwenden, durch restriktivere Konjunkturpolitik die Schäden der überexpansiven Vorwahlpolitik zu neutralisieren. Und stehen wieder Wahlen vor der Tür, wird sie erneut expansiv auf die Wirtschaft einwirken. Unter der Voraussetzung, dass die Wählerinnen und Wähler dieses Manöver nicht genügend durchschauen, kann es zu Konjunkturzyklen kommen, die einzig und allein durch den politischen Prozess ausgelöst werden. Dies ist das genaue Gegenteil dessen, was die keynesianische Konjunktursteuerung eigentlich beabsichtigt. Statt die Wirtschaft zu stabilisieren, verstärkt eine solche Politik die Konjunkturausschläge.

→ **Politische Konjunkturzyklen**
Aus wahltaktischen Gründen ausgelöste Konjunkturzyklen.

Zusammenfassende Übersicht

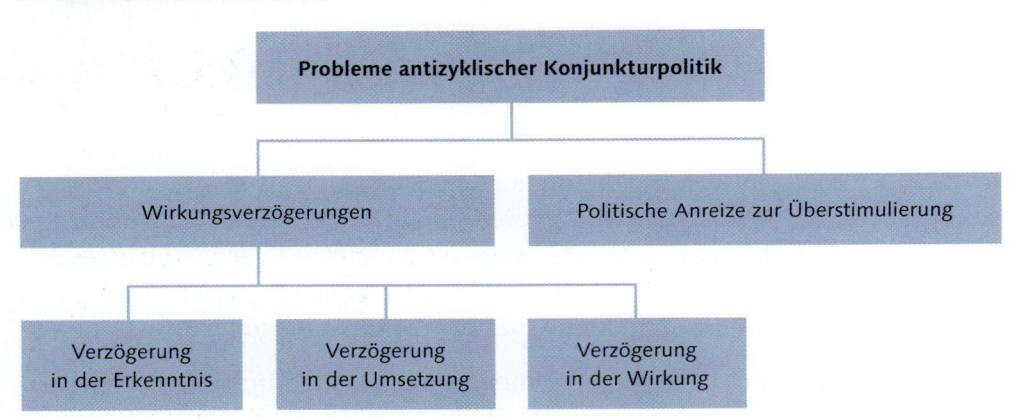

```
            Probleme antizyklischer Konjunkturpolitik
                        │
        ┌───────────────┴───────────────┐
Wirkungsverzögerungen       Politische Anreize zur Überstimulierung
        │
 ┌──────┼──────┐
Verzögerung  Verzögerung  Verzögerung
in der       in der       in der
Erkenntnis   Umsetzung    Wirkung
```

4.6.3 Automatische Stabilisatoren

Die aktive Konjunktursteuerung bringt also – so überzeugend sie auf dem Papier aussieht – doch verschiedene ernst zu nehmende Probleme mit sich. In den letzten Jahrzehnten hat sich denn auch als Alternative zunehmend durchgesetzt, die Fiskalpolitik so auszugestalten, dass nach einem Nachfrageschock ein gewisser Anpassungsprozess ohne aktiven Staatseingriff automatisch erfolgt. Diese *automatischen Stabilisatoren* können sowohl bei der Ausgaben- als auch bei der Einnahmenseite des Staates ansetzen.

→ **Automatische Stabilisatoren**
Staatliche Einnahmen und Ausgaben, die so ausgestaltet sind, dass bei einem Rückgang der gesamtwirtschaftlichen Nachfrage automatisch die Nachfrage stimuliert wird.

Wachstum und Konjunktur

> **Sozialabgaben**
> Zahlungen für die Sozialversicherungen, die nicht via Steuern über das staatliche Budget, sondern über Lohnabzüge bei den Versicherten finanziert werden.

Analysieren wir zuerst die automatischen Stabilisatoren auf der Einnahmenseite. Praktisch alle Steuern hängen positiv mit der ökonomischen Aktivität zusammen. Sie steigen also, wenn die Wirtschaft wächst, und sie verringern sich, wenn die Wirtschaft schrumpft. Das gilt einmal für die Einkommenssteuer. Sie ist direkt an die Einkommen der Haushalte gekoppelt, die während einer Rezession sinken. Dies gilt aber auch für die *Sozialabgaben*, die über Lohnabzüge erhoben werden und daher direkt vom Einkommen und damit von der Konjunkturlage abhängen. Und schliesslich reduzieren sich die Gewinnsteuern der Unternehmen, wenn sich die wirtschaftliche Lage verschlechtert. In einer Rezession sinken also automatisch zahlreiche Staatseinnahmen, wodurch den Akteuren mehr Geld in der Tasche verbleibt, mit dem sie Güter nachfragen können. Entsprechend verringert sich in einer Rezessionsphase die Nachfrage weniger markant.

Ein zweiter wichtiger automatischer Stabilisator, der sowohl auf der Einnahmen- als auch auf der Ausgabenseite wirkt, ist die Arbeitslosenversicherung. Sie gewährt entlassenen Personen staatliche Zuschüsse, die sich in der Schweiz auf bis zu 80 % des versicherten Lohns belaufen. Steigt die Arbeitslosigkeit, steigen automatisch die Staatsausgaben in Form dieser Zahlungen. Entsprechend sinken die Konsumausgaben der Arbeitslosen viel weniger stark als ohne dieses Ersatzeinkommen. Zudem wirkt die Arbeitslosenversicherung auch auf der Einnahmenseite stabilisierend, denn die Einnahmen der Versicherung gehen in der Rezession zurück und steigen in der Hochkonjunktur, da die Versicherten ja Beiträge als Prozentsatz ihrer Lohnsumme bezahlen.

Dieser konjunkturbedingte automatische Anstieg der Staatsausgaben bei gleichzeitigem Rückgang der Staatseinnahmen kompensiert zusammengefasst einen guten Teil des Nachfragerückgangs und reduziert damit die Dauer und das Ausmass der Rezession.

4.7 Schweizer Wachstums- und Konjunkturpolitik

4.7.1 Schweizer Wachstumspolitik

Das langfristige Wirtschaftswachstum spielte in der wirtschaftspolitischen Diskussion der Schweiz im vergangenen Jahrzehnt eine wichtige Rolle. Denn die Schweiz war, von sehr hohem Niveau aus startend, im internationalen Wachstumsvergleich über längere Zeit tendenziell zurückgefallen. Diese Entwicklung wurde insbesondere in den 1990er-Jahren deutlich, als die Schweizer Wirtschaft mehr oder weniger stagnierte. Deshalb lancierte der Bundesrat in den letzten Jahren eine explizite Wachstumspolitik, die wir im Folgenden diskutieren werden.

Wir haben gesehen, dass das Wachstum eines Landes aus zwei Quellen stammen kann, nämlich aus zusätzlich geleisteten Arbeitsstunden einerseits und aus erhöhter Arbeitsproduktivität andererseits. Welches Potenzial ergibt sich daraus für eine Schweizer Wachstumspolitik?

Bezüglich der insgesamt geleisteten Arbeitsstunden ist das Wachstumspotenzial in der Schweiz schon sehr stark ausgeschöpft. Das sehen wir eindrücklich anhand von **Abbildung 4.13**, in der die Erwerbstätigenquoten des Jahres 2015 in verschiedenen Ländern verglichen werden.

Die *Erwerbstätigenquote* entspricht dem Anteil der Bevölkerung im erwerbsfähigen Alter zwischen 15 und 64 Jahren, der einer bezahlten Arbeit nachgeht. Mit einer Erwerbstätigenquote von 80 % steht die Schweiz an der Spitze aller betrachteten Länder. Anders gesagt, die Schweiz schöpft eine der beiden Wachstumsquellen, die geleisteten Arbeitsstunden nämlich, bereits sehr erfolgreich aus; wir werden in Kapitel 5 auf die Gründe dafür zu sprechen kommen.

→ **Erwerbstätigenquote**
Prozentualer Anteil der Bevölkerung im erwerbsfähigen Alter zwischen 15 und 64 Jahren, der einer bezahlten Arbeit nachgeht.

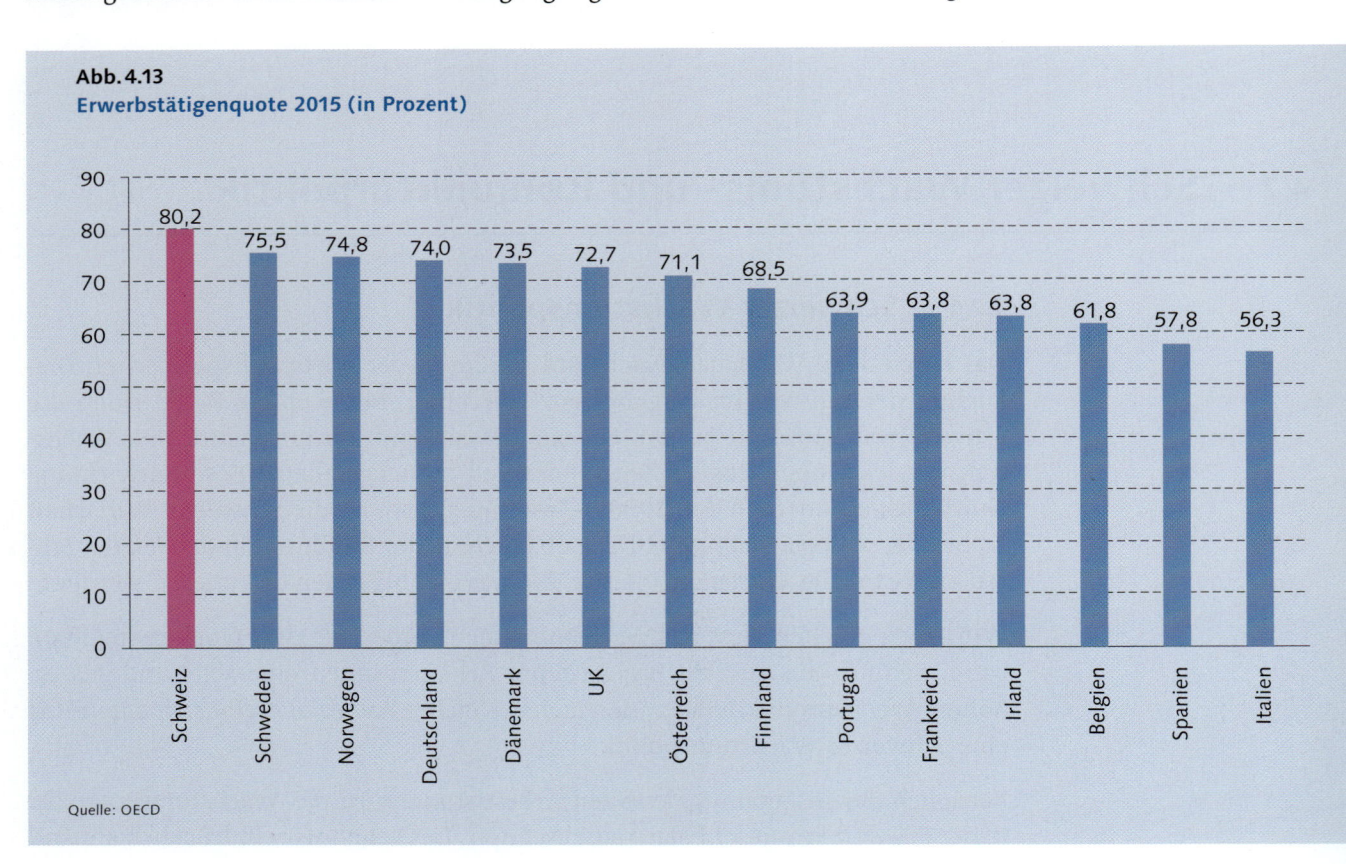

Für die langfristigen Wachstumsaussichten ist dies aber insofern relevant, als eine weitere Erhöhung der Erwerbstätigenquote kaum mehr möglich erscheint. Zwar könnte man versuchen, die Frauenerwerbstätigkeit in der Schweiz zu steigern, was angesichts des hohen Anteils an Teilzeitarbeit sicher denkbar wäre. Auch liesse sich über eine Erhöhung des effektiven Rentenalters die Erwerbsbeteiligung noch steigern. Insgesamt ist aber im internationalen Vergleich das Verbesserungspotenzial doch sehr begrenzt.

In der Ausschöpfung des Arbeitskräftepotenzials liegt die Schweiz also weltweit an der Spitze, nicht mehr aber beim Pro-Kopf-Einkommen. Folglich muss die Arbeitsproduktivität, die zweite Wachstumsquelle, in der Schweiz geringer sein als in anderen Ländern. **Abbildung 4.14** zeigt, dass das Niveau der Arbeitsproduktivität in der Schweiz tatsächlich nicht besonders hoch ist.

Wegen der lang anhaltenden Schweizer Wachstumsschwäche fasste der Bundesrat anfangs 2004 ein Bündel von wirtschaftspolitischen Massnahmen zu einem sogenannten Wachstumspaket zusammen. Die Massnahmen richten sich vor dem Hintergrund der eben diskutierten Ausgangslage vor allem auf die Erhöhung der

Abb. 4.13
Erwerbstätigenquote 2015 (in Prozent)

Schweiz	80,2
Schweden	75,5
Norwegen	74,8
Deutschland	74,0
Dänemark	73,5
UK	72,7
Österreich	71,1
Finnland	68,5
Portugal	63,9
Frankreich	63,8
Irland	63,8
Belgien	61,8
Spanien	57,8
Italien	56,3

Quelle: OECD

4 Wachstum und Konjunktur

Abb. 4.14
Niveau der Arbeitsproduktivität in ausgewählten Ländern 2014
Index: USA = 100

Japan	63,0
Italien	75,2
UK	76,0
Kanada	77,3
Schweiz	89,0
Deutschland	94,2
Frankreich	95,7
USA	100

Quelle: OECD

Arbeitsproduktivität. Bei den Arbeitsstunden geht es nur um leichte Verbesserungen einer ohnehin schon sehr guten Situation.

Zu den wichtigen Massnahmen zählt etwa die Steigerung des Wettbewerbs im *Binnensektor*, z. B. im Gesundheitswesen, in der Landwirtschaft oder im Strommarkt. Weiter soll das Wachstum der Staatsquote eingedämmt werden, und zwar in erster Linie über die konsequente Umsetzung der *Schuldenbremse*. In Kapitel 8 werden wir diese noch genauer erläutern. Zudem soll die Staatstätigkeit durch Reformen der Unternehmenssteuer und der Mehrwertsteuer und durch die administrative Entlastung von Unternehmen effizienter ausgestaltet werden. In den folgenden beiden Legislaturperioden wurden diese Ziele mit zwei Massnahmenbündeln weiterverfolgt, und auch in der aktuellen Legislaturperiode ab 2016 wird die Wachstumspolitik mit neuen Massnahmen fortgesetzt.

4.7.2 Schweizer Konjunkturpolitik

Die heutige schweizerische Wirtschaftspolitik kennt im Normalfall kaum noch Elemente einer aktiven Konjunktursteuerung im keynesianischen Sinne. Sie ist stark auf automatische Stabilisatoren und auf eine stabilisierende Geldpolitik ausgerichtet. Dies wegen der oben genannten Argumente, vor allem aber auch, weil die Schweiz eine relativ kleine und offene Volkswirtschaft mit einem hohen Importanteil ist. Sind nämlich die Importe im Verhältnis zur Gesamtnachfrage sehr hoch, so begünstigt jede Stimulierung der gesamtwirtschaftlichen Nachfrage zu einem guten Teil die Wirtschaft der Handelspartner statt jene des Inlandes. Wird zum Beispiel mit höheren Staatsausgaben versucht, die Nachfrage anzukurbeln, so wird der Effekt stark gedämpft, wenn viele der neu nachgefragten Güter im Aus-

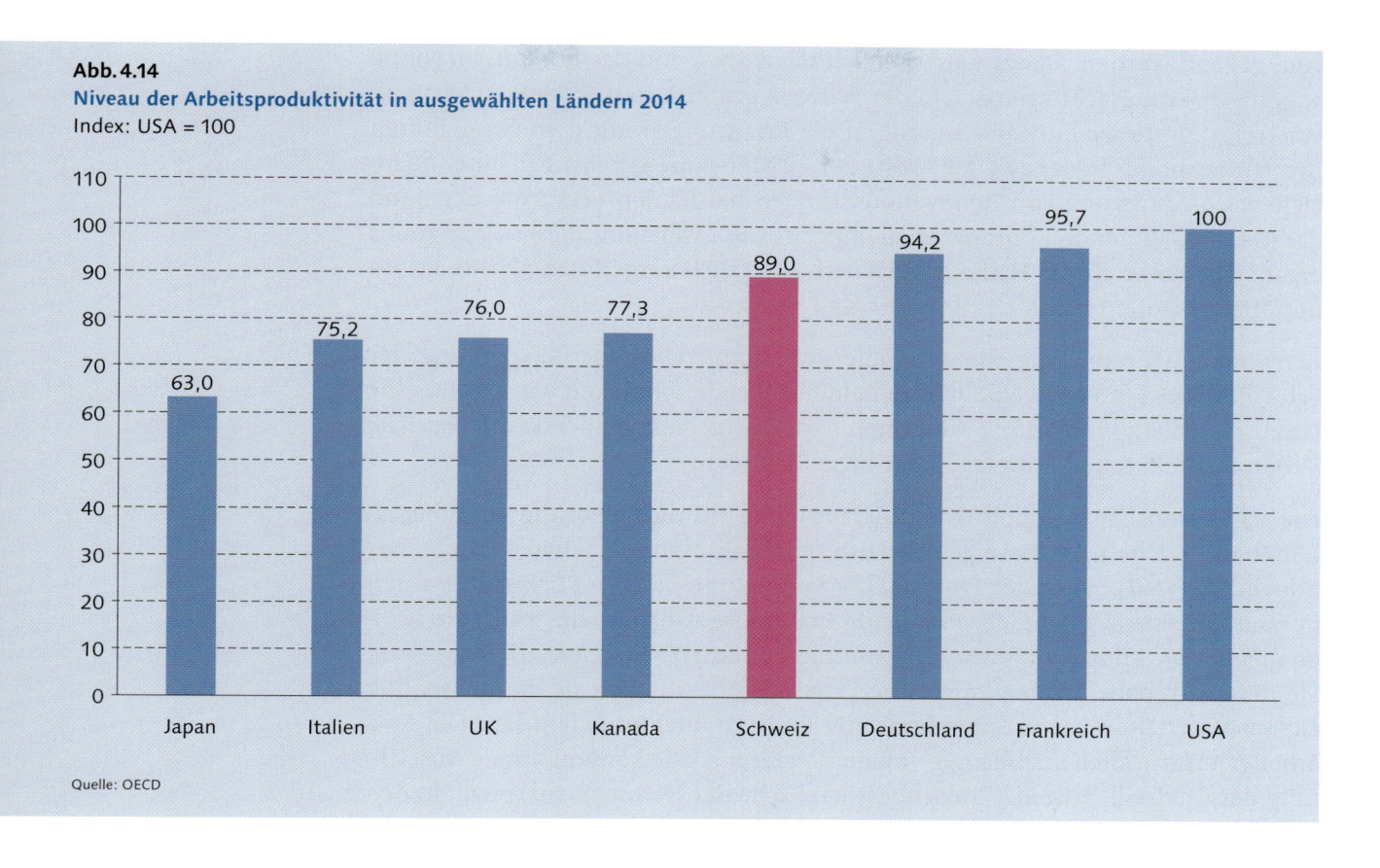

→ **Binnensektor**
Unternehmen und Branchen, die ihre Güter vorwiegend im Inland absetzen.

→ **Schuldenbremse**
Finanzpolitischer Mechanismus zur Stabilisierung der Staatsverschuldung unter Berücksichtigung des Konjunkturzyklus.

land gekauft werden. Damit wird nämlich nicht – wie mit der Konjunkturpolitik angestrebt – die Nachfrage nach in der Schweiz produzierten Produkten gestärkt. Wie relevant dieser Einwand ist, haben die Erfahrungen mit dem sogenannten Investitionsbonus in der zweiten Hälfte der 1990er-Jahre gezeigt. Mit einer finanziellen Unterstützung von Renovationsarbeiten bei Bauten versuchte der Bund damals, die lahmende Konjunktur zu stützen. Die Evaluation dieses Programms ergab, dass mehr als die Hälfte der dadurch zusätzlich ausgelösten Nachfrage auf importierte Güter entfiel.

Betrachten wir nun kurz die generelle konjunkturpolitische Ausrichtung der Schweizer Geld- und Fiskalpolitik. In beiden Fällen beschränken wir uns auf eine Diskussion der konjunkturell relevanten Aspekte, da diese beiden Politikbereiche in den Kapiteln 6 und 8 umfassender behandelt werden.

Die schweizerische Geldpolitik ist in erster Linie auf die Sicherung der Preisstabilität ausgerichtet. Ist diese gewährleistet, dann nimmt die Schweizerische Nationalbank (SNB) in zweiter Linie auf die konjunkturelle Lage Rücksicht. Da nun in einer Rezession typischerweise keine Inflationsgefahr besteht, kann die Nationalbank die Geldpolitik einsetzen, um die konjunkturelle Lage zu verbessern. Sie muss sich dabei jedoch immer die Frage stellen, wie weit sie die Geldpolitik expansiv gestalten kann, ohne damit die Preisstabilität zu gefährden. Die SNB arbeitet ausdrücklich unabhängig von der Regierung. Die konjunkturelle Ausrichtung der Geldpolitik ist also ausschliesslich Sache der Nationalbankspitze. In den 1990er-Jahren hat man allerdings gesehen, dass auch eine unabhängige Nationalbank politisch angegriffen werden kann, wenn der Eindruck entsteht, die Geldpolitik nehme zu wenig Rücksicht auf die Konjunkturlage. Hintergrund für die Kritik war damals die restriktive Geldpolitik der SNB zu Beginn der 1990er-Jahre, als die Schweizer Wirtschaft sich in einer Rezession befand. Ist die Preisstabilität – das zentrale Ziel der SNB – nicht gefährdet, bemüht sich die Nationalbank darum, konjunkturellen Einbrüchen bis zu einem gewissen Grad entgegenzuwirken. Denn in einer echten Rezessionsphase ist die Geldpolitik das wirksamste Instrument der Schweizer Konjunkturpolitik.

Die schweizerische Fiskalpolitik beeinflusst die Konjunktur vor allem über die – zum Teil bewusst als solche konzipierten – automatischen Stabilisatoren. Eine aktive fiskalpolitische Konjunktursteuerung kommt dagegen eher selten zur Anwendung. Auf der Einnahmenseite wäre dies in der Schweiz ohnehin illusorisch, da die wichtigsten Steuersätze des Bundes in der Verfassung festgehalten sind. Nur eine Verfassungsänderung mit obligatorischer Abstimmung könnte hier also etwas verändern, was innerhalb eines zweckmässigen Zeitrahmens gar nicht möglich ist. Auf der Ausgabenseite wurde mit der sogenannten Schuldenbremse ein System eingeführt, das die Erhöhung der Schulden verhindern soll und so konzipiert ist, dass die Konjunktur automatisch stabilisiert wird. Ihr Ziel ist es, über den Konjunkturzyklus hinweg das Budget auszugleichen. Das bedeutet, dass in einer Rezession Defizite anfallen dürfen, die automatisch durch Überschüsse bei guter Wirtschaftslage kompensiert werden müssen. Eine antizyklische Fiskalpolitik wird hier also durch die Gestaltung eines Budgetmechanismus automatisch umgesetzt.

Wachstum und Konjunktur

Die Schweizer Konjunkturpolitik in der Finanz- und Wirtschaftskrise

Die Turbulenzen auf den Finanzmärkten bescherten der Weltwirtschaft ab der zweiten Hälfte des Jahres 2008 den grössten Einbruch seit Jahrzehnten. Ab Herbst 2008 wurde auch die bis dahin robuste Schweizer Wirtschaft in zunehmendem Masse von diesem Einbruch erfasst. Ab dem dritten Quartal 2008 wies die Schweizer Wirtschaft negative Wachstumsraten auf und die Arbeitslosigkeit begann bald deutlich zu steigen.

Die Unsicherheit über Verlauf und Dauer der Krise war ungewöhnlich hoch. Es handelte sich nicht um einen «normalen» Konjunkturabschwung nach einer wirtschaftlichen Boomphase, sondern um eine weltwirtschaftliche Krise, die durch das Platzen einer aussergewöhnlichen Kredit- und Immobilienblase ausgelöst worden war. Wie rasch und wie tief dieser Anpassungsprozess verlaufen würde und wie stark die im Binnenmarkt kaum unter solchen Problemen leidende Schweiz davon betroffen sein würde, war kaum abzuschätzen.

Vor dem Hintergrund dieser Unsicherheiten entschied sich der Bundesrat im Herbst 2008, die Wirtschaft mit konjunkturpolitischen Massnahmen zu stützen. Er wählte dabei ein stufenweises Vorgehen: Bis 2010 wurden drei Stufen von konjunkturellen *Stabilisierungsmassnahmen* beschlossen. Alle drei Stufen bewegten sich dabei explizit im Rahmen der Schuldenbremse (siehe Kapitel 8).

Neben der grossen Unsicherheit sprach auch die Dynamik des Abschwungs in der Schweiz für einen stufenweisen Einsatz der konjunkturpolitischen Instrumente. Die Schweiz war bis weit in den Sommer 2008 hinein in einer lang anhaltenden konjunkturellen Schönwetterlage. Anders als in manchen OECD-Ländern war die wirtschaftliche Situation eines Grossteils der Wirtschaft relativ lange gut; mit der Finanzkrise hatten vorerst «nur» die Grossbanken zu kämpfen, deren Lage sich im Herbst 2008 jedoch dramatisch verschlechterte. Mit der zunehmenden weltwirtschaftlichen Abschwächung begannen aber gegen Ende des Jahres 2008 die Exporte deutlich nachzugeben, und auch die Aussichten für die Ausrüstungsinvestitionen wurden zunehmend schlechter. Beim Konsum und dem Bau war bis Ende 2009 noch wenig von einem Rückgang zu sehen, auch wenn sich die Aussichten deutlich verdüsterten.

Entsprechend dieser Dynamik in der Entwicklung der gesamtwirtschaftlichen Nachfrage erfolgte die wirtschaftspolitische Reaktion: Zunächst standen Massnahmen zur Stärkung des Finanzsystems – und hier insbesondere das Massnahmenpaket zur Rettung der UBS – sowie eine zunehmend expansive Geldpolitik im Vordergrund, auch um den Aufwertungsdruck auf den Schweizer Franken und den daraus drohenden negativen Auswirkungen auf die Exporte zu mildern. Erst dann folgten 2009 die ersten beiden Stufen von finanzpolitischen Massnahmen, um die Bauinvestitionen und den Konsum zu stärken. Die dritte Stufe für das Jahr 2010 schliesslich enthielt in erster Linie Massnahmen zur Bekämpfung der Arbeitslosigkeit mit dem Argument, dass die Wirkungen der Krise auf dem Arbeitsmarkt erst mit Verzögerung, dann aber einschneidend zu erwarten waren.

Die drei Pakete von Stabilisierungsmassnahmen konnten realisiert werden, ohne dass sich der Bund zusätzlich verschulden musste. Es hatte sich damit gezeigt, dass das Konzept der Schuldenbremse auch in stürmischen Zeiten für die Finanzpolitik einen guten Rahmen abgibt.

→ **Stabilisierungsmassnahmen**
Wirtschaftspolitische Massnahmen, um konjunkturelle Schwankungen zu dämpfen.

Wachstum und Konjunktur

ZUSAMMENFASSUNG ANHAND DER LERNZIELE

1 Das Bruttoinlandprodukt

Das reale Bruttoinlandprodukt (BIP) misst die Wertschöpfung, die in einem Land während eines Jahres erzielt wird. Das reale BIP pro Kopf ist das wichtigste Mass für internationale Wohlstandsvergleiche. Die Veränderungen dieses Indikators messen das Wirtschaftswachstum. Das BIP lässt sich auf drei Arten berechnen, nämlich über die Entstehungsseite (Produktion), über die Verwendungsseite (Nachfrage) und über die Verteilungsseite.

2 Wachstum versus Konjunktur

Langfristiges und kurzfristiges Wachstum müssen scharf unterschieden werden. Das langfristige Wachstum entspricht dem Trendwachstum des BIP, die Konjunktur dagegen beschreibt die kurzfristigen Schwankungen des tatsächlichen Wachstums um diesen Trend herum. Das Trendwachstum misst die Entwicklung der produzierbaren Menge an Gütern (gesamtwirtschaftliches Angebot) und die Konjunktur die schwankende Bereitschaft, diese zu kaufen (gesamtwirtschaftliche Nachfrage).

3 Quellen des Trendwachstums

Das Trendwachstum hat zwei mögliche Quellen. Entweder werden mehr Arbeitsstunden geleistet oder pro Arbeitsstunde wird mehr produziert. Letzteres bezeichnet man auch als Produktivitätswachstum. Die Arbeitsproduktivität selbst wird bestimmt durch (1) das Realkapital, (2) das Humankapital und (3) den technischen Fortschritt.

4 Schlüsselgrösse technischer Fortschritt

Langfristig ist der technische Fortschritt die dominierende Ursache des Wachstums. Denn die Technologie oder – allgemeiner ausgedrückt – das «Wissen» ist die einzige Ressource, die praktisch grenzenlos wachsen kann.

5 Wirtschaftspolitik und Trendwachstum

Die Wirtschaftspolitik beeinflusst das Trendwachstum über die Bestimmungsfaktoren der beiden Wachstumsquellen. Dabei wirken die Arbeitsmarktregulierung sowie teilweise die Sozialpolitik auf die geleisteten Arbeitsstunden. Die meisten übrigen wirtschaftspolitischen Instrumente wie Wettbewerbs-, Aussenwirtschafts-, Finanz- und Bildungspolitik beeinflussen vor allem die Arbeitsproduktivität.

6 Der Konjunkturzyklus

Das BIP-Wachstum schwankt in unregelmässigen Zyklen um das Trendwachstum herum. Ein typischer Konjunkturzyklus startet mit sinkendem, oft gar negativem Wachstum, welches als Rezession bezeichnet wird und durch eine unterausgelastete Wirtschaft gekennzeichnet ist. Mit der Zeit beginnt das Wachstum wieder anzuziehen, und der Aufschwung setzt ein, was dann oft in eine Überauslastung und damit in einen Boom mündet. Danach beginnen die Wachstumsraten wieder zu sinken, und die Wirtschaft gerät in einen Abschwung und schliesslich oft sogar wieder in eine Rezession.

Wachstum und Konjunktur

7 Entstehung einer Rezession

Eine Rezession entsteht durch einen Rückgang der gesamtwirtschaftlichen Nachfrage, ausgelöst etwa durch eine Verschlechterung der Auslandskonjunktur oder durch eine restriktive Geld- bzw. Fiskalpolitik. Dadurch sinken wichtige Komponenten der Nachfrage – die sich aus Konsum, Investitionen, Staatsausgaben und Nettoexporten zusammensetzt –, und die Arbeitslosigkeit beginnt zu steigen.

8 Aktive Konjunkturpolitik und ihre Grenzen

Will der Staat die Rezession aktiv bekämpfen, so versucht er, die gesunkene Nachfrage wieder zu stimulieren. Möglich ist dies mit einer expansiven Fiskalpolitik (höhere Staatsausgaben oder tiefere Steuern) oder mit einer expansiven Geldpolitik (Ausdehnung der Geldmenge). Die aktive, sogenannte antizyklische Konjunkturpolitik hat in den letzten Jahrzehnten deutlich an Bedeutung verloren. Zum einen erschweren Wirkungsverzögerungen eine zeitgerechte Konjunktursteuerung, und zum anderen besteht aus politisch-ökonomischen Gründen die Gefahr, die Wirtschaft ständig übermässig zu stimulieren, was eine starke Tendenz zu laufend überhöhter Inflation und steigender Staatsverschuldung zur Folge haben kann.

9 Schweizer Wachstumspolitik

Die Erwerbstätigenquote in der Schweiz ist bereits rekordverdächtig hoch, und damit ist eine der beiden Quellen des Wachstums – die geleisteten Arbeitsstunden – bereits stark ausgeschöpft. Die Schweizer Wachstumspolitik konzentriert sich deshalb heute auf Massnahmen zur Steigerung der Arbeitsproduktivität, der zweiten Quelle des Wachstums. In der wachstumspolitischen Strategie des Bundes spielt dabei vor allem die Steigerung der Wettbewerbsintensität eine Schlüsselrolle.

10 Schweizer Konjunkturpolitik

Die Schweizer Wirtschaftspolitik verzichtet heute in der Regel auf eine aktive Konjunkturpolitik. Die Geldpolitik kann auf die Konjunktur Rücksicht nehmen, aber nur, wenn das primäre Ziel der Preisstabilität nicht gefährdet ist. Die Fiskalpolitik setzt vor allem auf die Stärkung der automatischen Stabilisatoren, etwa indem Institutionen wie die Arbeitslosenversicherung oder die Schuldenbremse so ausgestaltet sind, dass sie während einer Rezession automatisch Defizite, während eines Booms aber ebenso automatisch Überschüsse erzielen.

Wachstum und Konjunktur

ZENTRALE BEGRIFFE

Wertschöpfung →98
Nominales BIP →98
Reales BIP →98
Vorleistung →99
Entstehungsseite des BIP →100
Verwendungsseite des BIP →100
Verteilungsseite des BIP →100
Privater Konsum →102
Investitionsausgaben →102
Staatskonsum →102
Lorenzkurve →103
Nettoexporte →103
Gesamtwirtschaftliches
    Angebot →104
Gesamtwirtschaftliche
    Nachfrage →104
Technologie →104
Staatsausgaben →104
Wachstum →105
Konjunktur →105
Produktionspotenzial →106
Rezession →106
Hochkonjunktur →107
Wachstumsrate →107
Zinseszins →108
Arbeitsproduktivität →109
Realkapital →109
Humankapital →109
Gesamtwirtschaftliche
    Produktionsfunktion →110
Technischer Fortschritt →111
Nachhaltigkeit →112

Strukturwandel →112
Strukturbruch →114
Wachstumsdeterminanten →114
Sozialkapital →114
Konjunkturzyklus →117
Depression →117
Schock →118
Geldpolitik →119
Zentralbank →119
Fiskalpolitik →119
Konjunkturbeobachtung →120
Indikator →120
Konjunkturprognose →121
Antizyklische Konjunktur-
    politik →122
Nachfragestimulierung →122
Verfügbares Einkommen →123
Budgetdefizit →123
Geldmenge →124
Abwertung →125
Wirkungsverzögerungen der
    Konjunkturpolitik →126
Negativer Nachfrageschock →126
Mitnahmeeffekt →127
Politische Konjunkturzyklen →128
Automatische Stabilisatoren →128
Sozialabgaben →129
Erwerbstätigenquote →130
Binnensektor →131
Schuldenbremse →131
Stabilisierungsmassnahmen →133

Wachstum und Konjunktur

REPETITIONSFRAGEN KAPITEL 4

1 a) Um den Wohlstand eines Landes zu beurteilen und zu vergleichen, wird meistens das reale BIP pro Kopf verwendet. Welche Nachteile hat das BIP als Wohlstandsmass?
   b) Aus welchen Gründen ist das BIP trotzdem mit Abstand das wichtigste Wohlstandsmass?

2 Weshalb werden bei der Berechnung des BIP die Importe von den Exporten abgezogen?

3 a) Es gibt lediglich zwei Möglichkeiten, wie das BIP pro Kopf in einer Volkswirtschaft erhöht werden kann. Nennen Sie diese beiden grundsätzlichen Quellen des Wachstums.
   b) Beurteilen Sie die Situation in der Schweiz. Bei welcher der beiden oben genannten Möglichkeiten sehen Sie für die Schweiz das grössere Wachstumspotenzial? Begründen Sie.

4 Nehmen Sie zur folgenden Aussage Stellung: «Das Wirtschaftswachstum wird irgendwann an seine Grenzen stossen, schliesslich sind die weltweit vorhandenen Ressourcen beschränkt.»

5 a) Weshalb hat eine Volkswirtschaft, die einmal in einen Abschwung geraten ist, die Tendenz, für eine gewisse Zeit immer tiefer in eine Rezession hineinzurutschen?
   b) Welche wirtschaftlichen Mechanismen, einmal abgesehen von der aktiven Konjunkturpolitik, können dazu führen, dass die Volkswirtschaft wieder von alleine in einen Aufschwung gerät?

6 a) Nehmen wir an, die Wirtschaft stecke in einer Rezession. Mit welchem grundsätzlichen konjunkturpolitischen Instrument kann ein Staat, mit welchem eine Zentralbank versuchen, die Rezession zu bekämpfen?
   b) Zeigen Sie detailliert auf, wie die beiden Instrumente auf die vier Komponenten der gesamtwirtschaftlichen Nachfrage wirken.

7 Welche Probleme können bei der Umsetzung einer antizyklischen Konjunkturpolitik auftreten?

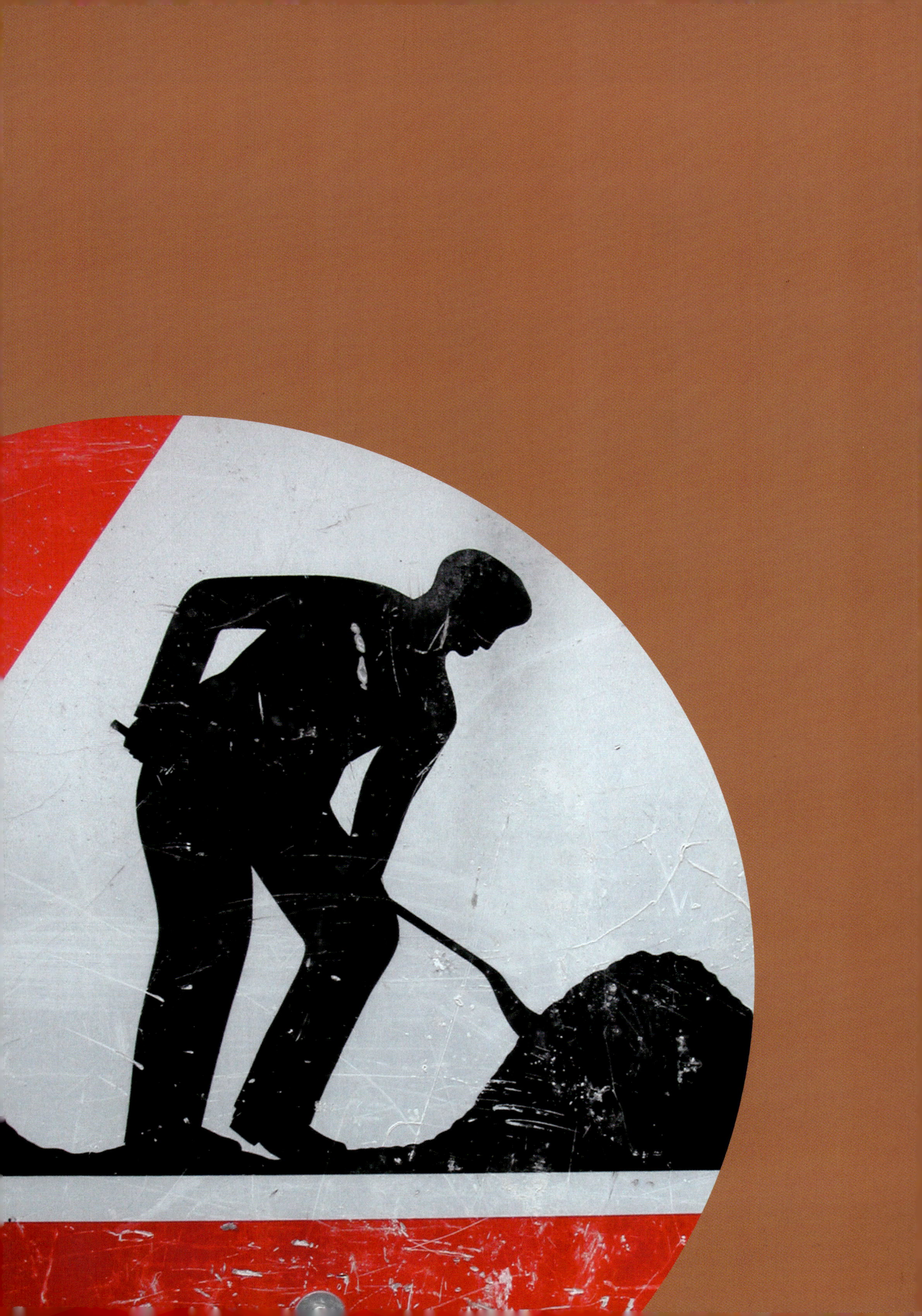

Beschäftigung und Arbeitslosigkeit

*« Eine Rezession ist, wenn mein Nachbar seinen Job verliert.
Eine Depression ist es, wenn ich meinen Job verliere.»*

Harry Truman (1884–1972), amerikanischer Präsident 1945–1953

5.1	Die Messung der Arbeitsmarktsituation	142
5.2	Formen der Arbeitslosigkeit	144
5.3	Konjunkturelle Arbeitslosigkeit	147
5.4	Strukturelle Arbeitslosigkeit	148
5.5	Hintergründe der strukturellen Arbeitslosigkeit	151
5.6	Schweizer Arbeitsmarktpolitik	155

LERNZIELE

Nachdem Sie dieses Kapitel gelesen haben, sollten Sie in der Lage sein,

1	Arbeitslosigkeit und Erwerbstätigkeit anhand von geeigneten Messgrössen zu erläutern;
2	die Sockelarbeitslosigkeit von der konjunkturellen Arbeitslosigkeit zu unterscheiden;
3	strukturelle und friktionelle Arbeitslosigkeit als wichtigste Formen der Sockelarbeitslosigkeit zu erklären;
4	zu beschreiben, wie strukturelle Arbeitslosigkeit entstehen kann;
5	die wichtigsten Erklärungsfaktoren für Unterschiede in der Höhe der strukturellen Arbeitslosigkeit zu nennen;
6	Gründe aufzuführen, wieso in der Schweiz im internationalen Vergleich die Arbeitslosigkeit tief und die Erwerbstätigkeit hoch ist;
7	zu erläutern, wie die Schweizer Arbeitslosenversicherung funktioniert.

5 Beschäftigung und Arbeitslosigkeit

In der öffentlichen Diskussion um die Ausgestaltung der Wirtschaftspolitik stellt die Arbeitslosigkeit meist das wichtigste Thema dar. Doch was unterscheidet die Arbeitslosigkeit von anderen wirtschaftspolitischen Problemen?

Zum Ersten trifft die Arbeitslosigkeit nicht alle ein wenig, sondern einige massiv. Steigt sie um 10%, dann müssen nicht alle Personen ihre Arbeitszeit um 10% reduzieren, sondern 10% der Bevölkerung können überhaupt keine Arbeit mehr finden. Dies muss zwar das Mitgefühl der weiterhin Beschäftigten wecken, sollte aber nicht dazu führen, dass eine Mehrheit die Arbeitslosigkeit als grosses Problem empfindet. Denn die meisten bleiben ja beschäftigt.

Doch hier kommt die zweite Eigenheit der Arbeitslosigkeit ins Spiel – die Unsicherheit. Vor allem dann, wenn die Arbeitslosigkeit stark steigt und nicht klar ist, wer betroffen sein wird, scheint für viele die eigene Arbeitsstelle bedroht zu sein.

Diese beiden Merkmale der Arbeitslosigkeit – die stark negative Wirkung auf Einzelne sowie die Unsicherheit darüber, wer betroffen sein wird – sind verantwortlich für die grosse Bedeutung des Themas in der wirtschaftspolitischen Diskussion.

Das Kapitel ist wie folgt aufgebaut:

5.1 erläutert die wichtigsten Messgrössen der Arbeitsmarktsituation in einem Land.

5.2 zeigt verschiedene Formen der Arbeitslosigkeit und ihre unterschiedlichen Ursachen. Vor allem die Unterscheidung zwischen konjunktureller und struktureller Arbeitslosigkeit ist für die wirtschaftspolitische Praxis wesentlich.

5.3 wiederholt kurz die Ursachen für die konjunkturelle Arbeitslosigkeit; die wichtigsten Mechanismen hierzu wurden bereits in Kapitel 4 vorgestellt.

5.4 stellt dar, wie strukturelle Arbeitslosigkeit entstehen kann. Sie ist besonders problematisch und steht daher im Zentrum dieses Kapitels.

5.5 behandelt die wichtigsten Gründe der strukturellen Arbeitslosigkeit und diskutiert wirtschaftspolitische Ansätze zu ihrer Bekämpfung.

5.6 konkretisiert diese Ansätze am Beispiel der Schweizer Arbeitsmarktpolitik.

5.1 Die Messung der Arbeitsmarktsituation

Bevor wir die Hintergründe der Arbeitslosigkeit diskutieren, wollen wir in **Abbildung 5.1** den Begriff der Arbeitslosigkeit klarer definieren.

Die Bevölkerung lässt sich in zwei Gruppen aufteilen: in die Gruppe der 15- bis 64-Jährigen und in den Rest der Bevölkerung. Die 15- bis 64-Jährigen bilden unter den heutigen gesetzlichen Rahmenbedingungen die potenziell erwerbstätige Bevölkerung. Das sind also alle Personen, die bereits ins Erwerbsleben einsteigen können (ab 15 Jahren) bzw. noch nicht im Rentenalter sind (bis 64 Jahre). Diese Gruppe lässt sich nun weiter in zwei Untergruppen aufteilen: in die *Erwerbsbevölkerung* und in die Nichterwerbsbevölkerung. Zur Nichterwerbsbevölkerung gehören die 15- bis 64-Jährigen, die aus verschiedensten Gründen nicht arbeiten wollen – etwa weil sie sich um ihre Kinder kümmern – oder die nicht arbeiten können, da sie beispielsweise krank sind. Dementsprechend stellen alle arbeitsfähigen und arbeitswilligen Personen die Erwerbsbevölkerung dar, die sich wiederum unterteilen lässt in die Beschäftigten, die tatsächlich eine Stelle haben, und die Arbeitslosen.

→ **Erwerbsbevölkerung**
Alle arbeitsfähigen und arbeitswilligen 15- bis 64-jährigen Personen.

Aus dieser Zerlegung lassen sich nun drei wichtige Kenngrössen des Arbeitsmarkts ableiten:

1. Arbeitslosenquote: Sie ist das Verhältnis zwischen den Arbeitslosen und der Erwerbsbevölkerung. Sie misst den Anteil der arbeitswilligen Personen, die keine Stelle finden. Die Arbeitslosenquote ist eine wichtige Kennzahl und wird uns in diesem Kapitel vor allem beschäftigen.

2. *Erwerbsquote:* Sie ist das Verhältnis zwischen der Erwerbsbevölkerung, also allen Arbeitswilligen, und der Gesamtheit der 15- bis 64-Jährigen. Sie zeigt uns, welcher Anteil der potenziell Beschäftigten tatsächlich einer bezahlten Arbeit nachgehen möchte.

→ **Erwerbsquote**
Prozentualer Anteil der Erwerbsbevölkerung an der Gesamtheit der 15- bis 64-Jährigen.

3. Erwerbstätigenquote: Sie ist das Verhältnis zwischen den tatsächlich Beschäftigten und der Gesamtheit der 15- bis 64-Jährigen. Im Gegensatz zur Erwerbsquote werden hier nur diejenigen 15- bis 64-Jährigen berücksichtigt, die auch tatsächlich einer bezahlten Arbeit nachgehen. Wie in Kapitel 4 gezeigt, ist diese Grösse und ihre Entwicklung für das Produktionspotenzial und damit für das langfristige Wirtschaftswachstum eines Landes von grundlegender Bedeutung.

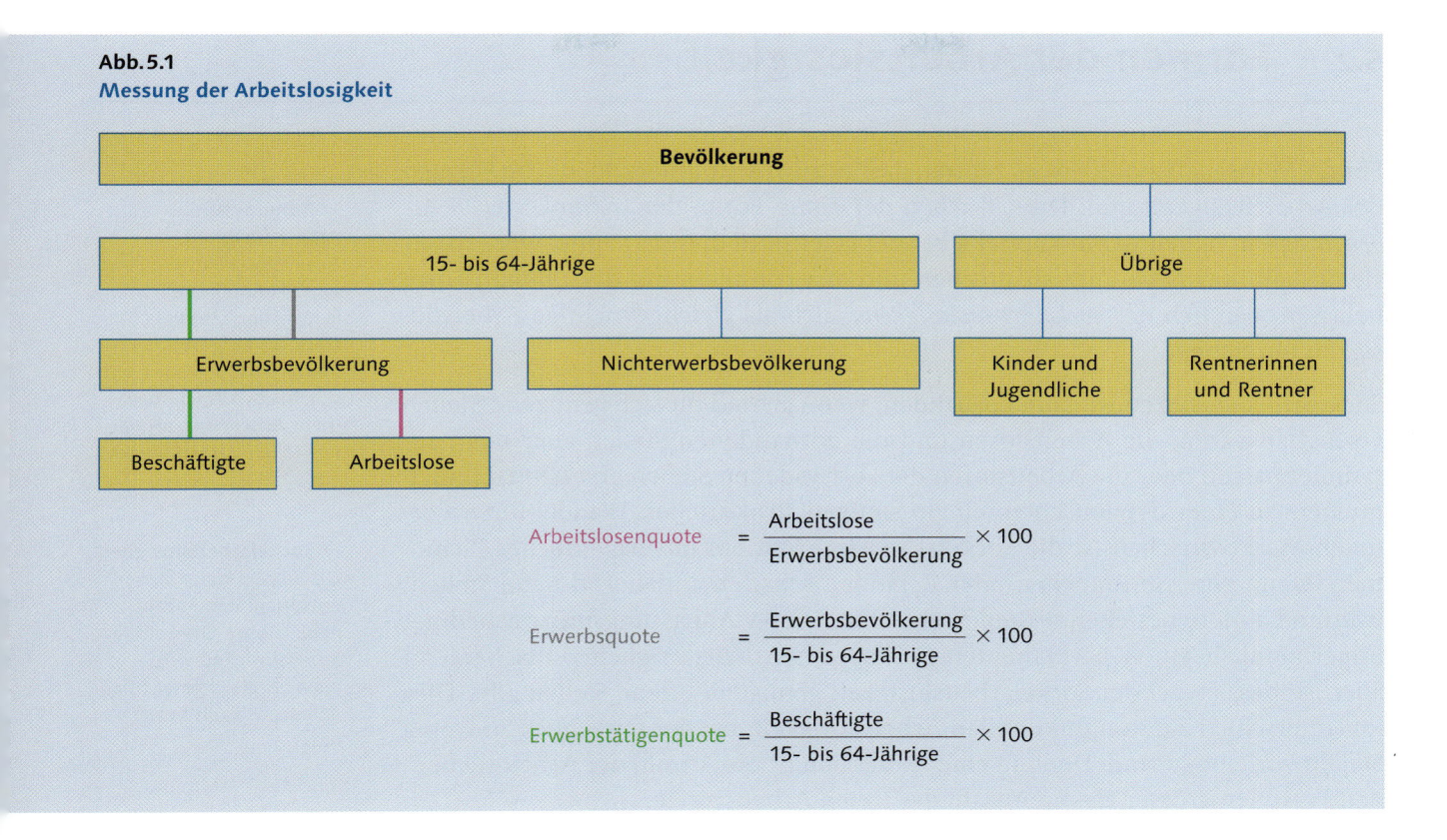

Beschäftigung und Arbeitslosigkeit

Abb. 5.1
Messung der Arbeitslosigkeit

```
                        Bevölkerung
              ┌──────────────┴──────────────┐
       15- bis 64-Jährige                 Übrige
      ┌────────┴────────┐            ┌──────┴──────┐
Erwerbsbevölkerung  Nichterwerbs-   Kinder und   Rentnerinnen
                    bevölkerung     Jugendliche  und Rentner
    ┌────┴────┐
Beschäftigte Arbeitslose
```

$$\text{Arbeitslosenquote} = \frac{\text{Arbeitslose}}{\text{Erwerbsbevölkerung}} \times 100$$

$$\text{Erwerbsquote} = \frac{\text{Erwerbsbevölkerung}}{\text{15- bis 64-Jährige}} \times 100$$

$$\text{Erwerbstätigenquote} = \frac{\text{Beschäftigte}}{\text{15- bis 64-Jährige}} \times 100$$

Der schweizerische Arbeitsmarkt wird in internationalen Analysen immer wieder hervorgehoben für seine im Vergleich zu anderen OECD-Ländern tiefe Arbeitslosenquote. Mindestens ebenso bemerkenswert ist die sehr hohe Erwerbsquote. Dazu kommt noch, dass aufgrund der tiefen Arbeitslosigkeit auch die Erwerbstätigenquote in der Schweiz ausgesprochen hoch liegt, wie wir das in **Abbildung 4.13** (S. 130) gesehen haben.

Unterschiedliche Ansätze zur Messung der Arbeitslosenquote

In der Praxis lässt sich die Arbeitslosigkeit auf verschiedene Arten messen. Vor allem zwei Methoden werden dabei in der Schweiz verwendet:

Die erste Messvariante besteht in der Vollerhebung. Man zählt einfach, wie viele Personen auf den Regionalen Arbeitsvermittlungsstellen (RAV) als arbeitslos gemeldet sind, und setzt diese Zahl ins Verhältnis zur Erwerbsbevölkerung. Diese Messgrösse wird in der Schweiz monatlich vom Staatssekretariat für Wirtschaft (SECO) publiziert und ist für die schweiz-interne Diskussion bedeutsam. Sie ist aber nur bedingt mit Zahlen anderer Länder vergleichbar. Deshalb erhebt das Bundesamt für Statistik regelmässig eine international standardisierte Arbeitslosenquote. Sie basiert auf einer Befragung von stichprobenweise ausgewählten Haushalten. Da die gleiche Methode in den anderen OECD-Ländern auch zur Anwendung kommt, lassen sich die so ermittelten Daten zur Arbeitslosigkeit direkt miteinander vergleichen.

Die Unterschiede zwischen den beiden so erhobenen Arbeitslosenquoten sind für die Schweiz meist gering.

5.2 Formen der Arbeitslosigkeit

Für die Wirtschaftspolitik ist es zentral, dass es zwei sehr unterschiedliche Formen der Arbeitslosigkeit gibt. Die Ursachen der einen Form, der *konjunkturellen Arbeitslosigkeit*, haben wir in Kapitel 4 kennengelernt. In diesem Kapitel werden wir sie deshalb nur noch kurz ansprechen und uns vor allem mit der zweiten Form befassen, nämlich der *Sockelarbeitslosigkeit*; auch als gleichgewichtige Arbeitslosigkeit bezeichnet.

Sockelarbeitslosigkeit ist dann vorhanden, wenn an und für sich genügend Stellen verfügbar wären, die Arbeitslosen und die vorhandenen Stellen aber nicht zusammenpassen oder die Arbeitslosen die vorhandenen Stellen erst einmal finden müssen. In einer dynamischen, einem stetigen strukturellen Wandel unterworfenen Marktwirtschaft ist die Sockelarbeitslosigkeit ein unvermeidliches Phänomen. Denn gewisse Branchen oder Regionen schaffen andauernd neue Stellen, während andere bestehende Stellen abbauen. Dieser Anpassungsprozess bedingt unvermeidlich einen permanenten Sockel von Arbeitslosigkeit. Entscheidend aber ist, dass es bei der Sockelarbeitslosigkeit genügend offene Stellen gibt. Dies im Unterschied zur konjunkturellen Arbeitslosigkeit, bei der tatsächlich zu wenig Stellen vorhanden sind. Denn in einer Rezession ist die Anzahl der Arbeit suchenden Personen grösser als die Anzahl der freien Arbeitsplätze.

Die in **Abbildung 5.2** dargestellte sogenannte *Beveridge-Kurve* hilft bei der Unterscheidung zwischen Sockelarbeitslosigkeit und konjunktureller Arbeitslosigkeit.

Auf der vertikalen Achse ist die Anzahl offener Stellen abgetragen und auf der horizontalen Achse die Zahl der Arbeitslosen. Auf der Winkelhalbierenden entsprechen sich die beiden Zahlen genau – für alle Arbeitslosen wäre eine Stelle vorhanden. Die Arbeitslosigkeit in Punkt X ist also reine Sockelarbeitslosigkeit. Bei Punkt Y dagegen ist die Zahl der Arbeitslosen grösser als die Zahl der offenen Stellen – in diesem Fall herrscht auch konjunkturelle Arbeitslosigkeit. Verbessert sich die konjunkturelle Situation, dann erfolgt eine Bewegung vom Punkt Y zum

→ **Konjunkturelle Arbeitslosigkeit**
Arbeitslosigkeit, die in einer konjunkturellen Schwächephase entsteht, da aufgrund der beschränkten gesamtwirtschaftlichen Nachfrage mehr Arbeitslose als offene Stellen vorhanden sind.

→ **Sockelarbeitslosigkeit**
Die Anzahl freier Stellen entspricht der Anzahl Arbeitsloser. Die Sockelarbeitslosigkeit wird auch als gleichgewichtige Arbeitslosigkeit bezeichnet.

→ **Beveridge-Kurve**
Grafische Darstellung des Zusammenhangs zwischen der Anzahl Arbeitsloser und der Anzahl offener Stellen.

Schon alleine wegen der Suche nach neuen Stellen gibt es in jeder Volkswirtschaft immer eine gewisse Anzahl Arbeitslose. Mehr Transparenz im Arbeitsmarkt hilft, diese sogenannte friktionelle Arbeitslosigkeit tief zu halten.

Beschäftigung und Arbeitslosigkeit

Abb. 5.2
Die Beveridge-Kurve

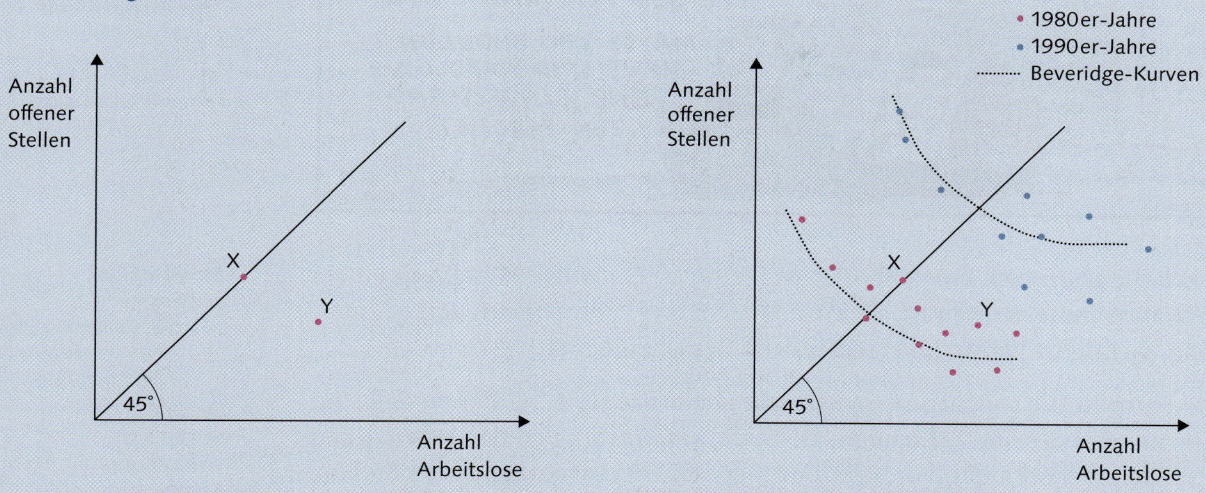

Die oben stehenden Grafiken stellen die Anzahl offener Stellen der Anzahl an Arbeitslosen gegenüber. Auf der 45°-Linie halten sich die beiden Grössen die Waage. Das ist in Punkt X der Fall: In einer solchen Situation gibt es lediglich Sockelarbeitslosigkeit. Punkt Y zeigt eine Situation, in der die Zahl der Arbeitslosen die Anzahl der offenen Stellen übersteigt. Ein Teil der Arbeitslosigkeit ist somit der konjunkturellen Arbeitslosigkeit zuzurechnen. Die Beveridge-Kurve ergibt sich als Verbindung der Punkte mehrerer Jahre. Betrachtet man einen umfangreichen Zeitraum, dann lässt sich unter Umständen eine Verschiebung der Beveridge-Kurve erkennen. Im hier schematisch dargestellten Fall hätte sich die Beveridge-Kurve nach aussen verschoben, was gleichbedeutend mit einer Zunahme der Sockelarbeitslosigkeit ist.

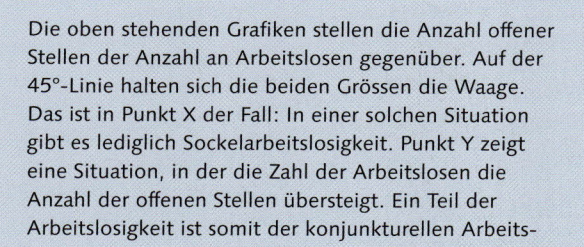

Punkt X und die Arbeitslosigkeit reduziert sich wieder auf die Sockelarbeitslosigkeit. Ein Kurvenpunkt links der 45°-Linie entspräche einer Überhitzung oder Hochkonjunktur – hier gäbe es mehr offene Stellen als Arbeitslose. Die Verbindung dieser Punkte mit unterschiedlicher Konjunkturlage ergibt eine Beveridge-Kurve.

Wichtig ist, dass die Beveridge-Kurve nicht konstant sein muss. Kommt es zu einer Veränderung der Sockelarbeitslosigkeit, so hat dies eine Verschiebung der Beveridge-Kurve nach aussen oder nach innen zur Folge. Die Verschiebung der Kurve bedeutet, dass sie in einer konjunkturell neutralen Situation, also in einer normal ausgelasteten Wirtschaft, einen anderen Punkt der Winkelhalbierenden schneidet. Jede Beveridge-Kurve steht also für ein bestimmtes Ausmass an Sockelarbeitslosigkeit. Verschiebt sich die Kurve nach innen, dann ist ein nachhaltiger Abbau der Sockelarbeitslosigkeit gelungen.

Auf den ersten Blick erscheint es deshalb als optimal, in der Grafik den Nullpunkt anzustreben, in dem es keine offene Stellen und vor allem keine Arbeitslosen gibt. In einer arbeitsteiligen, dynamischen Marktwirtschaft ist dies aber undenkbar, denn dann käme der Strukturwandel zum Erliegen. In einer solchen Wirtschaft wäre auch kein Wachstum mehr zu erwarten. Dennoch ist es natürlich erstrebenswert, in einer dynamischen Wirtschaft eine Beveridge-Kurve möglichst nahe am Nullpunkt des Diagramms zu erreichen.

Formen der Arbeitslosigkeit

«Ich kann es kaum glauben, dass ich den Job als Mathe-Lehrer nicht bekommen habe!»
«Vielleicht hättest du nicht sagen sollen, dass du 110 Prozent Einsatz geben wirst!»

Die Sockelarbeitslosigkeit entsteht also, weil eine arbeitsteilige Wirtschaft einem stetigen Wandel unterworfen ist. Sie tritt dabei in zwei Formen auf, deren Unterscheidung wichtig ist, da sie unterschiedliche Ursachen haben.

Die erste Form ist die sogenannte *strukturelle Arbeitslosigkeit*. In diesem Fall sind an sich genügend Stellen vorhanden, doch die *Qualifikationen* der arbeitslosen Personen entsprechen nicht den Anforderungsprofilen der vorhandenen Stellen. Strukturelle Arbeitslosigkeit wird vom strukturellen Wandel einer Volkswirtschaft verursacht, also vom Niedergang gewisser Branchen und dem gleichzeitigen Aufbau anderer Wirtschaftszweige. Neu geschaffene Stellen in den wachsenden Branchen verlangen neue oder andere Qualifikationen als die abgebauten Stellen in den alten Branchen.

Die zweite Form ist die *friktionelle Arbeitslosigkeit*, auch Sucharbeitslosigkeit genannt. Der letztere Begriff macht klar, worum es hier geht. Friktionelle Arbeitslosigkeit besteht dann, wenn genügend Stellen vorhanden sind und diese Stellen auch den Qualifikationsprofilen der Arbeitslosen entsprechen. Das Problem ist aber, dass die Arbeitslosen diese Stellen erst finden müssen. Diese weniger problematische Form der Arbeitslosigkeit reduziert sich, wenn sich die Transparenz im Arbeitsmarkt verbessert. Stellenanzeiger in den Medien und im Internet und die Tätigkeit von Arbeitsvermittlern können hier helfen, die Suche zu verkürzen und damit die friktionelle Arbeitslosigkeit zu vermindern.

→ **Strukturelle Arbeitslosigkeit**
Vom strukturellen Wandel verursachte Arbeitslosigkeit, bei der die Qualifikationen der arbeitslosen Personen nicht zu den Qualifikationsprofilen der offenen Stellen passen.

→ **Qualifikation**
Voraussetzungen bezüglich Ausbildung, Fähigkeiten und Fertigkeiten, die eine Arbeitnehmerin oder ein Arbeitnehmer für eine Stelle vorweisen kann.

→ **Friktionelle Arbeitslosigkeit**
Arbeitslosigkeit, die beim Stellenwechsel dadurch entsteht, dass die neue Stelle erst gefunden werden muss. Die friktionelle Arbeitslosigkeit wird auch als Sucharbeitslosigkeit bezeichnet.

Zusammenfassende Übersicht

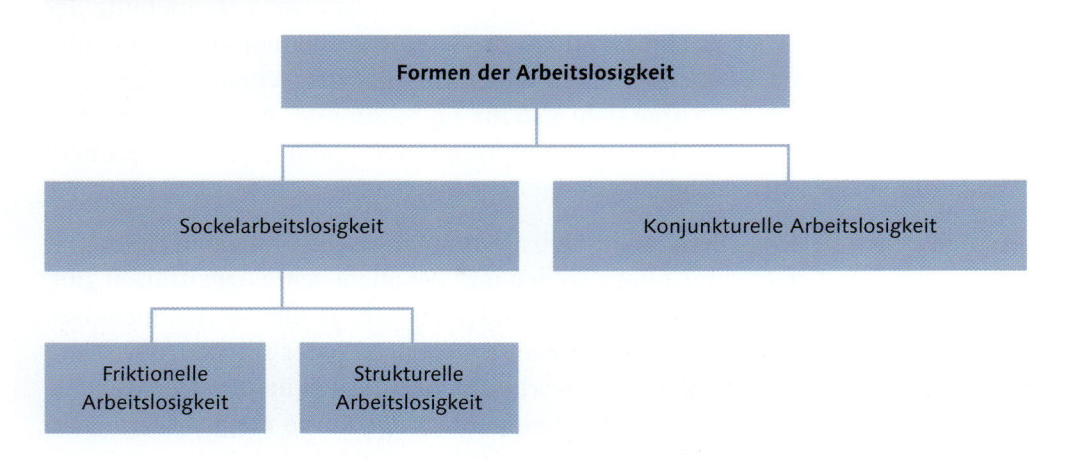

```
                Formen der Arbeitslosigkeit
                 /                      \
       Sockelarbeitslosigkeit    Konjunkturelle Arbeitslosigkeit
        /          \
Friktionelle    Strukturelle
Arbeitslosigkeit Arbeitslosigkeit
```

5.3 Konjunkturelle Arbeitslosigkeit

Konjunkturelle Arbeitslosigkeit entsteht, wenn die Wirtschaft in eine Rezession gerät. Ausgangspunkt ist dabei ein Rückgang der gesamtwirtschaftlichen Nachfrage. Weil die Löhne der Beschäftigten während einer gewissen Zeit fixiert sind, also nicht parallel zur sinkenden Nachfrage sinken, kommt es in der Gesamtwirtschaft zu Entlassungen. Dies betrifft alle Sektoren der Wirtschaft, und entsprechend nimmt bei einem Konjunkturrückgang die Arbeitslosigkeit in den meisten Sektoren gleichzeitig zu. Zieht dann die gesamtwirtschaftliche Nachfrage wieder an, geht die konjunkturelle Arbeitslosigkeit wieder zurück. Wir haben diese Mechanismen in Kapitel 4 genau erklärt, weshalb wir uns hier sehr kurz fassen können. Den Hintergrund der konjunkturellen Arbeitslosigkeit kann man auch am makroökonomischen Schema erläutern, das wir bereits mehrfach verwendet haben. Dieses stellt bekanntlich modellhaft dar, wie das BIP-Wachstum im Zeitablauf je nach konjunktureller Entwicklung um das Trendwachstum herum schwankt. Diese BIP-Entwicklung können wir nun mit der Situation der Arbeitslosigkeit verbinden, wie dies in **Abbildung 5.3** schematisch dargestellt ist.

Zum Zeitpunkt X befindet sich die Wirtschaft in einer Rezession. Die Wirtschaft ist unterausgelastet, das heisst, nicht alle Produktionsfaktoren können voll eingesetzt werden, da die Nachfrage zu klein ist. Diese Unterauslastung bedeutet einerseits, dass nicht alle vorhandenen Kapitalgüter, wie Gebäude oder Maschinen, gebraucht werden. Andererseits – und das interessiert uns hier besonders – können auch nicht alle Arbeitskräfte, die bei normaler Konjunkturlage eine Stelle hätten, beschäftigt werden. Und das bedeutet, dass die Arbeitslosigkeit in einer Rezession relativ gross ist; denn zur «normalen» Sockelarbeitslosigkeit (strukturelle und friktionelle Arbeitslosigkeit) addiert sich noch die konjunkturelle Arbeitslosigkeit.

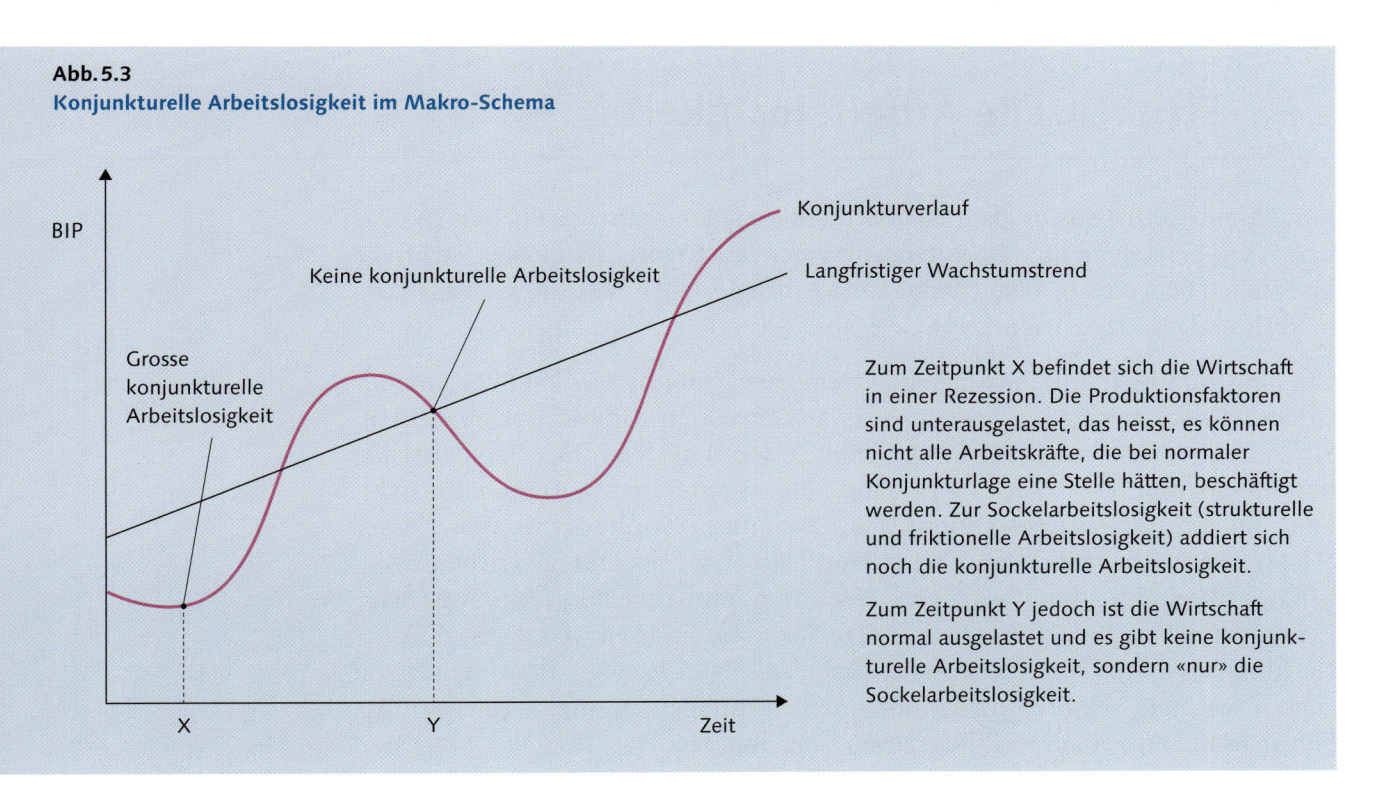

Abb. 5.3
Konjunkturelle Arbeitslosigkeit im Makro-Schema

Zum Zeitpunkt X befindet sich die Wirtschaft in einer Rezession. Die Produktionsfaktoren sind unterausgelastet, das heisst, es können nicht alle Arbeitskräfte, die bei normaler Konjunkturlage eine Stelle hätten, beschäftigt werden. Zur Sockelarbeitslosigkeit (strukturelle und friktionelle Arbeitslosigkeit) addiert sich noch die konjunkturelle Arbeitslosigkeit.

Zum Zeitpunkt Y jedoch ist die Wirtschaft normal ausgelastet und es gibt keine konjunkturelle Arbeitslosigkeit, sondern «nur» die Sockelarbeitslosigkeit.

Strukturelle Arbeitslosigkeit

Zum Zeitpunkt Y jedoch ist die Wirtschaft normal ausgelastet, und es gibt keine konjunkturelle Arbeitslosigkeit, sondern «nur» die Sockelarbeitslosigkeit. Im Gegensatz zur Beveridge-Kurve lassen sich in dieser Darstellung aber allfällige Veränderungen der Sockelarbeitslosigkeit nicht ablesen, weshalb sie sich eben nur für die Konjunkturanalyse eignet, nicht aber für die Analyse der gesamten Arbeitsmarktentwicklung.

Die Weltwirtschaftskrise der frühen 1930er-Jahre zeigte, wie massiv die Arbeitslosigkeit alleine aus konjunkturellen Gründen ansteigen kann. Das Bild aus dem Jahr 1930 zeigt Arbeitslose, die in New York vor einer Essensausgabe Schlange stehen.

5.4 Strukturelle Arbeitslosigkeit

Konjunkturelle Arbeitslosigkeit ist also ein makroökonomisches Phänomen. Das heisst, wir betrachten hier die Entwicklung der gesamtwirtschaftlichen Nachfrage und stellen fest, dass in allen Märkten die Arbeitslosigkeit ansteigt, weil alle Löhne während einer gewissen Zeit fixiert sind.

Um die strukturelle Arbeitslosigkeit zu verstehen, müssen wir den Blick von der Gesamtwirtschaft weg hin zur Situation auf einzelnen Arbeitsmärkten richten. Strukturelle Arbeitslosigkeit entsteht nämlich, wenn die Nachfrage in einem ganz bestimmten Markt sinkt, etwa weil seine Güter veraltet sind (z. B. Schreibmaschinen) und von moderneren Gütern (z. B. Computern) verdrängt werden. Dieser Nachfragerückgang führt dann bei starren Löhnen zu struktureller Arbeitslosigkeit, da für eine bestimmte Art von Arbeit nun ein Überschussangebot besteht. Zentral ist dabei, dass gleichzeitig andere Sektoren wachsen und damit dort die Nachfrage nach Arbeit steigt. Man beobachtet also gleichzeitig schrumpfende wie auch wachsende Sektoren und somit einen Nachfragerückgang in gewissen Arbeitsmärkten und einen Nachfragezuwachs in anderen.

Beschäftigung und Arbeitslosigkeit

Geht uns die Arbeit aus?

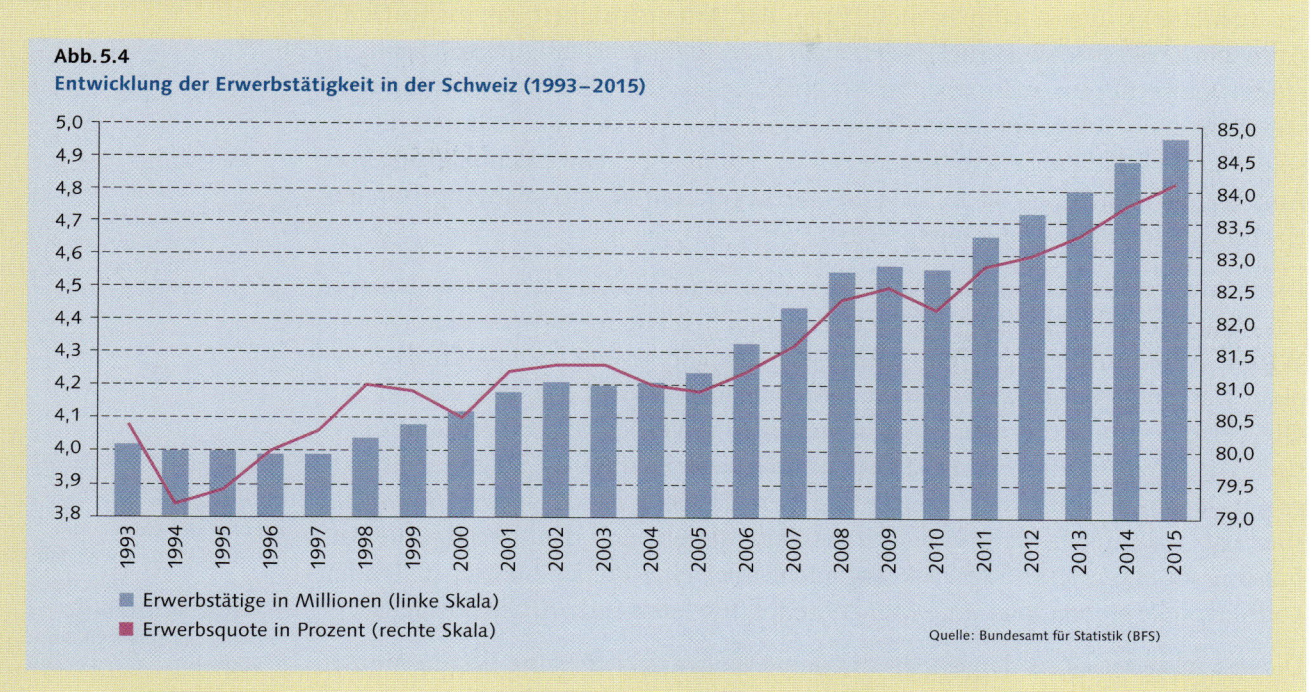

Abb. 5.4
Entwicklung der Erwerbstätigkeit in der Schweiz (1993–2015)

- Erwerbstätige in Millionen (linke Skala)
- Erwerbsquote in Prozent (rechte Skala)

Quelle: Bundesamt für Statistik (BFS)

Mit der Befürchtung, dass uns einmal die Arbeit ausgehen könnte, werden Ökonominnen und Ökonomen in der wirtschaftspolitischen Diskussion immer wieder konfrontiert. Glücklicherweise lässt sich mithilfe einfacher ökonomischer Überlegungen zeigen, dass diese Befürchtung unbegründet ist. Doch woher kommt diese tief sitzende Angst vor dem bevorstehenden Ende der Arbeit? Ein Grund dafür ist sicher, dass ein Stellenabbau meist öffentlich wahrgenommen wird, während der Stellenaufbau kaum Beachtung findet. Streicht ein Unternehmen in einer bestimmten Region 200 Stellen, dann ist dies eine Nachricht mit regionalem, oft auch nationalem Echo. Der Aufbau neuer Stellen dagegen erfolgt meist verstreut über viele einzelne Unternehmen und verteilt über einen längeren Zeitraum. Auch wenn der Aufbau umfangreicher ist als der Abbau, erfolgt er zu unspektakulär und ist zu schwierig zu verfolgen, um auf breiter Front wahrgenommen zu werden. Es bleibt der Eindruck, viel öfter mit Stellenabbau als mit Stellenaufbau konfrontiert zu sein. **Abbildung 5.4** zeigt aber, dass selbst in der von hoher Arbeitslosigkeit geprägten Periode der 1990er-Jahre die Beschäftigung in der Schweiz insgesamt kaum abgenommen hat. Wie der Verlauf der Erwerbsquote zeigt, strömten nach 1994 viele zusätzliche Arbeitskräfte auf den Arbeitsmarkt und fanden dort mehrheitlich eine Stelle.
Die Angst vor dem Ende der Arbeit stammt wohl daher, dass man sich beim Analysieren der Effekte des technischen Fortschritts und der Globalisierung oft auf die Betrachtung von Einzelsektoren beschränkt. Dabei werden die Auswirkungen auf die Gesamtwirtschaft zu wenig berücksichtigt. Nehmen wir das Beispiel der Schreibmaschine, die durch den Computer verdrängt wurde. Wird nur die Situation der Schreibmaschinenproduzenten analysiert, dann hat die neue Technologie – in diesem Fall der Computer – in der Tat zu einem bedeutenden Abbau von Arbeitsplätzen geführt. Doch wir müssen auch die Wirkung auf andere Sektoren mitberücksichtigen. In der gesamten Wirtschaft führte der Einsatz von Computern in der Textverarbeitung zu einem Produktivitätsgewinn und damit zu zusätzlichen Einkommen. Diese fliessen drei Gruppen zu: (i) den jetzt produktiveren Arbeitskräften in Form von Lohnerhöhungen, (ii) den Kapitalgebern in Form höherer Gewinne sowie (iii) den Konsumentinnen und Konsumenten in Form tieferer Preise. Diese Einkommen werden von den drei Gruppen aber auch wieder ausgegeben, indem sie zusätzliche Güter nachfragen. Diese wiederum müssen von jemandem produziert werden. Das bedeutet aber, dass zusätzliche Arbeit geleistet werden muss, wodurch die Nachfrage nach Arbeit und damit die Beschäftigung ansteigen.
Die fortschreitende Produktivitätssteigerung führt also zur Schaffung immer neuer Arbeitsplätze, und deshalb geht uns die Arbeit mit Sicherheit nicht aus. Ein Blick auf die langjährige Beschäftigungsentwicklung unterstreicht dies eindrücklich.

Strukturelle Arbeitslosigkeit

Dass in diesem Prozess strukturelle Arbeitslosigkeit entsteht, hat seinen Ursprung in der mangelnden Anpassungsfähigkeit der Löhne. Anders gesagt: Bei voll flexiblen Lohnanpassungen gäbe es diese Form der Arbeitslosigkeit gar nicht. Denn dann würde der Nachfragerückgang lediglich zu einem Beschäftigungsrückgang in einem Sektor führen, nicht aber zu Arbeitslosigkeit. Das scheint der Intuition zu widersprechen, folgt aber der einfachen Logik eines Marktes. Funktioniert dieser, so passen sich die Preise – in diesem Fall die Löhne – bei einer Veränderung von Angebot oder Nachfrage so an, dass der Markt geräumt ist, dass also Angebot und Nachfrage einander wieder entsprechen.

Diese Analyse basiert auf der Annahme, dass die Preise auf dem Arbeitsmarkt tatsächlich so flexibel reagieren. Diese Annahme ist ebenso entscheidend wie in Wirklichkeit unrealistisch: Denn eine rasche Lohnanpassung nach unten als Folge eines Nachfragerückgangs auf einem Arbeitsmarkt ist nicht das, was man in den OECD-Ländern üblicherweise beobachtet. Löhne werden oft am Verhandlungstisch zwischen Arbeitgeberverbänden und Gewerkschaften für längere Zeit festgelegt. Jeder Lohnrückgang ist ausgesprochen schwierig durchzusetzen. *Reallöhne* sind also – zumindest über eine gewisse Zeit – fixiert, und damit erfolgt die Anpassung an einen Nachfragerückgang nicht über eine Preisreduktion (fallender Lohn), sondern eben über eine Mengenreduktion (steigende Arbeitslosigkeit).

> **→ Reallohn**
> Lohn, der um die Inflation korrigiert ist und somit anzeigt, welche Menge an Gütern damit gekauft werden können.

Dies ist in **Abbildung 5.5** dargestellt, die den Arbeitsmarkt für eine bestimmte Art von Beschäftigten zeigt. Der Preis auf diesem Markt ist der Lohn, die Menge auf diesem Markt ist die Anzahl der Beschäftigten. Die Anbieter von Arbeit sind die Haushalte, nachgefragt wird die Arbeit von den Unternehmen. Beide Kurven weisen den normalen Verlauf auf. Im Schnittpunkt der beiden Kurven entsprechen sich Angebot A und Nachfrage N_1, der gleichgewichtige Lohn beträgt w_1. Alle Personen, die nicht beschäftigt sind, haben einen höheren *Reservationslohn* als w_1. Sie gehen also in der betrachteten Branche «freiwillig» keiner Beschäftigung nach, weil ihnen der gleichgewichtige Lohn zu tief ist. Der Begriff «freiwillig» bezieht sich hier lediglich darauf, dass diese Personen zum Marktlohn eine Arbeit finden könnten, darauf aber verzichten. Damit soll nicht beurteilt werden, ob dieser

> **→ Reservationslohn**
> Individuell erwarteter minimaler Lohn. Für einen Lohn unter diesem Minimum verzichtet eine Arbeitnehmerin oder ein Arbeitnehmer auf eine Beschäftigung.

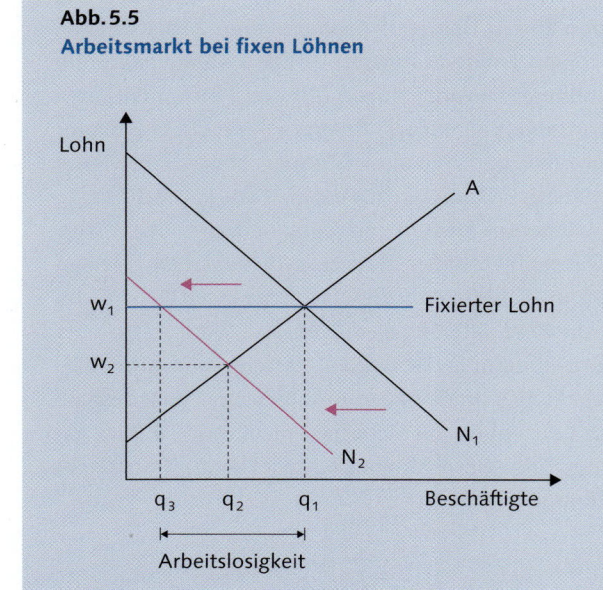

Abb. 5.5
Arbeitsmarkt bei fixen Löhnen

Wird der Lohn fixiert, z. B. durch einen Mindestlohn in der Höhe des ursprünglichen Lohns w_1, entsteht bei einem Rückgang der Nachfrage unfreiwillige Arbeitslosigkeit. Eigentlich möchte zu diesem Lohn die Anzahl q_1 arbeiten, die Unternehmen werden aber nur der Anzahl q_3 einen Arbeitsvertrag anbieten. Es entsteht somit Arbeitslosigkeit in der Höhe $q_1 - q_3$.
Die Effekte auf die Wohlfahrt verhalten sich analog zu einem Mindestpreis, vergleiche **Abbildung 3.2** (S. 68).

Marktlohn als «anständig» empfunden wird oder ob er genügend hoch ist, um einen gewissen Lebensstandard zu sichern.

Nehmen wir nun an, dass die Nachfrage nach Arbeitskräften auf dem betrachteten Arbeitsmarkt auf N_2 sinkt. Ein möglicher Grund dafür kann ein Strukturwandel sein, der zu einer Schrumpfung der betrachteten Branche und folglich zu einer Verkleinerung der Arbeitsnachfrage für entsprechend ausgebildete Personen führt. Entscheidend ist jetzt, wie der Lohn auf diesen Nachfragerückgang reagiert. Würde er sofort auf w_2 zurückgehen, so entstünde ein neues Gleichgewicht mit tieferer Beschäftigung q_2, aber ohne Arbeitslosigkeit. Alle, die zum neu herrschenden Marktlohn arbeiten wollten, könnten dies auch tun. In der Abbildung ist aber der realistischere Fall dargestellt, dass der Lohn auf dem ursprünglichen Niveau w_1 fixiert bleibt und folglich nicht auf den Rückgang der Arbeitsnachfrage reagiert.

Verbleibt der Lohn auch bei reduzierter Nachfrage auf w_1, dann sind immer noch q_1 Personen bereit, zu diesem Lohn zu arbeiten. Tatsächlich werden aber nur noch q_3 Arbeitskräfte bei diesem Lohn nachgefragt, da w_1 im Vergleich zum neuen Gleichgewichtslohn w_2 für die Unternehmen zu hoch liegt. Die Differenz zwischen q_1 und q_3 entspricht der Anzahl Personen, die in der betrachteten Branche unfreiwillig nicht beschäftigt sind, also Arbeitslose im oben definierten Sinne darstellen: Zum herrschenden (allerdings zu hohen) Lohn w_1 finden sie keine Arbeit.

Unfreiwillige Arbeitslosigkeit entsteht also immer dann, wenn auf dem Arbeitsmarkt für eine bestimmte Art von Beschäftigten der Preis der Arbeit, der Reallohn, aus irgendeinem Grund nicht flexibel auf Veränderungen in der Nachfrage nach Arbeit reagieren kann.

5.5 Hintergründe der strukturellen Arbeitslosigkeit

Hat eine Branche einen strukturellen Rückgang zu verzeichnen, so führt dies in den meisten Fällen zu unfreiwilliger Arbeitslosigkeit, weil die Arbeitsmärkte zu wenig flexibel reagieren. Was bestimmt aber die Anpassungsfähigkeit eines Arbeitsmarktes? Dieser Frage wollen wir uns nun zuwenden.

Im Wesentlichen beeinflussen zwei Faktoren die Anpassungsfähigkeit:

- Die vielfältigen Regulierungen des Arbeitsmarktes. Sie erklären, weshalb die Löhne kurzfristig nicht auf einen Rückgang der Nachfrage nach entsprechenden Arbeitskräften reagieren; man könnte dies auch als «institutionelle Arbeitslosigkeit» bezeichnen.
- Die Aus- und Weiterbildung. Sie bestimmt zu einem gewissen Grad, wie rasch die Arbeitnehmenden ihre Qualifikation dem Strukturwandel anpassen können.

Hintergründe der strukturellen Arbeitslosigkeit

5.5.1 Regulierungen des Arbeitsmarktes

In den meisten Industrieländern ist der Arbeitsmarkt wesentlich stärker reguliert als normale Gütermärkte. Denn der Arbeitsmarkt wird als spezieller Markt betrachtet. Verliert jemand seine Arbeit, so ist das ungleich dramatischer als die fallende Nachfrage nach einem Gut.

Der Vorteil schützender *Arbeitsmarktregulierungen* ist, dass die Arbeitnehmenden eine gewisse Sicherheit erhalten. Der Nachteil kann jedoch sein, dass es für Arbeitslose gerade wegen dieser Regulierungen schwieriger wird, wieder eine Arbeit zu finden.

→ **Arbeitsmarktregulierungen**
Gestaltung des Arbeitsmarktes durch Gesetze und Verordnungen.

Die Kunst der Arbeitsmarktregulierung besteht also darin, ein Gleichgewicht zwischen Arbeitnehmerschutz und Flexibilität zu finden. Dabei ist zu berücksichtigen, dass ein zu starker Schutz die Illusion erweckt, Arbeitsplätze könnten für alle Zeiten gesichert werden. In einer Marktwirtschaft, die strukturellem Wandel unterworfen ist, ist dies jedoch unmöglich. Jeder Versuch, in einer bestimmten Branche Arbeitsplätze zu garantieren, untergräbt die Anpassungsfähigkeit und den Anpassungswillen der Beschäftigten und hat zur Folge, dass irgendwann die nötige Anpassung schockartig erfolgen wird.

Welches sind nun die wichtigsten Formen von Arbeitsmarktregulierungen, welche die Flexibilität des Arbeitsmarktes gewollt oder ungewollt einschränken? Hier lassen sich vor allem fünf Formen unterscheiden:

- Mindestlöhne,
- zentralisierte Lohnverhandlungen,
- Regulierungen bezüglich Anstellung und Entlassung von Arbeitnehmenden (Kündigungsschutz),
- Ausgestaltung der Arbeitslosenversicherung,
- Regulierungen der Arbeitszeit.

Mindestlöhne sind die offensichtlichste und in ihrer Wirkung am einfachsten verständliche Inflexibilität auf dem Arbeitsmarkt. Wird ein Mindestlohn eingeführt, ist dies ein direkter Eingriff in den Preismechanismus. Die Situation ist vergleichbar mit einem zu hoch angesetzten Mindestpreis auf einem Gütermarkt. Wie in Kapitel 3 ausgeführt, kommt es dabei zu einem Angebotsüberhang und einer zu geringen Nachfrage. Um den Arbeitnehmenden ein genügend hohes Einkommen zu garantieren, werden Mindestlöhne oft auf ein Niveau gesetzt, das über der Produktivität der betroffenen Arbeitskräfte liegt. Die Arbeitgeber werden in einem solchen Fall aber nicht bereit sein, alle Arbeitswilligen zu diesen Löhnen einzustellen. Da die Produktivität unter dem bezahlten Lohn liegt, würde das Unternehmen mit jeder Arbeitsstunde, die sie unter diesen Bedingungen nachfragt, einen Verlust erleiden.

→ **Mindestlohn**
Gesetzlich oder vertraglich festgelegtes Lohnminimum mit landes- oder branchenweiter Verbindlichkeit.

Zentralisierte Lohnverhandlungen sind eine zweite, konzeptionell eng mit Mindestlöhnen verbundene Quelle der Inflexibilität auf dem Arbeitsmarkt. Je stärker die Verhandlungen zwischen Arbeitnehmern und Arbeitgebern zentralisiert sind – das heisst, für sehr viele Arbeitsverhältnisse auf einmal ausgehandelt werden –, desto weniger können sie auf die Situation einzelner Arbeitsverhältnisse, insbesondere auf unterschiedliche Produktivitäten der Arbeitnehmenden, Rücksicht nehmen. Werden in Lohnverhandlungen die Bedingungen für ganze Branchen

→ **Zentralisierte Lohnverhandlungen**
Lohnverhandlungen zwischen Vertretern von Arbeitgebern (Verbänden) und Arbeitnehmern (Gewerkschaften), deren Ergebnisse branchenweite Gültigkeit haben.

Beschäftigung und Arbeitslosigkeit

Produktivität und Löhne

Fallbeispiele zeigen den engen Zusammenhang zwischen Produktivitäts- und Lohnentwicklung immer wieder eindrücklich. So befürchteten etwa in den vergangenen Jahrzehnten viele, dass die europäische Wirtschaft gegen die unglaublich tiefen Löhne in China nie und nimmer konkurrieren könne. Und auf den ersten Blick zeichnen die Zahlen tatsächlich ein alarmierendes Bild. Die durchschnittlichen jährlichen Industrielöhne in China lagen Ende der 1990er-Jahre bei knapp über 700 US-$ pro Jahr, in Deutschland dagegen bei rund 35 000 US-$. Will man dies richtig interpretieren, muss man aber nicht nur die Löhne, sondern auch die Produktivität als deren Gegenwert betrachten. Dabei zeigt sich, dass die chinesischen Arbeiter nicht nur viel billiger, sondern auch weit weniger produktiv waren. Die durchschnittliche jährliche Wertschöpfung pro Arbeitskraft lag in der gleichen Periode in Deutschland bei rund 80 000 US-$, in China dagegen bei nicht einmal 3000 US-$. Das bedeutet aber, dass die für die Wettbewerbsfähigkeit entscheidenden *Lohnstückkosten* (Löhne im Verhältnis zur Produktivität) in China gar nicht so viel tiefer liegen als in Industrieländern. Der Grund ist, dass die durchschnittliche europäische Arbeitskraft mit deutlich mehr Kapital, einer besseren Ausbildung und einer weit effizienteren Technologie ausgestattet ist.

Häufig folgt darauf der Einwand, dass bei den enormen chinesischen Wachstumsraten die Produktivität rasch steige und es nicht lange dauern werde, bis die tiefen Löhne einen unschlagbaren Wettbewerbsvorteil darstellten. Auch hier sind die Befürchtungen weitgehend unbegründet. Der Zusammenhang zwischen Löhnen und Produktivität gilt nämlich nicht nur statisch für einen bestimmten Zeitpunkt, sondern auch dynamisch. Die steigende Produktivität in China schafft zusätzliches Einkommen, das unter anderem den Arbeitskräften in Form von höheren Löhnen zufliesst. Denn der Lohn in wettbewerbsintensiven Märkten wird durch seinen realen Gegenwert bestimmt, also durch die Produktivität der Arbeitskräfte. Und tatsächlich lässt sich beobachten, dass die Reallöhne in vormaligen Entwicklungsländern ungefähr im gleichen Tempo steigen wie die Produktivität. Ein typisches Beispiel ist Südkorea, dessen Industrielöhne gemäss einer Studie 1970 etwa 8 % des US-Niveaus entsprachen. 1995 erreichten sie bereits 48 % der US-Löhne; diese Lohnerhöhung entsprach ziemlich genau dem relativen Produktivitätsschub von Südkorea in dieser Periode. Natürlich kann es auch sein, dass in einem Land für eine gewisse Periode die Produktivität stärker als die Löhne ansteigt. Längerfristig aber ist ein solches Auseinanderklaffen kaum möglich.

→ **Lohnstückkosten**
Lohnkosten pro produzierte Einheit eines Gutes.

---

einheitlich festgelegt, ergibt sich ein grober Durchschnitt, der sich in einzelnen Segmenten des Arbeitsmarktes wie ein zu hoch angesetzter Mindestlohn auswirkt.

Regulierungen zur Einstellung und Entlassung sind eine dritte wichtige Komponente der Arbeitsmarktflexibilität. Dabei geht es um Vorschriften, die es erschweren, jemanden anzustellen und vor allem zu entlassen. Ein gut ausgebauter *Kündigungsschutz* scheint intuitiv etwas Positives zu sein; schliesslich trägt er ja scheinbar zur Sicherheit der Arbeitsplätze bei. Leider handelt es sich dabei aber um eine Regulierung, die auf subtile Weise verhindern kann, dass eine arbeitslose Person überhaupt eine freie Stelle findet. Denn wenn ein Unternehmer weiss, dass er bei einer Verschlechterung der Wirtschaftslage niemanden entlassen kann, hat er einen starken Anreiz, auch bei guter Konjunkturlage auf Anstellungen zu verzichten. Vordergründig scheint diese Regulierung positiv auf die Beschäftigung zu wirken, tatsächlich aber wird sie zu einem Bumerang und führt mittelfristig zu einer Reduktion der insgesamt vorhandenen Stellen. Dies ist ein klassisches Beispiel einer Regulierung, welche die Anreize der Beteiligten zu wenig berücksichtigt und daher das Gegenteil des Beabsichtigten erreicht.

Die Ausgestaltung der *Arbeitslosenversicherung* ist ein vierter Einflussfaktor der strukturellen Arbeitslosigkeit. Auch hier sind die Auswirkungen oft anders als ursprünglich angestrebt. Eine grosszügige Arbeitslosenunterstützung ist aus so-

→ **Kündigungsschutz**
Vorschriften, welche die Entlassung von Arbeitskräften erschweren oder verhindern.

→ **Arbeitslosenversicherung**
Sozialversicherung, die erwerbslosen Personen während der Arbeitssuche ein Einkommen garantiert.

zialer Sicht natürlich positiv zu beurteilen. Verliert eine Person ihre Arbeitsstelle, ist sie während der ohnehin schwierigen Zeit der Arbeitslosigkeit wenigstens finanziell abgesichert. Aber auch diese Institution setzt Anreize, die das Gegenteil des Angestrebten bewirken können. Eine grosszügige Arbeitslosenunterstützung reduziert nämlich für die Arbeitslosen den Anreiz, sich intensiv um eine neue Stelle zu bemühen. So besteht die Gefahr, dass ein Teil der Betroffenen erst knapp vor dem Auslaufen der Unterstützung mit der intensiven Stellensuche beginnt. Wie schon beim Kündigungsschutz ergeben sich hier schwerwiegende Zielkonflikte. Denn ein zu umfassender Ausbau der schützenden Regulierung kann dazu führen, dass sich das ursprüngliche Problem – die Arbeitslosigkeit – verschärft, statt sich wie gewünscht zu reduzieren. Bei der Ausgestaltung von Regulierungen ist es also auch hier unabdingbar, die ökonomischen Anreize der Betroffenen zu berücksichtigen.

Regulierungen der Arbeitszeit sind schliesslich der fünfte Einflussfaktor. Häufig werden im politischen Prozess Arbeitszeitregulierungen angestrebt, welche die gesetzliche Wochenarbeitszeit, die Angestellte leisten müssen, bei gleichem Lohn reduzieren. In diesem Fall wirkt die Massnahme natürlich wie ein zu hoch angesetzter Mindestlohn. Passen sich die Löhne nicht der reduzierten Arbeitszeit an, führt dies zu unfreiwilliger Arbeitslosigkeit.

Zusammenfassend lässt sich festhalten, dass die Ausgestaltung der verschiedenen Arbeitsmarktregulierungen entscheidend ist, um die strukturellen Gründe der Sockelarbeitslosigkeit zu verstehen.

5.5.2 Aus- und Weiterbildung

Neben den Regulierungen des Arbeitsmarktes sind Aus- und Weiterbildung wichtige, im weiteren Sinne wirtschaftspolitisch lenkbare Einflussfaktoren der strukturellen Arbeitslosigkeit.

Letztlich entsteht diese Arbeitslosigkeit ja dadurch, dass aufgrund des Strukturwandels die Nachfrage nach einem bestimmten Qualifikationsprofil zurückgeht und der Reallohn nicht schnell genug darauf reagiert. Will eine arbeitslose Person nun zu ähnlichen Bedingungen eine Beschäftigung finden, so muss sie ihre Qualifikationen an ein neues Stellenprofil anpassen. Dabei haben es Personen mit einem guten Ausbildungsniveau meistens leichter. Denn ist eine Person gewohnt zu lernen, ist es für sie einfacher, sich neue Fertigkeiten oder Qualifikationen anzueignen. Eng damit verbunden sind gut ausgebaute Weiterbildungssysteme. Diese ermöglichen es den von struktureller Arbeitslosigkeit Betroffenen, sich relativ rasch neue Fertigkeiten anzueignen. Die Arbeitslosenunterstützung ist daher in den meisten

«Oog war kein begabter Jäger und Sammler, deshalb versucht er sich jetzt als Grafiker!»

Ländern vermehrt dazu übergegangen, den Arbeitslosen verschiedene Formen der Weiterbildung anzubieten und sie teilweise sogar dazu zu verpflichten.

Zusammengefasst sind also die Regulierungen des Arbeitsmarktes und die Bildung im weitesten Sinne die wichtigsten Bestimmungsfaktoren der strukturellen Arbeitslosigkeit. Soll diese Form der Arbeitslosigkeit wirksam bekämpft werden, kann dies durch eine Reform der Regulierungen oder durch eine Verbesserung des Bildungsangebots erreicht werden.

5.6 Schweizer Arbeitsmarktpolitik

Die Bilanz des Schweizer Arbeitsmarktes ist im internationalen Vergleich ausgesprochen positiv. Selbst in Rezessionen hatte die Schweiz bisher tiefere Arbeitslosenquoten, als sie die meisten anderen OECD-Länder in einer Hochkonjunktur erreichen können (siehe hierzu den internationalen Vergleich in Kapitel 1). Dies zeigt, dass die Sockelarbeitslosigkeit in der Schweiz tiefer liegt als in vergleichbaren Ländern. Ebenso positiv ist die sehr hohe Erwerbstätigenquote zu beurteilen. Auch hier sticht die Schweiz im internationalen Vergleich heraus. Zudem zeichnet sich die Schweiz durch eine bemerkenswert tiefe Jugendarbeitslosigkeit aus.

Drei für die Sockelarbeitslosigkeit besonders wichtige Elemente der schweizerischen Arbeitsmarktpolitik sollen hier angesprochen werden: die Regulierungen des Arbeitsmarktes, die Berufslehre und die Ausgestaltung der Arbeitslosenversicherung.

5.6.1 Regulierung des Schweizer Arbeitsmarktes

Die Arbeitsmarktregulierung ist in der Schweiz im internationalen Vergleich flexibel ausgestaltet. Sie ist in dieser Hinsicht eher mit den Arbeitsmarktregulierungen der angelsächsischen oder gewisser nordeuropäischer Länder zu vergleichen als mit denen der uns umgebenden grossen Nationen. Ihre wesentlichen Elemente lassen sich an den oben beschriebenen fünf Formen von Arbeitsmarktregulierungen aufzeigen. Wir wollen sie kurz einzeln besprechen.

Zum Ersten gibt es in der Schweiz – im Gegensatz zu den meisten anderen OECD-Ländern – keine allgemeinen, über alle Branchen hinweg gültigen Mindestlöhne. Zwar bestehen solche in einzelnen Branchenvereinbarungen und schränken dort die Flexibilität des jeweiligen Arbeitsmarktes ein. Sie sind jedoch an die spezifischen Situationen der betroffenen Branchen angepasst und daher für die Gesamtbeschäftigung weniger problematisch. Das Fehlen genereller Mindestlöhne erleichtert es den Arbeitgebern, auch Arbeitskräfte mit tieferem Ausbildungsniveau einzustellen; und in der Tat ist in der Schweiz die Beschäftigungsquote gerade dieser Arbeitskräfte vergleichsweise hoch. Denn in anderen Ländern werden solche weniger qualifizierten Arbeitnehmerinnen und Arbeitnehmer durch zu hohe bindende Mindestlöhne oft aus dem Arbeitsmarkt hinausgedrängt. Kein Unternehmen ist auf die Dauer bereit, Personen zu einem Lohn zu beschäftigen, der höher liegt als ihre Produktivität.

Zweitens kennt die Schweiz keine flächendeckenden *Tarifverträge* wie etwa Deutschland, wo über Millionen von Arbeitsverhältnissen hinweg Löhne und Arbeitsbedingungen vertraglich fixiert werden. In der Schweiz erfolgen die Lohnverhandlungen dezentraler, das heisst auf Branchen- oder sogar Unternehmensebene. So berücksichtigen die Löhne stärker die Produktivität der Arbeitskräfte, was sich günstig auf die Beschäftigung auswirkt.

→ **Tarifvertrag**
Vertrag zwischen Arbeitgeberverbänden und Gewerkschaften, der die Löhne und weitere Arbeitsbedingungen in einer bestimmten Branche regelt. Tarifverträge werden in der Schweiz als Gesamtarbeitsverträge bezeichnet.

Drittens gibt es auf dem Schweizer Arbeitsmarkt deutlich weniger Hindernisse bei Anstellungen und Entlassungen von Arbeitskräften. Eine Anstellung bedeutet keine Verpflichtung über viele Jahre, von der sich die Arbeitgeber nur mit hohen Kosten wieder entbinden können. Entsprechend leichter fällt es ihnen, bei gutem Geschäftsgang Arbeitskräfte einzustellen, weil es auch möglich ist, sich in härteren Zeiten von diesen wieder zu trennen. Dies steht in deutlichem Gegensatz zu den meisten anderen europäischen Ländern. Dort ist der Kündigungsschutz stark ausgebaut, und entsprechend schwierig ist es für die Arbeitswilligen, eine feste Stelle zu finden. Oft trifft dies gerade junge Menschen, die von der Ausbildung kommend ihre erste Stelle suchen.

Viertens ist die Arbeitslosenversicherung in der Schweiz stark aktivierend ausgestaltet. Sie setzt Anreize, um die Dauer der Arbeitslosigkeit zu verkürzen. Dieser Punkt wird im Abschnitt 5.6.3 näher behandelt.

Fünftens gibt es in der Schweiz wenige Restriktionen der Arbeitszeit. So wurde etwa eine Initiative zur 36-Stunden-Woche in einer Volksabstimmung abgelehnt. Zudem ist es sehr einfach, Arbeitnehmende im Teilzeitverhältnis anzustellen, was die Beschäftigungssituation ebenfalls verbessert.

Alle Regulierungen, die einen Einfluss auf die Höhe der Sockelarbeitslosigkeit haben, sind in der Schweiz im internationalen Vergleich eher flexibel ausgestaltet. Es ist deshalb kaum überraschend, dass hierzulande die Sockelarbeitslosigkeit tatsächlich sehr tief liegt.

5.6.2 Berufslehre und Jugendarbeitslosigkeit

Neben den Regulierungen des Arbeitsmarktes spielt das Bildungssystem eine zentrale Rolle für die Entwicklung der Arbeitslosigkeit in einem Land. Auch hier weist die Schweiz mit der grossen Bedeutung der Berufslehre eine Besonderheit auf, die einen wichtigen Beitrag zur Erklärung der tiefen Sockelarbeitslosigkeit liefert. Zwei Drittel der Jugendlichen durchlaufen in der Schweiz die Berufsbildung, die damit bei Weitem die wichtigste Erstausbildung ist. Man spricht dabei oft von der sogenannten *dualen Berufsbildung*. Dies, weil die Ausbildung aus zwei Komponenten besteht – der Ausbildung in einem Unternehmen als praktische Komponente einerseits und dem Besuch einer Berufsfachschule als konzeptionelle Komponente andererseits.

→ **Duale Berufsbildung**
Bildungssystem mit paralleler Ausbildung im Betrieb und in der Berufsschule.

Der grosse Vorteil dieses System ist, dass die Jugendlichen bereits früh in der Ausbildung in ein Unternehmen integriert sind und ihre Ausbildung damit sehr praxisorientiert und marktnahe abläuft. Dies trägt entscheidend zu der sehr tiefen Jugendarbeitslosigkeit in der Schweiz bei. In dieser Hinsicht unterscheiden sich Länder mit einem breit ausgerichteten Berufslehresystem im internationalen Vergleich augenfällig. In Ländern mit dualem Bildungssystem wie Deutschland, Österreich, den Niederlanden oder der Schweiz liegt die durchschnittliche Ju-

Beschäftigung und Arbeitslosigkeit

gendarbeitslosenquote mehr als 10 Prozentpunkte tiefer als in Ländern, die dieses System nicht kennen. Im Zuge der Finanzkrise hat sich diese Tendenz noch verstärkt. Kommt hinzu, dass viele Lernende nach dem Abschluss im Lehrbetrieb eine Festanstellung erhalten. Da sich die Wahrscheinlichkeit, längere Zeit arbeitslos zu sein, erhöht, wenn man bereits beim Einstieg ins Berufsleben keine Stelle findet, wirkt dies dämpfend auf die gesamte Arbeitslosigkeit. Zudem führt das System dazu, dass der Anteil Ungelernter deutlich tiefer liegt. Dies ist relevant, denn Personen ohne Ausbildung sind in der Regel deutlich öfter arbeitslos als solche mit einem Bildungsabschluss.

Aus all diesen Gründen gehört das duale Berufsbildungssystem zu den zentralen Faktoren, wenn es darum geht, die ausserordentlich tiefe Arbeitslosigkeit in der Schweiz zu erklären.

5.6.3 Die Arbeitslosenversicherung

Die Arbeitslosenversicherung ist eine wichtige wirtschaftspolitische Institution. Sie ist Teil der Arbeitsmarktpolitik, bildet aber zugleich auch einen wesentlichen Teil der *Sozialversicherungen*.

In der Schweiz besteht sie aus zwei Elementen:

- aus einem passiven Teil, nämlich der Zahlung eines Lohnersatzes für Personen, die arbeitslos geworden sind und einen Anspruch auf Arbeitslosenunterstützung haben, sowie
- aus einem aktivierenden Teil, den sogenannten *arbeitsmarktlichen Massnahmen*. Diese unterstützen arbeitslos gewordene Personen dabei, arbeitsmarktfähig zu bleiben und sich aktiv um eine neue Stelle zu bemühen.

Die Schweizer Arbeitslosenversicherung wurde 1977 obligatorisch. Bis Ende der 1980er-Jahre war sie gesamtwirtschaftlich unbedeutend, denn die Arbeitslosenquote in der Schweiz lag meist unter 1%. Die massive Verschlechterung der Wirtschaftslage in den 1990er-Jahren, als die Arbeitslosigkeit innerhalb von drei Jahren auf mehr als 5% anstieg, führte zu einer starken Umgestaltung dieser

---

→ **Sozialversicherungen**
Obligatorische staatliche Versicherungen, die soziale Risiken abdecken und vorwiegend über Lohnabzüge finanziert werden.

→ **Arbeitsmarktliche Massnahmen**
Gesamtheit aller Massnahmen, mittels derer arbeitslose Personen arbeitsmarktfähig gehalten werden und rasch wieder in den Arbeitsprozess eingegliedert werden sollen.

In rund 130 Regionalen Arbeitsvermittlungsstellen (RAV) werden in der ganzen Schweiz Arbeitslose unterstützt.

Schweizer Arbeitsmarktpolitik

Versicherung. Mitte der 1990er-Jahre wurden zwei Revisionen durchgeführt, und im Jahr 2003 wurde die Arbeitslosenversicherung in einer dritten Revision auf stabilere Grundlagen gestellt.

Folgende Faktoren charakterisieren die Schweizer Arbeitslosenversicherung:

- Die maximale Bezugsdauer: Wie lange hat eine arbeitslose Person Anrecht auf Arbeitslosenunterstützung? Im Jahr 1992 lag die maximale Bezugsdauer noch bei 250 Tagen und wurde ein Jahr später auf 300 Tage erhöht. Als die Arbeitslosigkeit weiter anstieg, wurde die Bezugsdauer noch im gleichen Jahr auf 400 Tage erhöht, 1996 schliesslich sogar auf 520 Tage. Diese Leistungen der Schweizer Arbeitslosenversicherung waren im internationalen Vergleich ausgesprochen grosszügig. Heute liegt die maximale Bezugsdauer in der Schweiz (von wenigen Ausnahmen abgesehen) wieder bei 400 Tagen.
- Die Höhe des *Taggelds*: Wie viele Prozent des zuletzt verdienten Einkommens werden als Arbeitslosenunterstützung ausbezahlt? In der Schweiz sind dies 70 bis 80% des letzten Lohnes, mit dem versicherbaren Lohn als Obergrenze.
- Der maximal versicherbare Lohn: Bis zu welcher Höhe kann man den Lohnausfall versichern? Dieses Maximum liegt in der Schweiz derzeit bei 126 000 Franken.
- Die Beitragsdauer: Wie lange muss eine Person Beiträge an die Arbeitslosenversicherung bezahlen, bis der volle Anspruch auf Leistungen besteht? In der Schweiz sind das heute in der Regel zwölf Monate innerhalb der letzten zwei Jahre.

Finanziert wird die Arbeitslosenversicherung durch obligatorische Beiträge aller Erwerbstätigen in Form eines Prozentsatzes ihres versicherten Lohnes. Dieser *Beitragssatz* betrug 1991 noch bescheidene 0,4%, musste in den 1990er-Jahren aber aufgrund des mit der Arbeitslosigkeit steigenden Finanzierungsbedarfs massiv erhöht werden, und zwar 1992 auf 2% und 1995 sogar auf 3%. Anlässlich der Revision der Arbeitslosenversicherung 2003 wurde der Beitragssatz auch wegen der sinkenden Arbeitslosenzahlen wieder auf 2% (Arbeitgeber- und Arbeitnehmerbeitrag zusammengenommen) gesenkt. Im Jahr 2007 war die Arbeitslosenversicherung trotz der sehr guten Konjunkturlage stark verschuldet. Deshalb wurde 2007 eine Gesetzesrevision vorbereitet, welche die Versicherung wieder ins finanzielle Gleichgewicht bringen sollte. Als Problem hat sich nämlich erwiesen, dass die durchschnittliche Arbeitslosenzahl bei der letzten Revision zu optimistisch beurteilt wurde. Statt der ursprünglich angenommenen 100 000 sind in der Schweiz über den Konjunkturzyklus hinweg durchschnittlich eher um die 125 000 Personen arbeitslos. Damit erhöhte sich aber über den Zyklus hinweg die Verschuldung, da die Ausgaben in den meisten Jahren deutlich über den Einnahmen lagen. Die Reform zielte nun darauf ab, einerseits den Beitragssatz wieder leicht zu erhöhen und andererseits gewisse Leistungen etwas abzubauen; damit soll die Versicherung über einen Konjunkturzyklus hinweg keine roten Zahlen mehr schreiben. Die Vorlage kam im Herbst 2010 vors Volk und wurde angenommen.

Bei der Ausgestaltung der Arbeitslosenversicherung stellt sich im Weiteren die zentrale Frage, ob die Arbeitslosenentschädigung passiv ausbezahlt wird oder an die Teilnahme an arbeitsmarktlichen Massnahmen gebunden sein soll. In den 1990er-Jahren erfolgte in der Schweiz der Wechsel zu einer aktivierenden Arbeitslosenversicherung. Zusätzlich zur Auszahlung der Arbeitslosenunterstützung sind die Arbeitslosen seither verpflichtet, sich an solchen arbeitsmarktlichen

→ **Taggeld**
Auszahlung von Geld während jener Periode, in der eine Person Anspruch auf Leistungen aus einer Sozialversicherung hat.

→ **Beitragssatz**
Prozentsatz des versicherten Lohnes, der als Beitrag («Prämie») für eine Sozialversicherung bezahlt werden muss.

Beschäftigung und Arbeitslosigkeit

Massnahmen zu beteiligen, um ihre Arbeitsmarktfähigkeit aktiv zu erhalten oder zu verbessern. Dazu gehören die folgenden Massnahmen:

- Weiterbildung im weitesten Sinne. Die Arbeitslosenversicherung leistet dabei Ausbildungszuschüsse sowie Beiträge zur eigentlichen Weiterbildung und zur Umschulung.
- Einarbeitungszuschüsse, also zeitlich begrenzte Zuschüsse während der Einarbeitung in eine neue Stelle, damit auch Personen angestellt werden, die erst nach einer Anlernzeit eine dem Lohn entsprechende Produktivität erbringen können.
- Förderung der Selbstständigkeit, indem die Arbeitslosenversicherung bei der Planung eines selbstständigen Unternehmens mithilft.
- Der sogenannte Zwischenverdienst, eine Form von zeitlich begrenzter *Lohnsubvention*. Nimmt eine Person eine Arbeit an, die mit einer starken Lohneinbusse gegenüber der letzten Stelle verbunden ist, hat sie Anspruch auf eine Lohnsubvention durch die Arbeitslosenversicherung.

→ **Lohnsubvention**
Staatlicher Lohnzuschuss an Personen, die durch ihr Einkommen aus der Erwerbstätigkeit ein Existenzminimum nicht erreichen.

ZUSAMMENFASSUNG ANHAND DER LERNZIELE

1 Arbeitslosigkeit und Erwerbstätigkeit
Wie gut in einem Land die Arbeitsmärkte die Beschäftigung sichern, lässt sich an zwei Kenngrössen beurteilen: der Arbeitslosenquote (Prozentsatz der Arbeitswilligen, die keine Stelle finden) und der Erwerbstätigenquote (Prozentsatz der Personen im erwerbsfähigen Alter, die einer bezahlten Arbeit nachgehen).

2 Sockelarbeitslosigkeit versus konjunkturelle Arbeitslosigkeit
Die Sockelarbeitslosigkeit ist dadurch gekennzeichnet, dass es genügend offene Stellen gibt, die Arbeitslosen aber aus verschiedenen Gründen nicht auf diese Stellen passen. Konjunkturelle Arbeitslosigkeit entsteht, wenn es in einer Rezession weniger offene Stellen als Arbeitslose gibt.

3 Zwei Formen der Sockelarbeitslosigkeit
Zwei Formen der Sockelarbeitslosigkeit lassen sich unterscheiden: Bei der strukturellen Arbeitslosigkeit passen die Qualifikationen der Arbeitslosen nicht auf die offenen Stellen. Bei der friktionellen Arbeitslosigkeit gibt es passende offene Stellen, die Arbeitslosen müssen sie aber erst finden.

4 Entstehung struktureller Arbeitslosigkeit
Strukturelle Arbeitslosigkeit entsteht, wenn in einem bestimmten Arbeitsmarkt die Löhne nicht flexibel auf einen Rückgang der Arbeitsnachfrage reagieren können. Die auf diese Weise arbeitslos gewordenen Personen müssen ihre Qualifikationen anpassen, um wieder eine Beschäftigung zu finden.

Beschäftigung und Arbeitslosigkeit

5 Erklärungsfaktoren für die Höhe der strukturellen Arbeitslosigkeit
Wie hoch die strukturelle Arbeitslosigkeit in einem Land ist, hängt vor allem von den Arbeitsmarktregulierungen, aber auch vom Bildungssystem ab. Sie ist umso geringer, je flexibler der Arbeitsmarkt ist und je besser die Bildungs- und Weiterbildungssysteme ausgebaut sind.

6 Gründe für den gut funktionierenden Schweizer Arbeitsmarkt
Der Schweizer Arbeitsmarkt ist im internationalen Vergleich flexibel reguliert. Es gibt keine flächendeckenden Mindestlöhne, Lohnverhandlungen erfolgen dezentral, und Arbeitgeber können Personen mit vertretbaren Auflagen entlassen, wenn sich die wirtschaftliche Lage verschlechtert. Diese Arbeitsmarktflexibilität ist der Hauptgrund für die tiefe strukturelle Arbeitslosigkeit in der Schweiz. Eine wichtige Rolle spielt zudem das duale Berufsbildungssystem, das zu einer sehr tiefen Jugendarbeitslosigkeit beiträgt.

7 Die Schweizer Arbeitslosenversicherung
Die Arbeitslosenversicherung wurde in der Schweiz in den 1990er-Jahren stark aus- und umgebaut. Neben dem passiven Bezug von finanziellen Leistungen sind die Arbeitslosen heute verpflichtet, über verschiedene, durch die Arbeitslosenversicherung finanzierte Massnahmen ihre Arbeitsmarktfähigkeit aktiv zu erhalten oder zu steigern.

ZENTRALE BEGRIFFE

Erwerbsbevölkerung →142
Erwerbsquote →142
Konjunkturelle Arbeitslosigkeit →144
Sockelarbeitslosigkeit →144
Beveridge-Kurve →144
Strukturelle Arbeitslosigkeit →146
Qualifikation →146
Friktionelle Arbeitslosigkeit →146
Reallohn →150
Reservationslohn →150
Arbeitsmarktregulierungen →152
Mindestlohn →152

Zentralisierte Lohnverhandlungen →152
Lohnstückkosten →153
Kündigungsschutz →153
Arbeitslosenversicherung →153
Tarifvertrag →156
Duale Berufsbildung →156
Sozialversicherungen →157
Arbeitsmarktliche Massnahmen →157
Taggeld →158
Beitragssatz →158
Lohnsubvention →159

Beschäftigung und Arbeitslosigkeit

REPETITIONSFRAGEN KAPITEL 5

1 a) Definieren Sie die folgenden Kenngrössen: Arbeitslosenquote, Erwerbsquote und Erwerbstätigenquote.
b) Beschreiben Sie für jede der obigen Kenngrössen, wie die entsprechenden Zahlen für die Schweiz im internationalen Vergleich ausfallen.

2 a) Welche drei Formen von Arbeitslosigkeit lassen sich unterscheiden?
b) Beschreiben Sie für alle drei Ausprägungen der Arbeitslosigkeit, mit welchen Massnahmen die Wirtschaftspolitik versuchen kann, die jeweilige Form der Arbeitslosigkeit zu bekämpfen.
c) Wie hoch ist die konjunkturelle Arbeitslosigkeit, wenn sich die Wirtschaft auf der Beveridge-Kurve an der 45°-Linie befindet? Begründen Sie.

3 Zeichnen Sie ein Diagramm für den Arbeitsmarkt in einem bestimmten Sektor und tragen Sie das Marktgleichgewicht beim Schnittpunkt von Angebots- und Nachfragekurve ein.
a) Für den betrachteten Arbeitsmarkt wurde in einem Gesamtarbeitsvertrag ein Mindestlohn festgelegt, der über dem gleichgewichtigen Lohn liegt. Zeichnen Sie diese Situation in das Diagramm ein und beschreiben Sie ausführlich die Konsequenzen.
b) Was ändert sich, wenn der Mindestlohn unterhalb des gleichgewichtigen Lohnes liegt?

4 In Kapitel 2 haben Sie am Beispiel des «Kobra-Effekts» gesehen, dass Massnahmen, welche die Anreize der Akteure zu wenig berücksichtigen, das eigentlich zu lösende Problem noch verschärfen können.
a) Inwiefern können hohe Mindestlöhne oder eine grosszügige Arbeitslosenunterstützung so wirken?
b) Beschreiben Sie, wie der Arbeitsmarkt in der Schweiz reguliert ist und welche Unterschiede es diesbezüglich zum benachbarten Ausland (insbesondere Deutschland und Frankreich) gibt.

5 Nehmen Sie zur folgenden Aussage ausführlich Stellung: «Die Löhne für Industriearbeiter sind in China dermassen tief, dass es nur eine Frage der Zeit ist, bis die Schweizer Industrie mit ihren hohen Löhnen alle Produktionsschritte nach Fernost auslagern wird.»

6 «Der Gesellschaft geht mit der zunehmenden Automatisierung der Produktion (z. B. durch Computer und Industrieroboter) die Arbeit aus!» Welche Argumente lassen sich gegen diese Aussage aufführen?

7 Die schweizerische Arbeitslosenversicherung besteht aus einem passiven und einem aktivierenden Teil.
a) Was versteht man unter diesen beiden Elementen der Arbeitslosenversicherung?
b) Nennen Sie einige aktivierende Massnahmen, die bei der schweizerischen Arbeitslosenversicherung zur Anwendung kommen.

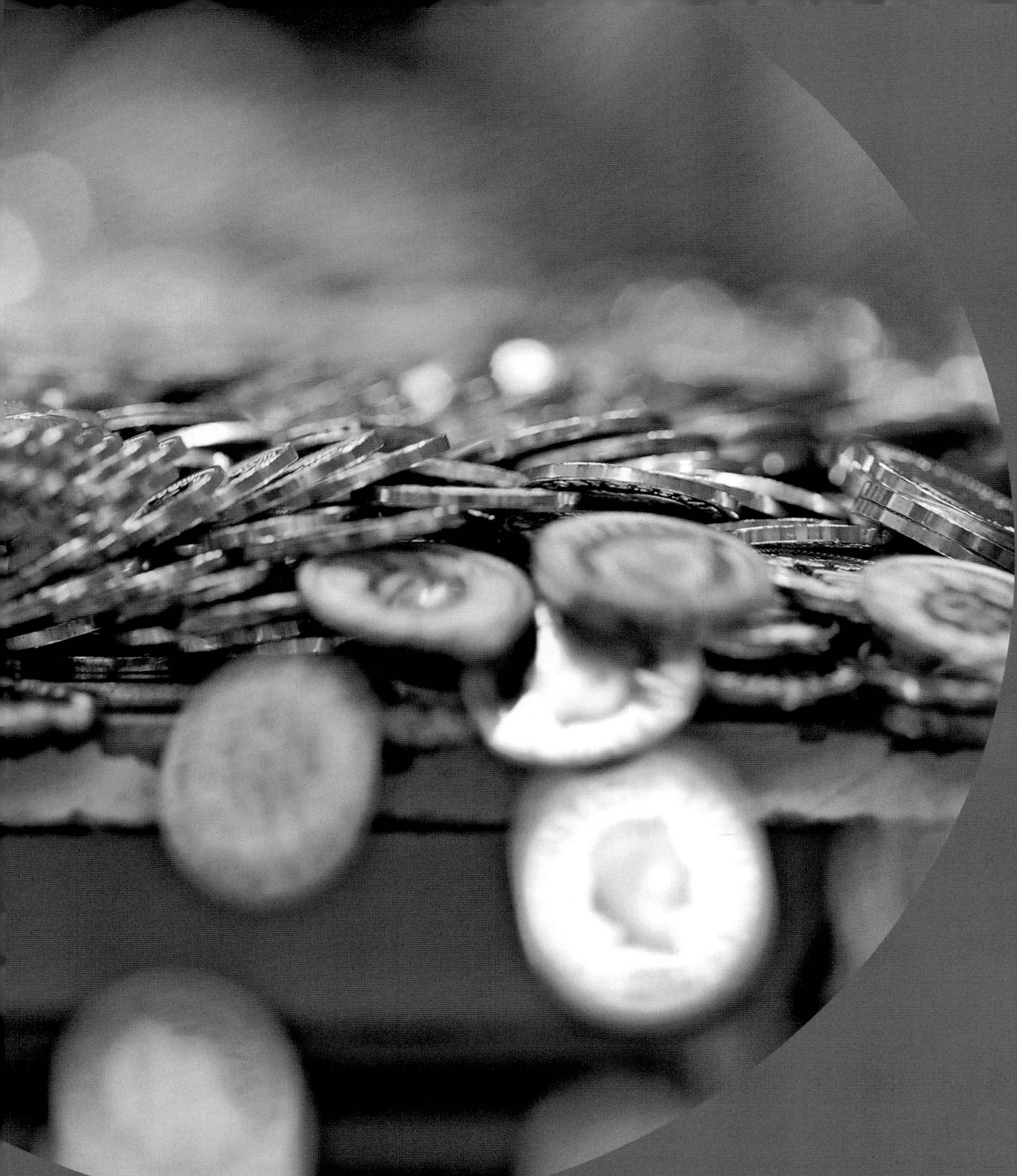

Geld und Preisstabilität

«Lenin soll angeblich gesagt haben, die beste Methode zur Zerstörung des kapitalistischen Systems sei die Aushöhlung der Währung. [...] Lenin hat zweifellos recht, gibt es doch keine subtilere Methode zur Zerstörung der bestehenden gesellschaftlichen Grundlagen als die Entwertung der Währung. [...] Dieser Prozess setzt alle verborgenen Kräfte der Ökonomie auf Seiten der Zerstörung ein und zwar auf eine Art und Weise, die nicht einer unter einer Million Menschen diagnostizieren kann.»

John Maynard KEYNES (1883–1946), britischer Ökonom

6.1	Die Messung der Preisstabilität	166
6.2	Was ist Geld?	168
6.3	Die Entstehung von Geld	171
6.4	Der Zusammenhang zwischen Geld und Inflation	174
6.5	Wieso sind Inflation und Deflation schädlich?	176
6.6	Geldpolitische Strategien	182
6.7	Schweizer Geldpolitik	185

LERNZIELE

Nachdem Sie dieses Kapitel gelesen haben, sollten Sie in der Lage sein,

1	das Preisniveau, die Inflation und den Landesindex der Konsumentenpreise zu erklären;
2	die drei wichtigsten Funktionen des Geldes zu beschreiben;
3	zu erklären, was man unter der Geldmenge versteht;
4	zu beschreiben, wie die Zentralbank mithilfe der Offenmarktpolitik die Geldmenge verändern kann;
5	den Zusammenhang zwischen Geldmenge und Inflation zu erklären;
6	die wichtigsten Kosten der Inflation und der Deflation zu benennen;
7	zu erläutern, wieso die Bekämpfung einer zu hohen Inflation zu einer Rezession führt;
8	die drei wichtigsten Formen geldpolitischer Strategien von Zentralbanken zu diskutieren;
9	die drei Elemente des aktuellen geldpolitischen Konzepts der Schweizer Nationalbank zu beschreiben.

6 Geld und Preisstabilität

Im Januar 1923 kostete ein US-Dollar in der Weimarer Republik 20 000 Mark, im August war es bereits eine Million, im September eine Milliarde und im Oktober unglaubliche eine Billion Mark. Es erfordert wenig Fantasie, sich die verheerende Wirkung einer solchen Inflation auf die Wirtschaft eines Landes vorzustellen. Gut verständlich, dass gerade in Deutschland die Angst vor einer Geldentwertung deshalb nach wie vor tief sitzt. Innerhalb weniger Wochen wurden im Herbst 1923 die Geldvermögen einer ganzen Generation buchstäblich vernichtet. Erreicht eine Inflation derartige Ausmasse, dann wird sie sofort zur zentralen Herausforderung für die Wirtschaftspolitik. Denn deren offensichtliche Aufgabe ist es, solche ökonomischen Katastrophen zu vermeiden.

Wir werden in diesem Kapitel die Hintergründe der Preisstabilität erläutern und dabei auf die zentrale Rolle der Geldpolitik eingehen.

Das Kapitel ist wie folgt aufgebaut:

6.1 zeigt, wie sich das gesamtwirtschaftliche Preisniveau messen lässt. Inflation ist die Veränderung dieser Grösse über die Zeit.
6.2 erklärt, was genau unter Geld verstanden wird und warum es in einer arbeitsteiligen Wirtschaft von so grosser Bedeutung ist.
6.3 stellt dar, wie die Zentralbank die Wirtschaft mit Geld versorgt.
6.4 erläutert den Zusammenhang zwischen Geldmengenentwicklung und Inflation.
6.5 analysiert die Kosten der Inflation; dabei geht es sowohl um die Kosten der Geldentwertung wie auch um die Kosten der Inflationsbekämpfung.
6.6 erläutert die drei grundsätzlichen Strategien, mit denen Zentralbanken das Ziel der Preisstabilität verfolgen können.
6.7 erklärt die Rolle und das aktuelle geldpolitische Konzept der Schweizerischen Nationalbank.

6.1 Die Messung der Preisstabilität

Inflation bedeutet eine laufende Steigerung des Preisniveaus. Steigt das *Preisniveau*, so sinkt die *Kaufkraft* des Geldes, das heisst, mit einer bestimmten Geldsumme kann ich weniger Güter erwerben. Dabei verändern sich alle Preise, also eben das allgemeine Preisniveau. Erhöhen sich nur einzelne Preise, so handelt es sich keineswegs um eine Inflation, sondern um eine Veränderung relativer Preise. Ebenso muss man Inflation von einer einmaligen, generellen Preissteigerung unterscheiden, bei der sich zwar das Preisniveau erhöht, dies aber nur ein einziges Mal um einen bestimmten Faktor. Von einer echten Inflation spricht man erst bei einer laufenden Geldentwertung, bei der die Preise über längere Zeit steigen.

Im Gegensatz zu einzelnen Güterpreisen lässt sich das gesamtwirtschaftliche Preisniveau für alle Güter nicht direkt beobachten. Diese Grösse muss aus der Zusammenfassung der verschiedenen Güterpreise konstruiert werden. Typischerweise berechnet man dabei den Preis eines repräsentativen *Warenkorbs* und bildet daraus einen Index (man setzt also zu einem bestimmten Zeitpunkt das Preisniveau gleich 100). Der Warenkorb entspricht den durchschnittlichen Ausgaben eines Haushalts während einer bestimmten Periode. Erhöht sich der Preis dieses Güterbündels über die Zeit, spricht man von Inflation.

In der Schweiz wird der Preis dieses Warenkorbs im sogenannten *Landesindex der Konsumentenpreise (LIK)* ausgewiesen. Die Zusammensetzung des Warenkorbs wird alle fünf Jahre, die Gewichtung seiner einzelnen Komponenten dagegen

→ **Preisniveau**
Höhe der Preise in einem Land, meist gemessen als Preis eines repräsentativen Warenkorbs.

→ **Kaufkraft**
Menge an Gütern, die mit einer bestimmten Menge Geld gekauft werden kann.

→ **Warenkorb**
Gewichtetes Bündel von Gütern, das anhand der Ausgaben eines durchschnittlichen Haushalts zusammengestellt wird.

→ **Landesindex der Konsumentenpreise (LIK)**
Index, der die Preisentwicklung eines für Schweizer Haushalte repräsentativen Warenkorbs misst.

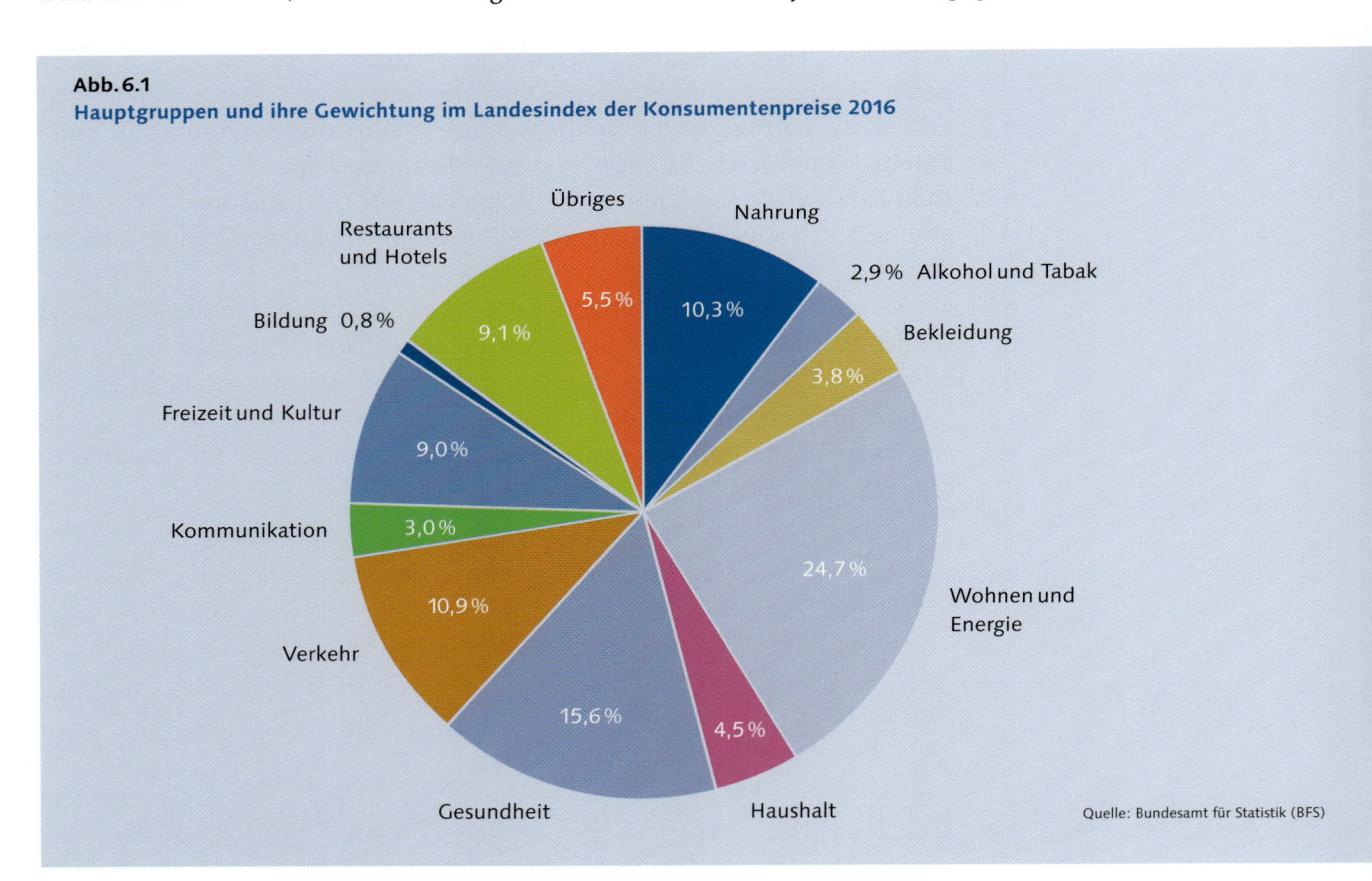

Abb. 6.1
Hauptgruppen und ihre Gewichtung im Landesindex der Konsumentenpreise 2016

- Nahrung: 10,3 %
- Alkohol und Tabak: 2,9 %
- Bekleidung: 3,8 %
- Wohnen und Energie: 24,7 %
- Haushalt: 4,5 %
- Gesundheit: 15,6 %
- Verkehr: 10,9 %
- Kommunikation: 3,0 %
- Freizeit und Kultur: 9,0 %
- Bildung: 0,8 %
- Restaurants und Hotels: 9,1 %
- Übriges: 5,5 %

Quelle: Bundesamt für Statistik (BFS)

Geld und Preisstabilität 6

Warum sind die Krankenkassenprämien im Landesindex der Konsumentenpreise (LIK) nicht enthalten?

Die Krankenkassenprämien machen für viele Haushalte einen bedeutenden Teil der Ausgaben aus; entsprechend schmerzhaft sind auch die regelmässigen Prämienerhöhungen. Dieser wichtige Posten taucht aber in der obigen Darstellung des LIK gar nicht auf. Ist der LIK deshalb unvollständig?

Die Antwort ist Nein, denn der LIK versucht nicht, die Ausgaben des durchschnittlichen Schweizer Haushaltes direkt abzubilden. Er versucht vielmehr, die Preisentwicklung der durchschnittlich konsumierten Güter zu erfassen. Dass Ausgaben und Konsum nicht immer das Gleiche sein müssen, zeigt der Gesundheitsbereich. Denn für den Konsum der entsprechenden Güter, wie z. B. Spitalleistungen, Arztbesuche oder Medikamente, müssen wir nicht direkt aufkommen. Diese Leistungen «bezahlen» wir vielmehr indirekt über Prämienzahlungen. Der LIK misst nun die Gesundheitskosten nicht anhand deren Finanzierung (Krankenkassenprämien), sondern direkt anhand der Preise der konsumierten Gesundheitsleistungen. Aus dem gleichen Grund sind auch die Beiträge für die Arbeitslosenversicherung oder für die Altersvorsorge nicht im LIK enthalten.

jährlich dem veränderten Konsumentenverhalten angepasst. **Abbildung 6.1** enthält ein Diagramm mit den wichtigsten Güterkategorien und ihrem Gewicht im LIK des Jahres 2016.

Das grösste Gewicht erhielten demnach die Kategorien Wohnen und Energie (24,7%), Gesundheit (15,6%) sowie Verkehr (10,9%). Mit der Zunahme des Wohlstands sinkt im Übrigen der Anteil der Nahrung laufend, während derjenige der Gesundheit stetig ansteigt.

Der LIK ist eine wichtige volkswirtschaftliche Grösse. Er bildet nicht nur die Basis für die Berechnung des *Teuerungsausgleichs* in verschiedenen Arbeitsverträgen oder bei Renten und Mieten. Auch für die Geldpolitik ist der LIK bedeutsam, trifft doch die Schweizerische Nationalbank ihre Entscheide auf der Basis seiner mittelfristigen Entwicklung. Und wie erfolgreich eine Zentralbank arbeitet, misst sich weltweit in erster Linie an der Veränderung derartiger Indikatoren.

Entsprechend wichtig ist es auch, sich seiner Grenzen bewusst zu sein. Obwohl der Warenkorb alle fünf Jahre angepasst wird, widerspiegelt der LIK nur ungefähr die Preise der Güter, die ein durchschnittlicher Haushalt konsumiert. Denn nicht jedes Einzelprodukt ist enthalten, und die Konsumgewohnheiten können sich innerhalb der fünf Jahre verändern. Auch kann der Index Qualitätsverbesserungen von Gütern nicht vollständig erfassen. Ein heutiger Computer hat mit einem gleich teuren Computer vor vier Jahren nicht mehr viel gemeinsam. Für den gleichen Preis erhält man heute wesentlich mehr Leistung. Man könnte daher argumentieren, dass der Preis der Computerleistung gesunken ist, auch wenn der Computer immer noch gleich viel kostet. Da der LIK solche Effekte nicht erfassen kann, geht man in der Regel davon aus, dass die Veränderung des LIK die Inflation um etwa 0,5% pro Jahr überschätzt.

→ **Teuerungsausgleich**
Erhöhung von nominalen Grössen (z. B. Löhne oder Renten), sodass bei Inflation (Teuerung) der erlittene Kaufkraftverlust ausgeglichen wird.

6.2 Was ist Geld?

Wir wollen uns zunächst der Frage zuwenden, wozu Geld überhaupt nötig ist und was man genau unter Geld versteht.

6.2.1 Wozu ist Geld notwendig?

Dass ein an sich wertloses Stückchen Papier einen Wert aufweisen kann, ist verblüffend. Ebenso erstaunt, dass dieses Papier für die wirtschaftliche Entwicklung eine derartig zentrale Bedeutung hat und ihm die ökonomische Analyse so viel Aufmerksamkeit widmet. Der Grund ist, dass Geld eine Reihe von Funktionen erfüllt, ohne die eine arbeitsteilige Wirtschaft undenkbar wäre. Im Wesentlichen handelt es sich dabei um drei Funktionen. Geld dient als:

- Tauschmittel,
- Wertaufbewahrungsmittel,
- Masseinheit.

Mit Abstand die wichtigste dieser drei Funktionen ist diejenige als Tauschmittel. Geld ist die unverzichtbare Voraussetzung für einen effizienten wirtschaftlichen Austausch. Stellen wir uns eine Welt ohne Geld vor: In einer solchen Welt könnte man Güter nicht mit Geld, sondern nur im Tausch gegen andere Güter erwerben. Hätte man etwa Lust auf eine Flasche Wein, könnte man nicht einfach eine bestimmte Geldsumme auslegen und dieses Gut irgendwo kaufen. Man müsste vielmehr Personen finden, die bereit wären, einem exakt dieses Gut im Austausch für andere Güter zu überlassen, die man gerade besitzt. Und es wären Verhandlungen mit den potenziellen Verkäufern darüber nötig, wie viele Flaschen Wein sie einem beispielsweise für ein Paar Schuhe bieten würden. Wobei die Schuhe, die man offerieren würde, genau die richtige Grösse haben und dem Weinverkäufer gefallen müssten. Denkt man solche Beispiele weiter, werden einem rasch die immensen Transaktionskosten einer solchen Tauschwirtschaft bewusst. Wie viel einfacher wird dieser Handel doch mit einem generell akzeptierten Zahlungsmittel, das in diesem Fall gegen das gewünschte Gut eingetauscht werden kann. Es ist dann nicht mehr nötig, dass der Weinverkäufer genau das verwenden kann, was man ihm anbietet, sondern er akzeptiert das Geld, mit dem er all diejenigen Güter erwerben kann, die er benötigt. Es ist also nicht übertrieben zu behaupten, dass eine moderne, arbeitsteilige Wirtschaft ohne Geld funktionsunfähig wäre. Die Tauschprozesse wären so aufwändig, dass die *Spezialisierung* sehr schnell an natürliche Grenzen stossen würde.

Die zweite wichtige Funktion des Geldes ist diejenige als Wertaufbewahrungsmittel. Geld ermöglicht es, Kaufkraft zu «lagern». Man muss es nicht unbedingt sofort ausgeben, ein Kauf kann auch aufgeschoben werden. Das wäre mit zahlreichen Waren und den allermeisten Dienstleistungen nicht möglich. Diese Wertaufbewahrungsfunktion erklärt unter anderem, warum die Inflation ein Problem darstellt. Ein Prozess, bei dem sich das Geld über die Zeit entwertet, stört diese wichtige Funktion ganz empfindlich und kann sie im Extremfall sogar zerstören: Bei sehr hoher Inflation wird niemand mehr Geld als Wertaufbewahrungsmittel nutzen.

Nicht alle Zahlungsmittel bestehen aus Bargeld; allerdings sind die entsprechenden Bankkonten so liquide, dass wir sie jederzeit in Bargeld umtauschen können.

→ **Spezialisierung**
Die Unternehmen und die einzelnen Arbeitnehmenden konzentrieren sich auf bestimmte eingeschränkte Abläufe innerhalb des Produktionsprozesses.

Geld und Preisstabilität

Die dritte Funktion des Geldes ist diejenige als Masseinheit. Weil alle Preise in Geldeinheiten ausgedrückt werden, ist der relative Wert von Gütern einfach zu vergleichen. In einer Situation ohne Geld müsste der Preis eines Lehrbuchs etwa in Form seines Gegenwerts in Bananen oder Äpfeln bestimmt werden. Wesentlich einfacher lässt sich da der relative Wert des Lehrbuchs festlegen, wenn er, wie die Preise aller Güter, in Schweizer Franken angegeben wird.

Zusammenfassende Übersicht

```
                    Funktionen des Geldes
                    /        |         \
            Tauschmittel  Wertaufbewahrungsmittel  Masseinheit
```

6.2.2 Geldmengen

Die eben besprochenen Funktionen des Geldes kann grundsätzlich jedes Gut übernehmen, das allgemein als Zahlungsmittel akzeptiert wird. Das können Noten und Münzen sein, wie bei uns üblich. Das können aber auch Güter sein wie früher, als Silber und Gold als Zahlungsmittel galten. Schliesslich gibt es auch aus der Not geborene Möglichkeiten wie beispielsweise in Kriegsgefangenenlagern, in denen Zigaretten als Geld verwendet wurden. Das Zahlungsmittel muss nur die oben erwähnten drei Funktionen erfüllen, das heisst, es muss Tauschmittel, Wertaufbewahrungsmittel und Masseinheit sein. In einem Umfeld, in dem niemand Zigaretten produzieren kann – wie eben in einem Gefangenenlager –, erfüllen diese ohne Weiteres alle drei Funktionen.

> → **Liquidität**
> Leichtigkeit, mit der man ein Wertpapier oder ein Kontoguthaben zu Geld machen kann, um damit Zahlungen zu tätigen.

Als effizienteste Art der Geldschaffung hat sich die Einrichtung eines staatlich anerkannten Monopols erwiesen. Dieses Monopol, Zentralbank genannt, hat als einzige Organisation in einem Land die legale Möglichkeit, Geld zu schaffen. Als Geld dienen in einer modernen, arbeitsteiligen Wirtschaft aber nicht nur Noten und Münzen. Jeder weiss aus eigener Erfahrung, dass Zahlungen nicht nur mit physischem Geld geleistet werden können, sondern auch mit Debitkarten (z.B. Maestro-Karten), Kreditkarten oder Checks. In diesem Fall wechselt bei einer Bezahlung kein Bargeld den Besitzer. Im Wesentlichen erfolgen diese Zahlungen über Bankkonten, die so *liquide* sind, dass wir sie wie Geld verwenden können. In einer sinnvollen Definition der Geldmenge müssen diese Konten deshalb integriert sein. Was alles zur Geldmenge gehört, hängt ja letztlich davon ab, was alles als allgemein anerkanntes Zahlungsmittel verwendet werden kann. Weil diese Abgrenzung unterschiedlich ausfallen kann, gibt es auch verschiedene Definitionen der Geldmenge.

> → **Notenbankgeldmenge**
> Summe an Banknoten im Umlauf und an Geld auf Girokonten der Geschäftsbanken bei der Zentralbank.
>
> → **Geschäftsbanken**
> Kommerzielle Geldinstitute, die Gelder entgegennehmen und als Kredite vergeben. Alle Banken ausser der Zentralbank werden als Geschäftsbanken bezeichnet.

Beim engsten Konzept, der sogenannten *Notenbankgeldmenge*, bezeichnet man als Geld lediglich, was die Zentralbank direkt in Umlauf bringt, nämlich die Banknoten, sowie die Girokonten der *Geschäftsbanken* bei der Zentralbank. Diese Konten enthalten Mittel, welche die Geschäftsbanken jederzeit und ohne Bedingungen als Zahlungsmittel verwenden können; sie sind gleich liquide wie Bargeld.

Was ist Geld?

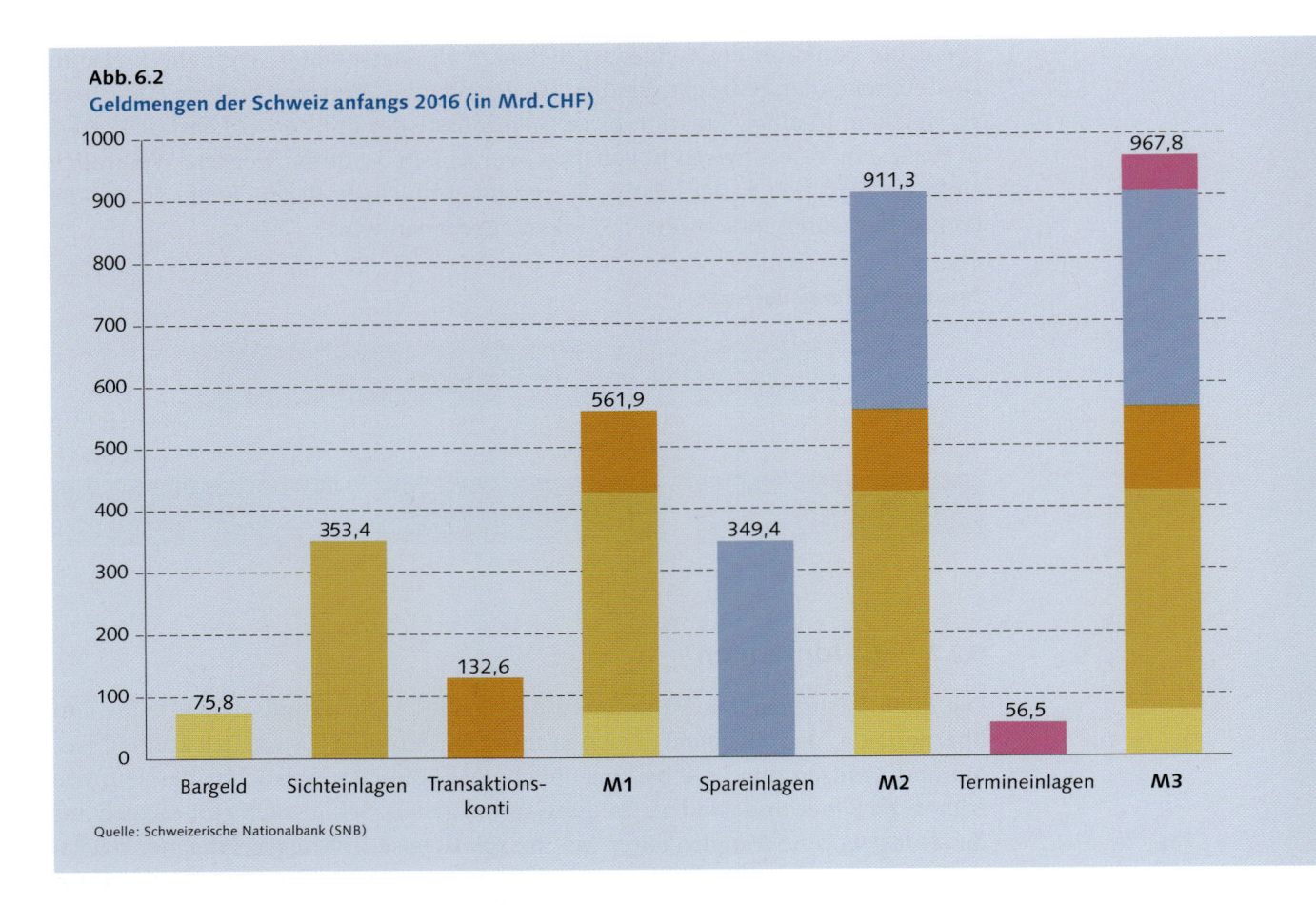

Abb. 6.2
Geldmengen der Schweiz anfangs 2016 (in Mrd. CHF)

Bargeld	75,8
Sichteinlagen	353,4
Transaktionskonti	132,6
M1	561,9
Spareinlagen	349,4
M2	911,3
Termineinlagen	56,5
M3	967,8

Quelle: Schweizerische Nationalbank (SNB)

Die weitergehenden Konzepte umfassen zusätzliche Mittel, die auch genügend liquide sind, um – wenn auch zum Teil mit gewissen Einschränkungen – als Zahlungsmittel verwendet werden zu können. Man bezeichnet die verschiedenen Definitionen der Geldmenge mit M1, M2 und M3.

M1 beinhaltet neben dem Bargeld auch sogenannte *Sichteinlagen* und *Transaktionskonten*, das heisst jene Konten, über die wir etwa mit einer Maestro-Karte jederzeit direkt Zahlungen leisten können. Diese beiden Kontenformen sind so liquide, dass sie von den Kontoinhaberinnen und -inhabern ohne Weiteres als Zahlungsmittel verwendet werden können.

M2 ist eine breiter gefasste Geldmenge, die zusätzlich zu M1 die *Spareinlagen* berücksichtigt. Diese sind nicht ganz so liquide wie Sichtguthaben und Transaktionskonten. Sie können nicht direkt für Zahlungen verwendet, innerhalb einer Rückzugslimite allerdings einfach in Bargeld umgewandelt werden.

M3 ist die weitestgehende der gebräuchlichen Geldmengendefinitionen. Sie entspricht M2 zuzüglich der *Termineinlagen*. Solche auf Termin angelegte Gelder können eigentlich erst bei Fälligkeit in Bargeld umgewandelt werden, eine vorzeitige Auflösung ist mit Kosten verbunden. Sie sind damit weniger liquide als die Spareinlagen, können aber doch, wenn auch mit Kostenfolgen, relativ einfach als Zahlungsmittel verwendet werden.

Abbildung 6.2 stellt die Zusammensetzung der verschiedenen Geldmengenkonzepte für die Schweiz dar und zeigt die Grössenordnungen.

→ **Sichteinlagen**
Bankguthaben, über die innert kurzer Frist verfügt werden kann.

→ **Transaktionskonten**
Bankeinlagen, die für Zahlungen verwendet werden.

→ **Spareinlagen**
Bankeinlagen, die nicht direkt für den Zahlungsverkehr bestimmt sind.

→ **Termineinlagen**
Einlagen, die für eine bestimmte Zeitspanne den Geschäftsbanken zur Verfügung gestellt werden und erst nach Ablauf dieser Frist wieder verfügbar sind.

6.3 Die Entstehung von Geld

6.3.1 Wie bringt die Zentralbank Geld in Umlauf?

Will die Zentralbank die Geldmenge verändern, so tut sie dies in der Regel, indem sie mit den Geschäftsbanken Transaktionen tätigt. Dies wird als *Offenmarktpolitik* bezeichnet.

Die Grundidee der Offenmarktpolitik besteht darin, dass die Zentralbank *Wertpapiere* im weitesten Sinne auf den Finanzmärkten («offener Markt») kauft oder verkauft. Damit kann sie die Geldmenge erhöhen oder reduzieren, weil sie die Transaktionen mit Zentralbankgeld bezahlt oder solches Geld einnimmt. Betrachten wir ein konkretes Beispiel: Nehmen wir an, dass die Zentralbank eine expansive Geldpolitik verfolgt. Sie möchte also die Geldmenge erhöhen. In diesem Fall kauft sie auf dem Kapitalmarkt Wertpapiere, beispielsweise eine Staatsobligation. Sie bezahlt diese Obligation mit «frisch gedrucktem» Geld. Die Zentralbank ist ja in der speziellen Position, etwas mit selbst geschaffenem Geld kaufen zu können. Das neue Zentralbankgeld fliesst zur Geschäftsbank, die das Wertpapier verkauft. Dadurch erhöht sich die im Umlauf befindliche Geldmenge. Über die Kreditvergabe dieser und weiterer Geschäftsbanken vermehren sich dann, wie wir noch sehen werden, die liquiden Mittel durch den Geldschöpfungsmultiplikator.

Möchte die Zentralbank umgekehrt eine restriktive Geldpolitik betreiben und die Geldmenge reduzieren, verkauft sie ein Wertpapier auf dem offenen Markt. Sie verkauft beispielsweise eine Staatsobligation an eine Geschäftsbank. Indem diese den Preis der Obligation an die Zentralbank zahlt, wird Geld im Wert der Kaufsumme dem Markt entzogen; die Geldmenge hat sich damit reduziert.

Wir können die beschriebenen Mechanismen der Offenmarktpolitik direkt an der modellhaften Bilanz einer Zentralbank zeigen, die in **Abbildung 6.3** dargestellt ist.

Auf der linken Seite einer Zentralbankbilanz stehen Aktiva, also Wertgegenstände, die sich im Besitz der Nationalbank befinden, wie Gold, *Devisen*, inländische Wertpapiere, aber auch andere Aktiva wie Gebäude oder Landbesitz. Auf der Passivseite der Bilanz stehen die sich im Umlauf befindenden Noten und Münzen, die bereits erwähnten sogenannten *Girokonten der Geschäftsbanken bei der Zentralbank* sowie die Reserven. Mit Ausnahme der Reserven sind dies also die liquiden Mittel, die in der engsten Definition der Geldmenge (Notenbankgeldmenge) enthalten sind. Dass das im Umlauf befindliche Geld auf der Passivseite der Zentral-

→ **Offenmarktpolitik**
Kauf und Verkauf von Aktiva (hauptsächlich Wertschriften) durch die Zentralbank, um ihre geldpolitischen Ziele zu erreichen.

→ **Wertpapier**
Ein Dokument, das den Inhaber als Eigentümer einer Sache oder einer Forderung ausweist und deshalb einen Wert besitzt. Im engeren Sinne werden Finanzmarkttitel wie Aktien oder Obligationen als Wertpapiere bezeichnet.

→ **Devisen**
Gelder und Kontoguthaben in einer Fremdwährung.

→ **Girokonten der Geschäftsbanken bei der Zentralbank**
Konten, welche die Geschäftsbanken bei der Zentralbank haben. Diese sind so liquide wie Bargeld und werden deshalb zur Notenbankgeldmenge gezählt.

Abb. 6.3
Modellhafte Bilanz einer Zentralbank

Aktiva	Passiva	
■ Gold	■ Notenumlauf	Bei einer expansiven Geldpolitik nimmt die Bilanzsumme zu, da die Zentralbank mit neu geschaffenem Notengeld auf dem offenen Markt Aktiva, z. B. Devisen kauft.
■ Inländische Wertpapiere	■ Girokonten der Geschäftsbanken	
■ Ausländische Wertpapiere (Devisen)	■ Reserven	
■ Andere Aktiva		In der Bilanz steigen dadurch auf der Aktivseite der Posten «Devisen» und auf der Passivseite der Posten «Notenumlauf» um den gleichen Betrag.

Die Entstehung von Geld

In der Münzstätte der USA: «Ich denke, wir hätten eine Lohnerhöhung verdient... Unsere Produktivität ist zweifellos gestiegen!»

bankbilanz steht, kommt daher, dass mit diesen Mitteln die auf der Aktivseite der Bilanz stehenden Wertpapiere, Devisen oder Goldbestände finanziert werden.

Will die Zentralbank nun eine expansive Geldpolitik betreiben, so verlängert sie die Bilanz auf der Aktiv- und der Passivseite um den gleichen Betrag. Sie kauft auf dem offenen Markt Aktiva; typischerweise Gold, Devisen oder Wertpapiere, theoretisch möglich wären aber auch Gebäude, Gemälde oder beliebige andere Wertgegenstände. Der entsprechende Posten auf der Aktivseite erhöht sich um den Wert dieser Aktiva. Auf der Passivseite erhöhen sich entweder der Notenumlauf oder die Girokonten der Geschäftsbanken um den gleichen Betrag, sodass die Bilanz wieder ausgeglichen ist. Für den Kauf der Aktiva hat die Zentralbank damit die entsprechende Menge an liquiden Mitteln neu geschaffen.

Will die Zentralbank umgekehrt eine restriktive Geldpolitik betreiben, dann verkürzt sie die Bilanz. Sie verkauft Aktiva, beispielsweise Gold, womit sich der Goldbestand auf der Aktivseite und gleichzeitig der Notenumlauf auf der Passivseite reduzieren. Der Notenumlauf wird reduziert, weil die Zentralbank für den Verkauf des Goldes liquide Mittel erhält, die damit aus dem Umlauf und folglich auch aus der Zentralbankbilanz verschwinden.

Wie wir bei der Beschreibung der expansiven Geldpolitik gesehen haben, handelt es sich bei Zentralbanken offenbar um Institutionen in heikler Position. Denn die Zentralbank ist die einzige staatliche Stelle, die Instrumente zur Geldschöpfung besitzt. Sie kann sich prinzipiell kaufen, was immer sie möchte: der Traum eines jeden Finanzministers. Darum müssen hier strikte Vorkehrungen dafür sorgen, dass diese Macht nicht missbraucht wird und keine Staatsausgaben über die Geldschöpfung finanziert werden, was unweigerlich eine Inflation auslösen würde. Entsprechend wichtig ist deshalb, dass die Zentralbank einen klaren Auftrag hat und von der Regierung unabhängig ist.

Aus der Bilanz in **Abbildung 6.3** ist auch sofort ersichtlich, dass die Zentralbank fast immer einen Gewinn erwirtschaften wird, auch wenn dies gar nicht das Ziel ihrer Tätigkeit ist. Denn auf den Notenumlauf der Passivseite bezahlt sie keine Zinsen, doch mit den Wertpapieren auf der Aktivseite erzielt sie eine Rendite. Diese Gewinne werden an den Staat abgeliefert; in der Schweiz erhalten etwa die Kantone zwei Drittel und der Bund ein Drittel der Nationalbankgewinne.

Geld und Preisstabilität

Was bedeutet die Aussage «Die Zentralbank senkt die Zinsen»?

In der öffentlichen geldpolitischen Diskussion ist selten von «Offenmarktpolitik» die Rede. Vielmehr spekuliert man darüber, ob die Zentralbank «die Zinsen» erhöhe oder senke. Welche Zinsen sind hier gemeint? Und stellt dies ein anderes Instrument der Geldpolitik dar?

Es handelt sich dabei keineswegs um ein alternatives Instrument, vielmehr geht es lediglich darum, wie die Geldpolitik kommuniziert wird. In der Praxis hat es sich als am einfachsten erwiesen, die kurzfristigen Ziele der Geldpolitik anhand einer Grösse mitzuteilen, die einfach messbar ist. Dafür bieten sich die Zinsen für sehr kurzfristige Kredite an, die sogenannten *Geldmarktzinsen*. Die Zentralbank erhöht oder senkt über die Offenmarktpolitik das Angebot an Zentralbankgeld und verändert damit diese kurzfristigen Zinsen. Das geldpolitische Instrument ist aber nach wie vor die Offenmarktpolitik. Wenn die Zentralbank «die Zinsen senkt», dann bedeutet dies, dass sie so lange eine expansive Offenmarktpolitik verfolgt (und dadurch die Menge an Geld erhöht), bis der entsprechende kurzfristige Zinssatz (also der Preis für dieses Geld) auf das angekündigte Niveau gesunken ist. Im Falle der amerikanischen Zentralbank ist dieser sogenannte *Leitzins* die «Federal Funds Rate». Im Falle der Schweizerischen Nationalbank handelt es sich, wie wir noch sehen werden, um den Dreimonats-Libor, also einen kurzfristigen Zinssatz für Schweizer Franken im Geschäft zwischen Banken.

→ **Geldmarktzins**
Zinsen, die für sehr kurzfristige Kredite auf dem Geldmarkt verlangt werden.

→ **Leitzins**
Zentraler kurzfristiger Zinssatz für die Kommunikation der Geldpolitik.

6.3.2 Der Geldschöpfungsmultiplikator

→ **Geldschöpfungsmultiplikator**
Faktor, um den sich eine von der Zentralbank geschaffene Geldeinheit durch die Geldschöpfung der Geschäftsbanken maximal erhöhen kann.

→ **Mindestreservesatz**
Prozentualer Anteil der Kundenguthaben, der von den Banken als Sicherheit liquide gehalten werden muss und nicht als Kredite vergeben werden darf.

Wenn nur die Zentralbank als staatliches Monopol Geld herausgeben darf, wie lässt sich dann eigentlich erklären, dass die umfangreichste Geldmenge M3 um ein Vielfaches grösser ist als die Notenbankgeldmenge? Die Antwort auf diese Frage gibt uns der sogenannte *Geldschöpfungsmultiplikator*. Dieser besagt, dass das von der Zentralbank herausgegebene Geld sich über die Tätigkeit des Bankensystems um ein Vielfaches vermehrt. Dies lässt sich anhand eines einfachen Beispiels veranschaulichen: Nehmen wir an, die Zentralbank betreibe eine expansive Offenmarktpolitik und schaffe zusätzliche 10 000 Franken, die auf dem Konto einer Geschäftsbank landen. Diese ist verpflichtet, einen gewissen Mindestbetrag davon als Reserve zu halten, kann also nicht die gesamten 10 000 Franken als Kredite vergeben. Dieser sogenannte *Mindestreservesatz* betrage 10 Prozent. Die Bank kann also von den 10 000 Franken, die sie von der Zentralbank erhalten hat, 9000 Franken als Kredite weitergeben. Gehen wir davon aus, dass ein Unternehmen diesen Kredit erhält und sich dafür eine Maschine kauft. Der Verkäufer der Maschine zahlt die 9000 Franken anschliessend bei seiner Hausbank ein. Diese wird nun ihrerseits diesen Betrag nicht einfach auf dem Konto belassen, sondern

«*Hey, mein Kontostand hat sich nicht verändert; dabei habe ich gedacht, dass das Fed [US-amerikanische Zentralbank] letzte Woche eine starke Erhöhung der Geldmenge beschlossen hat!*»

zur Kreditvergabe nutzen. Dabei muss sie von den 9000 eingezahlten Franken wiederum 10 Prozent als Mindestreserve zurückbehalten und kann somit einen Kredit von 8100 Franken an ein anderes Unternehmen vergeben. Schon nach diesen beiden Schritten sind aus den 10 000 Franken Nationalbankgeld zusätzliche 17 100 Franken an *liquiden Mitteln* geschaffen worden. Und dieser Prozess setzt sich immer weiter fort, bis im Extremfall aus den ursprünglichen 10 000 Franken Zentralbankgeld 100 000 Franken liquide Mittel geworden sind. Dies ist dann der Fall, wenn das gesamte als Kredit vergebene Geld immer wieder an die Banken zurückfliesst. Der Geldschöpfungsmultiplikator lässt sich einfach errechnen:

> **→ Liquide Mittel**
> Finanzielle Mittel wie z. B. Bargeld oder Kontoguthaben, mit denen Zahlungen getätigt werden können.

$$\text{Geldschöpfungsmultiplikator} = \frac{1}{\text{Reservesatz}}$$

In unserem Beispiel ist der Reservesatz 0,1, und der Geldschöpfungsmultiplikator beträgt demnach 10.

Dieses Beispiel zeigt, wie über den Bankensektor zusätzliche liquide Mittel – also Geld – geschaffen werden. Durch das Zusammenwirken von Zentralbank und Geschäftsbanken entstehen wesentlich mehr Zahlungsmittel, als die Zentralbank ursprünglich ins Bankensystem eingeschleust hat. Die Basis der zusätzlichen *Geldschöpfung* der Geschäftsbanken ist aber immer der ursprünglich von der Zentralbank zur Verfügung gestellte Betrag. Damit ist die Geldmenge, die insgesamt geschaffen werden kann, stets von den Aktionen der Zentralbank abhängig. Von ihr mag zwar nur ein Bruchteil der liquiden Mittel stammen, sie kann aber dennoch die Entwicklung der gesamten Geldmenge steuern.

> **→ Geldschöpfung**
> Schaffung von Geld, indem die Zentralbank den Geschäftsbanken und schliesslich die Geschäftsbanken weiteren Akteuren Kredite gewähren.

6.4 Der Zusammenhang zwischen Geld und Inflation

Wir haben schon verschiedentlich über die Auswirkungen der Geldpolitik auf die Inflation gesprochen. In diesem Abschnitt wollen wir diesen zentralen Zusammenhang etwas genauer untersuchen. Dabei können wir auf das wohl wichtigste Grundkonzept jeder geldpolitischen Analyse zurückgreifen, auf die sogenannte *Quantitätsgleichung*.

Die Quantitätstheorie des Geldes lässt sich anhand einer einfachen Gleichung erläutern, aus deren Analyse wir die Effekte der Geldpolitik auf die Inflation ableiten können. Diese Quantitätsgleichung lautet wie folgt:

> **→ Quantitätsgleichung**
> Ökonomische Identität, nach der das nominale BIP der Geldmenge multipliziert mit der Umlaufgeschwindigkeit des Geldes entsprechen muss.

P (Preisniveau) × **Q** (reales BIP) = **M** (Geldmenge) × **V** (Geldumlaufgeschwindigkeit)

Diese Gleichung gilt per Definition immer. Ein Ungleichgewicht ist deshalb, auch kurzfristig, nicht möglich. Verändert sich also eine der Grössen, dann muss sich gleichzeitig eine andere Grösse so ändern, dass die Gleichung wieder gilt.

Wie aber setzt sich die Gleichung zusammen? Sowohl auf der rechten als auch auf der linken Seite der Gleichung steht der gleiche Betrag, jedoch einmal in Form von Geld (rechte Seite) und einmal als in Geldeinheiten bewertetes BIP (linke Seite). Die Multiplikation des Preisniveaus P mit dem realen Bruttoinlandprodukt Q ergibt das nominale Bruttoinlandprodukt, also das BIP, ausgedrückt beispielsweise

Geld und Preisstabilität

Inflation im einfachen Makro-Schema

Wir können das in Kapitel 4 eingeführte gesamtwirtschaftliche Schema auch verwenden, um Situationen mit unterschiedlicher Inflationsneigung zu unterscheiden. Wir haben gesehen, dass die Inflation dann tendenziell ansteigt, wenn die Geldpolitik zu expansiv ist und die gesamtwirtschaftliche Nachfrage zu stark stimuliert wird. In **Abbildung 6.4** finden sich solche Situationen dort, wo das tatsächliche BIP in einer Periode deutlich höher liegt als das Trend-BIP, also zum Beispiel im Zeitpunkt Y. In dieser Situation wird mehr nachgefragt, als bei Normalauslastung produziert werden kann, und dieser Nachfrageüberhang führt zu einem erhöhten Preisdruck. Zum Beispiel müssen gewisse Arbeitkräfte teure Überstunden leisten, um die nachgefragte Menge herzustellen, womit die Güterpreise ansteigen. Befindet sich die Wirtschaft in einer Hochkonjunktur, so beginnt deshalb die Inflation in der Regel anzuziehen. Umgekehrt ist in einer Situation wie im Zeitpunkt X die nachgefragte Menge kleiner als jene, die bei Normalauslastung produziert wird. In einer solchen Situation mit Überangebot werden die Produzenten versuchen, die Nachfrage über Preissenkungen zu stimulieren. In einer Rezession sinkt deshalb der Preisdruck, und die Inflation bildet sich zurück. Ist die Rezession besonders heftig, so können die Preise auch zu sinken beginnen und es kann zu einer Deflation kommen.

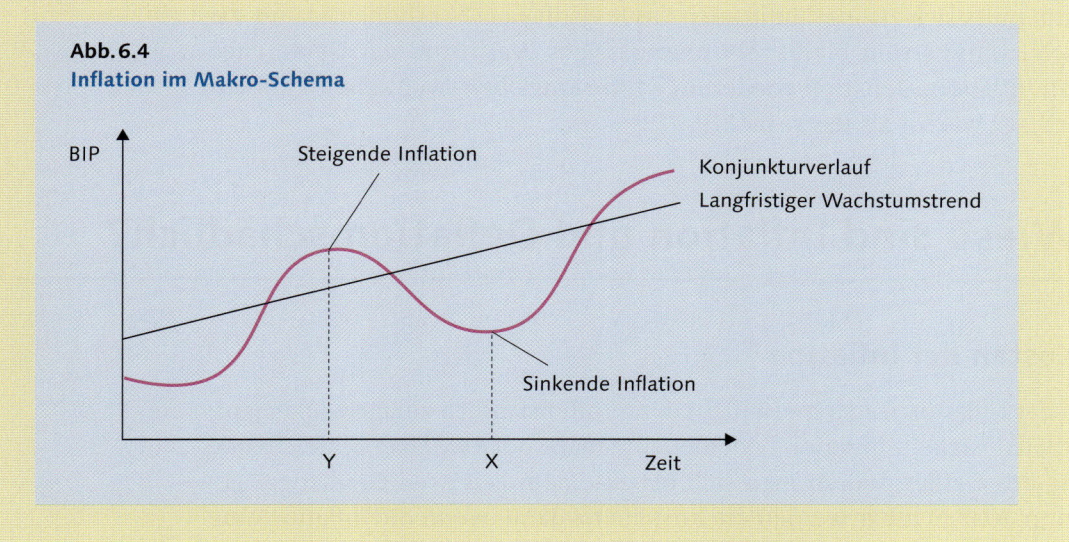

Abb. 6.4
Inflation im Makro-Schema

in Franken. Das nominale BIP ist die Wertschöpfung einer Ökonomie in einer bestimmten Zeitperiode, meist während eines Jahres. Um dieses in Geldeinheiten, also hier in Franken, bewerten zu können, ist Geld notwendig. Dieses Geld ist auf der rechten Seite der Gleichung abgetragen, und zwar als Geldmenge M multipliziert mit der *Umlaufgeschwindigkeit des Geldes*.

→ **Umlaufgeschwindigkeit des Geldes**
Anzahl Transaktionen, die mit einer Einheit Geld in einer Periode durchgeführt werden.

Was bedeutet diese Umlaufgeschwindigkeit? Das BIP bildet die Wertschöpfung eines ganzen Jahres ab. Da aber die einzelnen Geldeinheiten – etwa eine Zehnernote – pro Jahr mehrmals für Zahlungen verwendet werden, muss nicht für das gesamte nominale BIP Geld im physischen Sinne vorhanden sein. Es genügt eine kleinere Geldmenge, um den Gegenwert des nominalen BIP abzubilden. Wie gross der nötige Betrag an physischem Geld ist, hängt davon ab, wie viele Male pro Jahr die Zehnernote verwendet wird – dies bezeichnet man als Umlaufgeschwindigkeit des Geldes. Beträgt diese 10, so bedeutet das, dass im Durchschnitt jede Note zehnmal verwendet wird und deshalb nur eine Geldmenge M benötigt wird, die einem Zehntel des Wertes des nominalen BIP entspricht. Je grösser also die Umlaufgeschwindigkeit V, desto kleiner ist die benötigte Geldmenge M.

Was aber hat das alles mit der Inflation zu tun?

Mit der Quantitätsgleichung lässt sich analysieren, welche Auswirkungen eine Veränderung der Geldmenge M hat, also zum Beispiel eine expansive Geldpolitik. Dafür macht man in der Regel die wichtige Annahme, dass die Umlaufgeschwindigkeit des Geldes konstant ist. Mit anderen Worten heisst dies, dass die Geldnachfrage – die Zahlungsgewohnheiten also – sich nicht stark ändert; wir brauchen im Durchschnitt eine Zehnernote pro Periode immer gleich häufig. Mit dieser Annahme wird aus der Quantitätsgleichung die *Quantitätstheorie des Geldes*, die in der Analyse der Inflation eine zentrale Rolle spielt. Sie besagt, dass eine zu starke Erhöhung der Geldmenge längerfristig immer zu einer entsprechenden Erhöhung des Preisniveaus und damit zu Inflation führt. Zu stark ist die Veränderung der Geldmenge dann, wenn sie höher als das reale Wirtschaftswachstum (also die Veränderung von Q) ausfällt. Diesen Zusammenhang können wir direkt aus der Quantitätsgleichung herauslesen: Erhöhen wir – bei konstanter Geldumlaufgeschwindigkeit (V) – die Geldmenge (M) stärker, als das reale BIP (Q) wächst, dann muss sich zwangsläufig auch das Preisniveau (P) erhöhen, damit die Quantitätsgleichung erfüllt bleibt; ein übermässiges Wachstum der Geldmenge führt also zu Inflation. Deflation wiederum würde entstehen, wenn die Geldmenge weniger stark wächst als das reale BIP.

> **→ Quantitätstheorie des Geldes**
> Theorie, die besagt, dass in einer Volkswirtschaft langfristig ein proportionaler Zusammenhang zwischen der Entwicklung von Geldmenge und Preisniveau besteht.

6.5 Wieso sind Inflation und Deflation schädlich?

6.5.1 Kosten der Inflation

Die Kosten der Inflation treten meist nicht derart offensichtlich zutage wie diejenigen der Arbeitslosigkeit. Inflation bedeutet eine mehr oder weniger schleichende Entwertung des Geldes, woran man sich bis zu einem gewissen Grad sogar gewöhnen kann. Klar sichtbar werden die Kosten erst dann, wenn die Inflation eine bestimmte Höhe erreicht hat. So zeigen die Erfahrungen mit *Hyperinflationen*, also mit monatlichen Inflationsraten von über 50%, dass ab einem gewissen Mass die Inflation das Wirtschaftsgeschehen vollständig beherrscht. Allerdings entstehen selbst bei vergleichsweise tiefen Inflationsraten von 10% bis 15% pro Jahr bereits sehr hohe Kosten. Hinzu kommt die ständige Gefahr, dass sich die Inflation ab einer gewissen Höhe weiter nach oben schaukelt; denn eine relativ hohe, aber dennoch stabile Inflation gibt es kaum.

> **→ Hyperinflation**
> Sehr starke Inflation. Als Faustregel gilt: Liegen die monatlichen Inflationsraten über 50%, wird von Hyperinflation gesprochen.

Wenden wir uns also den Kosten einer moderaten Inflation zu. Sie lassen sich in fünf Kategorien unterteilen:

1. Transaktionskosten,
2. Kosten der Unsicherheit,
3. Kosten aufgrund der Verzerrung der relativen Preise,
4. Kosten für die Kreditgeber,
5. Kosten wegen der kalten Progression der Steuern.

Beginnen wir mit den *Transaktionskosten*. Hat die Inflation eine gewisse Höhe erreicht, beginnt man, sich zu überlegen, wie man sich gegen die Geldentwertung schützen kann. Typischerweise wird man versuchen, möglichst wenig Bar-

> **→ Transaktionskosten**
> Kosten des Austausches von Gütern. Damit ist nicht der Preis des gehandelten Gutes gemeint, sondern die durch die Transaktion zusätzlich anfallenden Kosten (z. B. Informations-, Verhandlungs-, Abwicklungs- und Kontrollkosten).

Geld und Preisstabilität

Hyperinflationen gehören zu den echten volkswirtschaftlichen Katastrophen. Das Bild zeigt eine deutsche Reichsbanknote aus der Zeit der Hyperinflation im Jahr 1923.

geld zu halten, da die Opportunitätskosten der Geldhaltung steigen. Bei höherer Inflation verliert das Geld nämlich laufend an Wert, und es wird immer attraktiver, möglichst viele Mittel auf einem Bankkonto zu belassen, da man dort durch höhere Zinsen für die Inflationsverluste entschädigt wird. Das führt dazu, dass man häufiger zur Bank geht, um jeweils nur kleine Beträge abzuheben, womit die Transaktionskosten steigen. Auf solche an sich unproduktive Tätigkeiten kann man bei tiefer Inflation verzichten. Ebenso kann es bei hoher Inflation zu einer zunehmenden Flucht in *Sachwerte* kommen. Um sich vor der Geldentwertung zu schützen, kauft man dann physische Dinge wie Gold oder Immobilien. Damit verliert das Geld einen gewissen Teil seiner Funktionen, die wir in Abschnitt 6.2 diskutiert haben.

→ **Sachwerte**
Physische Güter wie Immobilien oder Schmuck, die bei Inflation im Gegensatz zu Bargeld nicht an Wert verlieren.

Wichtiger noch sind die Kosten, die durch die Unsicherheit verursacht werden. Eine höhere Inflation ist nur äusserst selten stabil. Läge etwa eine stabile Inflation von 12 % jährlich vor, dann könnte sich die Wirtschaft darauf einstellen und in alle langfristigen Verträge eine Inflationsrate von 12 % einbauen. Tatsächlich haben aber höhere Inflationsraten die Tendenz, weiter zu steigen und überdies von Jahr zu Jahr stark zu schwanken. In allen längerfristigen Verträgen, vor allem natürlich in Kreditverträgen im weitesten Sinne, steigt deshalb die Unsicherheit. Und damit werden solche Verträge weniger attraktiv, was sich negativ auf die Wirtschaftsentwicklung auswirkt.

→ **Verzerrung der relativen Preise**
Zustand, in dem die relativen Preise nicht die richtigen Signale über die Knappheit der entsprechenden Güter wiedergeben.

Die dritte Form von Inflationskosten ist etwas subtiler. Es geht hier um die *Verzerrung der relativen Preise*, wodurch Knappheitssignale verwischt werden, sodass der Einsatz der Ressourcen nicht effizient gelenkt wird. Dies scheint auf den ersten Blick überraschend, haben wir doch die Inflation als eine Erhöhung aller Preise und nicht einzelner Preise definiert. Und wenn alle Preise gleich stark steigen, dann müssten ja die relativen Preise zwischen den Gütern unverändert bleiben. In der Praxis sind aber nicht alle Preise gleich flexibel. Es gibt Preise, die sich jede Sekunde anpassen, beispielsweise diejenigen für Erdöl oder Zucker. Bei anderen kann es durchaus ein halbes Jahr oder länger dauern, bis sie auf veränderte Bedingungen reagieren. Beispiele dafür sind abgedruckte Preise in Katalogen oder längerfristig vertraglich festgelegte Löhne. Diese unterschiedlichen Anpassungstempi

Wieso sind Inflation und Deflation schädlich?

sind in einer inflationären Periode dafür verantwortlich, dass sich die relativen Preise zwischen Gütern verschieben. Ein Gut, dessen Preis sich bei einer Inflation relativ rasch erhöht, wird durch dieses Preissignal dann als zu knapp bewertet. Im Vergleich zur unverzerrten Situation wird folglich zu viel dieses Gutes produziert und zu wenig davon konsumiert. Der zentrale Steuermechanismus einer Marktwirtschaft wird dadurch empfindlich gestört. Die Verzerrung der relativen Preise bildet einen wichtigen, wenn auch kaum direkt erkennbaren Kostenfaktor jeder höheren Inflation.

Die vierte Form von Inflationskosten besteht in der Schädigung der Kreditgeber. Nehmen wir an, jemand vergebe einen Kredit von 100 Franken und man einige sich auf eine jährliche Zinszahlung von 10 % des Kreditbetrags, also von zehn Franken. Beträgt nun im Verlaufe des Jahres die Inflation unerwartet 100 % – um ein extremes Beispiel zu wählen –, dann ist diese Zinszahlung von zehn Franken am Ende des Jahres *real* nur noch die Hälfte wert. Das Gleiche gilt für den ursprünglichen Betrag von 100 Franken, der die Hälfte an Kaufkraft verloren hat, sodass sich der Kreditgeber auch bei der Rückzahlung der Schuld geschädigt sieht. Natürlich werden sich die Kreditgeber dagegen zu schützen versuchen und höhere Zinsen verlangen. Das bedeutet aber, dass in einem Umfeld mit hoher Inflation die Zinsen meist sehr hoch sind, was die Wirtschaftstätigkeit empfindlich dämpft.

Eine fünfte Form von Inflationskosten ist schliesslich die sogenannte *kalte Progression*. Sie entsteht dadurch, dass *Steuerklassen* meist in *nominalen* Werten definiert sind und die Einkommenssteuer progressiv ausgestaltet ist. So steigt das nominale Einkommen aufgrund der Inflation, auch wenn es real nicht an Wert zugenommen hat. Erhält beispielsweise jemand mit einem Jahreseinkommen von 50 000 Franken Ende Jahr wegen einer 10 %igen Inflation eine Lohnerhöhung auf 55 000 Franken, so hat sich sein reales Einkommen nicht verändert. Das nominal (aber eben nicht real) höhere Einkommen kann aber dazu führen, dass die betroffene Person in eine höhere Steuerklasse aufrückt. Musste sie bisher 10 % an Steuern bezahlen, so werden in diesem Beispiel wegen der Geldentwertung nun 12 % fällig. Dies bedeutet eine eigentlich unbeabsichtigte Umverteilung der Einkommen von den Steuerzahlerinnen und Steuerzahlern hin zum Staat.

→ **Reale Grösse**
Eine wirtschaftliche Kenngrösse, die um die Inflation korrigiert wird.

→ **Kalte Progression**
Anstieg der realen Steuerlast, der dadurch entsteht, dass bei Inflation Arbeitnehmende mit steigenden Nominallöhnen in höhere Steuerklassen kommen, auch wenn sie real nicht mehr verdienen.

→ **Steuerklasse**
Ein definierter Bereich des steuerbaren Einkommens, für den ein bestimmter Steuersatz gilt. In progressiven Systemen gilt: je höher die Steuerklasse, desto höher der Steuersatz.

→ **Nominale Grösse**
Eine wirtschaftliche Kenngrösse, die nicht um die Inflation korrigiert und damit zu laufenden Preisen bewertet wird.

Zusammenfassende Übersicht

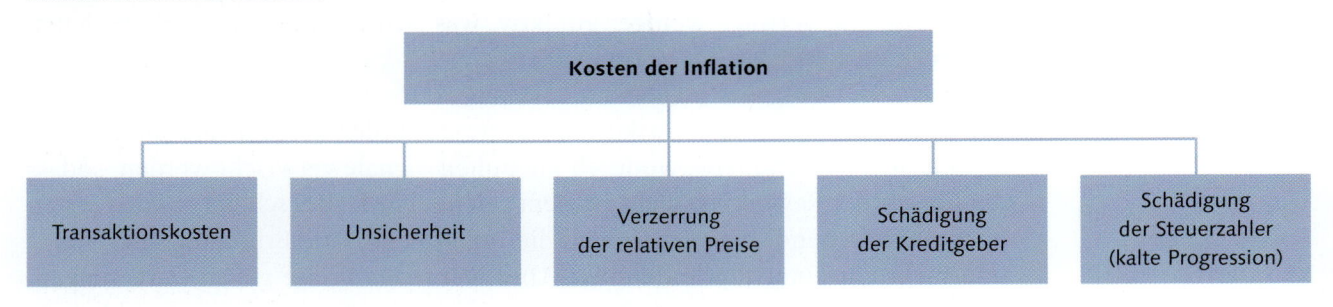

```
                        Kosten der Inflation
    ┌──────────────┬──────────────┬──────────────┬──────────────┐
Transaktions-   Unsicherheit   Verzerrung    Schädigung    Schädigung
   kosten                     der relativen  der Kreditgeber der Steuerzahler
                                 Preise                    (kalte Progression)
```

Geld und Preisstabilität

Beim Vergleichen und Beurteilen von ökonomischen Zahlenreihen spielt es oft eine grosse Rolle, ob man es mit nominalen (nicht inflationsbereinigten) oder realen (inflationsbereinigten) Grössen zu tun hat. Wie die Karikatur zeigt, kann eine starke Inflation aus einer nominalen Gewinnsteigerung einen realen Gewinnrückgang machen.

«Wenn man hingegen die Inflation berücksichtigt ...»

6.5.2 Kosten der Inflationsbekämpfung

Neben den genannten direkten Kosten verursacht eine steigende Inflation jedoch auch grosse indirekte Kosten. Sie fallen an, weil eine steigende Inflation zwingend irgendwann wieder gesenkt werden muss. Die Korrektur ist vor allem auch deshalb nötig, weil sich die Inflation zu einem gewissen Grad selbst verstärken kann. Sind nämlich einmal Inflationserwartungen bei den Akteuren einer Volkswirtschaft entstanden, so besteht die starke Tendenz zu einer Spirale nach oben, einer sogenannten *Lohn-Preis-Spirale*. Dabei geschieht Folgendes: Die Inflation führt dazu, dass die Kaufkraft der Löhne sinkt. Das heisst, mit einem gegebenen Geldbetrag kann aufgrund der höheren Preise weniger gekauft werden. Der Effekt wird dadurch verstärkt, dass die Nominallöhne in Arbeitsverträgen typischerweise für eine gewisse Zeitspanne festgeschrieben sind. Steigt nun innerhalb dieser Zeitspanne das Preisniveau, so sinken die Reallöhne. Deshalb werden die Arbeitnehmerinnen und Arbeitnehmer in der nächsten Lohnrunde einen höheren Nominallohn fordern. Wird ihnen nun der Nominallohn nur um die Preissteigerung erhöht, dann führt das lediglich zu einer Rückführung der Reallöhne auf das ursprüngliche Niveau. Erfolgt diese Lohnrunde aber in einem Umfeld mit hoher Inflation, dann werden die Arbeitnehmenden eine Nominallohnerhöhung anstreben, die die Teuerung der vergangenen Perioden übersteigt. Denn sie wollen erstens eine gewisse Entschädigung für die tiefere Kaufkraft ihrer Löhne in der vergangenen Periode. Und zweitens wollen sie vor allem vermeiden, in naher Zukunft wieder in dieselbe Situation mit sinkenden Reallöhnen zu geraten. Gewähren die Unternehmen aber diese stärkere Nominallohnerhöhung, so steigen ihre Kosten und sie werden diese zumindest teilweise in Form höherer Güterpreise an die Konsumentinnen und Konsumenten weitergeben. Damit erhöht sich das allgemeine Preisniveau, und das Spiel beginnt von vorne.

→ **Lohn-Preis-Spirale**
Selbstverstärkender Prozess, bei dem ein Anstieg des Preisniveaus einen Anstieg der Löhne bewirkt, der wiederum zu einer Preisanpassung nach oben führt.

Die so entstehende Spirale treibt die Inflationsrate ständig nach oben. Soll dies nicht ausser Kontrolle geraten, muss kräftig wirtschaftspolitisches Gegensteuer gegeben werden. Das heisst in erster Linie, dass die Geldpolitik die Geldmenge verknappen muss, um den Preissteigerungen sozusagen den Sauerstoff zu entziehen. Eine solche Verknappung der Geldmenge reduziert die gesamtwirtschaftliche Nachfrage. Das führt aber, wie wir bei der Diskussion der antizyklischen Konjunkturpolitik in Kapitel 4 gesehen haben, unweigerlich zu einer Rezession und zu steigender konjunktureller Arbeitslosigkeit. Wenn in der Ausgangslage die Inflation besonders hartnäckig ist, dann kann die Inflationsbekämpfung sogar zu einer sogenannten *Stagflation* führen. Für einige Zeit stagniert dann die Wirtschaft bei gleichzeitig hoher Inflation.

→ **Stagflation**
Gleichzeitiges Auftreten einer stagnierenden Wirtschaft und einer Inflation.

Die Bekämpfung einer Inflation ist also mit hohen gesamtwirtschaftlichen Kosten in Form von Rezessionen und steigender Arbeitslosigkeit verbunden. Diese sind im Gegensatz zu den im letzten Abschnitt analysierten direkten Kosten für alle unmittelbar sicht- und spürbar. Allerdings werden sie in der öffentlichen Diskussion oft zu wenig mit der vorangegangenen Inflation in Zusammenhang gebracht.

6.5.3 Kosten der Deflation

Das Preisniveau kann auch anhaltend rückläufig sein; man spricht dann von einer *Deflation*. Dieses Ereignis tritt zwar viel seltener auf, verursacht aber ebenfalls ernst zu nehmende gesamtwirtschaftliche Kosten. Zunächst ist festzuhalten, dass es sich bei der Deflation ganz ähnlich wie bei der Inflation nicht um eine einmalige Preisveränderung handelt. Sinken die Preise in einer Periode, dann stellt das noch längst keine Deflation dar, sondern zunächst einmal einen einfachen Preisrückgang. Deflation kann erst entstehen, wenn die Preise über längere Zeit in konstanten oder sogar steigenden Raten zurückgehen. Ursache für die fallenden Preise ist in der Regel ein Rückgang der gesamtwirtschaftlichen Nachfrage.

> **→ Deflation**
> Anhaltender Rückgang des Preisniveaus (Preise aller Güter).

Eine Deflation wird meist als noch problematischer eingestuft als eine Inflation, da sie wirtschaftspolitisch schwieriger zu bekämpfen ist. Eine einmal entstandene Deflation ist nämlich ausgesprochen widerstandsfähig; sie lässt sich mithilfe der konventionellen Geldpolitik kaum mehr aus der Welt schaffen. Dabei spielen vor allem zwei Faktoren eine wichtige Rolle: Eine Deflation ist selbstverstärkend, und es treten selbst bei expansiver Geldpolitik hohe Realzinsen auf. Diese beiden wichtigen Punkte wollen wir genauer erläutern.

Zum Ersten ist eine Deflation selbstverstärkend. Sinken die Preise während längerer Zeit, bildet die Bevölkerung negative Inflationserwartungen. Sie geht dann davon aus, dass die Preise weiter sinken werden, und reduziert deshalb ihre Nachfrage. Denn es ist in dieser Situation vernünftig, mit dem Kauf langlebiger Konsumgüter erst einmal zuzuwarten, da diese sich ja morgen billiger erwerben lassen. Morgen aber verschiebt man den Kauf auf übermorgen, und so weiter. Verhalten sich viele Personen auf diese Weise, kann das zu einem sich beschleunigenden Rückgang der gesamtwirtschaftlichen Nachfrage führen. Dieser Prozess kann, ist er einmal in Gang gekommen, nur schwer gestoppt werden.

Zum Zweiten können nominale Zinssätze rein logisch nicht stark negativ werden. Würde nämlich der *Nominalzins* deutlich negativ, dann wäre niemand mehr bereit, sein Geld einer Bank zur Verfügung zu stellen. Es wäre günstiger, das Geld unter das Kopfkissen zu legen, da man der Bank sonst de facto einen Zins für die Geldaufbewahrung bezahlen müsste. Diese Tatsache hat nun aber die weitreichende Auswirkung, dass in einer Deflation hohe *Realzinsen* entstehen. Der Realzins r entspricht ungefähr dem Nominalzins i abzüglich der erwarteten Inflation p_e:

> **→ Nominalzins**
> Preis für die Überlassung von Geld, den der Schuldner dem Gläubiger zahlen muss.
>
> **→ Realzins**
> Um die Inflation korrigierter Nominalzins.

r (Realzins) ≈ **i** (Nominalzins) − **p_e** (erwartete Inflation)

Für ökonomische Entscheide ist natürlich der Realzins wesentlich, weil er ausdrückt, wie viel pro Periode in realen Werten gezahlt werden muss. Nehmen wir an, dass die erwartete Deflation 5 % pro Jahr beträgt, dann ist $p_e = -5\%$. Da der Nominalzins niemals stark negativ wird, kann ihn die Zentralbank nicht deutlich unter 0 % drücken. Der Realzins entspricht dann dem Nominalzins (etwa 0 %)

Geld und Preisstabilität

minus die erwartete Inflation (−5%) und beträgt damit 5% (0% − (−5%) = +5%). Auch wenn die Zentralbank die Zinsen auf dem tiefstmöglichen Wert hält, sind während einer Deflation die Realzinsen sehr hoch. In einer Wirtschaftslage, in der die Geldpolitik eigentlich expansiv sein müsste, wirkt sie tatsächlich stark restriktiv, obwohl die Zinsen bei null oder sogar leicht darunter liegen. Die hohen Realzinsen verstärken das Problem, da sie die Investitionsnachfrage dämpfen. Es wird real gesehen sehr teuer, zu investieren. Dieser zusätzliche negative Nachfrageeffekt verschlimmert die Rezession weiter und heizt die Deflation weiter an.

Die grösste Wirtschaftskrise der modernen Zeit – die Weltwirtschaftskrise nach dem Börsencrash von 1929 – war vor allem deshalb so schmerzhaft, weil sie zu einer Periode lang anhaltender Deflation führte. Und die schwere Wirtschaftskrise Japans in den 1990er-Jahren hat gezeigt, dass auch ein modernes Industrieland in eine derartige Situation geraten kann und dass die gesamtwirtschaftlichen Kosten dann drastische Ausmasse annehmen. Auch jahrelange Nominalzinsen von 0% reichten in Japan nicht aus, um aus dem konjunkturellen Wellental herauszukommen. Mit Nachdruck bestätigt wurden die potenziellen Gefahren der Deflation auch für moderne Industrieländer aber vor allem durch die jüngsten Erfahrungen in der Finanz- und Wirtschaftskrise. Auf den massiven Einbruch der Weltwirtschaft reagierten die Zentralbanken im Herbst 2008 mit starken Zinssenkungen. Da die Zinsen ohnehin schon relativ tief waren, wurde die Nullzinsgrenze rasch erreicht, ohne dass sich die Situation spürbar besserte. In dieser Lage gingen fast alle Zentralbanken der Industrieländer dazu über, eine sogenannte *unkonventionelle Geldpolitik* zu betreiben, d.h. bisher kaum erprobte geldpolitische Massnahmen zu ergreifen. Da über die normale Offenmarktpolitik keine weitere Expansion mehr erreicht werden konnte (die kurzfristigen, durch die Zentralbank direkt beeinflussbaren Zinsen lagen schon so tief wie möglich), begannen die Zentralbanken, die expansive Offenmarktpolitik auf längerfristige Staats- und Unternehmensobligationen auszudehnen oder durch den Kauf von ausländischen Wertpapieren den Wechselkurs zu beeinflussen. Auf diese Art gelang es, die Geldmenge auszudehnen und die Wirtschaft mithilfe der Geldpolitik doch weiter zu stimulieren. Weil der direkte Weg über eine weitere Senkung der kurzfristigen Zinsen nicht mehr offenstand, wurden durch die unkonventionelle Geldpolitik die längerfristigen Zinsen indirekt nach unten gedrückt. Ergänzt wurde dies in allen Ländern durch zum Teil massive Ausweitungen der Staatsausgaben und/oder Senkungen der Staatseinnahmen, um die Nachfrage auch über die Fiskalpolitik zu stärken.

Diese ungewöhnlich expansive Geld- und Fiskalpolitik war mit dafür verantwortlich, dass die Deflationsgefahr nach 2009 trotz des aussergewöhnlich starken weltwirtschaftlichen Einbruchs einigermassen gering blieb. Bis heute ist aber nicht klar, wie diese expansive Politik ohne starke Wachstumseinbussen wieder in den normalen Bereich zurückgeführt werden kann. Auf jeden Fall zeigt dieses aktuelle Beispiel und die wirtschaftspolitischen Reaktionen darauf, wie gross die Furcht vor den Kosten einer anhaltenden Deflation ist.

→ **Unkonventionelle Geldpolitik**
Geldpolitische Massnahme, die nicht auf eine Beeinflussung der kurzfristigen Zinsen zielt.

Internet-Vertiefung
hep-verlag.ch/vwl-plus

Unkonventionelle Geldpolitik

Geldpolitische Strategien

Fed comes to the rescue

Fed kommt zu Hilfe: «Fed-Zinssenkung»

Der vom US-Häusermarkt ausgehende Schock war so gross, dass mit konventioneller Geldpolitik (Zinssenkungen) kein nennenswerter stabilisierender Effekt mehr erzielt werden konnte.

6.6 Geldpolitische Strategien

Die Geldpolitik eines Landes zielt letztlich darauf ab, die Preisstabilität zu garantieren, das heisst sowohl Inflation als auch Deflation zu vermeiden. Das Problem ist allerdings, dass es ziemlich lange dauern kann, bis geldpolitische Entscheide vollständig auf die Preise durchgeschlagen haben. Es ist nicht ungewöhnlich, dass dieser Prozess bis zu drei Jahre benötigt. Will man das Ziel der Preisstabilität konkretisieren, müssen diese in Kapitel 4 erwähnten starken Wirkungsverzögerungen der Geldpolitik berücksichtigt werden. Daher muss die geldpolitische Strategie klarstellen, über welchen Mechanismus die Preisstabilität erreicht werden soll und anhand welcher Grössen die Öffentlichkeit auch kurzfristig die Ausrichtung der Geldpolitik beurteilen kann.

Dabei lassen sich drei grundsätzliche geldpolitische Strategien unterscheiden, nämlich erstens Wechselkursziele, zweitens Geldmengenziele oder drittens Inflationsziele. Wir wollen im Folgenden diese drei grundsätzlichen Ansätze etwas genauer besprechen. Dabei können wir als Beispiel die Schweizer Geldpolitik der Nachkriegszeit verwenden, die in unterschiedlichen Phasen jede dieser drei Strategien verfolgte: bis 1973 ein Wechselkursziel, von 1974 bis 1999 ein Geldmengenziel und seit 1999 ein direktes Inflationsziel. Von September 2011 bis Januar 2015 sorgte die SNB dafür, dass der Wechselkurs des Schweizer Frankens zum Euro nicht unter die Marke von 1.20 sank. Mit dieser Massnahme zur Verhinderung einer übermässigen Aufwertung spielte der Wechselkurs wieder eine deutlich grössere Rolle in der Schweizer Geldpolitik.

6.6.1 Orientierung am Wechselkurs

Verfolgt eine Zentralbank ein *Wechselkursziel*, so setzt sie die Geldpolitik ein, um den Wechselkurs gegenüber einer bestimmten Währung zu fixieren. Der angestrebte Wechselkurs ersetzt dann zu einem gewissen Grad die Preisstabilität als

→ **Wechselkursziel**
Geldpolitisches Ziel, den Wechselkurs gegenüber einer anderen Währung innerhalb einer festgelegten Bandbreite zu halten.

Geld und Preisstabilität

eigentliches Ziel der Geldpolitik. Unmittelbar nach dem Zweiten Weltkrieg dominierte dieser Mechanismus die Geldpolitik der Industrieländer. Die Währungen der wichtigsten Industrieländer waren bis Anfang der 1970er-Jahre im sogenannten *Bretton-Woods-System* fixer Wechselkurse eingebunden.

In der genannten Periode stand also nicht die Preisstabilität, sondern der Wechselkurs im Fokus der Geldpolitik in den meisten Industrieländern, inklusive der Schweiz. Dies ging gut, solange der US-Dollar als *Leitwährung* des Systems stabil war. Als aber die USA gegen Ende der 1960er-Jahre begannen, im Zusammenhang mit der Finanzierung des Vietnamkriegs eine zunehmend inflationäre Politik zu verfolgen, zeigten sich die Nachteile einer Wechselkursfixierung immer deutlicher. Denn ein Land, das seine Währung an die eines anderen Landes bindet, übernimmt automatisch die Inflationsneigung des anderen Landes. Es muss ja die gleiche Geldpolitik wie das andere Land betreiben, damit sich die relativen Knappheiten der beiden Währungen und damit der relative Preis zwischen ihnen – der Wechselkurs also – nicht verändern. Die steigende Inflation in den USA übertrug sich deshalb auf alle anderen Länder innerhalb des Bretton-Woods-Systems. Die Kosten der Inflation wurden für diese Länder aber immer weniger tragbar. Im Jahr 1973 wurde deshalb die Wechselkursfixierung aufgegeben und das System fixer Wechselkurse aufgehoben.

6.6.2 Orientierung an der Geldmenge

Nach dem Zusammenbruch des Bretton-Woods-Systems stellte sich für die Geldpolitik der Industrieländer die Frage, an welchem Ziel sie sich in Zukunft orientieren solle. Zu dieser Zeit gewann mit dem *Monetarismus* ein neues geldpolitisches Konzept, das auf der oben besprochenen Quantitätstheorie des Geldes basierte, zunehmend an Bedeutung. Der Einfluss dieses Konzepts war so stark, dass gewisse Länder, darunter auch die Schweiz, das für den Monetarismus typische *Geldmengenziel* schliesslich übernahmen.

Ab 1974 konzentrierte sich die Geldpolitik der Schweizerischen Nationalbank (SNB) daher stark auf das Zwischenziel der Geldmengenentwicklung, in der Annahme, dass ein starker Zusammenhang zwischen diesem Zwischenziel und dem eigentlichen Ziel der Preisstabilität bestehe. Diese Politik war über lange Zeit erfolgreich. Die Schweiz hatte im internationalen Vergleich eine relativ tiefe Inflationsrate.

Gegen Ende der 1980er-Jahre wurden die Probleme der Geldmengensteuerung jedoch immer offensichtlicher. Das monetaristische Konzept funktioniert nämlich nur dann, wenn die Umlaufgeschwindigkeit des Geldes und damit die Geldnachfrage relativ konstant sind. Wie wir bei der Analyse der Quantitätsgleichung gesehen haben, besteht in diesem Fall tatsächlich ein stabiler Zusammenhang zwischen Geldmengenentwicklung und Inflation. Sobald aber die Umlaufgeschwindigkeit des Geldes unvorhersehbar zu schwanken beginnt, bricht der stabile Zusammenhang zusammen. Aufgrund der Geldmengenentwicklung können dann keine verlässlichen Aussagen mehr über die zu erwartende Inflation gemacht werden. Als nun Ende der 1980er-Jahre eine ganze Reihe von Innovationen auf den Finanzmärkten dazu führte, dass sich die Geldnachfrage stark veränderte, wurde die Prognose der Inflationsentwicklung auf der Basis der Geldmengenentwicklung immer schwieriger. Weil die Nationalbank das Geldmengenziel – was vor diesem Hintergrund verständlich ist – nicht stur verfolgte, sondern auch andere

---

→ **Bretton-Woods-System**
Ein System fixer Wechselkurse, an dem die wichtigsten Währungen der Welt – mit dem US-Dollar als Leitwährung – beteiligt waren.

→ **Leitwährung**
Referenzwährung bei einer Wechselkursfixierung zwischen mehreren Ländern.

→ **Monetarismus**
Ökonomische Theorie, nach der Inflation immer durch ein Überangebot an Geld verursacht wird.

→ **Geldmengenziel**
Geldpolitisches Ziel, das Preisstabilität über die Beeinflussung der Geldmenge erreichen will.

Faktoren, wie beispielsweise den Wechselkurs, berücksichtigte, wurden die Geldmengenziele immer häufiger verfehlt. Man kündigte diese Geldmengenziele zwar regelmässig an, doch sie wurden kaum je erreicht. Damit wurde aber der scheinbare Kommunikationsvorteil (Geldmengenziele sind einfach zu kommunizieren) zu einem Problem: Ein Ziel, das dauernd verfehlt wird, verwirrt eher, anstatt Klarheit über die geldpolitische Ausrichtung zu schaffen. Ausserdem drohte dies, die Glaubwürdigkeit als wichtigstes Kapital der Zentralbank in Frage zu stellen. Dazu kam, dass Ende der 1980er- und Anfang der 1990er-Jahre die SNB, auch wegen der unklaren Entwicklung der Geldnachfrage, einige besonders schwierige und folgenreiche Entscheide getroffen hatte. Ende der 1980er-Jahre war die Geldpolitik deutlich zu expansiv, was die Inflationsraten stark erhöhte. Auf diese Entwicklung reagierte die SNB mit einer stark restriktiven Geldpolitik und stabilisierte damit die Preisentwicklung, verschärfte jedoch gleichzeitig die Rezession anfangs der 1990er-Jahre. Diese restriktive Geldpolitik trug zur Aufwertung des Frankens bei und schwächte damit die gesamtwirtschaftliche Nachfrage zusätzlich.

6.6.3 Orientierung an der Inflation

Diese Schwierigkeiten mit der Geldmengensteuerung und insbesondere mit der Kommunikation der geldpolitischen Ausrichtung machten im Verlaufe der 1990er-Jahre deutlich, dass mittelfristig ein neues geldpolitisches Konzept notwendig war. Schon seit Mitte der 1990er-Jahre orientierte sich die SNB daher weniger stark am Geldmengenziel. Im Jahr 1999 wurde das Konzept dann völlig aufgegeben, und man ging zu einem *Inflationsziel* über. Allerdings spielen die breiteren Geldmengendefinitionen M2 und M3 nach wie vor eine wichtige Rolle als Entscheidungsgrundlagen für die Geldpolitik. Da die beiden Geldmengenkonzepte Informationen über die Entwicklung von Preisniveau und Zinsen enthalten, werden sie als Indikatoren für die zu erwartende Inflation verwendet. Allerdings wird ihre Entwicklung – im Gegensatz zur Praxis der Europäischen Zentralbank – von der SNB nicht mehr als Zielgrösse kommuniziert.

Im Zentrum der Kommunikation der schweizerischen Geldpolitik steht heute nicht ein Zwischenziel wie die Geldmenge, sondern direkt das endgültige Ziel, nämlich die Preisstabilität. Es wird auf der Basis eines klar definierten Inflationsziels kommuniziert, wie wir das im nächsten Abschnitt genauer erläutern werden. Dies ist ein internationaler Trend, sind doch die meisten Zentralbanken in den letzten Jahren dazu übergegangen, mehr oder weniger explizite Inflationsziele zu verwenden.

Zentralbanken üben direkt oder indirekt einen grossen Einfluss auf die Finanzmärkte aus.

→ **Inflationsziel**
Geldpolitisches Ziel, das direkt die Preisstabilität anvisiert.

Zusammenfassende Übersicht

- Geldpolitische Strategien
  - Orientierung am Wechselkurs
  - Orientierung an der Geldmenge
  - Orientierung an der Inflation

6.7 Schweizer Geldpolitik

Wir wollen zunächst den gesetzlichen Auftrag der Schweizerischen Nationalbank erläutern, bevor wir die Ausgestaltung des aktuellen geldpolitischen Konzepts beleuchten.

6.7.1 Die Schweizerische Nationalbank (SNB)

Die Schweizerische Nationalbank ist eine staatliche Institution mit ganz speziellen Kompetenzen. Sie ist keine Verwaltungsstelle im üblichen Sinne, denn sie ist von Regierung und Parlament unabhängig. Will man nämlich glaubwürdig das Ziel der Preisstabilität verfolgen, so ist es unumgänglich, dass die Regierung keinerlei Einfluss auf die operative Tätigkeit der Nationalbank nehmen kann. Insbesondere muss es der Regierung verwehrt sein, die Geldschöpfung als Finanzierungsquelle zu benutzen oder aus politischen Gründen die Konjunktur über die Geldpolitik zu beeinflussen.

Entsprechend hat in der Schweiz der Bundesrat gegenüber der Nationalbank auch keine Weisungsbefugnis. Es besteht zwar ein gegenseitiger Informationsaustausch, und das Direktorium der SNB wird vom Bundesrat gewählt, aber es gibt keine Befehle der Regierung an die Nationalbank. Das Nationalbankgesetz verbietet SNB-Mitgliedern sogar, Weisungen von den Behörden anzunehmen. Gegenüber dem Parlament ist die SNB zwar rechenschaftspflichtig, aber auch die Volksvertreterinnen und Volksvertreter dürfen auf die operative Tätigkeit der Nationalbank keinen Einfluss nehmen.

Hier hat also eine staatliche Stelle, die einen der zentralen wirtschaftspolitischen Hebel in der Hand hält, eine doch aussergewöhnliche Unabhängigkeit. Entsprechend wichtig ist es, dieser Stelle einen klaren Auftrag zu erteilen. Es muss unmissverständlich definiert sein, welche Ziele die Nationalbank verfolgen soll, um beurteilen zu können, ob sie ihre Unabhängigkeit ausschliesslich zur Zielerreichung verwendet. Die SNB ist dazu verpflichtet, eine Geldpolitik im Gesamtinteresse des Landes zu verfolgen, als vorrangiges Ziel die Preisstabilität zu gewährleisten und dabei die Konjunktur zu berücksichtigen. Die Hierarchie der beiden Ziele ist mit der entsprechenden Formulierung im Nationalbankgesetz klargestellt.

6.7.2 Das geldpolitische Konzept der SNB

Die SNB setzt das 1999 eingeführte Inflationsziel mit einem geldpolitischen Konzept um, das drei wesentliche Punkte umfasst:

1. Definition der Preisstabilität (Ziel),
2. Inflationsprognose (Entscheidungsgrundlage),
3. Zielband für den Dreimonats-Libor, einen kurzfristigen Zinssatz (Kommunikationsinstrument).

Diese drei Elemente sind wesentlich, um die heutige Ausrichtung der schweizerischen Geldpolitik zu verstehen.

Schweizer Geldpolitik

Die Definition der Preisstabilität

Ein Inflationsziel erfordert zunächst einmal eine klare Kommunikation darüber, was unter Preisstabilität zu verstehen ist. Im geldpolitischen Konzept der SNB herrscht Preisstabilität dann, wenn die Inflation unter zwei Prozent liegt. De facto strebt die SNB eine Inflationsrate zwischen zwei Prozent und null Prozent an. Auch eine leichte Deflation würde deshalb als Zielverfehlung gewertet, während eine leichte Erhöhung des Preisniveaus immer noch als Preisstabilität bezeichnet wird. Dies vor allem aus zwei Gründen: Einerseits wird eine leicht positive Inflation aufgrund der besonderen Gefahren einer Deflation angestrebt. Da eine Deflation besonders selbstverstärkend werden kann, ist es sehr schwierig, wieder aus ihr herauszufinden. Eine gewisse Sicherheitsmarge ist deshalb sinnvoll. Andererseits wird eine leichte Inflation auch deshalb toleriert, weil durch die offiziell gemessene Inflationsrate die tatsächliche Inflation, wie wir das in Abschnitt 6.1 erläutert haben, eher etwas überschätzt wird.

Wichtig ist, dass das Ziel der Preisstabilität, wie es die SNB anstrebt, nicht zu jedem Zeitpunkt erreicht werden muss. Vielmehr handelt es sich ausdrücklich um ein mittelfristiges Ziel. Wird es kurzfristig über- oder unterschritten, heisst dies nicht, dass das Ziel verfehlt worden wäre. So ergibt sich eine gewisse Flexibilität, wenn etwa starke Wechselkursschwankungen oder Veränderungen der Erdölpreise in einer bestimmten Periode zu einer Inflationsrate führen, die ober- oder unterhalb des Zielbandes liegt. Die Nationalbank ist in solchen Fällen nicht gezwungen, sofort und mit unverhältnismässigen Mitteln zu reagieren.

Die Inflationsprognose

Das zweite wichtige Element des geldpolitischen Konzepts der SNB ist die *Inflationsprognose*. Es wird ja ein langfristiges Inflationsziel angestrebt, und die Geldpolitik wirkt mit einer gewissen Verzögerung auf die Inflation. Als Grundlage für die geldpolitischen Entscheide der SNB muss daher mit einer Prognose abgeschätzt werden, wie sich die heutige Politik auf die Inflation der kommenden Jahre auswirken wird.

→ **Inflationsprognose**
Vorhersage der zukünftigen Inflationsentwicklung, meist unter Zuhilfenahme statistischer Modelle.

Diese Prognose, welche die Nationalbank vierteljährlich publiziert, ist allerdings keine Prognose im eigentlichen Wortsinn. Sie geht nämlich explizit davon aus, dass die Zinssätze, die von der SNB über die Offenmarktpolitik kontrolliert werden, während des Prognosezeitraums konstant bleiben. Damit soll quasi mithilfe eines Gedankenexperiments abgeschätzt werden, ob der momentane Zinssatz längerfristig mit der Preisstabilität vereinbar ist. Zeigt es sich, dass unter dieser Annahme die zukünftige Inflation zu hoch wird, dann bedeutet dies, dass die Nationalbank in den kommenden Perioden eine restriktivere Politik mit höheren Zinsen anstreben wird. Zeigt die Prognose umgekehrt, dass die momentane Geldpolitik in deflationäre Bereiche führt, dann ist dies implizit eine Ankündigung, dass die Nationalbank in naher Zukunft eine expansivere Geldpolitik verfolgen wird.

Die Inflationsprognose ist einerseits die Grundlage für den geldpolitischen Entscheid und andererseits auch ein Instrument für die Kommunikation der Geldpolitik. Mit der Publikation der bedingten Prognose – also der Prognose unter Annahme konstanter Zinsen – signalisiert die SNB den Finanzmärkten und der breiten Öffentlichkeit, in welche Richtung die Geldpolitik mittelfristig gehen wird.

Geld und Preisstabilität

→ Dreimonats-Libor für Schweizer Franken
Zinssatz auf dem Londoner Markt für dreimonatige, in Schweizer Franken lautende Kredite zwischen Banken.

→ Geldmarkt
Markt, auf dem sich die Banken gegenseitig kurzfristige Kredite geben können.

Ein kurzfristiger Zinssatz als Zwischenziel

Weil die SNB mit dem Inflationsziel die Preisstabilität langfristig direkt – das heisst ohne Zwischenziel – anstrebt, benötigt sie Wege, der Öffentlichkeit mitzuteilen, wie ihre Geldpolitik kurzfristig ausgerichtet ist. Dafür verwendet sie einen kurzfristigen Zinssatz, und zwar den *Dreimonats-Libor für Schweizer Franken*. «Libor» steht dabei für «London Interbank Offered Rate». Es ist dies der Zinssatz für kurzfristige, auf Schweizer Franken lautende Kredite, die auf dem Londoner Finanzmarkt zwischen Banken gehandelt werden. Als kurzfristiges, sogenannt operatives Ziel ihrer Tätigkeit kündigt die SNB ein Zielband an, innerhalb dessen sie den Zinssatz für diese Dreimonats-Kredite halten möchte. Mit sehr kurzfristigen Offenmarktgeschäften auf dem *Geldmarkt* kann die SNB dieses operative Ziel beeinflussen.

Es ist klar, dass die Nationalbank den Dreimonats-Libor für Schweizer Franken nicht alleine festlegen kann, weil auf diesem Markt auch die Geschäftsbanken tätig sind. Folgerichtig verpflichtet sie sich nicht auf einen präzisen Zinssatz, sondern auf ein Band, innerhalb dessen dieser schwanken kann. Will die SNB nun eine expansivere Geldpolitik verfolgen, dann kündigt sie an, dass ein tieferes Zielband des Dreimonats-Libors angestrebt wird. Soll die Geldpolitik restriktiver gehandhabt werden, dann wird das Zielband erhöht. Wie sich seit Einführung dieses Konzepts erwiesen hat, ist die SNB die klar dominierende Kraft auf diesem Markt und daher fast jederzeit in der Lage, den Zinssatz in einem sehr engen Band zu halten.

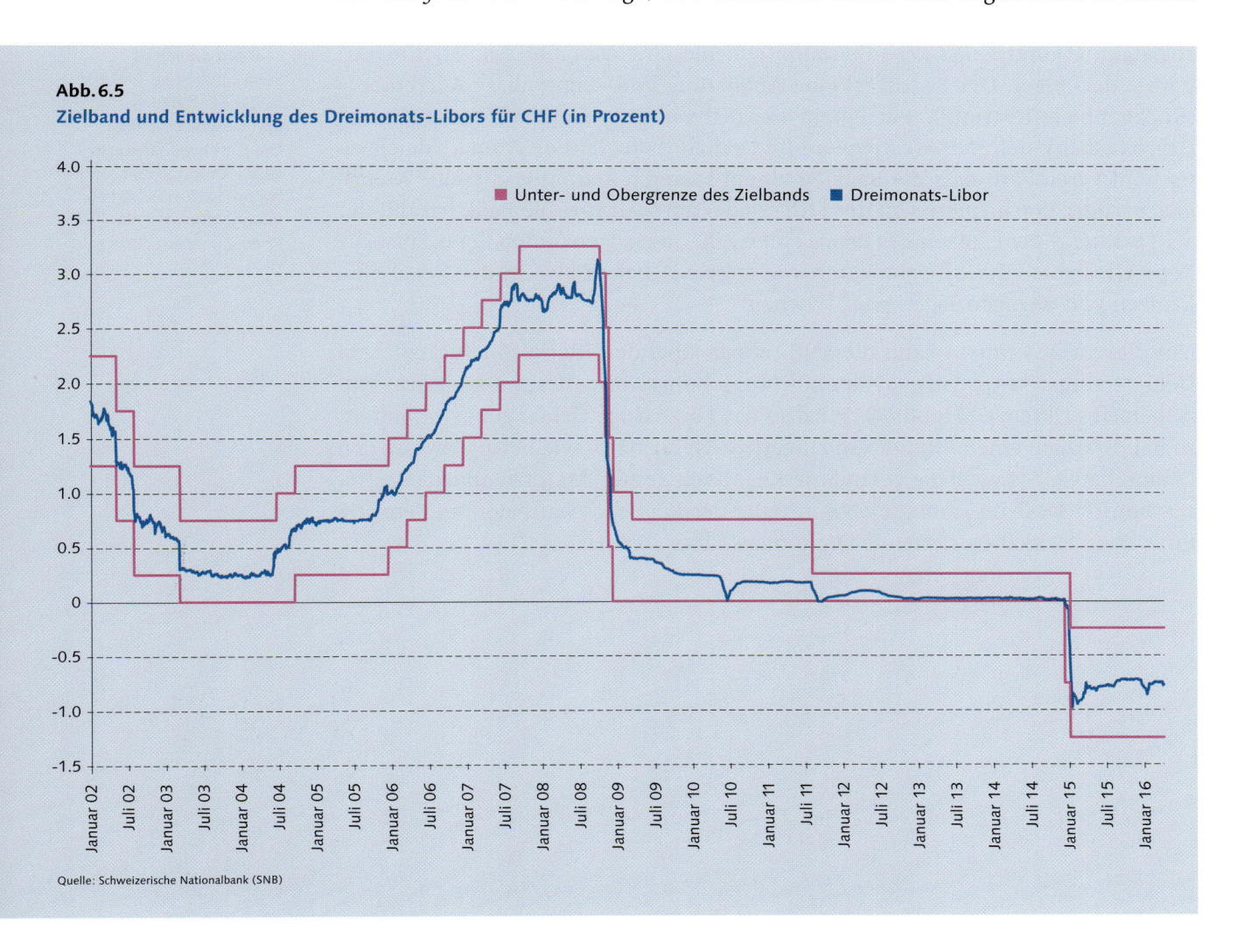

Abb. 6.5
Zielband und Entwicklung des Dreimonats-Libors für CHF (in Prozent)

Quelle: Schweizerische Nationalbank (SNB)

Abbildung 6.5 zeigt die Bewegungen des Dreimonats-Libors sowie die Entwicklung des zum jeweiligen Zeitpunkt angekündigten Zielbands seit dem Jahre 2002. Auffallend ist, dass die SNB ab Dezember 2014 das Zielband gar in den negativen Bereich senkte, um Anlagen in Schweizer Franken weniger attraktiv zu machen.

Zusammenfassende Übersicht

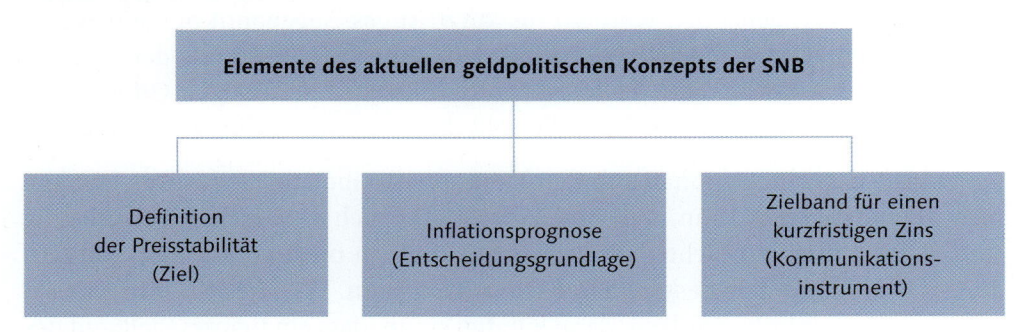

```
                  Elemente des aktuellen geldpolitischen Konzepts der SNB
                  ┌──────────────────────┬──────────────────────┐
        Definition                  Inflationsprognose      Zielband für einen
     der Preisstabilität           (Entscheidungsgrundlage)   kurzfristigen Zins
           (Ziel)                                           (Kommunikations-
                                                              instrument)
```

6.7.3 Umsetzung der Geldpolitik über Repo-Geschäfte

Für die Steuerung des Dreimonats-Libors setzt die Schweizerische Nationalbank sogenannte kurzfristige *Repo-Geschäfte* ein, die eine Variante der Offenmarktpolitik darstellen. Der Begriff ist eine Abkürzung von «Repurchase Agreement» (Rückkaufvereinbarung). Bei einem expansiven Repo-Geschäft verkauft eine Geschäftsbank der SNB Wertpapiere und erhält dafür liquide Mittel. Gleichzeitig wird vereinbart, dass die Bank zu einem späteren Zeitpunkt dieselbe Menge gleichartiger Wertpapiere von der SNB wieder zurückkauft. Die Bank bezahlt der SNB während der Laufzeit des Repos einen Zins, den sogenannten Repo-Zins. Die Repo-Geschäfte sind oft sehr kurzfristig angelegt, haben also in der Regel eine Laufzeit von wenigen Tagen oder Wochen.

→ **Repo-Geschäft**
Sehr kurzfristige Geschäfte der Zentralbank mit den Geschäftsbanken. Die Geschäftsbank erhält dabei für kurze Zeit liquide Mittel, wofür die Zentralbank den sogenannten Repo-Zins verrechnet.

Mit diesem Instrument kann die SNB sehr flexibel den Markt mit zusätzlichem Geld versorgen (expansive Geldpolitik) beziehungsweise dieses dem Markt entziehen (restriktive Geldpolitik). Wird so das kurzfristige Geldangebot verändert, so hat dies auch einen Einfluss auf längerfristige Zinssätze wie beispielsweise den Dreimonats-Libor, weil die veränderte Knappheit des Geldes letztendlich alle Zinsen betrifft. Deshalb kann die SNB mithilfe der Repo-Geschäfte den im Zentrum ihrer Kommunikation stehende Dreimonats-Libor steuern.

Geld und Preisstabilität

ZUSAMMENFASSUNG ANHAND DER LERNZIELE

1 Preisniveau und Inflation

Die Veränderung des Preisniveaus (Preis eines repräsentativen Warenkorbs) widerspiegelt die Preisstabilität eines Landes – je kleiner die Veränderung, desto stabiler die Preise. Steigt das so definierte Preisniveau, so spricht man von Inflation. In der Schweiz wird das Preisniveau mit dem Landesindex der Konsumentenpreise gemessen.

2 Funktionen des Geldes

Ohne Geld müsste die Wirtschaft auf Tauschhandel basieren, was das Potenzial der Arbeitsteilung enorm einschränken würde. Neben der zentralen Funktion als Tauschmittel dient Geld auch als Wertaufbewahrungsmittel und Recheneinheit.

3 Die Geldmenge

Über die Kreditvergabe der Geschäftsbanken werden aus jedem von der Zentralbank ausgegebenen Franken mehrere Franken Zahlungsmittel. Die Geldmenge setzt sich deshalb aus Zentralbankgeld und liquiden – das heisst als Zahlungsmittel verwendbaren – Einlagen bei den Banken zusammen (zum Beispiel Sparkonten).

4 Offenmarktpolitik

Die Offenmarktpolitik ist mit Abstand das wichtigste Instrument der Geldpolitik. Bei einer expansiven Offenmarktpolitik kauft die Zentralbank auf dem offenen Markt Wertpapiere und bezahlt mit neu geschaffenem Geld, wodurch sich die Geldmenge erhöht. Restriktiv wirkt die Offenmarktpolitik, wenn die Zentralbank Wertpapiere verkauft und damit Geld aus dem Markt nimmt.

5 Geldmenge und Inflation

Erhöht sich die Geldmenge stärker als das reale BIP, so führt dies mittelfristig zu einer Erhöhung des Preisniveaus, also zu Inflation. Dieser Zusammenhang lässt sich aus der Quantitätsgleichung ableiten, die besagt, dass das nominale BIP der Geldmenge multipliziert mit der Umlaufgeschwindigkeit des Geldes entspricht.

6 Kosten der Inflation und der Deflation

Die Kosten einer moderaten Inflation sind auf den ersten Blick nicht leicht zu erkennen. Denn sie beeinträchtigt die Funktionsfähigkeit einer arbeitsteiligen Wirtschaft auf eher subtile Art, beispielsweise durch verzerrte relative Preise, steigende Unsicherheit oder eine willkürliche Umverteilung von Ressourcen. Eine Deflation wirkt selbstverstärkend und kann die Wirtschaft in eine schwer zu bekämpfende Rezession oder gar Depression ziehen.

Geld und Preisstabilität

7 Kosten der Inflationsbekämpfung
Hat die Inflation eine gewisse Höhe erreicht, so wird sie selbstverstärkend und muss deshalb eingedämmt werden. Dies erfordert eine restriktive Geldpolitik, die einen Rückgang der gesamtwirtschaftlichen Nachfrage und damit in aller Regel eine Rezession auslöst.

8 Geldpolitische Strategien
Geldpolitische Strategien unterscheiden sich vor allem darin, über welches erklärte Ziel die Zentralbank Preisstabilität anstrebt. Sie kann dies tun, indem sie ein Wechselkursziel verfolgt (Bindung der Geldmengenentwicklung an eine andere Währung), ein Geldmengenziel festlegt oder direkt ein Inflationsziel anstrebt. Die Schweizerische Nationalbank (SNB) verfolgte bis Anfang der 1970er-Jahre ein Wechselkursziel, von Anfang 1973 bis Ende der 1990er-Jahre ein Geldmengenziel und seit 1999 ein Inflationsziel.

9 Das aktuelle geldpolitische Konzept der SNB
Das heutige geldpolitische Konzept der SNB besteht aus drei Elementen: dem expliziten Ziel der Preisstabilität (Inflation unter zwei Prozent), einer Inflationsprognose als Entscheidungsgrundlage und einem Zielband für den Dreimonats-Libor für Schweizer Franken, das die SNB als operatives Ziel ankündigt, um damit ihre geldpolitischen Absichten zu kommunizieren.

ZENTRALE BEGRIFFE

Preisniveau →166	Geldmarktzins →173	Nominale Grösse →178
Kaufkraft →166	Leitzins →173	Lohn-Preis-Spirale →179
Warenkorb →166	Geldschöpfungsmultiplikator →173	Stagflation →179
Landesindex der Konsumentenpreise (LIK) →166	Mindestreservesatz →173	Deflation →180
Teuerungsausgleich →167	Liquide Mittel →174	Nominalzins →180
Spezialisierung →168	Geldschöpfung →174	Realzins →180
Liquidität →169	Quantitätsgleichung →174	Unkonventionelle Geldpolitik →181
Notenbankgeldmenge →169	Umlaufgeschwindigkeit des Geldes →175	Wechselkursziel →182
Geschäftsbanken →169	Quantitätstheorie des Geldes →176	Bretton-Woods-System →182
Sichteinlagen →170	Hyperinflation →176	Leitwährung →183
Transaktionskonten →170	Transaktionskosten →176	Monetarismus →183
Spareinlagen →170	Sachwerte →177	Geldmengenziel →183
Termineinlagen →170	Verzerrung der relativen Preise →177	Inflationsziel →184
Offenmarktpolitik →171	Reale Grösse →178	Inflationsprognose →186
Wertpapier →171	Kalte Progression →178	Dreimonats-Libor für Schweizer Franken →187
Devisen →171	Steuerklasse →178	Geldmarkt →187
Girokonten der Geschäftsbanken bei der Zentralbank →171		Repo-Geschäft →188

Geld und Preisstabilität

REPETITIONSFRAGEN KAPITEL 6

1
a) Zählen Sie die wichtigsten Kategorien von volkswirtschaftlichen Kosten auf, die eine Inflation verursacht.
b) Weshalb verursacht auch die Bekämpfung der Inflation volkswirtschaftliche Kosten? Erläutern Sie detailliert.

2
a) Wie lässt sich eine Inflation bekämpfen?
b) Weshalb ist für die Geldpolitik die Bekämpfung einer Deflation schwieriger als die Bekämpfung einer Inflation?

3 Durch grosse Produktivitätssteigerungen und stärkeren Wettbewerb im Detailhandel sind in einem Land die Lebensmittelpreise deutlich gesunken. Handelt es sich dabei um bedrohliche Anzeichen einer Deflation? Argumentieren Sie.

4 Erklären Sie anhand der Quantitätsgleichung, warum ein Geldmengenwachstum, das höher ist als das Wirtschaftswachstum, langfristig zu einer Inflation führt.

5
a) Nennen Sie die drei wichtigsten Funktionen des Geldes.
b) Inwiefern beeinträchtigt eine hohe Inflation diese drei Funktionen?

6 Für die Geldschöpfung der Geschäftsbanken spielt der Reservesatz eine wichtige Rolle. Welcher Zusammenhang besteht zwischen dem Reservesatz und der Geldmenge?

7
a) Die meisten Zentralbanken kommunizieren geldpolitische Massnahmen über einen sogenannten Leitzins, den sie jeweils «erhöhen», «senken» oder «gleich lassen». Wie kann die Zentralbank über die Offenmarktpolitik die Zinsen beeinflussen?
b) Weshalb ist es von den ökonomischen Anreizen her wichtig, dass die Zentralbank von der Regierung unabhängig ist?

8
a) Das aktuelle geldpolitische Konzept der Schweizerischen Nationalbank (SNB) strebt als Ziel eine Inflationsrate zwischen 0% und 2% an. Weshalb lautet das Inflationsziel der SNB nicht 0%, also absolute Preisstabilität?
b) Nennen und erklären Sie die drei zentralen Elemente des aktuellen geldpolitischen Konzepts der SNB.

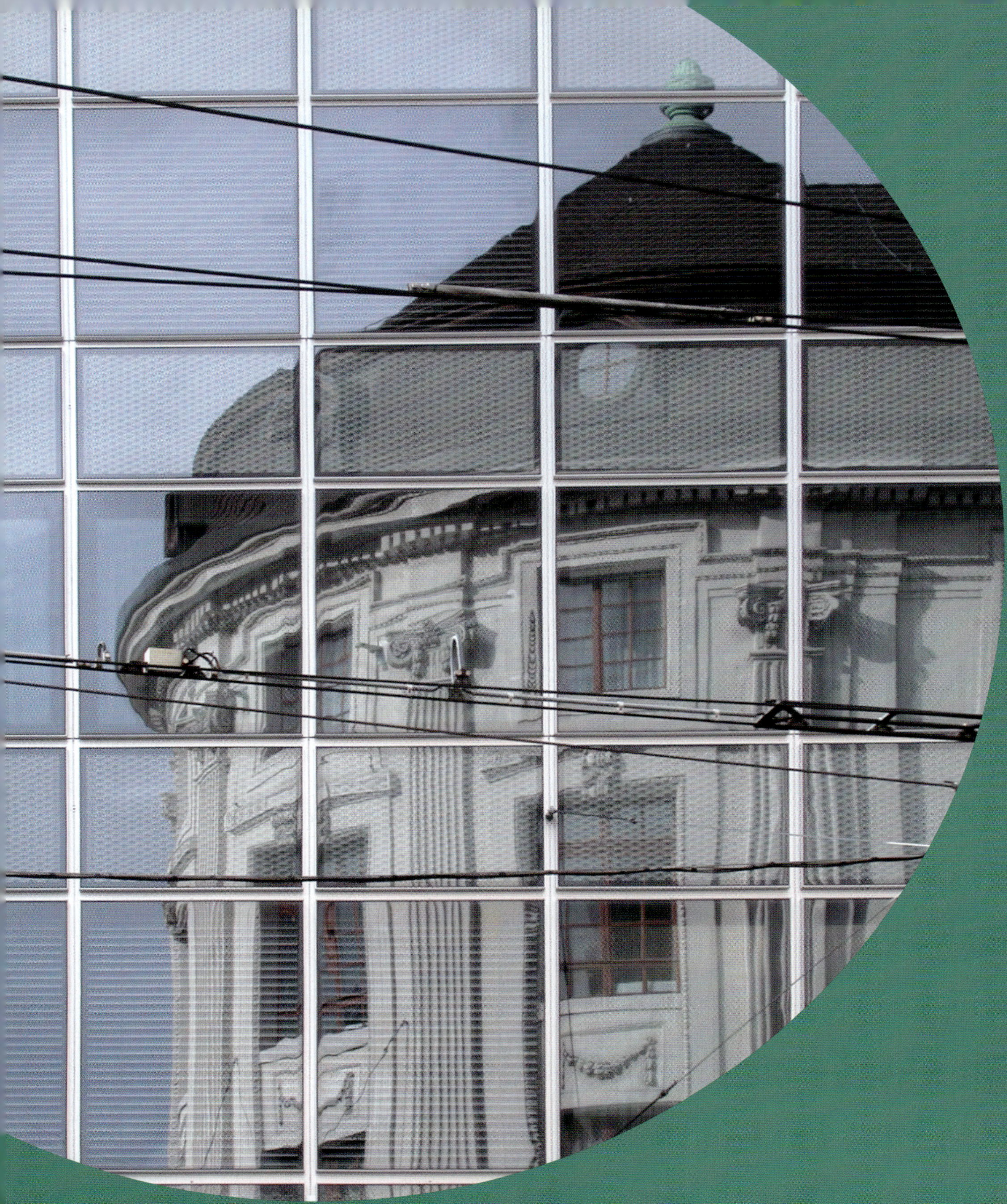

Banken und Finanzstabilität

«Die Geschichte lehrt uns, dass ein Wirtschaftsaufschwung unerreichbar bleibt, solange sich das Finanzsystem in einer Krise befindet.»

Ben BERNANKE (*1953), ehemaliger Chef der US-Zentralbank

7.1	Finanzmärkte und Banken	196
7.2	Die volkswirtschaftliche Rolle von Banken	197
7.3	Bankenfinanzierung und die wichtigsten Bankgeschäfte	199
7.4	Die Risiken des Bankgeschäfts	202
7.5	Bankenregulierung	204

LERNZIELE

Nachdem Sie dieses Kapitel gelesen haben, sollten Sie in der Lage sein,

1. die beiden wichtigsten Formen der Finanzierung von Investitionen zu beschreiben;
2. die volkswirtschaftliche Rolle von Banken zu erklären;
3. die wichtigsten Bankgeschäfte aufzuzählen;
4. die wichtigsten Risiken des Bankengeschäfts zu nennen;
5. verschiedene Formen der Bankenregulierung zu beschreiben.

7 Banken und Finanzstabilität

Am 14. September 2007 bildeten sich vor den Schaltern der britischen Bank Northern Rock lange Schlangen von Kundinnen und Kunden, die ihre Ersparnisse abheben wollten. Auslöser war eine Meldung, dass die damals achtgrösste Bank Grossbritanniens wegen der beginnenden Finanzkrise in Schwierigkeiten zu geraten drohe. Weil die Einlagensicherung in Grossbritannien wenig ausgebaut war, fürchteten die Kunden um die Sicherheit ihres Ersparten und hoben innerhalb von wenigen Tagen insgesamt zwei Milliarden Pfund ab. Erst als der britische Finanzminister bekannt gab, dass die Regierung während der Krisenzeit alle Kundengelder garantiere, beruhigte sich die Situation.

Was bei Northern Rock vor sich gegangen war, ist ein sogenannter Bank-Run, ein panikartiger Abzug von Kundeneinlagen. Ein solches Ereignis ist für jede Bank ein eigentlicher GAU. Findet eine solche Panik nicht sehr rasch ein Ende, geht auch die solideste Bank innert kürzester Zeit Konkurs. Dieses Risiko ist ganz spezifisch für das Bankgeschäft – bei anderen Unternehmen besteht es in dieser Form nicht. Kommt hinzu, dass Banken oft stark miteinander verflochten sind, sodass Schwierigkeiten einer Bank sich rasch im Finanzsystem ausbreiten und andere Banken mit in den Abgrund reissen können. Finanzkrisen haben ihren Ursprung letztlich immer in solchen Ereignissen, die sich rasend schnell ausbreiten können. Man kann die Gefahren für die Finanzmarktstabilität nur verstehen, wenn man die besondere Rolle von Banken in einer Volkswirtschaft und die damit verbundenen Risiken kennt. Dieses Kapitel legt die Grundlagen dafür.

Das Kapitel ist wie folgt aufgebaut:

7.1 erläutert, dass Investitionen entweder direkt über Finanzmärkte oder indirekt über Banken finanziert werden können.
7.2 erklärt die zentrale Rolle, welche Banken in einer arbeitsteiligen Marktwirtschaft spielen.
7.3 zeigt u. a. mithilfe einer stark vereinfachten Bankbilanz, welche Bankgeschäfte es gibt.
7.4 diskutiert die wichtigsten Risiken, denen Banken ausgesetzt sind.
7.5 behandelt verschiedene regulatorische Massnahmen, welche die Risiken im Bankengeschäft reduzieren und erläutert die Bankenregulierung in der Schweiz.

7.1 Finanzmärkte und Banken

In Kapitel 2 haben wir den einfachen Wirtschaftskreislauf kennengelernt, der die wirtschaftlichen Transaktionen zwischen Haushalten und Unternehmen modellhaft darstellt (siehe **Abbildung 2.9** auf Seite 52). Eine dieser Transaktionen wollen wir nun etwas genauer analysieren, nämlich den Strom von finanziellen Mitteln von den Haushalten zu den Unternehmen. Haushalte konsumieren in der Regel nicht ihr gesamtes Einkommen, sondern sparen auch. Dies mit der Absicht, einen Teil des Einkommens nicht für heutigen, sondern für zukünftigen Konsum zu verwenden. Die Haushalte haben deshalb in der Regel ein Überschussangebot an finanziellen Mitteln, im Wirtschaftskreislauf «Kapital» genannt. Umgekehrt ist die Situation der Unternehmen. Für die meisten Produktionsprozesse benötigen sie neben Arbeitsleistung auch Kapitalgüter wie Maschinen oder Gebäude. Das sind aber Dinge, für die man heute eine Investition leisten muss, damit man morgen mehr produzieren kann. Das heisst, dass die Unternehmen üblicherweise mehr finanzielle Mittel benötigen, als sie aus den laufenden Geschäften erwirtschaften; im Gegensatz zu den Haushalten weisen sie also eine Überschussnachfrage nach Finanzmitteln auf. Im einfachen Wirtschaftskreislauf sehen wir entsprechend, dass Finanzmittel von den Haushalten zu den Unternehmen fliessen und die Haushalte mit regelmässigen Zinszahlungen dafür entschädigt werden, dass sie ihr Geld für eine gewisse Zeit zur Verfügung stellen.

Nun bestehen in der Praxis zwei Möglichkeiten, wie dies ablaufen kann. Entweder erhalten Unternehmen das Kapital direkt von den Haushalten oder dies geschieht indirekt über eine Bank. **Abbildung 7.1** ist ein Ausschnitt des einfachen Kreislaufschemas, der diese beiden Kanäle aufzeigt.

Der direkte Weg geht über die *Finanzmärkte*. Die Unternehmen finanzieren sich, indem sie den Haushalten Wertpapiere verkaufen. Dabei lassen sich zwei grundsätzliche Arten solcher Papiere unterscheiden, nämlich Aktien und Obligationen. Der Kauf einer *Aktie* macht den Haushalt zum Miteigentümer des Unternehmens. Als Entschädigung erhält er eine Beteiligung an den zukünftigen Gewinnen des Unternehmens; und zwar über eine jährliche Zahlung (sogenannte *Dividende*)

→ **Finanzmärkte**
Organisierte Märkte, auf denen Wertpapiere gehandelt werden.

→ **Aktie**
Wertpapier, mit dessen Kauf sich der Anleger zum anteilsmässigen Besitzer des Unternehmens macht; damit beteiligt er sich an der Wertsteigerung und – über die Dividende – am Gewinn des Unternehmens.

→ **Dividende**
Ausschüttung des Gewinns einer Aktiengesellschaft an die Aktionäre.

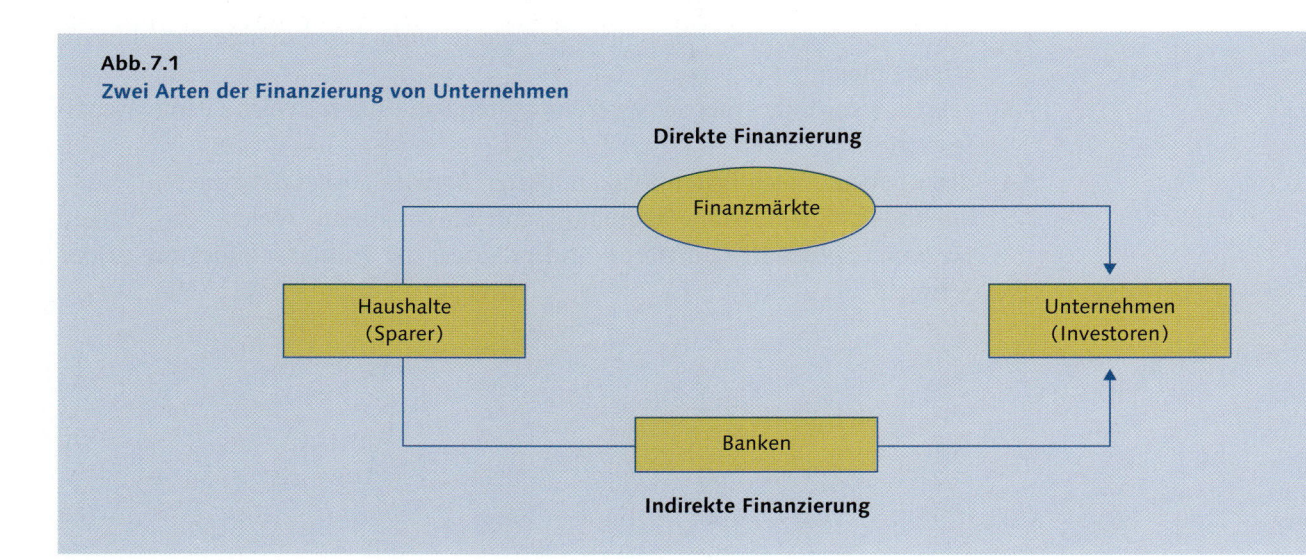

Abb. 7.1
Zwei Arten der Finanzierung von Unternehmen

Banken und Finanzstabilität

und/oder über die Wertsteigerung der Aktie, falls das Unternehmen erfolgreich wirtschaftet und damit die Gewinnerwartungen steigen. Da die Gewinne natürlich auch negativ ausfallen können, sind Aktien grundsätzlich riskanter als Obligationen – die zweite Form von Wertpapieren. Mit dem Kauf einer *Obligation* wird der Haushalt nämlich nicht Miteigentümer des Unternehmens, sondern gewährt ihm lediglich einen Kredit. Als Entschädigung erhält er dafür jedes Jahr eine fixe Zinszahlung, die von der Gewinnsituation des Unternehmens unabhängig ist. Nach Ablauf der Laufzeit der Obligation erhält der Haushalt den ursprünglich investierten Betrag zurück.

> **Obligation**
> Wertpapier, das bezeugt, dass man dem ausstellenden Unternehmen einen Kredit gegeben hat und damit einen Anspruch auf einen vereinbarten jährlichen Zins hat.

Die direkte Finanzierung auf den Finanzmärkten über Aktien oder Obligationen steht vor allem grossen, etablierten Unternehmen offen, deren Reputation und Bekanntheit das Publikum dazu motiviert, ihre Papiere (Aktien oder Obligationen) zu kaufen. Die allermeisten Firmen sind jedoch klein und zu wenig bekannt, um diesen Weg zu gehen. Sie finanzieren sich deshalb indirekt, also über Banken, die als sogenannte *Intermediäre* zwischen Sparern und Investoren fungieren. Wie wir das in **Abbildung 7.1** sehen, sammeln die Banken von den Sparern Einlagen, die sie dann als Kredite an Unternehmen vergeben. Dabei verdient die Bank an der sogenannten Zinsdifferenz, das heisst, sie zahlt den Einlegern einen Zins, der tiefer ist als der Zins, den die Kreditnehmer entrichten. Im nächsten Abschnitt erklären wir, wie sich diese Zinsdifferenz ökonomisch begründet.

> **Intermediär**
> Klassische Funktion der Geschäftsbanken; sie sorgen dafür, dass die Ersparnisse der Haushalte zu den Investoren fliessen.

Im Übrigen ist der Kreislauf in **Abbildung 7.1** insofern etwas vereinfacht, als er lediglich Ströme zwischen Haushalten und Unternehmen darstellt. Eine wichtige finanzielle Beziehung, die auch über Banken abgewickelt wird, bildet der Hypothekarkredit. Dabei finanzieren Haushalte die Immobilienkäufe anderer Haushalte.

7.2 Die volkswirtschaftliche Rolle von Banken

Wie wichtig Banken für eine arbeitsteilige Wirtschaft sind, wird sofort klar, wenn man sich eine Welt ohne Banken vorstellt. Mit Ausnahme der wenigen Grossunternehmen, die sich direkt auf den Finanzmärkten finanzieren können, käme kaum mehr jemand in den Genuss von Krediten. Ohne Banken müssten sich die Unternehmen nämlich das Geld direkt bei den Haushalten besorgen, und das wäre mit verschiedenen Schwierigkeiten verbunden:

Erstens wäre es schwer, die Haushalte davon zu überzeugen, ihr Geld für lange Zeit in Investitionsprojekte zu binden; schliesslich möchte man gerne jederzeit über das Ersparte verfügen können, falls Unvorhergesehenes passiert. Zweitens wäre es für die Haushalte mit grossem Aufwand verbunden, Unternehmen mit Investitionsplänen zu finden und – vor allem – die Qualität dieser Unternehmen und ihrer Investitionsprojekte zu beurteilen. Drittens sind Investitionen immer mit Risiken behaftet und der Haushalt, der sein gesamtes Erspartes in ein bestimmtes Projekt investiert hätte, könnte im schlechtesten Fall alles verlieren; er würde deshalb mit solchen direkten Krediten vernünftigerweise sehr zurückhaltend sein. Angesichts dieser Liste von Problemen ist klar, dass die direkte Finanzierung bei den Haushalten für die allermeisten mittelgrossen und kleinen Unternehmen – und damit für über 99 % aller Firmen – kaum denkbar ist; dazu kommt noch, dass Haushalte kaum eine Möglichkeit hätten, ihre Hauskäufe über Kredite zu finanzieren.

Die volkswirtschaftliche Rolle von Banken

Die Antwort auf all diese Probleme sind Banken. Sie schalten sich als Intermediäre zwischen Kreditgeber und Kreditnehmer und tragen entscheidend zur Verminderung der oben genannten Schwierigkeiten bei, indem sie vor allem drei Aufgaben übernehmen:

- Transformation von Fristen,
- Bereitstellung von Information,
- Verteilung von Risiken.

Das erste und fundamentalste Problem, das die Banken lösen, ist der unterschiedliche Zeithorizont von Haushalten (Sparern) und Unternehmen (Investoren). Haushalte möchten möglichst jederzeit über ihr Erspartes verfügen können, ihr Geld also nur ganz kurzfristig anlegen. Unternehmen (oder Haushalte, die Häuser finanzieren möchten) hingegen brauchen die Gelder, um zu investieren. Und so gut wie jede Investition hat einen langfristigen Charakter; es ist kaum möglich, einmal investiertes Geld rasch und ohne substanzielle Verluste wieder zu Geld zu machen. Will man diese beiden Marktseiten mit sehr unterschiedlichen Interessen trotzdem zusammenführen, so hilft es sehr, wenn sich jemand dazwischenschaltet, der die ungleichen Anforderungen an die Fristen von Geschäften ausgleichen kann. Diese sogenannte *Fristentransformation* ist die Kernaufgabe von Banken. Sie sammeln grosse Mengen von kurzfristigen Spargeldern und stellen sie Unternehmen für langfristige Investitionsprojekte zur Verfügung. Das ist deshalb möglich, weil in der Regel immer nur ein kleiner Teil der Sparer das Geld gleichzeitig abheben möchte. Die Bank kann deshalb das Risiko eingehen, nicht alle Kundengelder jederzeit auszahlen zu können. Dieses Risiko führt aber dazu, dass Banken – ohne entsprechende Vorsichtsmassnahmen – in schlechten Zeiten in sehr ungemütliche Situationen kommen können; wir werden in Abschnitt 7.4 darauf zurückkommen. Man kann sogar sagen, dass die besondere Krisenanfälligkeit von Banken sich letztlich immer auf die Tatsache zurückführen lässt, dass der allergrösste Teil der Kapitalgeber die Gelder jederzeit sehr kurzfristig zurückfordern kann.

→ **Fristentransformation**
Volkswirtschaftliche Funktion der Banken, dafür zu sorgen, dass kurzfristig angelegte Spargelder für langfristige Investitionsprojekte zur Verfügung gestellt werden.

Die zweite Funktion von Banken ist, Informationen zu beschaffen. Ein Grundproblem der Kreditvergabe ist die asymmetrische Information zwischen Kreditgebern und -nehmern: Die Unternehmen wissen wesentlich mehr über das Risiko ihrer Investitionsprojekte als die Haushalte; und wenn diese Projekte schlechte Risiken sind, haben die Unternehmen einen Anreiz, das vor den Geldgebern zu verbergen. Die Beschaffung dieser für die Risikoabschätzung der Kreditgeber entscheidenden Informationen ist oft so kostspielig, dass ohne Banken sehr wenige Kredite vergeben würden. Banken verschaffen sich diese Informationen mit *Kreditprüfungen* und gehen deshalb bei der Kreditvergabe kleinere Risiken ein.

→ **Kreditprüfung**
Die Bank überprüft vor der Vergabe von Krediten, ob der Kreditnehmer willens und fähig ist und sein wird, die regelmässigen Zinszahlungen zu leisten und den Kredit am Ende der Laufzeit zurückzuzahlen.

Eine dritte volkswirtschaftliche Funktion von Banken besteht schliesslich in der besseren Verteilung von Risiken. Da die Zukunft unsicher ist, kommt es auch bei seriös geprüften Krediten an gute Schuldner immer wieder vor, dass ein Kredit ausfällt. Da eine Bank viele Kredite vergibt, trifft sie ein einzelner solcher Ausfall deutlich weniger als einen Haushalt, der nur in ein einziges Projekt investiert hat. Deshalb ist eine Bank besser in der Lage, die Kosten solcher Risiken zu tragen, als ein Haushalt; und entsprechend werden deutlich mehr Kredite gesprochen, wenn es Banken gibt.

Banken und Finanzstabilität 7

Die Existenz von Banken ist also unabdingbar, damit die Ersparnisse einer Volkswirtschaft tatsächlich effizient in Investitionsprojekte fliessen können. Die Banken werden dafür mit der Zinsdifferenz entschädigt. Sie entspricht der Wertschöpfung, welche die Banken durch die Lösung der oben genannten Probleme als Intermediäre zwischen Sparern und Investoren schaffen.

7.3 Bankenfinanzierung und die wichtigsten Bankgeschäfte

Wir erläutern zunächst, inwiefern Banken speziell finanziert sind, stellen danach das klassische Bankgeschäft der Kreditvergabe dar und behandeln anschliessend die sonstigen Aktivitäten von Banken, insbesondere den Eigenhandel.

7.3.1 Warum sind Banken spezielle Unternehmen?

Banken sind deshalb spezielle Unternehmen, weil sie deutlich stärker verschuldet sind als alle anderen Unternehmen. Diesen für die Finanzmarktstabilität zentralen Punkt wollen wir anhand einer vereinfachten Bankbilanz verdeutlichen.

Eine Bilanz stellt für einen bestimmten Zeitpunkt die Verwendung der finanziellen Mittel eines Unternehmens der Herkunft dieser Mittel gegenüber. Auf der rechten Seite (Passiven) finden sich die Finanzierungsquellen; sie gibt also Auskunft darüber, woher die Mittel stammen. Auf der linken Seite (Aktiven) wird aufgeführt, wofür diese Mittel verwendet werden, also was dem Unternehmen gehört. Da jede Anlage finanziert sein muss, steht auf der Aktiv- und Passivseite der Bilanz jeweils die gleiche Summe.

In **Abbildung 7.2** sehen wir eine auf das absolute Minimum vereinfachte Bilanz eines typischen Industrieunternehmens links und einer typischen Bank rechts. Uns interessiert vorerst nur, wie die beiden Unternehmen finanziert sind, wir konzentrieren uns also hier auf die Passivseite; später werden wir auch die Aktivseite unter die Lupe nehmen.

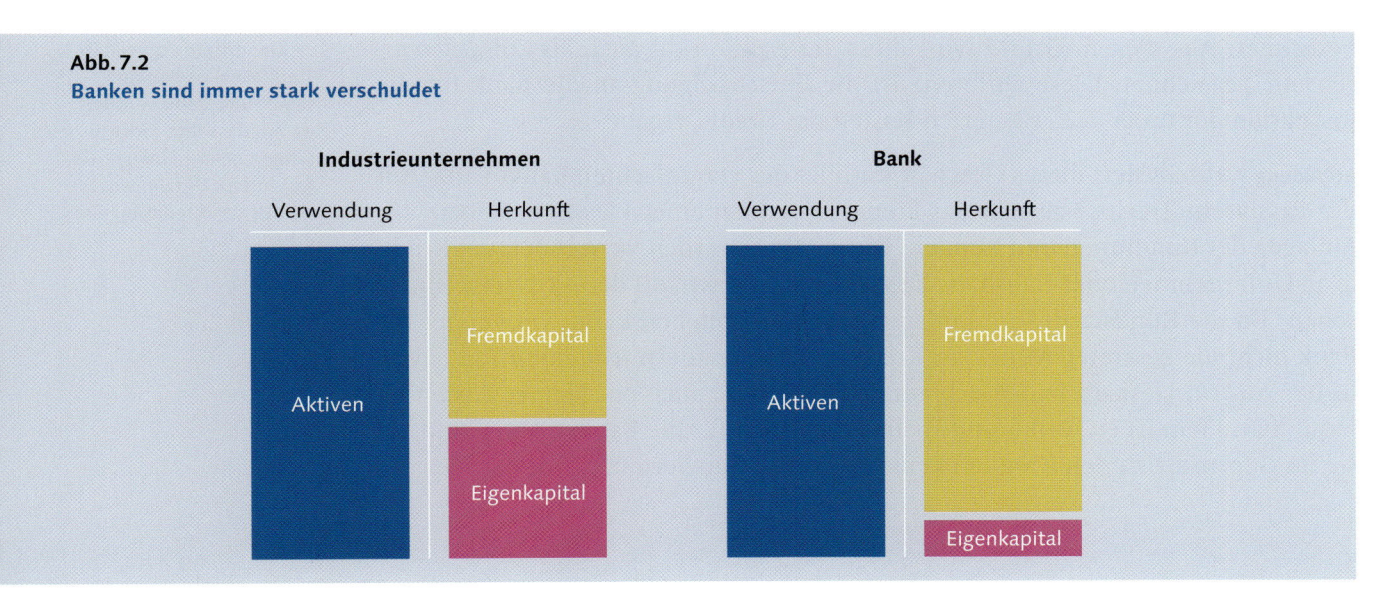

Abb. 7.2
Banken sind immer stark verschuldet

Jedes Unternehmen (und auch jede Privatperson) hat grundsätzlich zwei Möglichkeiten, seine Aktivitäten zu finanzieren. Entweder verfügt es über eigene Mittel oder es muss sich die Mittel von anderen beschaffen. Im ersten Fall werden diese Mittel als *Eigenkapital* bezeichnet, im zweiten Fall als *Fremdkapital*. Die Höhe des Fremdkapitals im Verhältnis zur gesamten Bilanzsumme zeigt, wie hoch die Verschuldung oder – um einen in den letzten Jahren oft verwendeten Begriff einzuführen – der *Leverage* des Unternehmens ist.

In **Abbildung 7.2** sehen wir, dass bei einem typischen Industrieunternehmen der Anteil des Fremdkapitals nicht wesentlich höher ist als derjenige des Eigenkapitals, während eine Bank mit einem viel grösseren Anteil an Fremdkapital arbeitet. Ein Beispiel: Unmittelbar vor der Finanzkrise verfügte die Schweizer Grossbank UBS auf einer Bilanzsumme von 2010 Milliarden Franken über ein Eigenkapital von 41 Milliarden Franken, also von gerade einmal 2 %. Bei Rieter, einem typischen Schweizer Industrieunternehmen, waren es zur gleichen Zeit etwa 35 %.

Betrachtet man diese Verschuldung, könnte man leicht zur Ansicht gelangen, dass Banking ein unseriöses Geschäft sei. Und man könnte daraus schliessen, dass das ungewöhnliche Verhältnis von Fremd- zu Eigenkapital über Staatseingriffe in normale Grössenordnungen zu bringen sei. Nun zeigt sich in Finanzkrisen tatsächlich immer wieder, dass gewisse Banken massiv überschuldet sind und unverhältnismässig grosse Risiken eingehen. Hier ist eine Erhöhung des Eigenkapitals sicher angebracht; wir werden darauf zurückkommen. Trotzdem sollte man sich aber im Klaren darüber sein, dass nicht nur unseriöse, sondern alle Banken stark verschuldet sind. Ihr Kerngeschäft – und ihre zentrale Rolle in einer prosperierenden Volkswirtschaft – ist es gerade, mit Geld, das nicht ihnen gehört, Kredite zu vergeben. Wollte man sie tatsächlich zu Eigenkapitalquoten zwingen, wie sie in Industrieunternehmen üblich sind, würde man die oben beschriebene, volkswirtschaftlich wichtigste Funktion von Banken stark beschneiden.

→ **Eigenkapital**
Finanzierung der Vermögenswerte eines Unternehmens über die Miteigentümer des Unternehmens.

→ **Fremdkapital**
Finanzierung der Vermögenswerte eines Unternehmens über Geldgeber, die nicht Eigentümer des Unternehmens sind.

→ **Leverage**
Verschuldungsgrad eines Unternehmens.

7.3.2 Die Kreditvergabe

Das Kerngeschäft einer Bank ist die schon oben angesprochene Kreditvergabe. Dabei verdient die Bank an der sogenannten Zinsdifferenz, das heisst, sie zahlt den Einlegern einen Zins, der tiefer liegt als der Zins, den sie den Kreditnehmern berechnet. Aus diesem Grund wird diese Transaktion oft auch als *Zinsdifferenzgeschäft* bezeichnet. Diese Differenz ist die Entschädigung an die Bank für die Reduktion der unter 7.2 erläuterten Kosten der Kreditvergabe.

Abbildung 7.3 analysiert dieses Geschäft mithilfe der vereinfachten Bankbilanz. Auf der Passivseite (rechts) besteht das Fremdkapital bei einer klassischen Bank aus Einlagen der Kundinnen und Kunden. Diese Mittel werden verwendet, um Kredite an Unternehmen oder Haushalte zu vergeben, wie wir auf der Aktivseite (links) sehen. Da die Kundschaft ihre Einlagen jederzeit abheben kann, verwendet die Bank nicht die gesamten Mittel zur Kreditvergabe, sondern hält einen Teil davon in bar zurück. Deshalb findet sich auf der Aktivseite auch ein kleiner Posten an Liquidität. Klein ist er, weil liquide gehaltene Mittel für die Banken teuer sind, da sie im Gegensatz zu den Krediten keine Zinserträge abwerfen.

→ **Zinsdifferenzgeschäft**
Traditionelles Bankgeschäft; die Bank verdient daran, dass ihre Zinszahlungen an die Einleger tiefer sind als die Zinsen, die sie aus der Kreditvergabe erhält.

Abb. 7.3
Die Kreditvergabe mit geliehenem Geld – Was eine Bank zur Bank macht

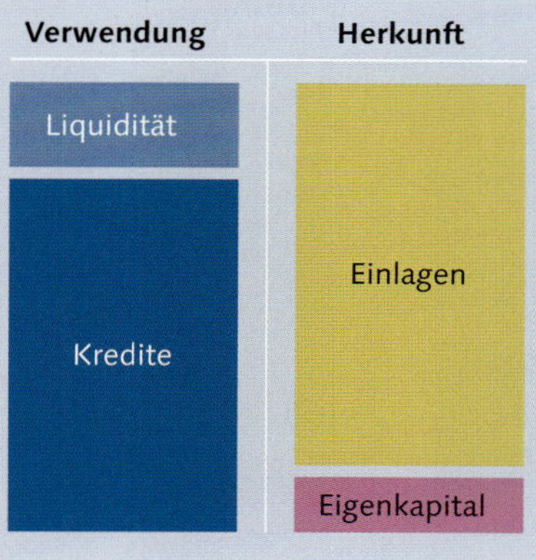

7.3.3 Andere Bankgeschäfte

Lange Zeit war die Kreditvergabe die Haupttätigkeit von Banken. Mit der Zeit weiteten sich die Geschäfte der Banken aber zunehmend aus.

Erstens entwickelte sich das sogenannte *Kommissionsgeschäft*: Die Bank erbringt gegen eine Entschädigung («Kommission») Dienstleistungen für Kunden. Dies umfasst etwa die in der Schweiz sehr bedeutende *Vermögensverwaltung*, also die Bewirtschaftung von privaten Vermögen nach Vorstellungen der Eigentümer. Dabei arbeitet die Bank mit Vermögen, das ihr nicht gehört, das also nicht in der Bilanz auftaucht. Kommissionsgeschäfte bilden auch die Haupttätigkeiten des klassischen *Investmentbankings*. Dabei geht es um die Unterstützung von Unternehmen bei Finanzmarktgeschäften, etwa wenn ein Unternehmen Aktien oder Obligationen auf den Finanzmärkten platzieren möchte oder wenn Unternehmen fusionieren. In beiden Fällen fungiert die Bank in erster Linie als Berater, verdient also an den Honoraren für diese Leistung. All diese Tätigkeiten widerspiegeln sich nicht in der Bilanz, da es reine Dienstleistungen gegen Kommission sind.

Zweitens aber engagieren sich viele Banken, und hier vor allem Investmentbanken, inzwischen stark beim Handel mit Wertpapieren auf eigene Rechnung. Mit diesem sogenannten Eigenhandel tritt die Bank direkt als Käufer oder Verkäufer von Wertpapieren auf, mit dem Ziel, einen Gewinn zu erzielen. Im Gegensatz zum Kommissionsgeschäft ist die Bank beim *Eigenhandel* Besitzerin der Wertpapiere, das heisst, diese tauchen – ebenso wie die Kredite an Unternehmen – in ihrer Bilanz auf. **Abbildung 7.4** stellt dies anhand der vereinfachten Bankbilanz dar.

Auf der Aktivseite kommt zu den klassischen Krediten ein bedeutender Posten von Wertpapieren hinzu, welche die Bank selbst besitzt. Für die Entstehung der Finanzkrise spielte der Eigenhandel eine zentrale Rolle.

Verschiedene Banktypen unterscheiden sich darin, in welchem dieser verschiedenen Geschäfte sie primär tätig sind. Es gibt reine Investmentbanken, die vor allem Beratungsdienstleistungen erbringen und/oder auf eigene Rechnung auf

→ **Kommissionsgeschäft**
Teil des Bankgeschäfts, bei dem die Bank gegen eine Entschädigung (Kommission) Dienstleistungen für den Kunden erbringt.

→ **Vermögensverwaltung**
Bankgeschäft, das in der Bewirtschaftung von privaten Vermögen nach den Vorstellungen der Eigentümer besteht.

→ **Investmentbanking**
Bankgeschäft, das v. a. darin besteht, Unternehmen bei Finanzmarktgeschäften zu unterstützen.

→ **Eigenhandel**
Bankgeschäft, das darin besteht, Wertpapiere auf eigene Rechnung zu handeln, um daraus einen Gewinn zu erzielen.

Abb. 7.4
Der Eigenhandel von Banken

Verwendung	Herkunft
Liquidität	
Kredite	Einlagen
Wertpapiere	Eigenkapital

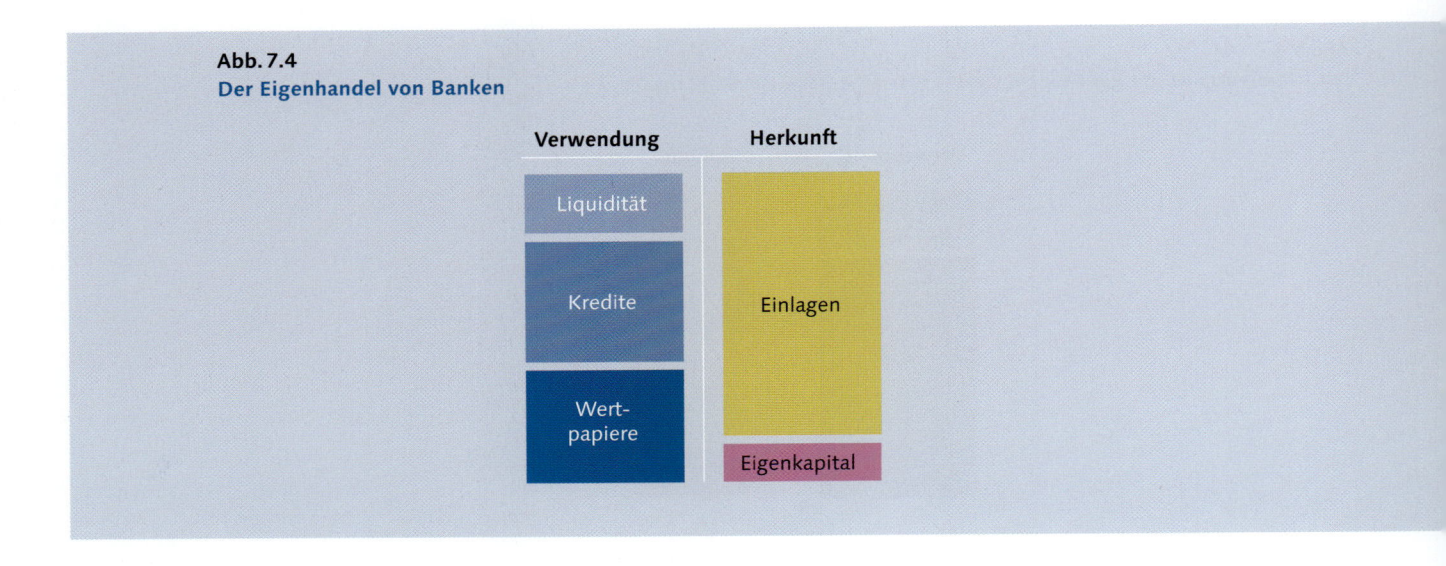

den Finanzmärkten agieren, Privatbanken, die auf die Vermögensverwaltung spezialisiert sind, oder klassische Geschäftsbanken, die nur in der Vergabe von Krediten tätig sind. Viele Grossbanken aber – in der Schweiz etwa UBS und Credit Suisse – sind sogenannte *Universalbanken*, das heisst, sie engagieren sich in all diesen Geschäften.

→ **Universalbank**
Bank, die in allen wesentlichen Bankgeschäften tätig ist.

7.4 Die Risiken des Bankgeschäfts

Dass Banking ein sehr riskantes Geschäft sein kann, hat uns die grosse Finanzkrise drastisch vor Augen geführt. Man kann damit zwar viel Geld verdienen, aber in kaum einem anderen Geschäft kann so viel Geld so rasch verloren werden, wenn einmal etwas wirklich schiefläuft.

Betrachten wir die Bilanz der Bank in **Abbildung 7.4**, so springen die besonderen Risiken sofort ins Auge. Ihr Geschäft basiert stark auf Fremdkapital (Einlagen), also Geld, das ihr nicht gehört. Und mit diesem Fremdkapital werden zum Teil beschränkt liquide – das heisst kurzfristig nur schwer zu verkaufende – Anlagen, wie eben Kredite, finanziert. Das wäre dann kein grosses Problem, wenn die Banken langfristig über das Fremdkapital verfügen könnten. Gerade das ist aber nicht der Fall. Die Kundeneinlagen sind im Prinzip sehr kurzfristige Kredite der Kunden an die Bank; sie können jederzeit zurückgezogen werden.

Gefahren bestehen sowohl auf der Passiv- als auch auf der Aktivseite der Bilanz. Auf der Passivseite kann die Finanzierung innert kürzester Zeit austrocknen (Liquiditätsrisiko), auf der Aktivseite können Verluste so hoch sein, dass sie das Eigenkapital übersteigen (Kreditausfall- und Marktrisiko). Diese beiden wichtigen Fälle wollen wir etwas genauer betrachten.

Das sogenannte *Liquiditätsrisiko* besteht darin, dass eine Bank in eine Situation gerät, in der sie nicht über genügend liquide Mittel verfügt oder solche beschaffen kann, um ihre Gläubiger auszuzahlen. Wie bereits gesagt, ist das Kerngeschäft ei-

→ **Liquiditätsrisiko**
Risiko im Bankgeschäft, das darin besteht, dass eine Bank nicht genügend liquide Mittel hat oder beschaffen kann, um Fremdkapitalgeber zu bedienen, die ihr Geld zurückhaben möchten.

Banken und Finanzstabilität

→ **Bank-Run**
Krisensituation, bei der die meisten Einleger gleichzeitig ihre Einlagen bei einer Bank abheben möchten und die Bank wegen mangelnder liquider Mittel zu dieser Auszahlung nicht in der Lage ist.

→ **Insolvenz**
Situation, in der ein Unternehmen nicht über genügend Vermögenswerte verfügt, um das Fremdkapital zurückzuzahlen.

→ **Kreditausfallrisiko**
Risiko im Bankgeschäft, dass die Kreditnehmer nicht mehr in der Lage sind, die Kreditzinsen zu zahlen oder den Kredit zurückzuzahlen.

→ **Marktrisiko**
Risiko, dass bei einer Bank, die Eigenhandel betreibt, der Marktwert der gehaltenen Wertpapiere drastisch einbrechen kann und damit die Solvenz einer wenig kapitalisierten Bank gefährdet.

ner Bank – das Zinsdifferenzgeschäft – anfällig für dieses Risiko. Zwar wird auf der Aktivseite ein gewisser Teil der Mittel liquide gehalten, doch würden diese Mittel niemals ausreichen, um alle Verpflichtungen gegenüber den Einlegern jederzeit zu befriedigen. Das Geschäftsmodell basiert hier auf der vernünftigen Annahme, dass in der Regel nur ein kleiner Teil der Einleger zu einem bestimmten Zeitpunkt das gesamte Geld abziehen wird. Deshalb kann man das Risiko eingehen, nicht alle Forderungen jederzeit vollständig zurückzahlen zu können. Gibt es aber aus irgendeinem Grund einen *Bank-Run*, also die Situation, dass viele Einleger ihr Geld gleichzeitig zurückverlangen, so wird die Bank rasch illiquide.

Die zweite Kategorie von Risiken besteht darin, dass eine Bank bei der Verwendung ihrer Gelder auf der Aktivseite Verluste erleiden kann. Sind solche Verluste zu hoch, kann dies zu *Insolvenz* führen. Solvenzrisiken können bei beiden wichtigen Anlagekategorien von Banken entstehen, nämlich bei den Kreditbeständen einerseits (*Kreditausfallrisiko*) und bei den Wertpapierbeständen andererseits (*Marktrisiko*). Das Kreditausfallrisiko besteht darin, dass auf gewährten Kredite keine Zinsen gezahlt oder dass sie nicht zurückgezahlt werden. Die Kreditvergabe an Unternehmen oder Haushalte ist ein riskantes Geschäft, weil die zukünftige Zahlungsfähigkeit der Schuldner nur schwer abzuschätzen ist. Sind die Schuldner zahlungsunfähig, so ist das Geld für die Bank verloren, und der Kredit muss abgeschrieben, das heisst von der Aktivseite der Bilanz entfernt werden. Wegen solcher Verluste reduziert sich dann das Eigenkapital entsprechend. Das Marktrisiko ergibt sich aus Verlusten, die aufgrund des Eigenhandels der Banken entstehen können. Reduziert sich der Marktpreis des Bestands eigener Wertpapiere bleibend, so muss der entsprechende Aktivposten der Bilanz reduziert werden. Auch eine solche Abschreibung vermindert das Eigenkapital und verschlechtert damit die Solvenz der Bank.

Die britische Hypothekenbank Northern Rock erlebte im Herbst 2007 einen echten Bank-Run, als sich vor ihren Schaltern lange Schlangen von verunsicherten Kundinnen und Kunden bildeten, die ihre Einlagen abheben wollten.

7.5 Bankenregulierung

Das Bankwesen gehört zu den am stärksten regulierten Wirtschaftszweigen. Dabei zielen die Regulierungen einerseits auf den Schutz der Bankkunden, andererseits auf die Stabilität des Finanzsystems ab. Wir konzentrieren uns hier auf das zweite Ziel, die Stabilität des Finanzsystems. Dabei unterscheiden wir zwischen Massnahmen, welche die Stabilität einzelner Banken im Auge haben (sogenannte *mikroprudentielle Regulierung*), und Massnahmen, mit denen die Stabilität des gesamten Bankensystems gesichert werden soll (sogenannte *makroprudentielle Regulierung*).

7.5.1 Mikroprudentielle Vorschriften

Am Sitz der *Bank für Internationalen Zahlungsausgleich (BIZ)* in Basel wurden die sogenannten Basler Empfehlungen für die *Eigenkapitalanforderungen* entwickelt. Diese legen fest, mit wie viel Eigenkapital Banken mindestens ausgestattet sein müssen. Ziel ist es, dass diese Empfehlungen in möglichst allen Ländern umgesetzt werden, damit das globale Finanzsystem sicherer wird und nicht durch unterschiedliche Handhabung in den verschiedenen Ländern Wettbewerbsverzerrungen geschaffen werden. Die Grundidee der *Eigenkapitalanforderungen* ist am besten verständlich, wenn man von der vereinfachten Bankbilanz ausgeht (siehe **Abbildung 7.2**). Die Basler Empfehlungen besagen, wie gross das Eigenkapital im Verhältnis zu den Aktiven sein sollte. Die Überlegung dahinter ist, dass eine Bank weniger konkursanfällig wird, wenn sie über mehr Kapital verfügt, das Verluste auf der Aktivseite auffangen kann.

Bank-Runs können die freiwillig gehaltene Liquidität einer Bank rasend schnell aufbrauchen. Es gehört deshalb zu den dringlichsten Aufgaben der Bankenregulierung, solche Ereignisse zu verhindern oder zumindest einzudämmen. Dabei kommen im Wesentlichen zwei Methoden zur Anwendung.

Erstens gibt es eine obligatorische Einlageversicherung, welche die Kundengelder bis zu einer bestimmten Obergrenze gegen Verluste aus Liquiditätsmangel versichert. Derartige Regelungen wurden nach den grossen Bankenkrisen der 1930er-Jahre in den meisten Ländern eingeführt. Sie haben entscheidend dazu beigetragen, dass es seither nur noch sehr selten zu Bank-Runs gekommen ist. Wenn der Kunde weiss, dass er sein Geld selbst dann zurückerhält, wenn die Bank keine liquiden Mittel mehr hat, reduziert das seinen Anreiz, sofort sein Geld abzuheben, wenn die Bank gerüchteweise in finanziellen Schwierigkeiten kommt. Zweitens wird den Banken durch die Regulierung vorgeschrieben, als Minimalreserve einen bestimmten Prozentsatz der Aktiven als flüssige Mittel zu halten. So sind sie zumindest bis zu einem bestimmten Grad gerüstet, falls plötzlich Mittel abfliessen.

7.5.2 Makroprudentielle Vorschriften

Banken geben sich oft gegenseitig kurzfristige Kredite, was dazu führt, dass sie stark miteinander verflochten sind. Dies hat zur Folge, dass es zu Kettenreaktionen kommen kann, wenn grosse Banken in Schieflage geraten. Um zu verhin-

---

→ **Mikroprudentielle Regulierung**
Regulatorische Massnahme, die auf die Stabilität einzelner Banken abzielt.

→ **Makroprudentielle Regulierung**
Regulatorische Massnahme, die auf die Stabilität des gesamten Bankensystems (alle Banken gemeinsam) abzielt.

→ **Bank für Internationalen Zahlungsausgleich (BIZ)**
Internationale Organisation mit Sitz in Basel, die unter anderem Regeln für die Ausstattung der Banken mit Eigenkapital festlegt. Die BIZ verwaltet einen Teil der internationalen Währungsreserven und gilt deshalb auch als Zentralbank der Zentralbanken.

→ **Eigenkapitalanforderungen**
Regulierung, die verlangt, dass eine Bank einen gewissen minimalen Anteil an Eigenkapital hält.

Die Finanzkrise hat gezeigt, dass Bankenrettungen so teuer sein können, dass dadurch die Nachhaltigkeit der Staatsfinanzen ernsthaft in Frage gestellt wird.

dern, dass eine solche Situation eintritt, wird neben der einzelnen Bank auch das gesamte Bankensystem überwacht; in der Regel wird diese Aufgabe durch die Zentralbanken wahrgenommen. Diese makroprudentielle Aufsicht oder eben die systemorientierte Regulierung ist ebenso wichtig wie die mikroprudentielle Regulierung der einzelnen Banken. Ihr Ziel ist es letztlich, Finanzkrisen zu verhindern, in denen sich zusammenbrechende Banken gegenseitig in den Abgrund ziehen.

Als besonders problematisch erweisen sich dabei Banken, die aufgrund ihrer Grösse das gesamte Finanzsystem in Gefahr bringen können. Weil das Scheitern einer solchen systemrelevanten Bank unabsehbare Kosten für die Volkswirtschaft haben würde, sind die Behörden faktisch gezwungen, diese Bank mit zum Teil gewaltigen Kosten am Leben zu erhalten, auch wenn sie an sich insolvent ist. Das ist das sogenannte *Too-big-to-fail-Problem* («Zu gross zum Scheitern»). Dieses schafft eine eigentlich unhaltbare Situation. Denn eine Marktwirtschaft basiert auf dem Prinzip, dass Fehlentscheide in letzter Konsequenz auch mit dem Konkurs des Unternehmens bestraft werden können.

→ **Too-big-to-fail-Problem**
Problem, dass gewisse Banken so gross sind, dass sie nicht in Konkurs gehen können, ohne das gesamte Finanzsystem zu gefährden.

Die Lösung des Too-big-to-fail-Problems ist unabdingbar, gleichzeitig aber alles andere als einfach. Gesucht sind Regulierungen, welche die falsch gesetzten Anreize (Stichwort «Staatsgarantie») beseitigen, gleichzeitig aber die Handlungsmöglichkeiten der Banken nicht so stark beschneiden, dass volkswirtschaftlich wichtige Geschäfte unattraktiv werden. Bei den Massnahmen gilt es, zwei Ebenen zu unterscheiden. Erstens soll unwahrscheinlich werden, dass eine grosse Bank insolvent wird. Zweitens muss ein Verfahren garantieren, dass Banken, die trotz dieser Vorsichtsmassnahmen scheitern, Konkurs gehen können – und zwar so, dass das Finanzsystem als Ganzes dabei nicht gefährdet wird.

→ **Eidgenössische Finanzmarktaufsicht (FINMA)**
Behörde, die in der Schweiz die wichtigsten Finanzmarktteilnehmer beaufsichtigt.

7.5.3 Bankenregulierung in der Schweiz

Die Stabilität einzelner Banken und damit Aufsicht und Umsetzung der mikroprudentiellen Regulierung ist in der Schweiz die Aufgabe der *Eidgenössische Finanzmarktaufsicht (FINMA)*. Die Systemstabilität und damit die Aufsicht und Umsetzung der makroprudentiellen Regulierungen gehört hingegen zu den Aufgaben der Schweizerischen Nationalbank. Wie in allen Ländern gibt es dabei zahlreiche Überschneidungen, die genaue Kompetenzaufteilung zwischen den beiden Institutionen ist herausfordernd. In der Schweiz ist das besonders ausgeprägt, da die beiden Grossbanken UBS und Credit Suisse im Verhältnis zum BIP dermassen gross sind, dass sie – obwohl Einzelinstitute – in jedem Fall systemrelevant sind. Sie stehen deshalb sowohl im Fokus der FINMA als auch der SNB.

Mikroprudentielle Aufsicht durch die FINMA
Die FINMA ist die staatliche Aufsichtsbehörde für die wichtigsten Finanzmarktteilnehmer. Das sind neben den Banken auch Versicherungen, Börsen, Effektenhändler, kollektive Kapitalanleger und sonstige Finanzintermediäre. Die FINMA überwacht, dass die einzelnen Banken die gesetzlich vorgegebenen Regulierungen einhalten. Im Hinblick auf die besonderen Risiken des Bankgeschäfts gilt dies insbesondere für die Anforderungen bezüglich Eigenkapital- und Liquiditätsausstattung. Damit eine Bank in der Schweiz tätig sein kann, braucht sie eine Bewilligung der FINMA und muss sich einer laufenden Aufsicht dieser Behörde unterstellen. Ergibt die Überprüfung, dass die gesetzlichen Anforderungen erfüllt sind, hat die Bank Anspruch auf eine Bewilligung; erfüllt sie diese nicht mehr, kann die Bewilligung entzogen und die Bank zwangsliquidiert werden.

Makroprudentielle Aufsicht durch die SNB
Neben der Erhaltung der Preisstabilität hat die Nationalbank einen zweiten gesetzlichen Auftrag, der aber in der öffentlichen Diskussion meist weniger stark beachtet wird. Die SNB ist verpflichtet, zur Stabilität des Finanzsystems beizutragen. Mit der Finanzkrise ist die Bedeutung dieses Ziels schlagartig ins Blickfeld der Öffentlichkeit gerückt. Es geht dabei darum, das Finanzsystem als Ganzes am Funktionieren zu halten, also in erster Linie um die Prävention und gegebenenfalls Bekämpfung von Finanzkrisen.

Gefahr droht, wie bereits besprochen, vor allem daher, dass Banken sich im täglichen Geschäft oft gegenseitig grosse Kredite gewähren und sie dadurch eng miteinander verflochten sind. Geht eine Bank Konkurs, bedeutet diese Verflechtung, dass andere Banken, die der Konkurs gegangenen Bank Kredite gewährt haben, Verluste erleiden. Diese Verluste können rasch so gross werden, dass auch der kreditgebenden Bank, die ja typischerweise ebenfalls mit wenig Eigenkapital ausgestattet ist, der Konkurs droht, und sie ihrerseits wiederum andere Banken mitreisst. Bankenpleiten haben also externe Effekte auf andere Banken, und wir haben in Kapitel 3 gesehen, dass bei einem solchen Marktversagen ein Eingriff des Staates gerechtfertigt sein kann. Weil sich die FINMA bei der Bankenregulierung um einzelne Banken, nicht aber um diese externen Effekte kümmert, übernimmt die SNB diese makroökonomische Aufgabe. Sie versucht dabei, die gesamtwirtschaftlichen Konsequenzen von Bankenpleiten einzudämmen.

Zu diesem Zweck setzt die SNB verschiedene Instrumente ein, die man in drei Kategorien einteilen kann. Erstens besteht ein grosser Teil der Tätigkeit darin, die Entwicklung auf den Finanzmärkten zu beobachten und zu analysieren, ob Gefahren für die Stabilität des Finanzsystems drohen. Zweitens wirkt die SNB bei der Gestaltung der rechtlichen Rahmenbedingungen der Finanzmärkte mit. Das heisst, sie äussert sich auf nationaler Ebene im Rahmen der Gesetzgebung im Fi-

Banken und Finanzstabilität 7

nanzbereich und arbeitet in den internationalen Gremien mit, die sich mit Fragen der Finanzmarktstabilität auseinandersetzen. Diese beiden Aufgaben sind eher präventiv, das heisst, die SNB trägt dazu bei, dass Finanzkrisen weniger wahrscheinlich werden. Kommt es aber doch einmal zu einer solchen Krise, besteht die dritte Aufgabe darin, bei deren Bewältigung mitzuhelfen. Das wichtigste Instrument ist dabei die kurzfristige Versorgung der Banken mit zusätzlicher Liquidität. Droht der Konkurs systemrelevanter Banken, so kann die SNB im Notfall sogar direkte Unterstützung geben. So ergriff die SNB im Höhepunkt der Finanzkrise 2008 gemeinsam mit dem Bund drastische Massnahmen, um einen Zusammenbruch der Grossbank UBS zu verhindern.[1]

---

1 Eine fünfseitige Einführung des Autors über die Entstehung der globalen Finanz- und Wirtschaftskrise können Sie unter *www.hep-verlag.ch/vwl-sek2* herunterladen. Eine genauere Beschreibung der wichtigsten Hintergründe, Ereignisse und Zusammenhänge zur Finanz- und Wirtschaftskrise finden sich zudem in folgendem Buch: Aymo Brunetti: Wirtschaftskrise ohne Ende? US-Immobilienkrise – Globale Finanzkrise – Europäische Schuldenkrise, 3. Auflage, erschienen 2012 im hep verlag.

ZUSAMMENFASSUNG ANHAND DER LERNZIELE

1 Formen der Finanzierung von Investitionen
Spargelder können über zwei Kanäle zu Investoren gelangen: entweder direkt über die Finanzmärkte, indem ein Unternehmen Aktien oder Obligationen verkauft, oder indirekt über Banken, welche die Einlagen verwenden, um Kredite an Unternehmen oder an Haushalte zu vergeben.

2 Die volkswirtschaftliche Rolle von Banken
Die allermeisten Unternehmen sind zu klein und zu unbekannt, um sich direkt über die Ausgabe von Aktien oder Obligationen bei den Haushalten zu finanzieren. Dieses Problem lösen Banken. Sie erhalten Spargelder von den Haushalten und benutzen diese Einlagen, um Kredite an Unternehmen zu vergeben, die investieren möchten. Die Banken verdienen dabei an der sogenannten Zinsdifferenz; die Zinsen, die sie den Haushalten bezahlen, sind tiefer als die Kreditzinsen, welche die Unternehmen leisten.

3 Die wichtigsten Bankgeschäfte
Das ursprüngliche Kerngeschäft der Banken ist die Kreditvergabe. Sie verwenden die Einlagen der Kunden, um Unternehmen oder Haushalten Kredite zu vergeben. Dabei verdient die Bank daran, dass der Zins an die Einleger tiefer ist als der Zins für die vergebenen Kredite. Neben diesem Zinsdifferenzgeschäft umfasst das moderne Bankgeschäft verschiedene Formen des Kommissionsgeschäfts. Dabei erbringt die Bank gegen Kommissionen (Gebühren) Dienstleistungen, etwa im Investmentbanking oder in der Vermögensverwaltung.

Banken und Finanzstabilität

4 Die Risiken des Bankgeschäfts

Banking ist ein riskantes Geschäft, wobei vor allem Liquiditäts- und Kreditausfallrisiken bedeutend sind. Das Liquiditätsrisiko kommt daher, dass die Banken mit kurzfristig abziehbaren Kundengeldern langfristige Investitionen finanzieren. Wollen viele Kunden gleichzeitig ihr Geld zurück, so drohen Liquiditätsengpässe. Das Kreditausfallrisiko entsteht, weil Investitionsprojekte immer mit gewissen Unsicherheiten verbunden sind. Fehlinvestitionen können zu grossem Abschreibungsbedarf bei den ohnehin mit wenig Eigenkapital operierenden Banken führen.

5 Formen der Bankenregulierung

Wegen der relativ hohen Risiken sind Banken stark reguliert. Einerseits müssen sie gewisse Bestände an Liquidität halten, um die Gefahr von Liquiditätskrisen zu reduzieren. Andererseits zielt die Regulierung darauf ab, die Banken zu einem minimalen Bestand an Eigenkapital zu verpflichten, um die Gefahr der Insolvenz bei grossem Abschreibungsbedarf zu reduzieren.

ZENTRALE BEGRIFFE

- Finanzmärkte →196
- Aktie →196
- Dividende →196
- Obligation →197
- Intermediär →197
- Fristentransformation →198
- Kreditprüfung →198
- Eigenkapital →200
- Fremdkapital →200
- Leverage →200
- Zinsdifferenzgeschäft →200
- Kommissionsgeschäft →201
- Vermögensverwaltung →201
- Investmentbanking →201
- Eigenhandel →201
- Universalbank →202
- Liquiditätsrisiko →202
- Bank-Run →203
- Insolvenz →203
- Kreditausfallrisiko →203
- Marktrisiko →203
- Mikroprudentielle Regulierung →204
- Makroprudentielle Regulierung →204
- Bank für Internationalen Zahlungsausgleich (BIZ) →204
- Eigenkapitalanforderungen →204
- Too-big-to-fail-Problem →205
- Eidgenössische Finanzmarktaufsicht (FINMA) →205

Banken und Finanzstabilität

REPETITIONSFRAGEN KAPITEL 7

1 Welche beiden grundsätzlichen Finanzierungsformen mit Fremdkapital haben Unternehmen?

2 Erläutern Sie die Fristentransformation von Banken.

3 Warum wäre eine Volkswirtschaft ohne Banken kaum denkbar?

4 Warum zwingt die Regulierung die Banken nicht dazu, die gesamten Einlagen der Kunden liquide zu halten?

5 Beschreiben Sie anhand einer stilisierten Bankbilanz, warum Kreditausfallrisiken für Banken rasch bedrohlich werden können.

6 Beschreiben Sie, wie ein Bank-Run entstehen kann.

7 Warum braucht es eine makroprudentielle Aufsicht?

8 Warum stellt das Too-big-to-fail-Problem ein Marktversagen dar?

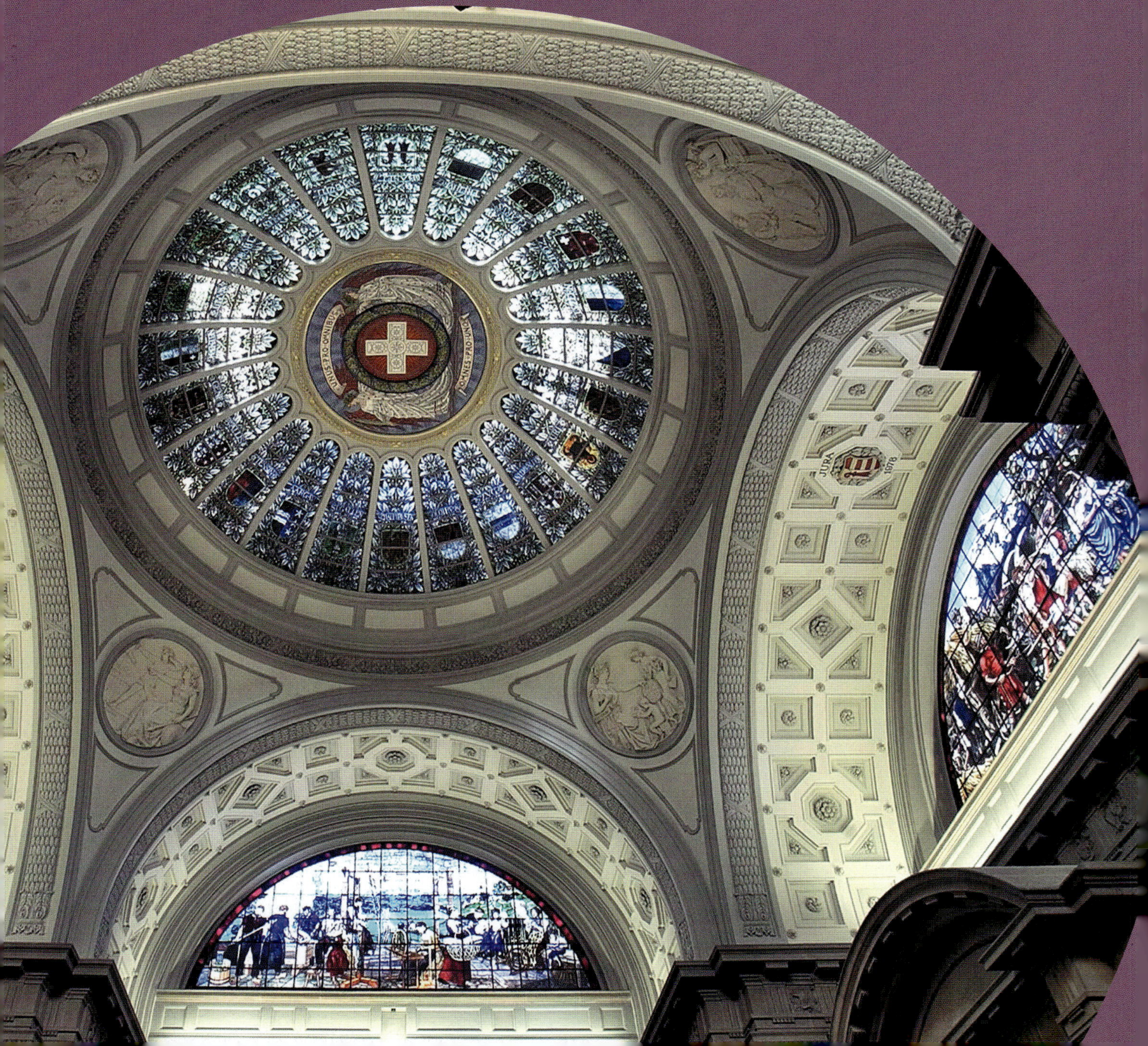

Staatsfinanzen

*« Gesegnet seien die Jungen,
denn sie werden unsere Schulden erben. »*

Herbert HOOVER (1874–1964), amerikanischer Präsident 1929–1933

8.1	Die Messung der Staatsfinanzen	214
8.2	Steuern	217
8.3	Defizite und Staatsverschuldung	223
8.4	Schweizer Staatsfinanzen	226
8.5	Schweizer Sozialpolitik	230

LERNZIELE

Nachdem Sie dieses Kapitel gelesen haben, sollten Sie in der Lage sein,

1	die wichtigsten Konzepte zur Messung der Staatsfinanzen zu beschreiben;
2	zu erklären, wie der Staat seine Ausgaben finanzieren kann;
3	die Wohlfahrtseffekte von Steuern zu analysieren;
4	die Rolle der Elastizität für die Kosten der Besteuerung zu beschreiben;
5	die Effekte einer Staatsverschuldung im Inland und einer Staatsverschuldung im Ausland zu unterscheiden;
6	zu erläutern, was die wichtigsten Vorteile und Nachteile der Staatsverschuldung sind;
7	die wichtigsten Eigenschaften des Schweizer Steuersystems zu beschreiben;
8	zu erklären, wie die Schweizer Schuldenbremse funktioniert;
9	die wichtigsten Formen der sozialpolitischen Umverteilung zu erklären;
10	die drei Säulen der Schweizer Altersvorsorge zu unterscheiden.

8 Staatsfinanzen

Der Staat spielt in der volkswirtschaftlichen Analyse eine wichtige Rolle. Das haben wir in diesem Buch immer wieder gesehen. Er kann dabei seinen Einfluss auf zwei Arten geltend machen: Entweder versucht er über verschiedene Arten von Regulierungen die Marktprozesse zwischen Privaten (Haushalte und Unternehmen) zu beeinflussen oder er tritt selbst als Marktteilnehmer auf, indem er Güter nachfragt oder anbietet. Wir haben uns bisher vor allem mit seiner ersten Rolle – der als Regulator – befasst, indem wir analysierten, mit welchen wirtschaftspolitischen Eingriffen der Staat die Marktergebnisse beeinflussen kann. In diesem Kapitel wenden wir uns nun seiner zweiten Rolle zu, nämlich der als direkter Marktteilnehmer. Dabei geht es einerseits um die Staatsausgaben, also um die Frage, welche Güter der Staat nachfragt oder selbst produziert. Andererseits wollen all diese Ausgaben finanziert sein, und damit müssen wir hier auch das Thema der Staatseinnahmen ansprechen. Mit der Analyse der Staatsausgaben und Staatseinnahmen befasst sich ein eigenständiger Zweig der Volkswirtschaftslehre, nämlich die Finanzwissenschaften. In diesem Kapitel geben wir einen überblicksartigen Einstieg in dieses breite Thema.

Das Kapitel ist wie folgt aufgebaut:

- 8.1 erläutert die Messung der Staatsfinanzen und zeigt den Zusammenhang zwischen Staatsausgaben, Staatseinnahmen und Verschuldung.
- 8.2 analysiert die Effekte von Steuern als zentrale Form der Finanzierung staatlicher Aufgaben.
- 8.3 betrachtet die Situation, in der die Staatsausgaben nicht über ordentliche Steuereinnahmen finanziert werden können und sich der Staat daher verschulden muss.
- 8.4 diskutiert die Situation der Schweizer Staatseinnahmen und -ausgaben und erläutert die Schuldenbremse.
- 8.5 erläutert mit der Schweizer Sozialpolitik den grössten und am stärksten wachsenden Teil der Staatsausgaben.

8.1 Die Messung der Staatsfinanzen

8.1.1 Wichtigste Grössen und ihre Zusammenhänge

Startpunkt für die Analyse der Staatsfinanzen eines Landes sind die staatlichen Ausgaben und Einnahmen in einem einzelnen Jahr. Sind die Ausgaben grösser als die Einnahmen, so resultiert ein Budgetdefizit; im umgekehrten Fall erzielt man einen Budgetüberschuss.

Ein Budgetdefizit bedeutet, dass es neben den Steuereinnahmen zusätzliche Mittel braucht, um die Ausgaben zu finanzieren. Diese Mittel muss sich der Staat auf den *Kapitalmärkten* besorgen, indem er sich verschuldet. Die Staatsverschuldung ist also nichts anderes als die Summe der über die Jahre aufgelaufenen Budgetdefizite. Ist die Staatsverschuldung in einem Land positiv, so hat dieses Land in der Vergangenheit insgesamt mehr ausgegeben als eingenommen. Man kann die Staatsverschuldung also als Mass verwenden, um zu beurteilen, wie stark ein Staat in der Vergangenheit über seine finanziellen Verhältnisse gelebt hat; dies ist vergleichbar mit der finanziellen Situation eines privaten Haushalts.

Will man die Staatsverschuldung zwischen Ländern vergleichen, so muss man die Verschuldung ins Verhältnis zum Bruttoinlandprodukt setzen. Diese sogenannte Verschuldungsquote ist das gebräuchlichste Mass, wenn wir die *Nachhaltigkeit der Staatsfinanzierung* international vergleichen wollen. Sie misst allerdings nur, ob die Einnahmen über die Zeit auch tatsächlich genügen, um die Ausgaben zu decken. Will man dagegen wissen, wie gross der Anteil des Staates am BIP insgesamt ist, dann verwendet man dazu in der Regel die *Staatsquote*. Sie setzt die Staatsausgaben (inklusive Ausgaben der Sozialversicherungen) ins Verhältnis zum BIP.

→ **Kapitalmarkt**
Markt, auf dem sich die Unternehmen und der Staat Geld in Form von langfristigen Krediten beschaffen können.

→ **Nachhaltige Staatsfinanzierung**
Die Ausgaben des Staates sind langfristig (über einen Konjunkturzyklus hinweg) durch die ordentlichen Einnahmen gedeckt.

→ **Staatsquote**
Ausgaben aller öffentlichen Haushalte und der obligatorischen Sozialversicherungen, gemessen als Prozentsatz des nominalen BIP.

Moses mit der Tafel der 10 Gebote zu Gott: «Es würde später viel Ärger erspart bleiben, wenn Du etwas über ein ausgeglichenes Budget anfügen könntest.»

Staatsfinanzen

8.1.2 Anwendung am Beispiel der Schweiz

Die einfachste Art, die Staatsfinanzen zu messen, besteht also in der Gegenüberstellung von Ausgaben und Einnahmen. **Abbildung 8.1** zeigt die entsprechenden Daten für die Schweiz. Wir betrachten dazu die *Rechnungsabschlüsse* des Bundes seit 1972.

→ **Rechnungsabschluss**
Gegenüberstellung der tatsächlichen Einnahmen und Ausgaben eines öffentlichen Haushalts. Diese definitiven Zahlen liegen im Gegensatz zum Budget, das die geplanten Einnahmen und Ausgaben zeigt, erst mit einer gewissen Verzögerung vor.

Die beiden Datenreihen entwickeln sich weitgehend parallel, doch kann es in einzelnen Jahren durchaus deutliche Abweichungen geben. Diese Abweichungen sind als Balken (im Saldo) ebenfalls in der Grafik abgetragen; sie entsprechen in einem bestimmten Jahr dem jeweiligen Defizit (Ausgaben grösser als Einnahmen) oder Überschuss (Ausgaben kleiner als Einnahmen) der Bundesrechnung. Klar wird, dass noch in den 1970er- und 1980er-Jahren die Ausgaben und Einnahmen meist sehr nahe beieinander lagen, dass sich dies aber in den 1990er-Jahren deutlich geändert hat. In diesem Jahrzehnt wies das Bundesbudget in den allermeisten Jahren ein Defizit auf. Finanziert wurden diese wiederholten Budgetdefizite durch Aufnahme von Mitteln auf den Kapitalmärkten, also durch Verschuldung. In den letzten Jahren hat sich die Situation deutlich verbessert.

Die Kumulation der Defizite über die Jahre führte dazu, dass die Verschuldung des Bundes in Franken von rund 40 Milliarden 1990 auf fast 108 Milliarden 2014 anwuchs. Wir sehen dies in **Abbildung 8.2**, in der wir die Situation für die gesamte Schweiz darstellen. Hier berücksichtigen wir also den gerade für die Staatsfinanzen

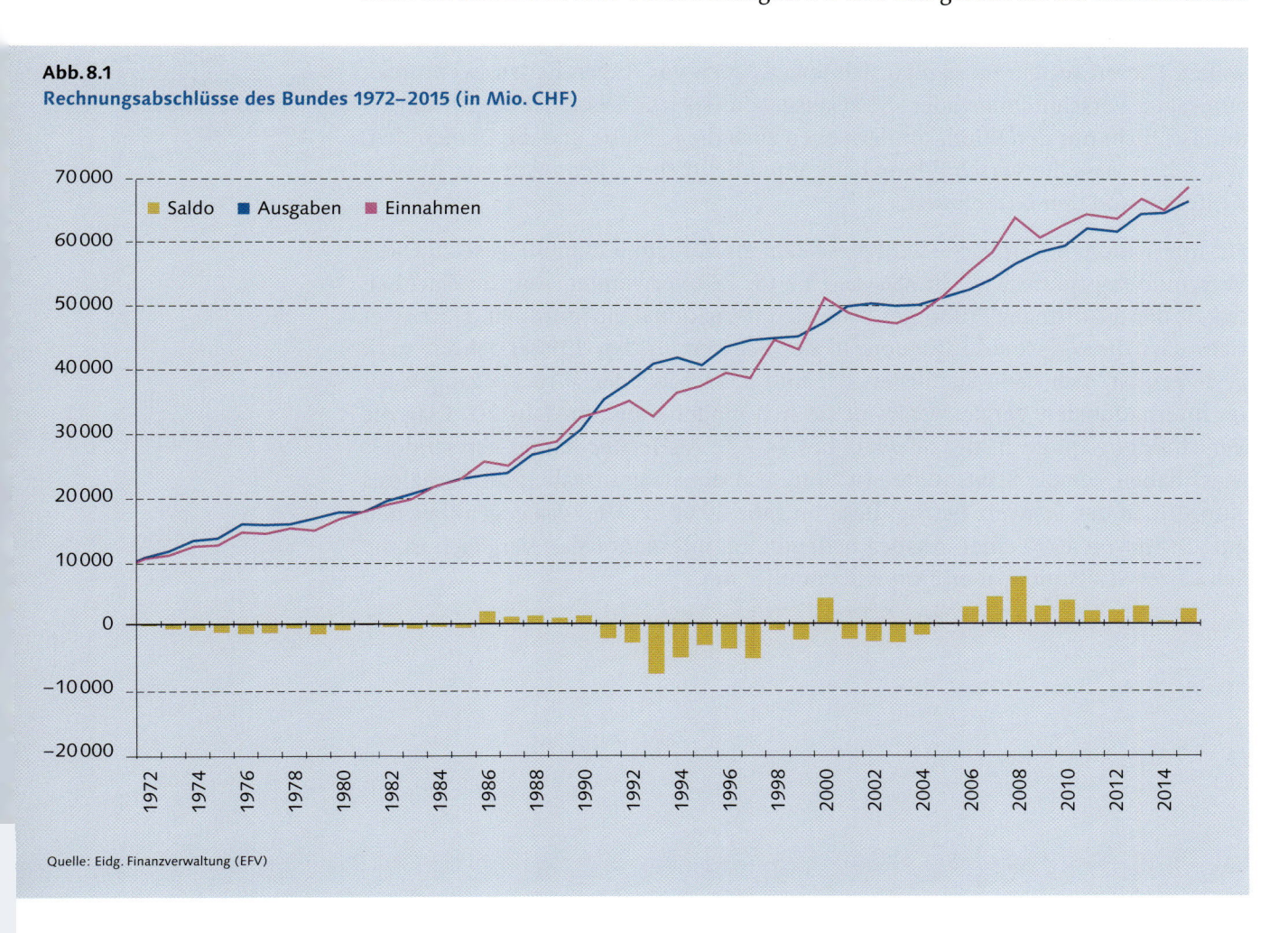

Abb. 8.1
Rechnungsabschlüsse des Bundes 1972–2015 (in Mio. CHF)

Quelle: Eidg. Finanzverwaltung (EFV)

Die Messung der Staatsfinanzen

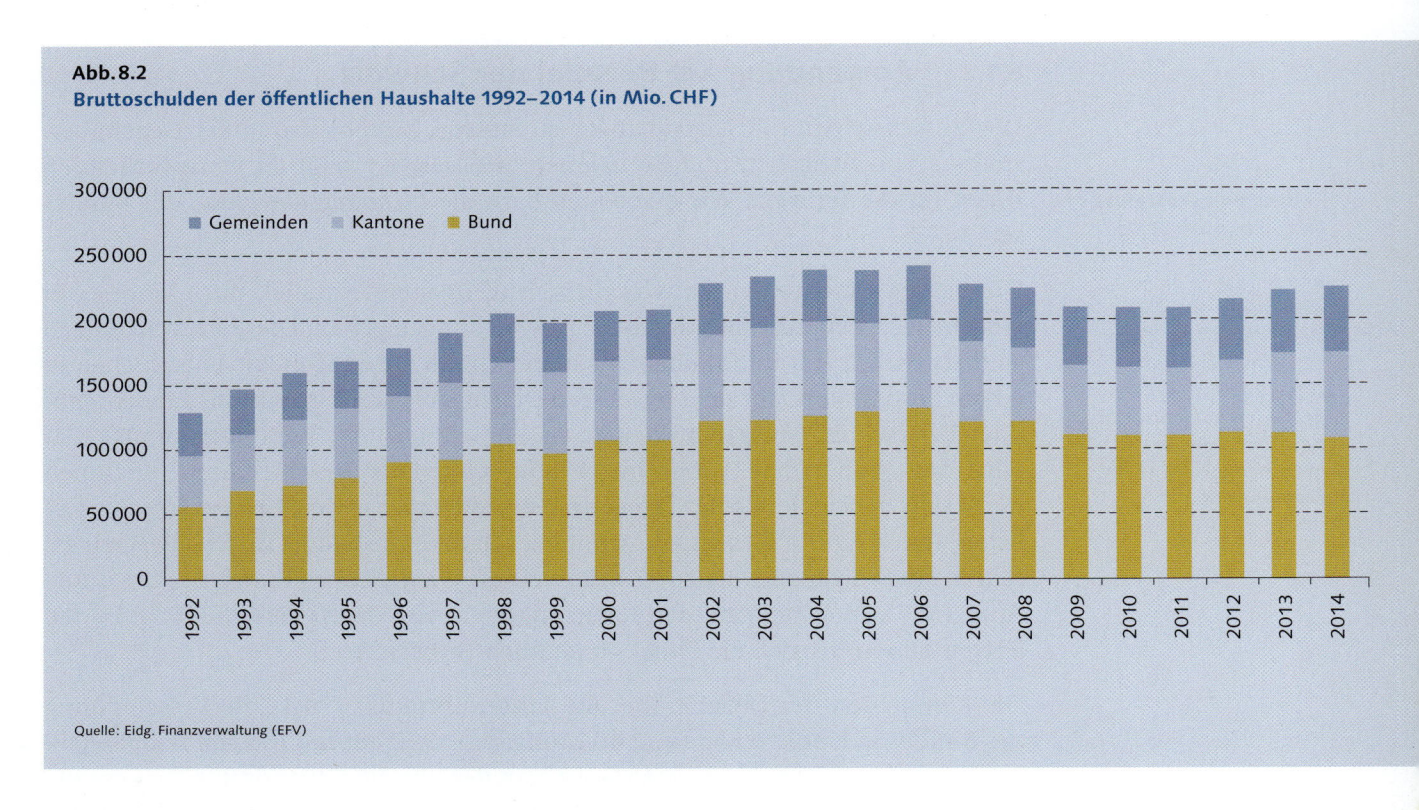

Abb. 8.2
Bruttoschulden der öffentlichen Haushalte 1992–2014 (in Mio. CHF)

Quelle: Eidg. Finanzverwaltung (EFV)

wichtigen Schweizer *Föderalismus*. Denn ein grosser Teil des staatlichen Budgets wird nicht auf Bundesebene, sondern von den Kantonen und Gemeinden verwaltet. Diesen Aspekt muss man sich jeweils auch vor Augen halten, wenn man von «Staatsverschuldung» oder «Staatsausgaben» spricht. Denn der Begriff «Staat» umfasst nicht nur den Bund, sondern eben auch die Kantone und die Gemeinden. Wir sehen, dass die Verschuldung beim Bund deutlich stärker anstieg als bei den Kantonen und den Gemeinden.

Für internationale Vergleiche wird diese Zahl ins Verhältnis zum BIP gesetzt. Diese Verschuldungsquote wird in **Abbildung 1.7** (S. 26) verwendet, um die Nachhaltigkeit der Staatsfinanzierung der Schweiz international einzuordnen. Dort zeigt sich, dass die Verschuldungsquote in der Schweiz in den 1990er-Jahren stark gestiegen ist, sich dann stabilisiert hat und danach wieder zurückgegangen ist. Im internationalen Vergleich nimmt sie sich moderat aus; im Jahr 2014 lag die Verschuldungsquote in der Schweiz bei 34,7 %. Als letztes häufig verwendetes Mass haben wir die Staatsquote erwähnt, also die Staatsausgaben im Verhältnis zum BIP. In der Schweiz betrug diese im Jahr 2014 32,9 %, was gegenüber den gut 29,1 % von 1990 einen Anstieg bedeutet. Im internationalen Vergleich ist die Schweizer Staatsquote aber nach wie vor eher tief.

→ **Föderalismus**
Die einzelnen Gliedstaaten (z. B. Kantone oder Bundesländer) eines Landes bewahren ein grosses Mass an politischer Eigenständigkeit.

Staatsfinanzen

Der ausgeprägte Schweizer Finanzföderalismus

In keinem anderen wirtschaftspolitischen Bereich zeigt sich der Föderalismus der Schweiz so ausgeprägt wie in der Finanzpolitik. Denn alle Staatsaufgaben fallen grundsätzlich in die kantonale Kompetenz, es sei denn, die Bundesverfassung weise sie explizit dem Bund zu. Das gilt vor allem auch für die Erhebung von Steuern. Weil Verfassungsänderungen auf Bundesebene in einer obligatorischen Volksabstimmung das doppelte Mehr von Stimmenden und Kantonen benötigen – ihre Anpassung also hohe Hürden nehmen muss –, ist die kantonale Steuerhoheit stark verankert.

Mehr als die Hälfte der gesamten Staatseinnahmen werden in der Schweiz von Kantonen und Gemeinden erhoben. Bei den Ausgaben ist der Anteil sogar noch grösser. Die Differenz wird durch den sogenannten *vertikalen Finanzausgleich* gedeckt. Die indirekten Steuern werden ausschliesslich vom Bund erhoben, während die Vermögenssteuern den Kantonen und Gemeinden vorbehalten sind. Ein Konkurrenzverhältnis besteht bei den direkten Steuern auf den laufenden Einkommen (Einkommens- und Gewinnsteuern), die sowohl vom Bund als auch von Kantonen und Gemeinden erhoben werden können.

Die im Verhältnis zu anderen Ländern ungewöhnlich grosse Bedeutung von Kantonen und Gemeinden zeigt sich wie gesagt besonders auch bei den Staatsausgaben. Im Jahre 2014 betrugen die Bundesausgaben rund 33 % der gesamten Staatsausgaben. Fast 43 % aller Ausgaben entfielen auf die Kantone und 24 % auf die Gemeinden. Über die letzten Jahrzehnte ist ein klarer Trend hin zu einem noch stärkeren Föderalismus festzustellen. So stieg der Kantonsanteil an den Staatsausgaben in den Jahren von 1960 bis 2013 deutlich an: Im Jahr 1960 betrug er 37,5 %, also rund fünf Prozentpunkte weniger als heute; parallel dazu sank der Anteil der Bundesausgaben.

→ **Vertikaler Finanzausgleich**
Finanzielle Umverteilung zwischen den Ebenen eines föderalistischen Staates; in der Schweiz zwischen Bund, Kantonen und Gemeinden.

8.2 Steuern

8.2.1 Formen von Staatseinnahmen

Es gibt, wie bereits angesprochen, grundsätzlich zwei Arten, Staatsausgaben zu finanzieren. Der Staat kann Steuern erheben, oder er kann sich auf dem Kapitalmarkt verschulden. Längerfristig aber ist die Finanzierung nur über Steuern möglich, denn Schulden müssen irgendwann zurückgezahlt werden. Eine Verschuldung verschiebt die notwendigen Steuereinnahmen einfach in die Zukunft: in irgendeiner späteren Periode müssen diese dann zwingend höher sein als die Staatsausgaben.

In einem erweiterten Sinne kann man als *Steuern* alle Abgaben an den Staat bezeichnen. Sie lassen sich in drei Kategorien unterteilen:

- direkte Steuern,
- indirekte Steuern,
- Gebühren.

Direkte Steuern sind Abgaben, die aufgrund persönlicher Merkmale der Steuerzahlerinnen und Steuerzahler erhoben werden und deshalb bei verschiedenen Personen unterschiedlich hoch sind. Wie hoch die Steuerzahlungen der Steuerpflichtigen ausfallen, hängt von ihrem Einkommen und Vermögen ab. Direkte Steuern, wie beispielsweise die Einkommenssteuer, bewirken dabei in zweierlei Hinsicht eine Umverteilung von wohlhabenden zu weniger wohlhabenden Akteu-

→ **Steuer**
Abgabe, die der Staat von Unternehmen und Haushalten einfordert und der keine direkte Gegenleistung gegenübersteht.

→ **Direkte Steuer**
Steuer, die aufgrund von persönlichen Merkmalen der steuerpflichtigen Personen oder Unternehmen erhoben wird, etwa aufgrund des Einkommens oder des Vermögens.

«Er ist zwar immer noch ein Jäger und Sammler, aber er nennt sich jetzt ‹Steuereintreiber›.»

ren. Einerseits wird das gesamte Einkommen besteuert, womit Personen mit höherem Einkommen einen grösseren absoluten Steuerbetrag bezahlen. Andererseits enthalten direkte Steuern meist noch eine sogenannte Progression. Sie lässt den Prozentsatz des Einkommens, der als Steuer zu entrichten ist, mit der Einkommenshöhe ansteigen.

Indirekte Steuern sind Abgaben, die keine persönlichen Merkmale der Steuerzahlenden berücksichtigen. Sie werden auf Markttransaktionen im weitesten Sinne erhoben, unabhängig davon, wer diese ausführt. So ist die Mehrwertsteuer auf einem bestimmten Produkt für alle gleich hoch, unabhängig von Einkommen und Vermögen. Dasselbe gilt für die Zölle, eine weitere wichtige Form der indirekten Steuern. Eine progressive indirekte Steuer zu erheben, wäre administrativ zu kompliziert. Dennoch ist auch in den indirekten Steuern oft ein gewisses Umverteilungselement enthalten, indem Güter des täglichen Bedarfs mit einem tieferen Steuersatz belegt werden.

→ **Indirekte Steuer**
Steuer, die auf Markttransaktionen im weitesten Sinne erhoben wird. Ein typisches Beispiel ist die Mehrwertsteuer.

Gebühren schliesslich sind Zahlungen von Personen an den Staat für eine klar definierte Leistung. Erhält man beispielsweise einen Pass ausgestellt, so wird eine Gebühr fällig. Direkte und indirekte Steuern entrichtet man in einen gemeinsamen Topf und hat damit einen Anspruch auf allgemeine öffentliche Leistungen. Bei den Gebühren dagegen erwirbt man direkt eine ganz bestimmte staatliche Leistung. Sie sind daher streng genommen keine eigentlichen Steuern. In einer breiteren Definition ist es aber dennoch sinnvoll, sie als eine Form von Steuern zu bezeichnen. Denn auch bei den Gebühren werden die laufenden Staatsausgaben durch laufende Staatseinnahmen finanziert, sodass keine Verschuldung nötig wird. Zudem stellen Gebühren auch deshalb eine Staatseinnahme mit Steuercharakter dar, weil man ihnen kaum ausweichen kann.

→ **Gebühr**
Zahlungen an den Staat für klar definierte Gegenleistungen, wie z.B. für das Ausstellen eines Reisepasses.

Zusammenfassende Übersicht

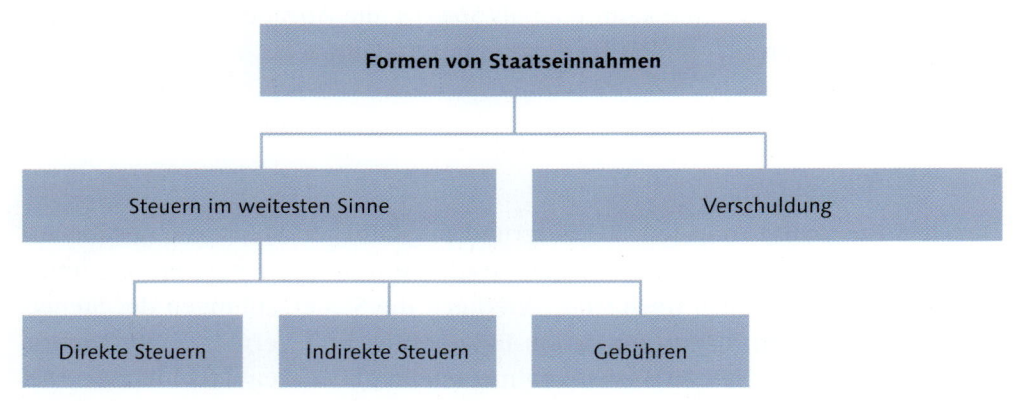

Staatsfinanzen

Gewisse staatliche Leistungen, wie z. B. das Ausstellen eines Passes, werden über direkte Zahlungen finanziert. Diese bezeichnet man als Gebühren.

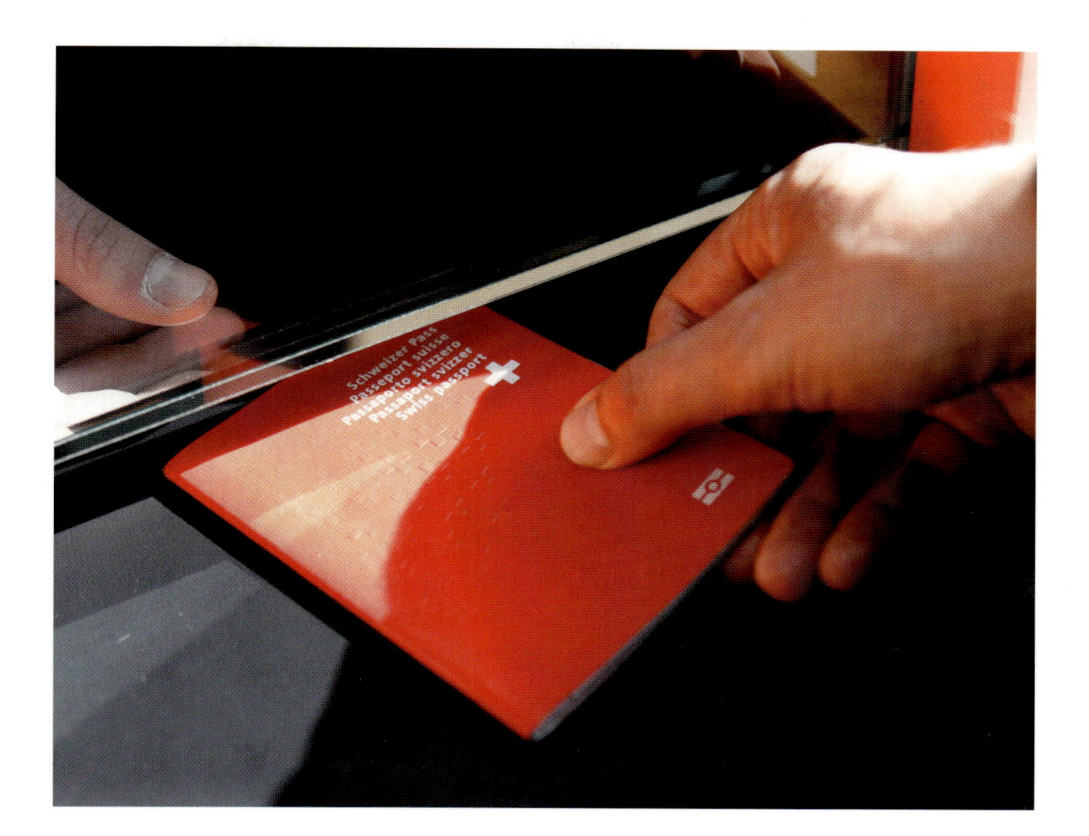

Die Inflationssteuer

Die Diskussion der Geldpolitik in Kapitel 6 zeigt, dass sich der Staat noch auf eine dritte Art finanzieren kann. Er kann sich das notwendige Geld nämlich, vereinfacht formuliert, einfach drucken lassen. Dazu nimmt der Staat auch hier einen Kredit auf, aber diesmal nicht auf dem Kapitalmarkt, sondern direkt bei der Zentralbank, die sich die nötigen liquiden Mittel durch Geldschöpfung beschafft.

Längerfristig lässt sich diese Art der Finanzierung jedoch nicht aufrechterhalten, da hier eine *Inflationssteuer* erhoben wird. Finanziert ein Land nämlich grössere Teile seiner Staatstätigkeit über die Geldschöpfung, so führt dies unweigerlich zu einer beschleunigten Inflation. Also besteuert man in ständig zunehmendem Masse diejenigen, die gezwungen sind, Geld zu halten. Diese werden mit der Zeit alles unternehmen, um möglichst kein Geld halten zu müssen. Damit verliert die Inflationssteuer aber ihre Steuerbasis, weil niemand mehr das von der Zentralbank gedruckte Geld annehmen will. Der Staat kann es folglich auch nicht länger verwenden, um damit seine Ausgaben zu finanzieren. Dann bleibt dem Staat aber nichts anderes übrig, als durch ein radikales Stabilisierungsprogramm – oft begleitet durch den *Internationalen Währungsfonds* – die Staatsfinanzen wieder zu sanieren. Letztendlich müssen die Staatsausgaben dann doch wieder über ordentliche Steuern finanziert werden.

Die Finanzierung der Staatsausgaben über Zentralbankkredite ist also mit hohen gesamtwirtschaftlichen Kosten verbunden und längerfristig ohnehin zum Scheitern verurteilt. Doch für Regierungen in Finanzierungsnöten stellt die Notenpresse stets eine Versuchung dar, weshalb in den meisten Ländern die Verantwortlichkeiten für die *Finanzpolitik* und für die Geldpolitik klar getrennt sind: Das Finanzministerium ist Teil des Regierungsapparats, die Geldpolitik dagegen ist Sache einer unabhängigen Behörde – in der Schweiz der Nationalbank.

→ **Inflationssteuer**
Einnahmen, die der Staat durch übermässige Geldschöpfung erzielt. Alle Haushalte und Unternehmen, die Geld halten, «bezahlen» diese Steuer, da sich ihr Geld durch die Inflation laufend entwertet.

→ **Internationaler Währungsfonds (IWF)**
Internationale Organisation, die unter anderem zum Ziel hat, die Stabilität des internationalen Finanzsystems zu fördern.

→ **Finanzpolitik**
Massnahmen zur Steuerung der Einnahmen und Ausgaben des Staates.

8.2.2 Kosten der Besteuerung und die Rolle der Elastizität

Jede Steuer auf eine Tätigkeit oder ein Gut verändert die relativen Preise; sie ist letztlich immer ein Aufschlag auf den Marktpreis. Und wie wir aus Kapitel 3 wissen, führt jede künstliche – also nicht aus veränderten Knappheiten resultierende – Veränderung von Preisen zu wohlfahrtsmindernden Verzerrungen. Dabei bewirken Steuern in allen Fällen Preisveränderungen, gleichgültig, ob sie als direkte Steuern bei den Lohn- und Zinseinkommen oder als indirekte Steuern bei den Preisen für Güter erhoben werden.

Dass Steuern zu Wohlfahrtsverlusten führen, mag auf den ersten Blick schwer verständlich sein. Denn der Staat kann ja mit den Steuereinkünften Güter kaufen und produktive Tätigkeiten entfalten. Aber gleichgültig, wie produktiv der Staat die Steuereinnahmen einsetzt: Die Veränderung der relativen Preise bewirkt so gut wie immer einen Wohlfahrtsverlust, da die Preise nicht mehr die tatsächlichen Knappheiten widerspiegeln. Gesamthaft kann die Staatstätigkeit die Wohlfahrt trotzdem steigern, wenn nämlich die positiven Wirkungen der Staatsausgaben die negativen Wirkungen der steuerlichen Verzerrungen übertreffen.

Ein gewisser Wohlfahrtsverlust durch Steuern ist also unvermeidlich. Wie hoch aber der jeweilige Verlust ausfällt, hängt stark von der Ausgestaltung der Steuer ab. Dabei spielt die Preiselastizität von Angebot und Nachfrage eine ausschlaggebende Rolle.

Intuitiv ist durchaus verständlich, warum die Elastizität für die Wirkung von Steuern dermassen wichtig ist. Der Wohlfahrtsverlust entsteht dadurch, dass die Preisveränderung durch die Steuer zu einer Veränderung der nachgefragten und angebotenen Menge führt. Je deutlicher diese Mengenveränderung ist, desto grösser wird der Wohlfahrtsverlust ausfallen. In die Sprache der Mikroökonomie übersetzt, bedeutet dies: Je elastischer Nachfrage und Angebot sind, desto stärker reagiert die Menge und desto grösser werden die Wohlfahrtsverluste. Da es bei hoher Elastizität sehr einfach ist, der Steuer auszuweichen, verursacht diese entsprechend deutliche Reaktionen und damit hohe Wohlfahrtsverluste.

Denkt man die obigen Überlegungen konsequent zu Ende, so erkennt man, dass es einen Fall geben muss, in dem die Steuer zu keinerlei Wohlfahrtsverlusten führt. Dann nämlich, wenn z. B. das Angebot völlig unelastisch ist, also überhaupt nicht auf Preisveränderungen reagiert – eine unwahrscheinliche, aber denkbare Möglichkeit. Dies könnte beispielsweise dann der Fall sein, wenn ein Anbieter leicht verderbliche Ware produziert hat, die er sofort verkaufen muss. Eine solche Situation ist allerdings meist nur kurzfristig denkbar, da ein Produzent längerfristig Strategien entwickeln wird, um nicht in solche für ihn unattraktive Situationen zu kommen. Anders ausgedrückt: Steuern führen praktisch immer zu Wohlfahrtsverlusten.

Die Analyse der Elastizität führt zu einer wichtigen Folgerung für die Steuerpolitik: Steuern sollten möglichst immer dort erhoben werden, wo Angebot oder Nachfrage sehr unelastisch sind, also kaum reagieren können. Denn dies verringert die Wohlfahrtsverluste. Gleichzeitig ergibt sich aber ein ausgeprägter Verteilungseffekt, weil jene Marktseite, die nicht ausweichen kann (die unelastische Markseite also), den Grossteil der Steuer bezahlen muss. Deshalb ist beispielsweise die Tabaksteuer eine effiziente Art der Besteuerung. Denn die Raucher haben eine

> **INTERNET-VERTIEFUNG**
> hep-verlag.ch/vwl-plus
>
> Wohlfahrtsanalyse von Steuern

Staatsfinanzen

sehr unelastische Nachfrage und werden auf Preisveränderungen kaum reagieren. Die Tabaksteuer hat folglich kaum einen Effekt auf die nachgefragte Menge und ist damit – bei kleinen Wohlfahrtskosten – enorm ergiebig. Auch klar ist aber, dass die Verteilungswirkungen stark sind: Verlierer sind in diesem Fall die Raucherinnen und Raucher.

8.2.3 Wer bezahlt die Steuern?

In der politischen Diskussion sind die Verteilungswirkungen von Steuern oft wesentlich bedeutsamer als die Wohlfahrtseffekte. Es geht hier um die Frage, wer letztendlich die Steuer bezahlt. Wiederum spielt die Elastizität eine entscheidende Rolle, denn der Löwenanteil der Steuern wird stets von der weniger elastischen Marktseite getragen; man denke an das oben genannte Beispiel der Raucher. Die Frage, welche Bevölkerungsgruppe eine Steuer schliesslich bezahlen muss, nennt man die *Steuerinzidenz*.

→ **Steuerinzidenz**
Analyse der Verteilungswirkung einer Steuer. Die Steuerinzidenz zeigt auf, welche Bevölkerungsgruppe eine Steuer schliesslich bezahlt.

Betrachten wir die zwei Fälle in **Abbildung 8.3**. Die Steuerhöhe ist in beiden Fällen die gleiche. Wir sehen aber, dass die Verteilung der Steuerlast sehr unterschiedlich ausfällt.

Links wird der Fall einer unelastischen Nachfrage und eines elastischen Angebots dargestellt – hier bezahlen die nachfragenden Konsumentinnen und Konsumenten den Löwenanteil der Steuer. Rechts ist es umgekehrt: Das Angebot ist unelastisch und die Nachfrage elastisch – es ist der anbietende Produzent, der hier den Hauptteil der Steuer trägt. Wer die Steuer bezahlt, hängt also einzig von der Elastizität ab, also davon, welche Marktseite einer Preisveränderung weniger gut ausweichen kann. Wichtig ist dabei anzumerken, dass es keine Rolle spielt, auf

Abb. 8.3
Wer bezahlt die Steuer?

Elastisches Angebot, unelastische Nachfrage

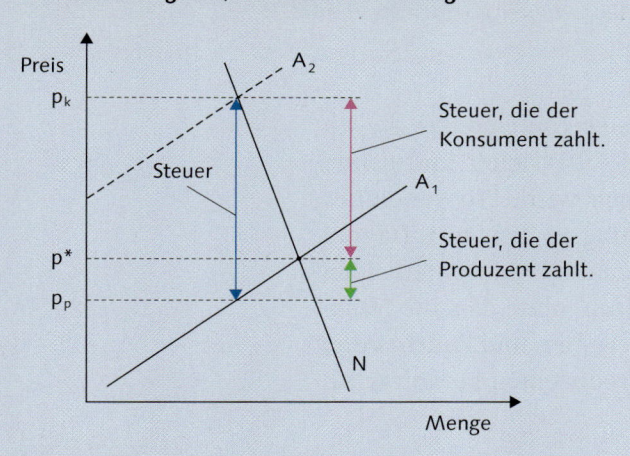

Unelastisches Angebot, elastische Nachfrage

Ist die Nachfrage eher unelastisch und das Angebot relativ elastisch, fällt die Steuerlast vor allem auf die Nachfrager. Durch die Einführung der Steuer erhöht sich nämlich der Konsumentenpreis deutlich von p^* auf p_k, der Produzentenpreis sinkt aber nur geringfügig. Ein typisches Beispiel für eine relativ unelastische Nachfrage stellt der Tabakkonsum dar.

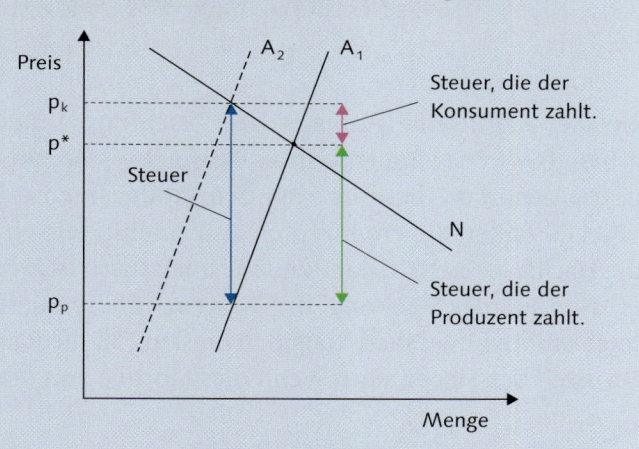

Ist die Nachfrage eher elastisch und das Angebot relativ unelastisch, fällt die Steuerlast vor allem auf die Anbieter. Durch die Einführung der Steuer sinkt nämlich der Produzentenpreis deutlich von p^* auf p_p, der Konsumentenpreis steigt aber nur geringfügig. Ein typisches Beispiel für diese Konstellation sind Luxusgüter.

Steuern

Wer zahlt eine «Luxussteuer»?

Eine voreilige oder unsaubere Analyse von Steuerwirkungen kann wegen den Elastizitäten zu völlig falschen Schlüssen führen. Ein klassisches Beispiel ist die Frage, wer eine sogenannte Luxussteuer bezahlt. Die Absicht von Luxussteuern ist es, hohe Steuern auf Güter zu erheben, die von reichen Leuten konsumiert werden. Davon erhofft man sich eine ausgleichende Umverteilung von «Reich» zu «Arm» oder zumindest von «Reich» zum Staat. Mit dieser Begründung kann beispielsweise der Kauf von Diamantencolliers, Golfausrüstungen oder Yachten mit hohen Steuern belegt werden.

Der Haken dabei ist aber, dass die hohen Steuern auf diese Güter nicht sicherstellen, dass tatsächlich die Reichen den Löwenanteil der Steuern bezahlen müssen. Überraschenderweise sind es oft gerade weniger wohlhabende Personen, die zur Kasse gebeten werden.

Betrachten wir dazu das klassische Beispiel, die Luxussteuer auf den Kauf von Yachten und ähnlichen Gütern, die in den USA zu Beginn der 1990er-Jahre eingeführt wurde. Sie sollte vor allem jene treffen, die sich teure Güter und somit diese hohe Steuer auch leisten konnten. Das Ergebnis fiel jedoch zur Überraschung der Initianten völlig anders aus. Denn wer schlussendlich eine Steuer bezahlt, hängt nicht von der Bezeichnung der Steuer ab, sondern von der Elastizität von Angebot und Nachfrage. In diesem Fall erwies sich die Nachfrage nach Luxusyachten als ausgesprochen elastisch. Niemand benötigt unbedingt eine in den USA produzierte Yacht, und daher kauften die Reichen anstelle von Yachten andere Luxusgüter, oder sie erwarben ihre Yachten im Ausland, etwa in den karibischen Staaten. Der Kauf von Yachten brach deshalb in Florida innerhalb kurzer Zeit um 90% ein. Weniger gut ausweichen konnten aber die amerikanischen Anbieter von Yachten und mit ihnen die Angestellten der Yachtwerften, die üblicherweise nicht der Gruppe der Reichen angehören. Für sie ging es nicht um das eher zweitrangige Problem, sich nun statt des einen Luxusgutes einfach ein anderes zu kaufen. Vielmehr würde für sie ein Ausweichen vor der Steuer bedeuten, dass sie sich eine andere Beschäftigung suchen müssten. Dies ist jedoch ein schwieriges und aufwändiges Unterfangen, und entsprechend unelastisch war das Angebot an Yachten. Damit aber wurde die Luxussteuer vor allem von den finanziell schlechter gestellten Angestellten der Yachtwerften bezahlt. Es überrascht daher kaum, dass diese Luxussteuer bald wieder abgeschafft wurde.

Die Last von Steuern auf den Erwerb solcher Güter tragen oft nicht die Wohlhabenden.

welcher Marktseite (Anbieter oder Nachfrager) die Steuer von Gesetzes wegen erhoben wird. Nehmen wir als Beispiel wiederum die Tabaksteuer und gehen davon aus, dass diese nur bei den Produzenten erhoben wird. Pro verkauftes «Päckli» zahlen die Produzenten also einen gewissen Betrag an den Staat. Da nun die Nachfrage nach Zigaretten sehr unelastisch ist, können die Produzenten einen grossen Teil der Steuer auf die Zigarettenpreise überwälzen, ohne dass die Nachfrage einbricht. Deshalb tragen in diesem Fall die Raucherinnen und Raucher den Grossteil der Steuer, auch wenn diese formal von den Produzenten bezahlt wird.

8.3 Defizite und Staatsverschuldung

An politischen Ideen, was der Staat alles zur Verfügung stellen sollte, herrscht selten Knappheit. Dies liegt natürlich daran, dass Politikerinnen und Politiker über staatliche Ausgaben mit scheinbar geringen Kosten Vorteile für jene Gruppen schaffen können, die ihnen nahestehen. Allerdings entkommt man der Knappheit auch in diesem Gebiet nicht: Jede Staatsausgabe muss finanziert werden. Und so beliebt Staatsausgaben für die Nutzniesser sind, so unbeliebt sind Steuererhöhungen. Der Anreiz ist deshalb gross, zusätzliche Staatsausgaben nicht heute zu bezahlen, sondern morgen, das heisst nicht über zusätzliche Steuern, sondern über die Staatsverschuldung. Dies wiederum hat den unangenehmen Effekt, dass die Verschuldung und damit die Zinszahlungen des Staates eine starke Tendenz haben, anzusteigen. In diesem Abschnitt wollen wir genauer analysieren, welche Effekte verschiedene Formen der Verschuldung haben können. Wir werden deshalb zunächst die Formen der Staatsverschuldung präsentierten und dann ihre Vorteile und Nachteile gegeneinander abwägen.

8.3.1 Effekte der Staatsverschuldung im Inland und im Ausland

Ein Budgetdefizit bedeutet, dass die Ausgaben grösser sind als die Einnahmen. Die Mehrausgaben werden – wenn wir von der unverantwortlichen Finanzierung über die Notenpresse absehen – immer über Verschuldung finanziert. Die notwendigen Mittel kann der Staat entweder im Inland oder im Ausland aufnehmen. Beide Verschuldungsarten führen zu einer Veränderung von wichtigen Komponenten der gesamtwirtschaftlichen Nachfrage.

Erfolgt die Verschuldung im Inland, so führt dies zu einem Rückgang der inländischen Investitionen. Erfolgt die Verschuldung im Ausland, so führt dies zu einem Rückgang der Nettoexporte (Exporte minus Importe).

Warum reduziert eine Finanzierung des Budgetdefizits im Inland die Investitionen? Ökonomisch bedeutet eine Verschuldung des Staates im Inland, dass die Kreditnachfrage auf dem inländischen Kapitalmarkt steigt. Wenn gleichzeitig das Kreditangebot konstant bleibt, wird der Preis für die Kredite (der Zinssatz) steigen, was zu einem Rückgang der privaten Investitionen führt. Dies ist der sogenannte *Crowding-out*-Prozess, demzufolge die staatliche Kreditnachfrage zu einem gewissen Grad die private Kreditnachfrage verdrängt.

→ **Crowding-out**
Verdrängung privater Investitionen, weil durch die staatliche Nachfrage nach Krediten die Zinsen steigen.

Warum reduziert eine Finanzierung des Budgetdefizits im Ausland die Nettoexporte? Verschuldet sich der Staat im Ausland, so fragt er auf einem ausländischen Kapitalmarkt Kredite nach. Diese werden ihm in ausländischer Währung gewährt, im Fall der Schweiz beispielsweise in Euro. Mit dem Kredit will der Staat jedoch in erster Linie Ausgaben im Inland finanzieren; also wird er die Euro in Schweizer Franken umtauschen. Damit aber steigt die Nachfrage nach Schweizer Franken, wodurch sich diese im Verhältnis zum Euro aufwerten. Wie in Kapitel 4 erklärt, führt dies zu einem Rückgang der Nettoexporte, da eine Aufwertung der inländischen Währung die Importe vergünstigt, die Exporte aber verteuert.

Eine wichtige Illustration dieser Mechanismen liess sich in den USA zu Beginn des neuen Jahrhunderts beobachten. Die USA finanzierten ihr hohes Budgetdefizit vor allem mit einer Verschuldung im Ausland, was mit stark rückläufigen Nettoexporten einherging und wiederum zu einer Verschlechterung der Handelsbilanz führte. Daraus ergab sich ein sogenanntes *Zwillingsdefizit*, also ein Budgetdefizit kombiniert mit einer negativen *Handelsbilanz* (Importe höher als Exporte). Das gleichzeitige Auftreten der beiden Defizite ist deshalb häufig, weil die Verschuldung im Ausland eine der beiden Methoden ist, um Budgetdefizite zu finanzieren.

→ **Zwillingsdefizit**
Gleichzeitiges Auftreten eines Budgetdefizits und eines Handelsbilanzdefizits in einem Land.

→ **Handelsbilanz**
Stellt die Exporte eines Landes den Importen gegenüber. Der Saldo der Handelsbilanz entspricht den Nettoexporten.

8.3.2 Vor- und Nachteile der Staatsverschuldung

Es liegt nahe, die Staatsverschuldung als etwas generell Negatives zu betrachten. Doch es gibt auch Gründe dafür, eine gewisse Staatsverschuldung zuzulassen:

- staatliche Investitionen,
- Steuerglättung,
- makroökonomische Stabilisierung.

Das erste Argument betrifft staatliche Investitionen mit langer Laufzeit. Anders als beim staatlichen Konsum, bei dem die heutigen Steuerzahlerinnen und Steuerzahler direkt und vollumfänglich von den heutigen Staatsausgaben profitieren, bedeuten Investitionen immer, dass heutiges Geld für zukünftige Erträge aufgewendet wird. Nun lässt sich argumentieren, dass grosse Staatsinvestitionen auch tatsächlich von den Nutzniessern bezahlt werden sollten. Eine langfristige Investition, die vor allem zukünftigen Generationen zugutekommt, wird sinnvollerweise auch mit den Steuerzahlungen kommender Generationen mitfinanziert. Dieser Finanzierungsausgleich über die Zeit liefert also eine gewisse Rechtfertigung für eine langfristige Verschuldung. Problematisch ist dabei nur, dass die zukünftigen Zahler nicht an der Investitionsentscheidung beteiligt werden können. Deshalb ist bei diesem Argument immer grosse Vorsicht angebracht.

Das zweite Argument ist die *Steuerglättung*. Die Überlegung dabei ist, dass die Steuersätze nicht dauernd verändert werden sollten. Denn stellen wir uns ein Verbot jeglicher Staatsverschuldung vor: Dies würde bedeuten, dass das staatliche Budget jederzeit ausgeglichen sein müsste, die Staatsausgaben also in jeder Periode genau den Staatseinnahmen entsprechen müssten. In der Praxis wäre dies undenkbar: bei jeder, oft unvorhersehbaren Veränderung der Staatsausgaben müssten dann nämlich die Steuersätze erhöht oder gesenkt werden.

→ **Steuerglättung**
Gleichmässige Besteuerung über die Zeit hinweg.

Das dritte Argument, die in Kapitel 4 besprochene *makroökonomische Stabilisierung*, weist Parallelen zum Konzept der Steuerglättung auf. Die Idee hier ist, in einer schlechten Wirtschaftslage höhere Staatsausgaben zuzulassen, um damit die gesamtwirtschaftliche Nachfrage zu stärken. Umgekehrt sollte in einer Hochkonjunktur ein Überschuss an Staatseinnahmen für den Schuldenabbau verwendet werden. Will man eine solche Politik umsetzen können, so muss Staatsverschuldung möglich sein. Über einen ganzen Konjunkturzyklus sollten sich die Schwankungen aber ausgleichen, und die Staatsverschuldung sollte im mittelfristigen Durchschnitt gleich null sein.

→ **Makroökonomische Stabilisierung**
Wirtschaftspolitische Massnahmen zur Glättung konjunktureller Schwankungen.

Staatsfinanzen 8

Der Gotthard-Basistunnel ist eine staatliche Investition, die auch den nächsten Generationen zugutekommt und die sie über die Verschuldung mitbezahlen. Aber würden diese der Ausgabe auch zustimmen?

Keines der genannten Argumente für eine staatliche Verschuldung liefert eine stichhaltige Begründung dafür, warum Staaten stets wachsende Schuldenberge anhäufen. Den Perioden mit anwachsender Staatsverschuldung sollten vielmehr stets auch Perioden mit sinkender Staatsverschuldung gegenüberstehen.

Neben den geschilderten Vorteilen einer kurzfristigen Staatsverschuldung bringt diese verschiedene Nachteile mit sich:

- Verdrängung privater Investitionen,
- Verlust des Handlungsspielraums im Budget aufgrund steigender Zinskosten,
- Verlockung zur Monetisierung der Verschuldung.

Die Verdrängung (Crowding-out) privater Investitionen durch eine Erhöhung der Staatsverschuldung haben wir bereits besprochen. Sie ist nachteilig, weil man davon ausgehen kann, dass private Investitionen meist effizienter sind als staatliche. Der Grund für diese Annahme ist erstens das unterschiedliche Wettbewerbsumfeld und zweitens das unterschiedliche Konkursrisiko. Zum einen ist der Staat in aller Regel Monopolist, sodass keine Konkurrenz besteht, die ein ineffizientes Verhalten seinerseits «bestrafen» könnte. Anders ist dies bei privaten Unternehmen, die – bei funktionierendem Wettbewerb – einen grossen Anreiz haben, so effizient wie möglich zu investieren, da sie andernfalls von effizienteren Konkurrenten verdrängt werden. Zum anderen ist der Staat selbst dann kaum zu Effizienz gezwungen, wenn er in einem Markt tätig ist, in dem Wettbewerb herrscht. Im Falle eines Misserfolgs droht einem privaten Unternehmen nämlich der Konkurs. Ein staatliches Unternehmen dagegen wird – auch bei offensichtlichem Misserfolg – kaum je in Konkurs gehen, weil letztlich das Staatsbudget für den erlittenen Verlust geradestehen wird.

Der zweite Nachteil einer steigenden Staatsverschuldung ist der Verlust des Handlungsspielraums im Budget aufgrund des Drucks der Zinszahlungen. Ab einem gewissen Niveau entwickelt die Staatsverschuldung nämlich ein selbstverstärkendes

Element. Verschuldet sich der Staat, steigen neben der Staatsschuld auch die Zinszahlungen auf diese Schuld, für deren Bedienung sich der Staat allenfalls weiter verschulden muss. Wird zudem ein gewisses Mass an Staatsverschuldung überschritten, so verlangen die Finanzmärkte früher oder später einen Zinszuschlag, um sich gegen das Risiko einer Zahlungsunfähigkeit des Staates abzusichern. Jede zusätzliche Schuld wird auf diese Weise teurer. Und wenn die Zinsen auf der Staatsverschuldung einen immer grösseren Budgetposten ausmachen, bleibt schliesslich immer weniger Geld für andere, produktivere Staatsausgaben übrig.

Die mögliche *Monetisierung der Verschuldung* ist der dritte negative Effekt der Staatsverschuldung. Sie droht vor allem dann, wenn die Staatsverschuldung völlig aus dem Ruder läuft. Erhält der Staat auf den Kapitalmärkten keine oder nur sehr teure Kredite, wächst die Verlockung, das Problem durch Geldschöpfung zu lösen. Dann verschuldet sich der Staat bei der Zentralbank und finanziert die Staatsausgaben über die Notenpresse. Dies aber führt oft direkt in die ökonomische Katastrophe einer Hyperinflation.

> **INTERNET-VERTIEFUNG**
> hep-verlag.ch/vwl-plus
> Nachhaltigkeit der Staatsverschuldung

> → **Monetisierung der Verschuldung**
> Finanzierung einer Staatsverschuldung über die Geldschöpfung. Dies führt zu einer hohen Inflation und reduziert damit zusätzlich den realen Wert der bestehenden Verschuldung.

Zusammenfassende Übersicht

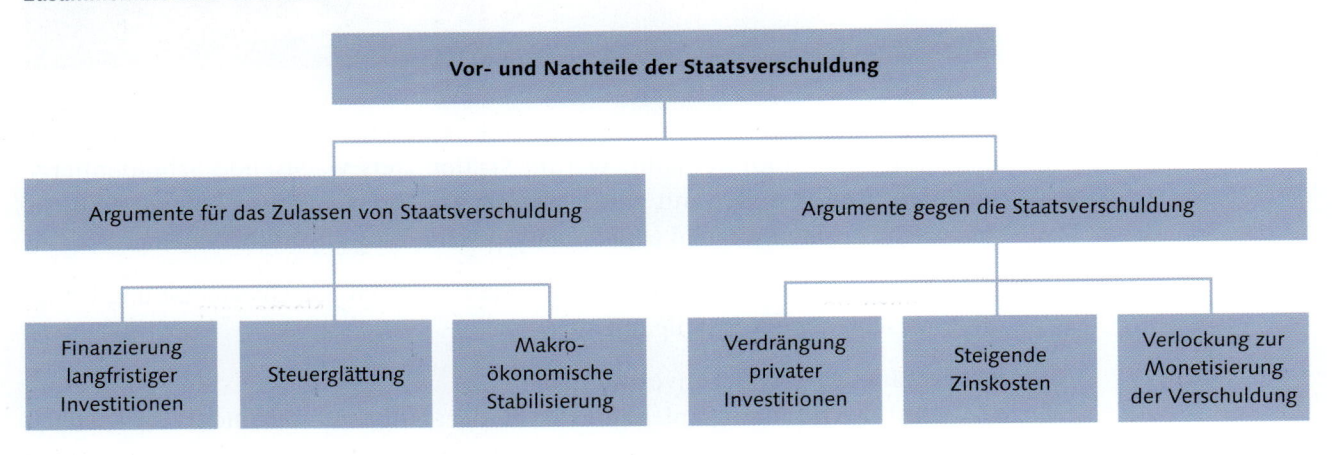

```
                    Vor- und Nachteile der Staatsverschuldung
                    ┌────────────────────────┴────────────────────────┐
          Argumente für das Zulassen                    Argumente gegen die
          von Staatsverschuldung                        Staatsverschuldung
          ┌──────────┼──────────┐                      ┌──────────┼──────────┐
    Finanzierung  Steuer-   Makro-              Verdrängung  Steigende  Verlockung zur
    langfristiger glättung  ökonomische         privater     Zinskosten Monetisierung
    Investitionen           Stabilisierung      Investitionen           der Verschuldung
```

8.4 Schweizer Staatsfinanzen

In Abschnitt 8.1 haben wir anhand der Schweizer Daten bereits gezeigt, wie sich aus der Differenz von Staatseinnahmen und -ausgaben das Budgetdefizit entwickelt und über die Zeit zu einer wachsenden Staatsverschuldung kumuliert hat. Hier wollen wir nun für die Schweiz die Staatseinnahmen und Staatsausgaben selbst etwas genauer betrachten.

8.4.1 Die wichtigsten Schweizer Steuern

Pro Jahr nimmt der Staat in der Schweiz rund 170 Milliarden Franken an Steuern ein. Sie werden von Bund, Kantonen und Gemeinden erhoben. Im internationalen Vergleich fällt dabei auf, dass die direkten Steuern mehr als zwei Drittel der Schweizer Steuereinnahmen ausmachen. Hier ein Überblick zu den wichtigsten Formen von direkten und indirekten Steuern in der Schweiz.

Staatsfinanzen

Abb. 8.4
Die wichtigsten direkten Steuern in der Schweiz (Einnahmen der öffentlichen Haushalte in Schweizer Franken, 2013)

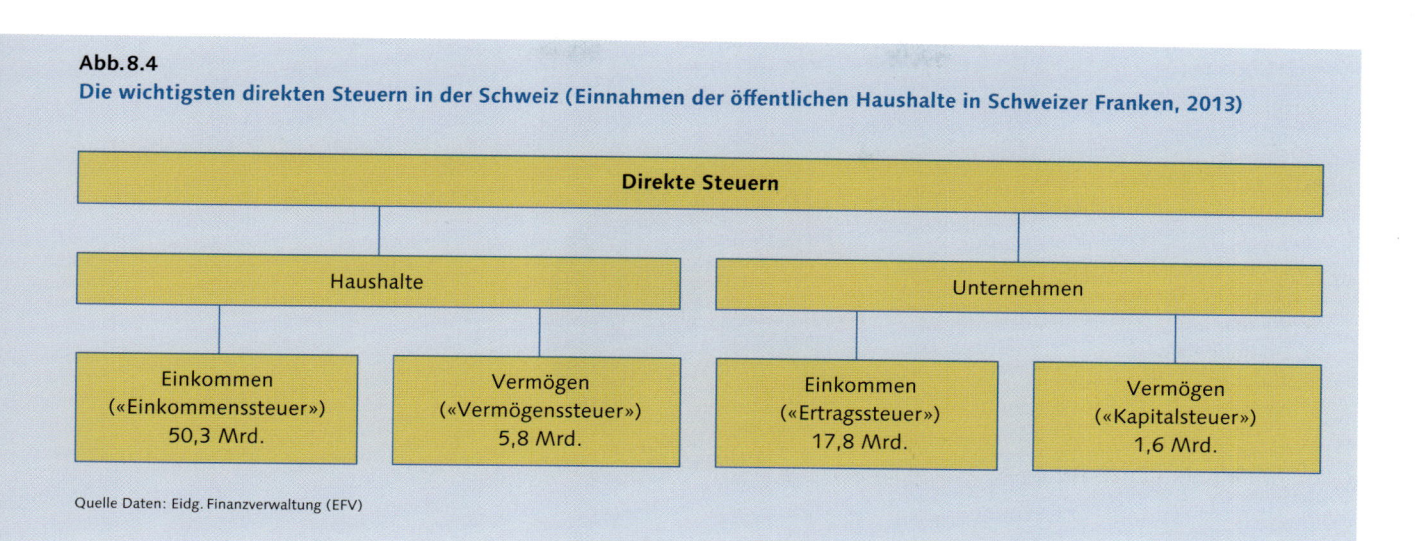

```
                        Direkte Steuern
                   /                        \
              Haushalte                  Unternehmen
              /      \                   /         \
      Einkommen   Vermögen        Einkommen     Vermögen
   («Einkommens-  («Vermögens-   («Ertrags-    («Kapital-
     steuer»)      steuer»)        steuer»)     steuer»)
     50,3 Mrd.     5,8 Mrd.        17,8 Mrd.     1,6 Mrd.
```

Quelle Daten: Eidg. Finanzverwaltung (EFV)

Direkte Steuern werden einerseits bei den Haushalten und andererseits bei den Unternehmen erhoben. In beiden Fällen sind zwei Quellen betroffen, die besteuert werden: die laufenden Einkommen und die Vermögen. **Abbildung 8.4** gibt eine Übersicht und zeigt die Grössenordnungen.

Einkommenssteuern und Gewinnsteuern (in der Schweiz Ertragssteuern genannt) setzen bei den laufenden Einkommen an, während Vermögens- und Kapitalsteuern auf dem Bestand an Vermögen erhoben werden.

→ **Mehrwertsteuer (MWST)**
Indirekte Steuer, die als Prozentsatz des Mehrwerts (Verkaufspreis abzüglich Preis der Vorleistungen) der verkauften Güter erhoben wird.

Die eindeutig wichtigste indirekte Steuer ist die *Mehrwertsteuer*. Sie beschert dem Schweizer Staat pro Jahr 22,5 Milliarden Franken Einnahmen. Die Mehrwertsteuer wird vom Bund erhoben. Dabei wird, wie der Name sagt, lediglich der Mehrwert besteuert. Verkauft also ein Unternehmen eine Ware oder eine Dienstleistung für 100 Franken und benötigt für deren Produktion Zwischenprodukte im Wert von 80 Franken, dann werden lediglich die 20 Franken Wertschöpfung besteuert. Das Unternehmen kann bei der Berechnung der fälligen Mehrwertsteuer die bereits auf die Vorleistungen bezahlte Steuer abziehen; man nennt dies den *Vorsteuerabzug*.

→ **Vorsteuerabzug**
Eine Unternehmung kann die Mehrwertsteuer, die sie auf Vorleistungen für die Produktion bezahlt hat, von der Mehrwertsteuer abziehen, die sie dem Staat schuldet.

Die Abwicklung der Mehrwertsteuer ist komplex, insbesondere weil es nicht nur einen Steuersatz gibt, sondern deren vier. Der normale Satz beträgt 8 %, der reduzierte Steuersatz für «Güter des täglichen Bedarfs» beläuft sich auf 2,5 %, Beherbergungsleistungen (wie z. B. Hotelübernachtungen) werden mit 3,8 % besteuert, und eine ganze Reihe von Gütern ist von der Mehrwertsteuer befreit, unterliegt also einem Steuersatz von 0 %. Die verschiedenen Steuersätze und die Ausnahmen führen zu Abgrenzungsproblemen, was den administrativen Aufwand für die Unternehmen und den Staat deutlich erhöht.

8.4.2 Übersicht zu den Schweizer Staatsfinanzen

Die Sozialversicherungen sind in den letzten Jahren zu einem immer grösseren Posten der Schweizer Staatsausgaben geworden. Und die fortschreitende Bevölkerungsalterung wird den Anteil der Sozialversicherungen an den Staatsausgaben weiter erhöhen.

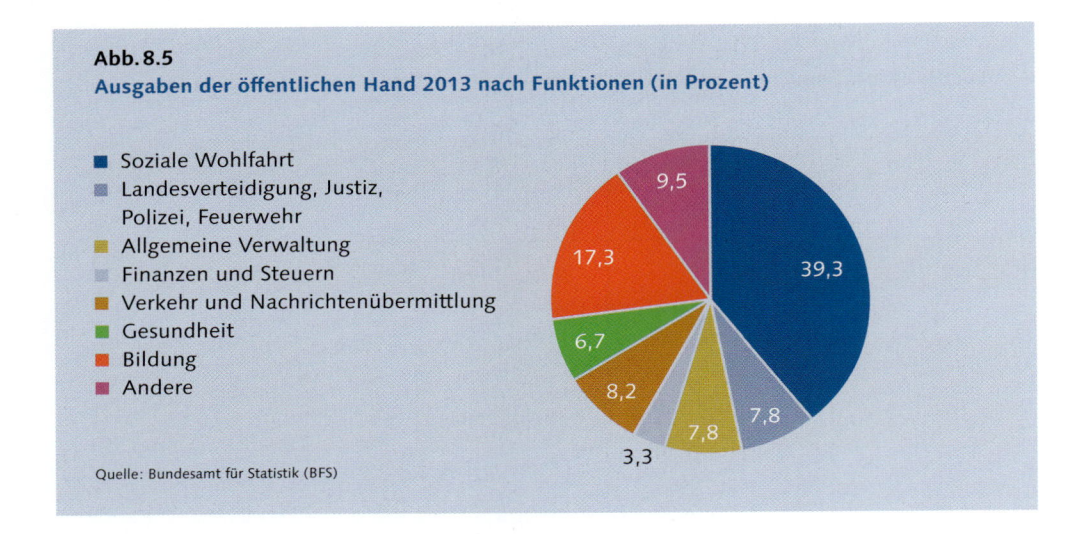

Abb. 8.5
Ausgaben der öffentlichen Hand 2013 nach Funktionen (in Prozent)

- Soziale Wohlfahrt: 39,3
- Landesverteidigung, Justiz, Polizei, Feuerwehr: 7,8
- Allgemeine Verwaltung: 7,8
- Finanzen und Steuern: 3,3
- Verkehr und Nachrichtenübermittlung: 8,2
- Gesundheit: 6,7
- Bildung: 17,3
- Andere: 9,5

Quelle: Bundesamt für Statistik (BFS)

Abbildung 8.5 zeigt die Anteile der wichtigsten Positionen der Staatsausgaben in der Schweiz im Jahr 2013. Es handelt sich dabei um die Ausgaben von Bund, Kantonen und Gemeinden.

Die soziale Wohlfahrt hat ihren Anteil in den letzten Jahrzehnten auf rund 39% gesteigert. Ebenfalls einen starken Anstieg haben die Ausgaben für Gesundheit erlebt, während der Anteil der Ausgaben für die Landesverteidigung gegenüber früher zurückgegangen ist. Diese Zahlen umfassen natürlich lediglich die Ausgaben des Staates für die Sozialversicherungen; rechnet man auch die privat finanzierten Ausgaben für obligatorische Versicherungen hinzu – beispielsweise Gesundheitsausgaben oder Zahlungen der zweiten Säule –, dann entsprechen die Ausgaben für die Sozialversicherungen rund einem Viertel des BIP. Ein grosser Teil dieser Ausgaben ist über Zwangsabgaben finanziert, das heisst, der Einzelne hat nicht die Möglichkeit, auf die Versicherung zu verzichten. Dies betrifft vor allem die Zahlungen an die Krankenversicherung oder an die *Pensionskassen*, die nicht über das staatliche Budget laufen. Die Beiträge an diese Institutionen werden von der Bevölkerung oft wie Steuern wahrgenommen, auch wenn sie durch private Krankenkassen oder Pensionskassen erhoben werden.

→ **Pensionskasse**
Vorsorgeeinrichtung von Unternehmen oder der öffentlichen Hand, über welche die berufliche Vorsorge (2. Säule) abgewickelt wird.

8.4.3 Die Schuldenbremse

Wie bereits festgestellt, hat die Staatsverschuldung in den letzten Jahrzehnten auch in der Schweiz deutlich zugenommen. Seit einigen Jahren allerdings hat sich die Verschuldungsquote stabilisiert, was neben der guten Konjunkturlage auch wirtschaftspolitischen Anpassungen zu verdanken ist.

Der starke Anstieg der Verschuldung der Schweiz ab 1990 hatte zu deutlichen politischen Reaktionen geführt. Im Jahre 2001 wurde die sogenannte Schuldenbremse in einer Volksabstimmung mit grosser Mehrheit angenommen und ist seither explizit in der Verfassung verankert. Die Grundidee der Schuldenbremse ist, dass man längerfristig auf Bundesebene keine zusätzliche Verschuldung mehr zulässt, aber kurzfristig die konjunkturelle Situation berücksichtigt. Demnach sollte die Staatsverschuldung über einen ganzen Konjunkturzyklus hinweg konstant bleiben. In einer Rezession darf also die Staatsverschuldung ansteigen, sie muss jedoch in einer guten Konjunkturphase mittels Budgetüberschüssen wieder ab-

Staatsfinanzen

gebaut werden. **Abbildung 8.6** verwendet unser einfaches Makro-Schema, um die Funktion der Schuldenbremse zu erläutern.

Als schwarze Gerade ist die Trendentwicklung des BIP abgetragen. Die Entwicklung der Staatsausgaben folgt ungefähr proportional diesem Trend-BIP. Die rote Kurve zeigt die Entwicklung des laufenden BIP mit den typischen Konjunkturschwankungen. Sie verläuft etwa proportional zu den Staatseinnahmen, die erfahrungsgemäss sehr stark von der konjunkturellen Entwicklung abhängen.

Umgesetzt wird die Schuldenbremse über eine simple Ausgabenregel nach folgender Formel:

$$\text{Ausgaben} = \text{Einnahmen} \times \frac{\text{Trend-BIP}}{\text{aktuelles BIP}}$$

In einer schlechten Wirtschaftslage ist das aktuelle BIP kleiner als das Trend-BIP. Der Ausdruck $\frac{\text{Trend-BIP}}{\text{aktuelles BIP}}$ ist dann grösser als eins, das heisst, die Ausgaben dürfen höher als die Einnahmen sein. Damit wird ein Budgetdefizit zugelassen, und die Wirtschaft kann in einer Rezession trotz Schuldenbremse über die Staatsausgaben stimuliert werden. Umgekehrt ist in einer guten Wirtschaftslage der Ausdruck $\frac{\text{Trend-BIP}}{\text{aktuelles BIP}}$ kleiner als eins, da das aktuelle BIP höher ist, als wenn sich die Wirtschaft «nur» mit dem Trendwachstum entwickelt hätte. Gemäss der Schuldenbremsen-Formel müssen deshalb in einem Boom die Ausgaben kleiner als die Einnahmen sein; die Dynamik der Wirtschaftsentwicklung wird damit gebremst. Die Schuldenbremse wirkt demnach in ausgeprägter Weise als automatischer Stabilisator – ein Konzept, das bei der Diskussion der Konjunkturpolitik in Kapitel 4 eingehender erklärt wurde.

Abb. 8.6
Die Schuldenbremse im Makro-Schema

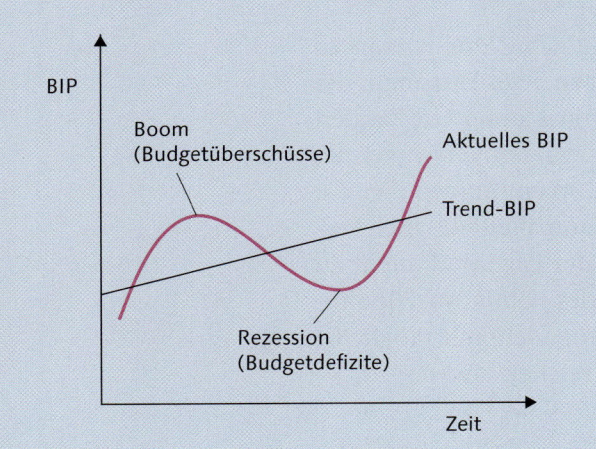

Damit eine Schuldenbremse wirksam ist, wird eine Ausgabenregel so definiert, dass das Budget über einen gesamten Konjunkturzyklus ausgeglichen ist. Unter Berücksichtigung der Konjunkturschwankungen bedeutet dies, dass während einer Boomphase Budgetüberschüsse erzielt werden müssen und während einer Rezession Budgetdefizite zugelassen sind.

8.5 Schweizer Sozialpolitik

8.5.1 Verteilung versus Effizienz

In einem marktwirtschaftlichen System beruht die Verteilung der Einkommen in erster Linie auf der Produktivität der Arbeitnehmer. Ihre Leistung wird entschädigt, und die Höhe der Entschädigung hängt ab von der Wertschätzung, die diese Leistung auf dem Markt erfährt. Daraus ergibt sich eine Verteilung der Einkommen, die keine Rücksicht auf den Bedarf der einzelnen Personen nimmt. Ist jemand aus verschiedensten Gründen nur beschränkt leistungsfähig, wird er oder sie in einem solchen System ein entsprechend geringes, oft als ungenügend eingestuftes Einkommen erzielen. Will eine Gesellschaft diese Konsequenz des marktwirtschaftlichen Systems nicht akzeptieren, so muss umverteilt werden.

Wie und wie stark umverteilt werden soll, ist eine schwierige Frage. Ob eine Massnahme die Effizienz steigert, lässt sich einfach beurteilen. Ob jedoch eine Massnahme auch gerecht ist, lässt sich nur schwer objektiv messen. Natürlich gibt es eine gewisse Einigkeit darüber, ob ein Zustand gerecht ist oder nicht, aber die genaue Definition von Gerechtigkeit unterscheidet sich von Person zu Person. Ein Problem aller Ansätze zur Umverteilung besteht darin, dass in der Regel eine vollkommene Gleichverteilung – gleicher Wohlstand für alle – aus Gerechtigkeitssicht günstig beurteilt würde. Bevor man daraus den Schluss zieht, dass eine Gleichverteilung aller Einkommen das Ziel sein sollte, muss man sich darüber im Klaren sein, dass zwischen Effizienz und Verteilung ein gewisser Zielkonflikt besteht. Denn eine absolute Gleichverteilung würde die materiellen Anreize eliminieren, welche die Gesellschaftsmitglieder dazu bewegen, sich in ihren wirtschaftlichen Bestrebungen anzustrengen. Ein guter Teil des Willens zu Innovation und Verbesserung würde erlahmen, womit auch das Wirtschaftswachstum praktisch zum Erliegen käme. Zu einem gewissen Grad konnte man beim Zusammenbruch der kommunistischen Systeme sehen, welche Anreizprobleme man sich mit dem Ziel der Gleichverteilung einhandelt; und dies, obwohl eine absolute Gleichverteilung in den kommunistischen Gesellschaften gar nie erreicht werden konnte.

Den goldenen Mittelweg einzuschlagen, ist hier nicht einfach. Verteilt man zu stark um, unterstützt man neben den tatsächlich Bedürftigen auch Personen, die sich bewusst nicht anstrengen. Damit verzerrt man die Anreize unter Umständen so stark, dass eine ineffiziente Situation entsteht, also Ressourcen verschwendet werden. Wird auf der anderen Seite sehr wenig umverteilt, so empfinden dies die Gesellschaftsmitglieder als ungerecht. Man benachteiligt dann allenfalls auch Personen, die aus verschiedensten triftigen Gründen nicht in der Lage sind, mehr zu leisten. Es gehört deshalb zu den schwierigsten Aufgaben der Politik, sozialpolitische Instrumente so zu konzipieren, dass sich die Verteilungsziele mit möglichst geringen Anreizen zur Verschwendung von Ressourcen erreichen lassen.

8.5.2 Formen der Umverteilung

Entschliesst sich eine Gesellschaft dazu, Umverteilungen vorzunehmen, so stehen dem Staat zwei Möglichkeiten offen: Einerseits kann er die Umverteilung über die Einnahmenseite des staatlichen Budgets und andererseits über dessen Ausgabenseite umsetzen.

Staatsfinanzen

→ **Proportionale Steuer**
Steuer, bei der der Steuersatz bei jedem Einkommen gleich hoch ist.

→ **Progressive Steuer**
Steuer, bei der die ökonomisch leistungsfähigeren Wirtschaftssubjekte prozentual stärker besteuert werden.

Über die Einnahmenseite geschieht dies im Wesentlichen durch eine entsprechende Ausgestaltung des Steuersystems. Ist dieses progressiv angelegt, dann ist die Umverteilung besonders ausgeprägt. Reichere Personen zahlen auch bei einer *proportionalen Einkommenssteuer* mehr Steuern, da bei ihnen der Steuersatz ja auf ein höheres Einkommen angewendet wird. In einem *progressiven Steuersystem* bezahlen sie jedoch überproportional mehr, weil in diesem Fall der Steuersatz der höheren Einkommen höher ist. Es handelt sich damit um eine direkte Umverteilung von Reich zu Arm über die staatliche Einnahmenseite. Dies natürlich unter der plausiblen Annahme, dass der Staat in seinem Ausgabengebaren nicht einseitig reichere Bevölkerungsschichten bevorteilt.

Über die Ausgabenseite kann die Umverteilung wiederum auf zwei Arten geschehen: Man kann den Benachteiligten entweder direkt Geld zukommen lassen oder ihnen staatliche Leistungen verbilligt anbieten. Im Folgenden sprechen wir vor allem über die verschiedenen Formen von direkten Geldzuschüssen, womit die Sozialpolitik im engeren Sinne gemeint ist. Die Absicht dieser Massnahmen ist es, die Risiken sehr tiefen Einkommens abzufedern. Diese Risiken sind vielfältig, und es bestehen entsprechend viele Möglichkeiten der sozialen Absicherung.

Abbildung 8.7 gliedert diese Sicherungssysteme auf, ausgehend von verschiedenen Arten von Risiken, und zeigt die entsprechenden Schweizer Sozialwerke mit ihren Ausgaben in Franken im Jahre 2014.

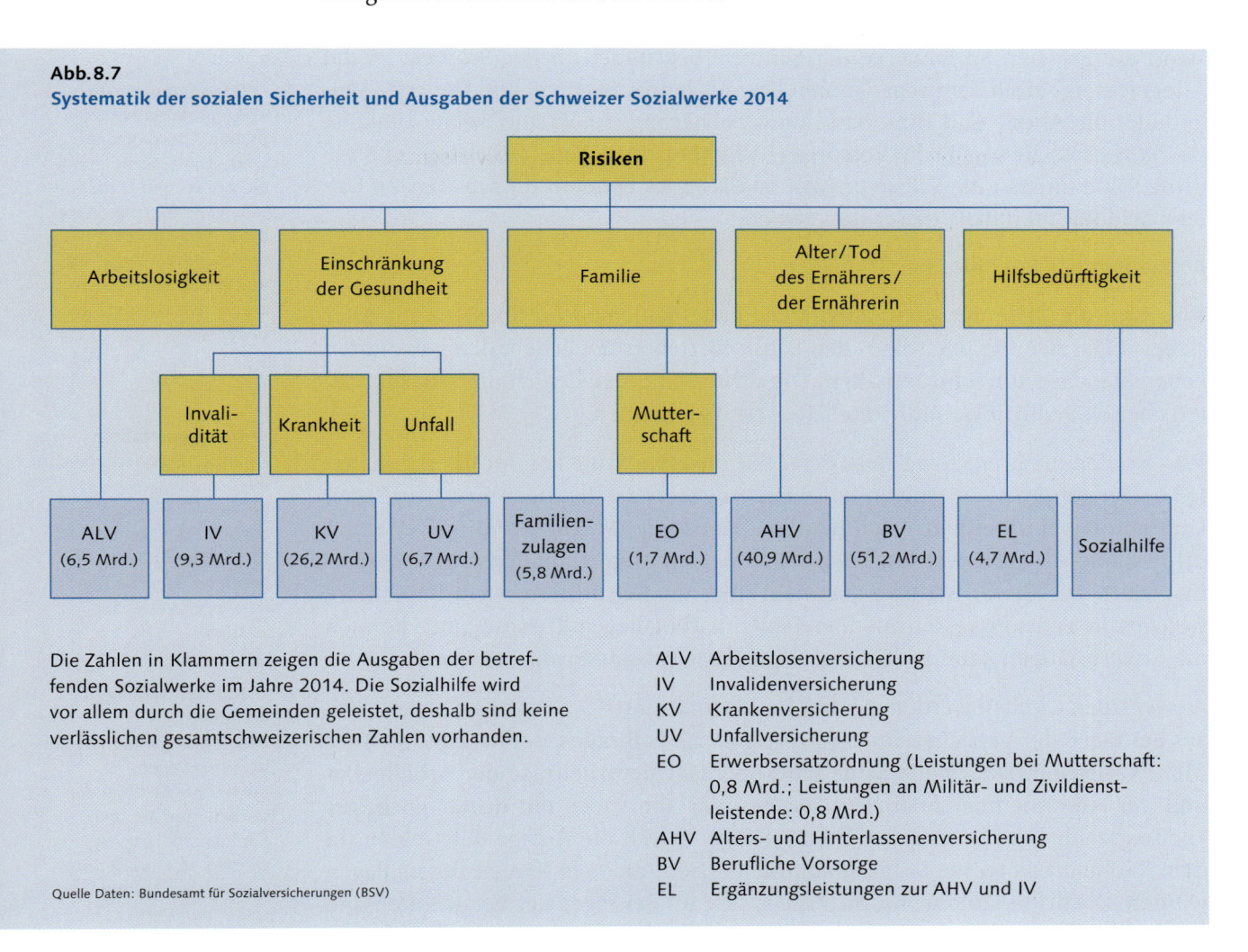

Abb. 8.7
Systematik der sozialen Sicherheit und Ausgaben der Schweizer Sozialwerke 2014

Risiken
- Arbeitslosigkeit → ALV (6,5 Mrd.)
- Einschränkung der Gesundheit
  - Invalidität → IV (9,3 Mrd.)
  - Krankheit → KV (26,2 Mrd.)
  - Unfall → UV (6,7 Mrd.)
- Familie
  - Familienzulagen (5,8 Mrd.)
  - Mutterschaft → EO (1,7 Mrd.)
- Alter/Tod des Ernährers/der Ernährerin
  - AHV (40,9 Mrd.)
  - BV (51,2 Mrd.)
- Hilfsbedürftigkeit
  - EL (4,7 Mrd.)
  - Sozialhilfe

Die Zahlen in Klammern zeigen die Ausgaben der betreffenden Sozialwerke im Jahre 2014. Die Sozialhilfe wird vor allem durch die Gemeinden geleistet, deshalb sind keine verlässlichen gesamtschweizerischen Zahlen vorhanden.

ALV Arbeitslosenversicherung
IV Invalidenversicherung
KV Krankenversicherung
UV Unfallversicherung
EO Erwerbsersatzordnung (Leistungen bei Mutterschaft: 0,8 Mrd.; Leistungen an Militär- und Zivildienstleistende: 0,8 Mrd.)
AHV Alters- und Hinterlassenenversicherung
BV Berufliche Vorsorge
EL Ergänzungsleistungen zur AHV und IV

Quelle Daten: Bundesamt für Sozialversicherungen (BSV)

In der **Abbildung 8.7** sind oben die wichtigsten Einkommensrisiken eingetragen, die durch die Sozialversicherungen abgedeckt werden. Die unterste Ebene zählt jene Sozialwerke auf, die in der Schweiz diese Risiken absichern, und gibt an, welche Beträge die Sozialwerke im Jahr 2013 für die entsprechenden Transferzahlungen aufwenden mussten. Das Ziel der Sozialversicherungen ist es, die Auswirkungen zu mildern, wenn eines dieser Risiken eintrifft. Dabei geht es entweder darum,

- Erwerbsersatz zu zahlen (z.B. bei AHV oder Mutterschaftsversicherung) und/oder
- dabei zu unterstützen, die Arbeitsfähigkeit wieder zu erlangen (z.B. bei der ALV, der SUVA oder zu einem gewissen Grad bei IV), oder
- die Gesundheit wiederherzustellen (bei der KV).

Insgesamt belaufen sich diese Transfers in der Schweiz auf über 150 Milliarden Franken jährlich, mit stark steigender Tendenz. Bedenkt man, dass das jährliche Schweizer Bruttoinlandprodukt 2015 rund 640 Milliarden Franken betrug, so wird klar, um welche stattlichen Summen es sich hier handelt. Eine möglichst effiziente Ausgestaltung dieser Umverteilungsinstrumente gehört daher zu den zentralen Aufgaben einer effizienzorientierten Wirtschaftspolitik.

8.5.3 Die drei Säulen der Schweizer Altersvorsorge

Die **Abbildung 8.7** hat gezeigt, dass die Absicherung des «Altersrisikos» mit Abstand die grössten Sozialwerke der Schweiz begründet. In der Schweiz ist die Altersvorsorge nach dem sogenannten *Dreisäulenprinzip* aufgebaut. Die erste Säule bildet die Alters- und Hinterlassenenversicherung (AHV), die zweite Säule ist die obligatorische berufliche Vorsorge (BV) über private Pensionskassen, und die dritte Säule umfasst die Selbstvorsorge. **Abbildung 8.8** benennt die wichtigsten Unterscheidungsmerkmale dieser drei Säulen.

Betrachten wir kurz die Hauptpunkte:

Was sind die Ziele der drei Säulen? Die erste Säule soll die Existenz im Alter sichern. Die zweite Säule soll es den Pensionierten ermöglichen, den gewohnten Lebensstandard aufrechtzuerhalten. Die dritte Säule schliesslich dient dazu, weitergehende Bedürfnisse individuell abdecken zu können.

Wie werden die drei Säulen finanziert? Für die erste Säule kommt das sogenannte *Umlageverfahren* zur Anwendung. Die Abgaben der heutigen Erwerbstätigen kommen dabei unmittelbar den heutigen Pensionierten zugute. Die zweite und dritte Säule dagegen werden nach dem sogenannten *Kapitaldeckungsverfahren* finanziert. Die Erwerbstätigen sammeln über ihr Erwerbsleben ein Kapital an, welches die Pensionskassen auf dem Kapitalmarkt anlegen. Dieses Kapital können die Erwerbstätigen dann zur Finanzierung ihrer Pensionierung verwenden.

Aus welchen Quellen werden die drei Säulen finanziert? Die erste Säule speist sich aus Beiträgen der Versicherten, der Arbeitgeber, des Bundes, der Kantone und der Mehrwertsteuer. Die zweite Säule wird ebenfalls über Beiträge der Arbeitgeber und der Arbeitnehmer finanziert. Es tritt hier aber noch ein dritter wichtiger «Beitragszahler» auf, nämlich die Zinserträge. Durch die Anlage der Gelder auf dem Kapitalmarkt werden Zinseinkommen erzielt, die dem Kapital zugeschlagen werden. Die dritte Säule schliesslich speist sich aus Beiträgen der Versicherten und wiederum aus Zinserträgen des angesparten Kapitals.

→ **Dreisäulenprinzip**
Konzept der schweizerischen Altersvorsorge, wobei die 1. Säule durch die Alters- und Hinterlassenenversicherung (AHV), die 2. Säule durch die berufliche Vorsorge (BV) und die 3. Säule durch die private Vorsorge gebildet wird.

→ **Umlageverfahren**
Finanzierungsmethode von Versicherungen, bei der die Beiträge der Versicherten unmittelbar für die Finanzierung der heutigen Versicherungsleistungen verwendet werden.

→ **Kapitaldeckungsverfahren**
Finanzierungsmethode von Versicherungen, bei der die Beiträge der Versicherten auf dem Kapitalmarkt angelegt werden, um aus Beitragssumme und Zinserträgen später den Versicherungsanspruch abzudecken.

Abb. 8.8
Die drei Säulen der Schweizer Altersvorsorge

	AHV (1. Säule)	**Berufliche Vorsorge** (2. Säule)	**Selbstvorsorge** (3. Säule)
Ziel	Sicherung des Existenzbedarfs	Fortsetzung des gewohnten Lebensstandards	Weitergehende Bedürfnisse
Finanzierungsmethode	Umlageverfahren	Kapitaldeckungsverfahren	Kapitaldeckungsverfahren
Finanzierungsquellen	Beiträge Versicherter, Beiträge Arbeitgeber, Beiträge von Bund und Kantonen	Beiträge Arbeitnehmer, Beiträge Arbeitgeber, Zinserträge	Beiträge Versicherter, Zinserträge
Grundprinzip	Solidarität	Äquivalenz kombiniert mit Solidarität	Reine Äquivalenz
Versichertenkreis	Ganze Bevölkerung, obligatorisch	Arbeitnehmer und Arbeitnehmerinnen, obligatorisch*	Freiwillig
Träger	Eidgenössische Versicherung	Pensionskassen	Banken Versicherungen

*Für Arbeitnehmerinnen und Arbeitnehmer, deren Lohn 21 150 Franken pro Jahr (Stand 2016) übersteigt.

→ **Solidaritätsprinzip**
Versicherungsprinzip, bei dem es zwischen den Versicherten zu starken Umverteilungen kommt. Die Beiträge richten sich nach der finanziellen Leistungsfähigkeit der Versicherten, die Versicherungsleistungen nach deren Bedürftigkeit.

→ **Äquivalenzprinzip**
Versicherungsprinzip, wonach die versicherte Leistung den bezahlten Beiträgen entspricht.

Was ist das Grundprinzip hinter jeder dieser drei Säulen? Die erste Säule beruht auf dem *Solidaritätsprinzip*. Die erhaltenen Renten sind nicht direkt vom Betrag abhängig, den man während des Erwerbslebens eingezahlt hat. Gut entlöhnte Erwerbstätige zahlen wesentlich mehr in die AHV ein, als sie später an Renten erhalten. Die zweite Säule ist hauptsächlich nach dem *Äquivalenzprinzip* ausgestaltet, enthält aber auch Umverteilungskomponenten zwischen den Geschlechtern und Zivilstandssituationen. Beim Äquivalenzprinzip besteht ein direkter Zusammenhang zwischen dem einbezahlten und dem später ausbezahlten Geld: Je mehr man einzahlt, desto höher fallen die Renten aus. Die dritte Säule ist nur nach dem Äquivalenzprinzip ausgestaltet; es kommt hier zu keinen Umverteilungen.

8.5.4 Die demografische Herausforderung für die AHV

Die demografische Herausforderung besteht darin, dass sich durch die Bevölkerungsalterung das Verhältnis zwischen der Anzahl Erwerbstätiger und der Anzahl Pensionierter stark verändert. Die Kombination von höherer Lebenserwartung und tieferer Geburtenquote führt dazu, dass die «Bevölkerungspyramide» (Basis der Pyramide mit vielen jungen und Spitze mit wenig alten Menschen) sich immer mehr einer Pilzform annähert (wenige junge und viele alte Menschen). Nun ist bei der Finanzierung der AHV über das Umlageverfahren die Zahl der Erwerbstätigen pro Rentner entscheidend. Im Jahr 1960 bestanden hier noch keine Schwierigkeiten, kamen doch auf jeden Rentner oder auf jede Rentnerin beinahe fünf Erwerbstätige. Im Jahr 2040 dagegen erwartet man gerade noch doppelt so viele Erwerbstätige wie Rentner.

Die Demografie in der 2. Säule

Auch in der 2. Säule der Altersvorsorge spielt die demografische Entwicklung eine entscheidende Rolle, und zwar bei der Festlegung des sogenannten *Umwandlungssatzes*. Er legt fest, welcher Prozentsatz des angesparten Vermögens pro Jahr als Rente ausbezahlt werden muss. Mit dem Kapitaldeckungsverfahren wird über die Jahre ein Kapitalstock angespart. Nach der Pensionierung wird dieses angesparte Vermögen wieder abgebaut, um damit die Rente zu finanzieren. Eine kritische Frage für jede Pensionskasse ist natürlich, welchen Anteil seines Kapitals ein Rentner jährlich aufbrauchen darf. Dabei spielt die Lebenserwartung eine zentrale Rolle. Dies führt dazu, dass auch die Pensionskassen, obwohl sie mit dem Kapitaldeckungsverfahren operieren, stark von der demografischen Entwicklung abhängen. Steigt nämlich die Lebenserwartung, so muss das angesparte Kapital für eine grössere Anzahl von Jahren reichen und es kann pro Jahr weniger ausgezahlt werden. Ein fix angespartes Kapital muss dann quasi in kleinere Portionen aufgeteilt werden. Es gibt Personen, die relativ kurz nach der Pensionierung sterben, doch es gibt auch solche, die sehr alt werden. Alle haben jedoch während all der Lebensjahre nach der Pensionierung das Anrecht auf eine jährliche Rente in der Höhe des Umwandlungssatzes, multipliziert mit dem jeweils angesparten Vermögen. Aufgrund der erhöhten Lebenserwartung wurde in der Schweiz der Umwandlungssatz in den letzten Jahren stets nach unten korrigiert, was aber jeweils zu grossen politischen Kontroversen führte. Heute liegt der Satz bei 6,8%. Im März 2010 wurde in einer Volksabstimmung der Vorschlag abgelehnt, den Umwandlungssatz für neue Renten auf 6,4% zu senken. Lässt sich auch in Zukunft eine Senkung des Umwandlungssatzes politisch nicht durchsetzen, so drohen den Pensionskassen ebenfalls echte Finanzierungsprobleme.

→ **Umwandlungssatz**
Prozentsatz des angesparten Pensionskassengeldes, das pensionierten Personen pro Jahr als Rente ausgezahlt wird.

Zwar scheint das Jahr 2040 noch weit entfernt, doch von der Grössenordnung her dürfte diese Prognose mit einiger Wahrscheinlichkeit zutreffen. Die wichtigsten Faktoren der Bevölkerungsalterung (Lebenserwartung, Geburtenrate, Immigration) sind ja heute schon bekannt oder zumindest abschätzbar. Die grundsätzliche Aussage, dass es deutlich weniger Erwerbstätige pro Rentner geben wird, wird sich daher mit Sicherheit bewahrheiten.

Wie die Sozialversicherungen mit dieser zukünftigen demografischen Herausforderung umgehen sollen, gehört schon heute zu den knffligsten Fragen der Wirtschaftspolitik. Dabei ist es ziemlich unbestritten, wovon die Finanzierungssituation der AHV längerfristig abhängt. Die wichtigsten Faktoren lassen sich in zwei Formen unterteilen: solche, die direkt durch wirtschaftspolitische Entscheide beeinflussbar sind, und solche, die sich nicht oder nur indirekt beeinflussen lassen.

Wirtschaftspolitisch direkt beeinflussbare Faktoren:

- Höhe der Beiträge,
- Höhe der Renten,
- Höhe des Rentenalters.

Je höher die jährlichen Beitragszahlungen der Erwerbstätigen, je tiefer die jährlichen Auszahlungen in Form von Altersrenten und je höher das tatsächliche Rentenalter, desto besser ist die finanzielle Situation der AHV.

Wirtschaftspolitisch nur indirekt beeinflussbare Faktoren:

- Immigration,
- Geburtenrate,
- Wirtschaftswachstum.

Staatsfinanzen

Die Finanzierbarkeit der AHV hängt auch stark von der Geburtenrate ab.

Je mehr Arbeitskräfte einwandern, je höher die Geburtenrate und je höher das durchschnittliche Wirtschaftswachstum, desto besser ist die finanzielle Situation der AHV.

Jede Lösung der zukünftigen finanziellen Probleme der AHV wird bei Anpassungen der genannten Faktoren ansetzen müssen.

Zusammenfassende Übersicht

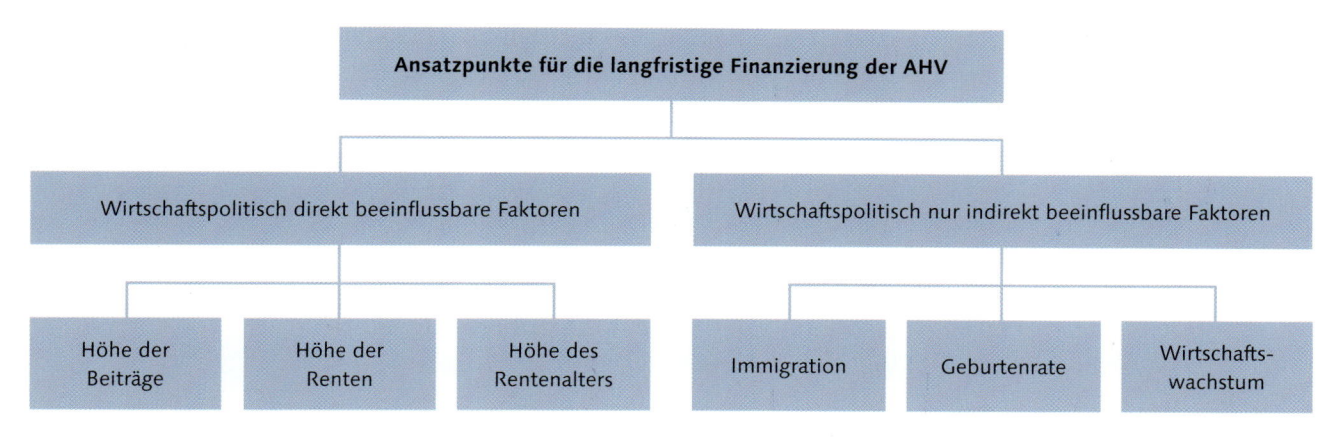

```
                    Ansatzpunkte für die langfristige Finanzierung der AHV
                    ┌──────────────────────────────┬──────────────────────────────┐
        Wirtschaftspolitisch direkt                    Wirtschaftspolitisch nur indirekt
           beeinflussbare Faktoren                         beeinflussbare Faktoren
        ┌──────────┬──────────┬──────────┐           ┌──────────┬──────────┬──────────┐
         Höhe der    Höhe der   Höhe des              Immigration  Geburtenrate  Wirtschafts-
         Beiträge    Renten    Rentenalters                                       wachstum
```

235

Staatsfinanzen

ZUSAMMENFASSUNG ANHAND DER LERNZIELE

1 Konzepte zur Messung der Staatsfinanzen

Reichen die ordentlichen Staatseinnahmen zur Finanzierung der Staatsausgaben aus, so weist ein Land einen ausgeglichenen Haushalt auf. Sind die Staatsausgaben grösser, so ergibt sich ein Budgetdefizit, das über eine Verschuldung des Staates auf dem Kapitalmarkt finanziert werden muss. Sind Budgetdefizite in einem Land die Regel, so steigt die Staatsverschuldung über die Zeit an. Die Verschuldungsquote – also die Staatsverschuldung in Prozent des BIP – ist ein international vergleichbares Mass, wie nachhaltig die Staatsfinanzierung eines Landes ist.

2 Formen der Staatsfinanzierung

Der Staat kann sich über Steuern oder über Verschuldung finanzieren. Schulden auf dem Kapitalmarkt müssen irgendwann zurückgezahlt werden, sodass langfristig nur die Finanzierung über Steuereinnahmen nachhaltig ist.

3 Wohlfahrtseffekte der Besteuerung

Steuern führen zu Veränderungen der relativen Preise, und zwar unabhängig davon, ob es sich um direkte oder indirekte Steuern handelt. Wie jede künstliche Veränderung von Preisen führt die Erhebung von Steuern zu einem Wohlfahrtsverlust. Dieser muss bei der Beurteilung der Vorteile zusätzlicher Staatsausgaben stets mitberücksichtigt werden.

4 Elastizität und Steuern

Die Höhe der Wohlfahrtsverluste der Steuererhebung hängt vor allem von der Preiselastizität von Angebot und Nachfrage des besteuerten Gutes ab. Je elastischer Angebot und Nachfrage sind, je stärker sie also auf Preisveränderungen reagieren, desto höher ist der Wohlfahrtsverlust einer Steuer.

5 Effekte inländischer und ausländischer Staatsverschuldung

Der Staat kann sich entweder auf inländischen oder ausländischen Kapitalmärkten verschulden. Verschuldet er sich im Inland, so führt die dadurch ausgelöste Zinserhöhung zu einer teilweisen Verdrängung privater inländischer Investitionen. Verschuldet er sich im Ausland und tauscht das Kapital dann in inländische Währung um, so führt die dadurch ausgelöste Aufwertung der eigenen Währung zu einem Rückgang der Nettoexporte.

6 Vor- und Nachteile der Staatsverschuldung

Die Staatsverschuldung hat auch Vorteile. So werden langfristige Investitionen auch von den späteren Generationen mitbezahlt, die davon ja auch profitieren. Aus konjunktureller Sicht ist es ausserdem von Vorteil, dass der Staat das Budget nicht jederzeit ausgleichen muss. Keines dieser Argumente spricht aber für ein stetiges Ansteigen der Staatsverschuldung. Nachteile der Staatsverschuldung liegen in der Verdrängung privater Investitionen und in den steigenden Zinszahlungen, die das Budget belasten. Ausserdem verlockt sie zum Schuldenabbau über eine inflationäre Geldpolitik.

Staatsfinanzen

7 Schweizer Steuersystem

Die Schweiz weist ein ausgesprochen föderalistisches Steuersystem auf. Der grössere Teil der Steuereinnahmen fällt auf Kantons- und Gemeindeebene an. Im internationalen Vergleich ist zudem der geringe Anteil der indirekten Steuern – wegen des tiefen Mehrwertsteuersatzes – bemerkenswert.

8 Die Schuldenbremse

Mit der Schuldenbremse wurde in der Schweiz auf Bundesebene ein Mechanismus geschaffen, der ein weiteres Anwachsen der Staatsverschuldung verhindern soll. Gemäss Schuldenbremse muss das Bundesbudget über einen Konjunkturzyklus hinweg ausgeglichen sein; Defizite während einer Rezession sind zugelassen, müssen aber mit Überschüssen in der Hochkonjunktur abgebaut werden.

9 Wichtigste Formen der Umverteilung

Anpassungen in der Einkommensverteilung können entweder über die Staatseinnahmen oder die Staatsausgaben vorgenommen werden. Auf der Einnahmenseite sorgen vor allem progressive Einkommenssteuern für einen Ausgleich. Auf der Ausgabenseite geschieht die Umverteilung über die verschiedenen Sozialwerke. Diese zielen vor allem darauf ab, die Haushalte gegen verschiedene Risiken zu versichern, die zu starken Einkommenseinbussen führen können.

10 Die drei Säulen der Schweizer Altersvorsorge

Die Altersvorsorge macht einen bedeutenden und stark wachsenden Teil der Staatsausgaben aus. In der Schweiz beruht sie auf drei Säulen: Die AHV (1. Säule) zielt auf die Sicherung des Existenzbedarfs im Alter ab, die berufliche Vorsorge (2. Säule) auf die Fortsetzung des gewohnten Lebensstandards und die Selbstvorsorge (3. Säule) auf die Deckung weitergehender Bedürfnisse.

Staatsfinanzen

ZENTRALE BEGRIFFE

Kapitalmarkt →214
Nachhaltige Staatsfinanzierung →214
Staatsquote →214
Rechnungsabschluss →215
Föderalismus →216
Vertikaler Finanzausgleich →217
Steuer →217
Direkte Steuer →217
Indirekte Steuer →218
Gebühr →218
Inflationssteuer →219
Internationaler Währungsfonds (IWF) →219
Finanzpolitik →219
Steuerinzidenz →221
Crowding-out →223

Zwillingsdefizit →224
Handelsbilanz →224
Steuerglättung →224
Makroökonomische Stabilisierung →224
Monetisierung der Verschuldung →226
Mehrwertsteuer (MWST) →227
Vorsteuerabzug →227
Pensionskasse →228
Proportionale Steuer →231
Progressive Steuer →231
Dreisäulenprinzip →232
Umlageverfahren →232
Kapitaldeckungsverfahren →232
Solidaritätsprinzip →233
Äquivalenzprinzip →233
Umwandlungssatz →234

Staatsfinanzen

REPETITIONSFRAGEN KAPITEL 8

1 Definieren Sie die beiden Begriffe «Verschuldungsquote» und «Staatsquote», und beschreiben Sie, wie diese Kenngrössen für die Schweiz im internationalen Vergleich ausfallen.

2 a) Der Staat kann drei Arten von Steuern (im weitesten Sinne) erheben. Nennen Sie diese, und beschreiben Sie die Unterschiede.
b) Weshalb kann man die Finanzierung des Staates über die Geldschöpfung auch als «Inflationssteuer» bezeichnen? Erläutern Sie dabei auch, wer bei der Inflationssteuer die Steuerlast tragen muss.

3 a) Weshalb ist die Besteuerung eines Gutes mit vollständig unelastischem Angebot die effizienteste Art der Besteuerung?
b) Was würde sich aus Wohlfahrtssicht gegenüber der Situation in a) ändern, wenn auf dem Markt das Angebot «normal elastisch» und dafür die Nachfrage vollständig unelastisch ist?
c) Erklären Sie, weshalb die Marktseite (Produzenten oder Konsumenten), welche eine Steuer von Gesetzes wegen an den Staat zahlen muss, nicht zwingend die Marktseite ist, welche tatsächlich für die Steuer aufkommen muss. Geben Sie dazu ein Beispiel.

4 a) Beschreiben Sie detailliert, weshalb die inländische Staatsverschuldung zu einem Rückgang der privaten inländischen Investitionen führt.
b) Erklären Sie, wie die Finanzierung der Staatstätigkeit über Verschuldung im Ausland zu einem sogenannten Zwillingsdefizit führen kann.

5 a) Bei langfristigen Investitionen wird die Finanzierung über Verschuldung oft mit dem Argument verteidigt, dass die zukünftigen Nutzerinnen und Nutzer mittels Zinszahlungen ebenfalls für die Investition aufkommen sollten. Diskutieren Sie dieses Argument aus ökonomischer Sicht.
b) «Eine nachhaltige Staatsfinanzierung bedingt, dass das Staatsbudget jederzeit vollständig ausgeglichen ist.» Nehmen Sie zu dieser Aussage Stellung, und definieren Sie dabei den Begriff der «nachhaltigen Staatsfinanzierung».

6 a) Welche Besonderheiten weist das Schweizer Steuersystem im internationalen Vergleich auf?
b) Beschreiben Sie die drei Säulen der Schweizer Altersvorsorge, und unterscheiden Sie diese nach dem Ziel, der Finanzierungsmethode sowie dem Grundprinzip.
c) Mit welchen wirtschaftspolitischen Massnahmen kann der demografischen Herausforderung für die AHV begegnet werden?

7 Beschreiben Sie, wie die Schuldenbremse funktioniert und weshalb sie wie ein automatischer Stabilisator wirkt.

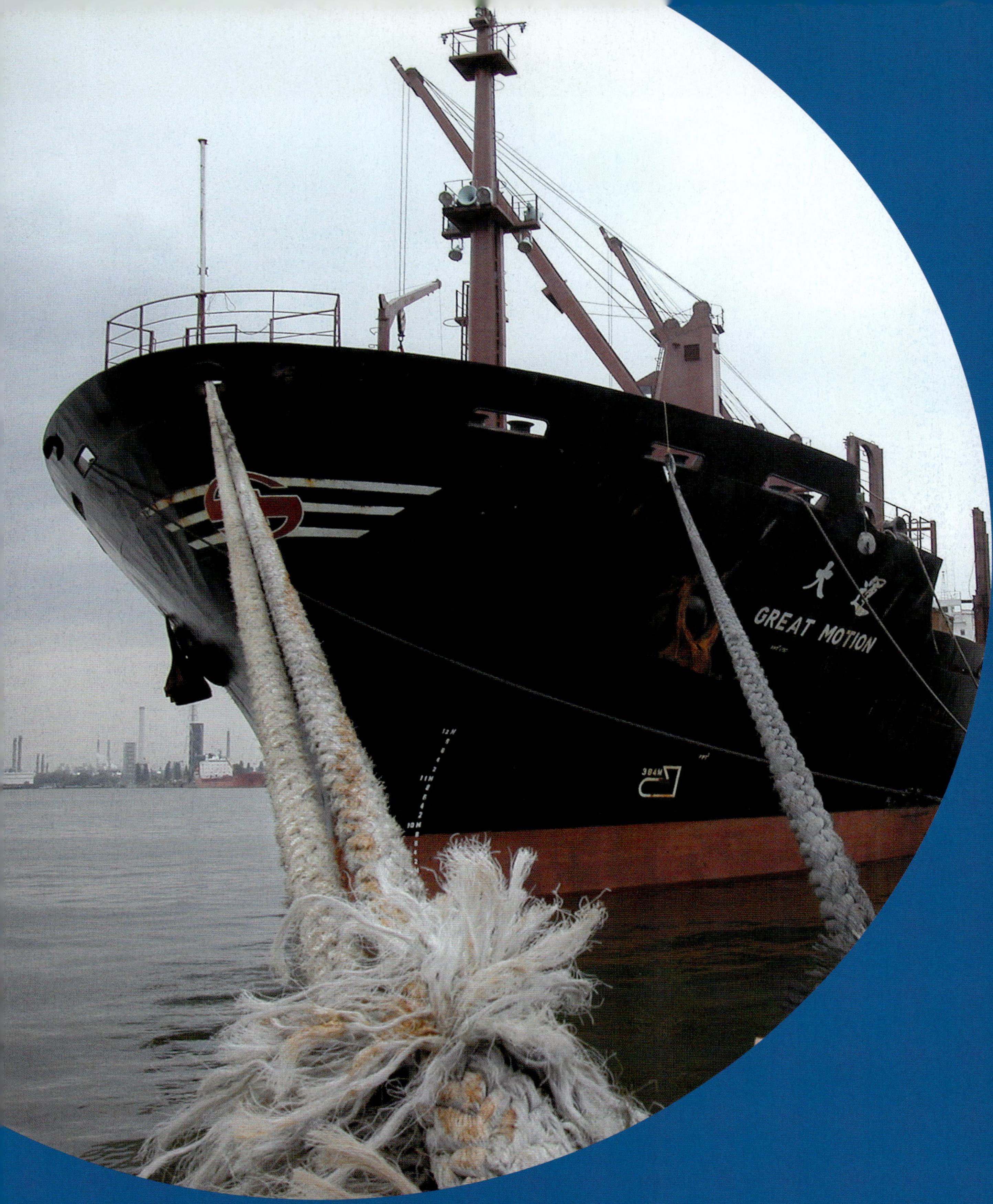
GREAT MOTION

Internationale Arbeitsteilung

*«An die Abgeordneten der Deputiertenkammer:
Wir sind der unerträglichen Konkurrenz eines ausländischen Rivalen ausgesetzt, der – wie es aussieht – Licht unter Bedingungen produziert, die den unseren so überlegen sind, dass er unseren nationalen Markt damit zu einem unglaublich niedrigen Preis überschwemmt. Dieser Rivale ist kein Geringerer als die Sonne. Wir fordern Sie auf, ein Gesetz zu erlassen, das das Schliessen aller Fenster, Luken und Ritzen vorschreibt, durch die das Sonnenlicht üblicherweise in Häuser dringt, zum Nachteil der gewinnbringenden Erzeugnisse, die wir diesem Land geben können.
Unterzeichnet: Verband der Kerzenmacher.»*

Frédéric BASTIAT (1801–1850), französischer Ökonom

9.1	Die Messung der internationalen Verflechtung	244
9.2	Globalisierung	246
9.3	Spezialisierung und komparative Vorteile	248
9.4	Wechselkurse	251
9.5	Protektionismus und Handelsliberalisierung	253
9.6	Regionale Handelsabkommen (Integration)	259
9.7	Schweizer Aussenwirtschaftspolitik	268

LERNZIELE

Nachdem Sie dieses Kapitel gelesen haben, sollten Sie in der Lage sein,

1	die wichtigsten Elemente der Zahlungsbilanz zu beschreiben;
2	die Effekte der zunehmenden Globalisierung zu benennen;
3	das Prinzip der komparativen Vorteile und seine Bedeutung für die internationale Arbeitsteilung zu erklären;
4	zu erklären, wie man den Wechselkurs definiert und wie dieser mit der Geldpolitik zusammenhängt.
5	zu zeigen, wieso Zölle und andere Formen des Protektionismus die positiven Effekte des Handels reduzieren;
6	mithilfe der politischen Ökonomie zu erläutern, wieso es so schwer ist, den Protektionismus abzubauen;
7	die drei wichtigsten Formen der Handelsliberalisierung zu benennen und zu bewerten;
8	die Formen der regionalen wirtschaftlichen Integration zu beschreiben;
9	die Stufen der Entwicklung der europäischen Integration aufzuzeigen;
10	zu erklären, wie die Schweizer Aussenwirtschaftspolitik ausgerichtet ist.

9 Internationale Arbeitsteilung

Das Ausmass, das die Arbeitsteilung heutzutage erreicht hat, ist schier unglaublich. Wir alle konzentrieren uns in unserer Arbeit auf eine einzige hoch spezialisierte Tätigkeit und verlassen uns darauf, dass alle anderen lebenswichtigen Güter von anderen produziert werden und jederzeit erhältlich sind. An dieser Spezialisierung sehen wir die fantastische Koordinationsleistung der Märkte. Zu Recht machen wir uns nämlich keine Sorgen, dass eines Tages plötzlich der Zugang zu Lebensmitteln, medizinischer Versorgung oder Computern gefährdet wäre. Gleichzeitig ermöglicht die extreme Spezialisierung einen Lebensstandard, der in einer Gemeinschaft von Selbstversorgern schlicht undenkbar wäre. Diese Spezialisierung kann schon innerhalb eines Landes zu bedeutenden Wohlstandsgewinnen führen. Wirklich ausgeschöpft wird ihr Potenzial aber erst dann, wenn auch über die Landesgrenzen hinweg Handel betrieben wird. Die zunehmende internationale Arbeitsteilung erhöht die Spezialisierungsgewinne noch einmal um ein Vielfaches; gerade für ein relativ kleines Land wie die Schweiz ist dies von zentraler Bedeutung.

Das Kapitel ist folgendermassen aufgebaut:

- 9.1 zeigt, wie sich die internationale Verflechtung einer Volkswirtschaft mithilfe der Zahlungsbilanz messen lässt.
- 9.2 analysiert die zunehmende internationale Verflechtung der Weltwirtschaft unter dem Schlagwort «Globalisierung».
- 9.3 untersucht die positiven Wohlfahrtswirkungen der Arbeitsteilung.
- 9.4 analysiert die Rolle von Wechselkursen und deren Zusammenhang mit der Geldpolitik.
- 9.5 zeigt, warum die Beschränkung des internationalen Handels mit Wohlfahrtsverlusten verbunden ist.
- 9.6 behandelt die wirtschaftliche Integration und verfolgt die Entwicklung der EU, die für die Schweiz den wichtigsten Integrationsraum darstellt.
- 9.7 befasst sich mit der Schweizer Aussenwirtschaftspolitik, erklärt ihre Grundprinzipien und wesentlichen Ansätze und erläutert insbesondere das Verhältnis der Schweiz zur europäischen Integration.

9.1 Die Messung der internationalen Verflechtung

Die internationale Verflechtung hat verschiedene Dimensionen. Sie betrifft nicht nur den Warenhandel, sondern auch den Austausch von Dienstleistungen, internationale Kapitalflüsse oder die Übertragung von Arbeitseinkommen. Um in dieser Vielfalt den Überblick zu behalten, wurde die Zahlungsbilanz entwickelt. Sie stellt diese unterschiedlichen Vorgänge nach einheitlichen Kriterien dar.

Die Grundidee der *Zahlungsbilanz* ist einfach: Jede internationale Transaktion wird in einer Bilanz festgehalten, wobei als Zahlungseingang jeder Zufluss an finanziellen Mitteln, das heisst an Devisen, verbucht wird und als Zahlungsausgang jeder Abfluss an Mitteln. So bringt beispielsweise der Export einer Schweizer Uhr nach Italien einen Zustrom an Devisen («die Schweiz» nimmt Euro ein) und der Kauf eines italienischen Autos in der Schweiz einen Abfluss an Devisen («die Schweiz» gibt Euro aus). Zahlungseingänge werden mit einem positiven Vorzeichen in der Zahlungsbilanz aufgeführt und Zahlungsausgänge mit einem negativen.

→ **Zahlungsbilanz**
Bilanz, die alle internationalen Transaktionen eines Landes erfasst und per Definition immer ausgeglichen sein muss. Sie zeigt das Ausmass der internationalen Verflechtung einer Volkswirtschaft.

Abbildung 9.1 zeigt schematisch, wie die Zahlungsbilanz aufgebaut ist. Zunächst einmal sehen wir, dass es zwei Hauptteile der Zahlungsbilanz gibt: die Leistungsbilanz und die Kapitalverkehrsbilanz.

Die *Leistungsbilanz* erfasst alle Transaktionen von realen Leistungen. Dies betrifft:

- Erträge aus dem Handel mit Produkten, also Waren (z. B. geht der Kauf eines deutschen Autos mit negativen Vorzeichen ein, da Zahlungsausgang) und Dienstleistungen (z. B. Übernachtungen ausländischer Touristen in Schweizer Hotels als Zahlungseingang);
- Erträge aus der Verwendung der Produktionsfaktoren Kapital (z. B. Dividenden aus ausländischen Aktien als Zahlungseingang) und Arbeit (z. B. der Lohn eines deutschen Grenzgängers, der in Basel arbeitet, als Zahlungsausgang);
- laufende Übertragungen (z. B. Überweisungen ausländischer Arbeitnehmer an ihre Familien als Zahlungsausgang).

→ **Leistungsbilanz**
Teilbilanz der Zahlungsbilanz, welche hauptsächlich alle Einnahmen und Ausgaben aus dem Handel von Produkten und aus der internationalen Verwendung von Produktionsfaktoren erfasst.

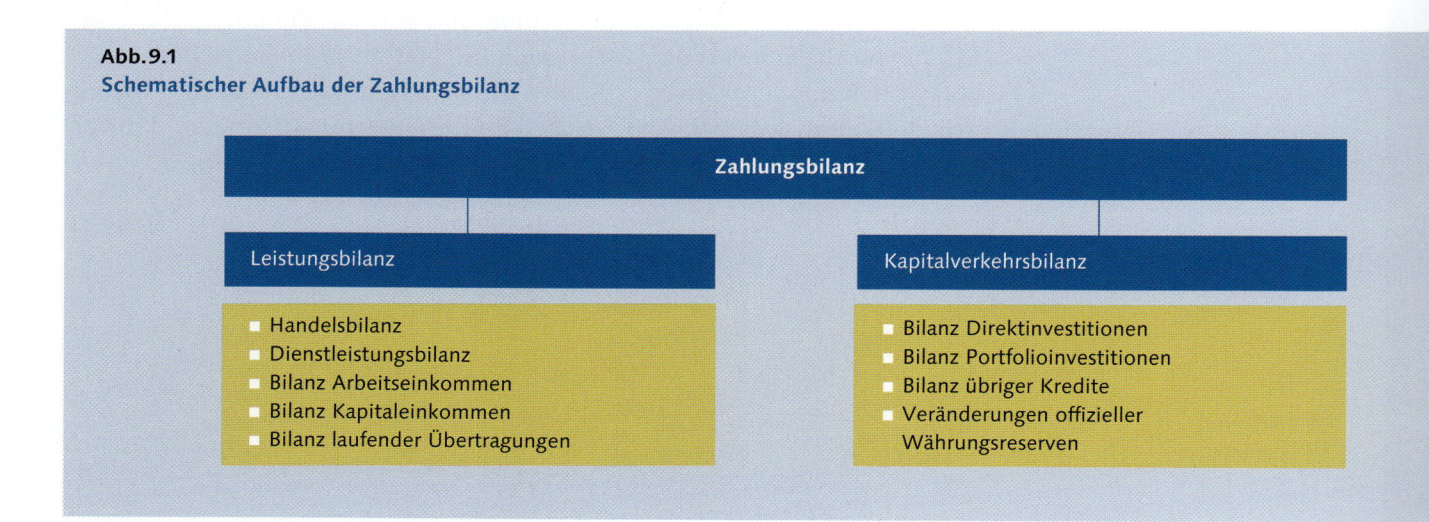

Abb. 9.1
Schematischer Aufbau der Zahlungsbilanz

Zahlungsbilanz

Leistungsbilanz
- Handelsbilanz
- Dienstleistungsbilanz
- Bilanz Arbeitseinkommen
- Bilanz Kapitaleinkommen
- Bilanz laufender Übertragungen

Kapitalverkehrsbilanz
- Bilanz Direktinvestitionen
- Bilanz Portfolioinvestitionen
- Bilanz übriger Kredite
- Veränderungen offizieller Währungsreserven

Internationale Arbeitsteilung

Bei den ersten beiden Punkten geht es um Erträge und daher wurde die Leistungsbilanz in der Schweiz früher auch als Ertragsbilanz bezeichnet. Für jede der genannten Kategorien hat die Leistungsbilanz gesonderte Unterbilanzen. Bei den Erträgen aus dem Handel mit Produkten sind dies die Handelsbilanz für die Waren einerseits und die Dienstleistungsbilanz andererseits. Bei den Erträgen aus den Produktionsfaktoren handelt es sich um die Bilanzen für Arbeitseinkommen und Kapitaleinkommen; und bei den Mittelflüssen ohne direkte Gegenleistungen ist es die Bilanz der laufenden Übertragungen.

→ **Kapitalverkehrsbilanz**
Teilbilanz der Zahlungsbilanz, welche alle grenzüberschreitenden Zuflüsse und Abflüsse von Kapital erfasst.

In der *Kapitalverkehrsbilanz* werden die Käufe und Verkäufe von Kapitalanlagen im weitesten Sinne dargestellt. Es geht dabei nicht um Entschädigungen für laufende (das heisst in der aktuellen Periode gelieferte) Leistungen wie bei der Leistungsbilanz, sondern um finanzielle Anlagen. Tätigen Schweizer im Ausland Anlagen, so ist dies ein Mittelabfluss, kaufen Ausländer Vermögenswerte in der Schweiz, so ist dies ein Mittelzufluss. Auch die Kapitalverkehrsbilanz ist in Unterbilanzen unterteilt, und zwar je nach Art der Kapitalströme in die folgenden Kategorien:

- Direktinvestitionen,
- Portfolioinvestitionen,
- übrige Kredite,
- Veränderungen der Währungsreserven der Zentralbank.

→ **Direktinvestition**
Substanzielle Beteiligung eines inländischen Investors an einem ausländischen Unternehmen.

Direktinvestitionen sind substanzielle Beteiligungen an ausländischen Unternehmen. Kauft etwa eine Schweizer Bank eine Tochtergesellschaft im Ausland, so ist dies ein Kapitalabfluss, der in der Unterbilanz «Direktinvestitionen» als Zahlungsausgang verbucht wird. Die zweite Unterbilanz betrifft sogenannte *Portfolioinvestitionen*, also den Kauf oder Verkauf von Wertpapieren, die nicht zu einer grösseren Beteiligung an Unternehmen führen; hier geht es also um die reine Geldanlage und nicht um die Einflussnahme auf die Tätigkeiten eines Unternehmens. Kauft eine Schweizerin amerikanische Staatsanleihen, so geht dies als Zahlungsausgang in die Bilanz der Portfolioinvestitionen ein. Investiert ein Franzose in Schweizer Bundesobligationen, dann wird dies als positiver Zahlungseingang verbucht. Schliesslich werden in einer dritten Unterbilanz die übrigen Kredite (zum Beispiel Kredite zwischen einer inländischen und einer ausländischen Bank) und in einer vierten die Veränderungen von Währungsreserven der Nationalbank verbucht.

→ **Portfolioinvestition**
Kauf von ausländischen Wertpapieren (v. a. Aktien und Obligationen), die nicht zu einer grösseren Beteiligung an Unternehmen führen.

Man spricht in den Medien oft von Leistungsbilanzdefiziten oder Handelsbilanzüberschüssen, woran man sehen kann, dass die einzelnen Unterbilanzen der Zahlungsbilanz durchaus Ungleichgewichte aufweisen können. Das gilt aber nicht für die Zahlungsbilanz selbst. Diese muss immer ausgeglichen sein, weil letztlich jede Transaktion finanziert sein muss. Weist ein Land beispielsweise ein Leistungsbilanzdefizit auf, dann heisst dies in der Regel, dass wertmässig mehr importiert als exportiert wird. Die Devisenzuflüsse aus den Exporten reichen also nicht aus, um die Importe zu finanzieren. Da die ausländischen Unternehmen für die Importe aber eine Bezahlung in Devisen erwarten, bedeutet dies, dass das Land sich in ausländischer Währung verschulden muss, um den Importüberschuss zu finanzieren. Die Verschuldung erfolgt über einen Zufluss an ausländischem Kapital, also über einen Kapitalverkehrsbilanzüberschuss. Dabei fliessen über die Kapitalmärkte mehr Devisen ins Land hinein als aus dem Land heraus. Ein Leistungsbilanzdefizit bedeutet deshalb zwangsläufig, dass das Land in der Kapitalverkehrsbilanz einen Überschuss aufweisen muss.

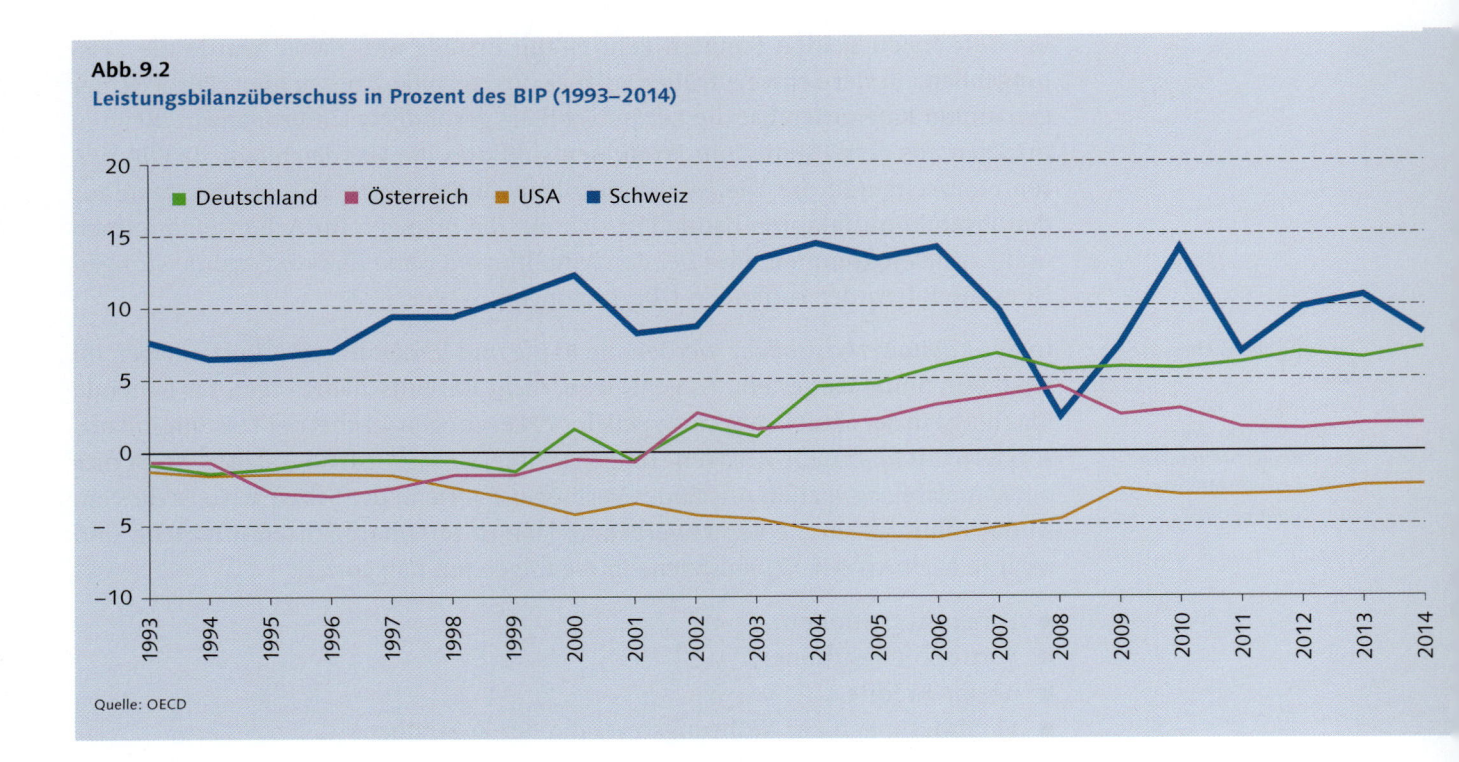

Globalisierung

Abb. 9.2
Leistungsbilanzüberschuss in Prozent des BIP (1993–2014)

■ Deutschland   ■ Österreich   ■ USA   ■ Schweiz

Quelle: OECD

Wollen wir die Zahlungsbilanzsituation der Schweiz international vergleichen, so wird in der Regel immer der gleiche Indikator verwendet, nämlich der Leistungsbilanzüberschuss in Prozent des BIP. **Abbildung 9.2** stellt diese Grösse für die Schweiz und drei Vergleichsländer dar.

Wir sehen anhand dieser Darstellung die aussergewöhnliche Situation der Schweiz, die in den letzten 20 Jahren fast immer einen deutlich höheren Leistungsbilanzüberschuss aufgewiesen hat als die Vergleichsländer. Dies widerspiegelt vor allem die Tatsache, dass wohl kein Land im Verhältnis zu seiner Grösse einen derart hohen Bestand an Investitionen im Ausland aufweist. Wir sehen im Übrigen auch, dass die USA ein sehr hohes Leistungsbilanzdefizit hat; das Land importiert nach wie vor mehr als es exportiert und finanziert das – angesichts seiner Grösse – mit massiven Kapitalzuflüssen aus dem Rest der Welt.

INTERNET-VERTIEFUNG
hep-verlag.ch/vwl-plus

Die Zahlungsbilanz

9.2 Globalisierung

Das Schlagwort der *Globalisierung* ist heute in aller Munde. Es bezeichnet die Tatsache, dass die Welt immer stärker zusammenwächst, wobei vor allem die wirtschaftliche Dimension gemeint ist. Der Austausch von Waren, Dienstleistungen, Arbeit, Kapital und Wissen hat in den letzten Jahrzehnten deutlich zugenommen; die weltweite Arbeitsteilung integriert heute mehr Menschen als je zuvor. Wir wollen in diesem Abschnitt zeigen, wie stark die internationale Verflechtung in den letzten Jahrzehnten zugenommen hat.

→ **Globalisierung**
Zunehmende wirtschaftliche Verflechtung von Volkswirtschaften durch die raschere Verbreitung von Technologien und das Wachstum des globalen Handels und der internationalen Finanzströme.

Internationale Arbeitsteilung

Die meisten von uns spüren die zunehmende Globalisierung in erster Linie daran, dass wir das Gefühl haben, immer mehr ausländische Güter zu kaufen; das reicht von amerikanischen DVDs bis zu belgischem Bier und von chinesischen Spielwaren bis zu französischen Käsen. **Abbildung 9.3** bestätigt, dass dieser Eindruck nicht täuscht: Sie zeigt den Anteil der weltweiten Importe am globalen Bruttoinlandprodukt.

Seit 1970 ist die Wachstumsrate des internationalen Handels in den meisten Jahren deutlich höher als das Wirtschaftswachstum – und zwar weltweit. Denn bei gleich hohen Wachstumsraten müssten wir in **Abbildung 9.3** eine horizontale Gerade sehen. Tatsächlich aber steigt die Kurve deutlich an: Der Anteil der Importe am Welt-BIP hat sich von rund 13% im Jahr 1970 auf rund 30% im Jahr 2014 mehr als verdoppelt. Nach einer gewissen Verlangsamung in den 1980er-Jahren hat sich der Prozess in den letzten 20 Jahren noch einmal deutlich verstärkt, nicht zuletzt dank der zunehmenden Integration der Bevölkerungsriesen China und Indien in die Weltwirtschaft. Diese Integration hat erst vor einigen Jahren wirklich begonnen, und es spricht wenig dafür, dass der in der Abbildung feststellbare Trend in Zukunft gebrochen werden könnte.

Im Übrigen betrifft die Zunahme nicht nur die Importe von Endprodukten. Vielmehr zeigen die Daten, dass gerade auch innerhalb der grossen Unternehmen der internationale Spezialisierungsprozess sehr stark voranschreitet. Viele von ihnen teilen die Produktion zunehmend in kleine Schritte auf, die in unterschiedlichen Ländern getätigt werden – man spricht hier von der sogenannten Aufspaltung der *Wertschöpfungskette*. Ein «deutsches» Auto wird beispielsweise nur noch zu einem geringen Teil tatsächlich in Deutschland hergestellt, da viele der Produktionsschritte über den Globus verteilt erfolgen. Diese Globalisierung der Produktion

→ **Wertschöpfungskette**
Die gesamte Abfolge von einzelnen, wertschöpfenden Produktionsschritten, die ein Produkt bis zu seiner Fertigstellung durchläuft.

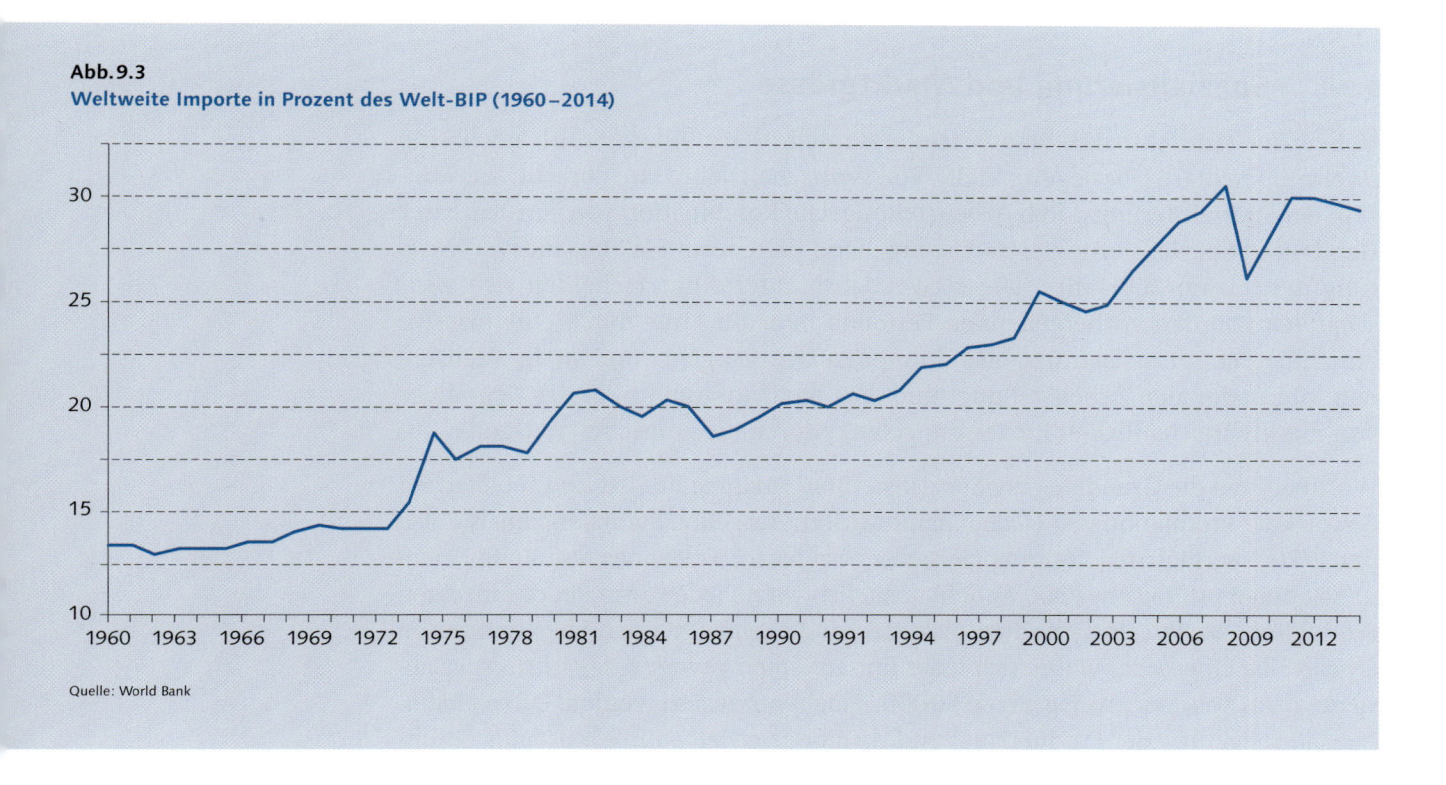

Abb. 9.3
Weltweite Importe in Prozent des Welt-BIP (1960–2014)

Quelle: World Bank

führte dazu, dass der Anteil der importierten Vorleistungen in der Industrie in den grössten OECD-Ländern von unter 10% im Jahre 1970 auf heute beinahe 30% gestiegen ist.

Schliesslich beschränkt sich der globale Spezialisierungsprozess nicht auf Güter. Auch die Produktionsfaktoren Arbeit und vor allem Kapital werden immer stärker international ausgetauscht.

Die internationalen Kapitalmärkte wachsen noch deutlich dynamischer als die globalen Gütermärkte. Auch hier ist die Wachstumsrate viel höher als das BIP-Wachstum, was die zunehmende Verflechtung verdeutlicht. Auch bei der Ein- und Auswanderung von Arbeitskräften lässt sich in den letzten Jahrzehnten in den meisten OECD-Ländern eine spürbare Steigerung feststellen, wenn auch die internationale Wanderung von Arbeitskräften immer weit weniger dynamisch verläuft als der Austausch von Produkten und Kapital.

9.3 Spezialisierung und komparative Vorteile

Nationale wie internationale Arbeitsteilung basiert auf der Spezialisierung. Wir werden deshalb zuerst die Hauptelemente dieser Spezialisierung erläutern. In einem zweiten Schritt wird das wesentliche Konzept des internationalen Handels besprochen: die Idee des komparativen Vorteils. Erst ein Verständnis dieser Idee lässt klar werden, wieso die (inter)nationale Arbeitsteilung für alle Beteiligten Wohlstandsgewinne bringt.

9.3.1 Spezialisierung und Marktgrösse

Neben der «unsichtbaren Hand» (siehe Kapitel 3) hat Adam Smith noch eine zweite elementare Überlegung in die Volkswirtschaftslehre eingebracht: das Konzept der Spezialisierung durch Arbeitsteilung. Die Kombination von «unsichtbarer Hand» und Spezialisierung erklärt weitgehend die enorme Wohlstandsverbesserung der letzten 200 Jahre. Diese zwei Jahrhunderte unterscheiden sich wirtschaftlich von den vorhergehenden Perioden in erster Linie durch eine massive Zunahme der Spezialisierung, also durch den Übergang zu einer stetig wachsenden internationalen Arbeitsteilung; und dies mehr und mehr auf der Grundlage von marktwirtschaftlichen Prozessen, gelenkt durch die «unsichtbare Hand».

Worin besteht die Grundidee der Spezialisierung? Adam Smith hat sie am einfachen Beispiel der Produktion von Nadeln demonstriert. Ausgehend von der damals – also um 1770 – verfügbaren Technologie stellte er zunächst Folgendes fest: Zehn Personen konnten pro Tag etwa 200 Nadeln herstellen, wenn jede Person jeden einzelnen Produktionsschritt selbst erledigte. Wurden diese zehn Personen aber stattdessen arbeitsteilig eingesetzt, wobei sich jeder nur auf einen gewissen Teilschritt spezialisierte, dann konnten pro Tag an die 50 000 Nadeln produziert werden. Diese phänomenale Steigerung der Produktivität und damit des erzielbaren Wohlstands beruht auf der Aufteilung der Arbeitsschritte, auf der Spezialisierung also.

Internationale Arbeitsteilung

Eine Analyse der Spezialisierung liefert aber noch eine zweite wesentliche Erkenntnis: die Bedeutung der Marktgrösse. Denn je mehr Leute sich an der Spezialisierung beteiligen, desto grösser sind die so erreichbaren Wohlstandsgewinne. Stellen wir uns vor, die Wirtschaft wäre auf ein Dorf mit ein paar Dutzend Einwohnerinnen und Einwohnern beschränkt. Es ist klar, dass hier die Arbeitsteilung bald an ihre natürlichen Grenzen stösst. Durch die Arbeitsteilung lässt sich ein gewisser bescheidener Wohlstandsgewinn erreichen, aber wegen der Kleinheit des Marktes bleibt die Spezialisierung stark beschränkt. Schliesst sich das Dorf jedoch wirtschaftlich mit anderen Dörfern zusammen und betreiben diese untereinander freien Handel, so nehmen die Möglichkeiten der Arbeitsteilung wesentlich zu. Noch weiter lässt sich die Spezialisierung steigern, wenn dieses Gebiet, in dem Freihandel herrscht, ein ganzes Land umfasst, beispielsweise die Schweiz mit mehreren Millionen Einwohnerinnen und Einwohnern. Aber auch die Schweiz ist immer noch ein kleiner Markt, verglichen mit den Möglichkeiten, die der Weltmarkt bietet. Und damit erreichen wir die Dimension des internationalen Handels. Es sind nicht mehr Millionen, sondern Milliarden von Personen, die in den Prozess der Arbeitsteilung eingebunden werden können. Erinnert man sich an das einfache Beispiel von Adam Smiths Nadelfabrik, dann eröffnet sich ein gewaltiges Potenzial zur Wohlstandssteigerung, sobald die Arbeitsteilung über nationale Grenzen hinaus ausgedehnt werden kann.

Der Reichtum, den sich viele Länder in den letzten 200 Jahren erarbeiten konnten, basiert auf dieser Arbeitsteilung. Eine Gesellschaft von Selbstversorgern hätte nicht die geringste Chance gehabt, ein annähernd vergleichbares Wohlstandsniveau zu erreichen. Das Geheimnis hinter dieser «Explosion» an Wohlstand ist, dass sich jede einzelne Person in ihrer Arbeit extrem spezialisiert und letztlich nur einen kleinen Schritt in der Produktion eines ganz bestimmten Gutes leistet. Alle anderen Güter produziert sie nicht selbst, sondern kauft sich diese mit dem Ertrag aus ihrer spezialisierten Tätigkeit.

9.3.2 Das Prinzip des komparativen Vorteils

Oft wird die Ansicht vertreten, dass die internationale Arbeitsteilung zwar für die Industrieländer vorteilhaft sei, die Entwicklungsländer dabei aber das Nachsehen hätten. Denn die Industrieländer produzieren ja so gut wie alle Güter effizienter; womit also sollen die Entwicklungsländer überhaupt konkurrieren?

→ **Komparativer Vorteil**
Gegenüber dem Handelspartner tiefere Opportunitätskosten bei der Produktion eines Gutes. Für die Spezialisierung kommt es nur auf den komparativen, nicht den absoluten Vorteil an.

Diese Frage lässt sich mit dem zentralen Konzept des *komparativen Vorteils* beantworten, das David Ricardo – auch er ein grosser Klassiker der Ökonomie – Anfang des 19. Jahrhunderts entwickelt hat. Das Konzept besagt, dass auch Personen oder eben Länder, die in der Herstellung aller Güter weniger produktiv sind, mit Gewinn am internationalen Handel teilnehmen können.

Am besten lässt sich dieses Konzept an einem einfachen, natürlich völlig hypothetischen Beispiel erläutern, das zunächst nichts mit internationaler Arbeitsteilung zu tun zu haben scheint. Und zwar stellen wir uns die Frage, ob Roger Federer seine Autos selber waschen soll oder ob er dies besser einem zwölfjährigen Jungen aus seiner Nachbarschaft überlässt, der sich damit sein Sackgeld aufbessern möchte. Sicherlich kann Roger Federer als durchtrainierter Sportler diese Arbeit schneller erledigen. Nehmen wir an, er benötige dafür zwei Stunden, das

Spezialisierung und komparative Vorteile

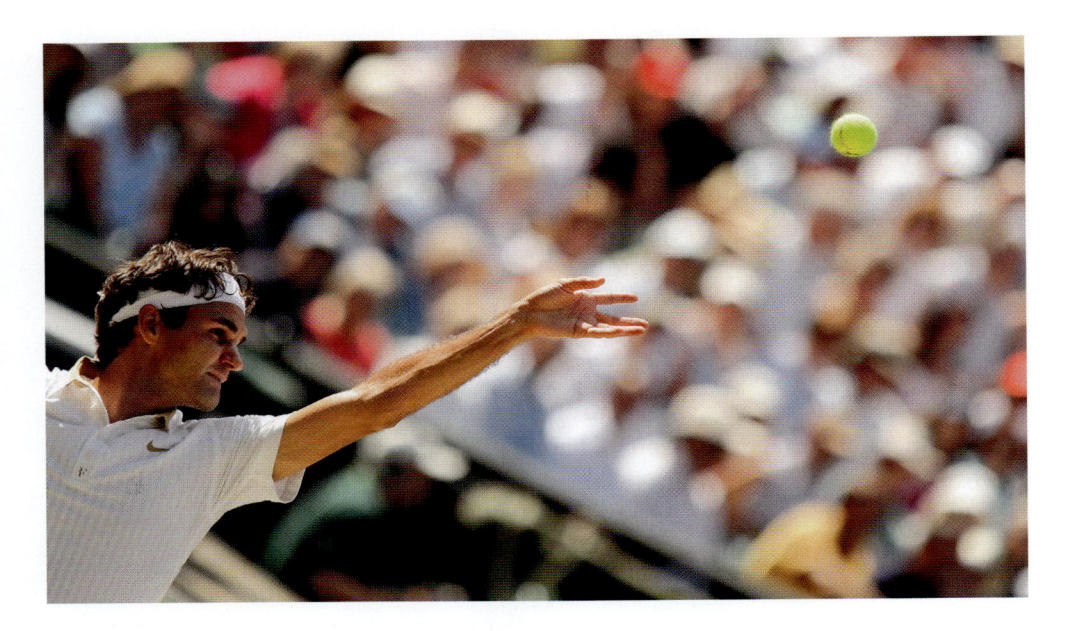

Sogar Menschen mit globalen absoluten Vorteilen haben gewisse komparative Nachteile. Diesem ökonomischen Grundsatz muss sich auch der langjährige weltbeste Tennisspieler stellen.

Nachbarskind dagegen doppelt so lange. Kann es sich bei dieser Ausgangslage für Federer wirklich lohnen, die Arbeit zu delegieren?

Um dies zu beantworten, müssen wir uns fragen, wie hoch die jeweiligen Opportunitätskosten der beiden sind, was sie also anstelle des Autowaschens anderes tun könnten. In den zwei Stunden, die er für das Waschen seiner Autos benötigen würde, könnte Roger Federer beispielsweise an einem Werbeanlass teilnehmen und dafür, nehmen wir einmal an, 50 000 Franken verdienen. Der Junge dagegen hätte in seinen vier Stunden mit Gartenarbeit bei einem anderen Nachbarn 60 Franken verdienen können.

Es ist klar, dass Federer bei den beiden hier genannten Tätigkeiten produktiver ist: Er kann Autos schneller und effizienter waschen, und gleichzeitig verdient er eindeutig mehr, wenn er einer alternativen Beschäftigung nachgeht. Bei beiden Tätigkeiten (Autowaschen oder anderswo Geld verdienen) hat er einen *absoluten Vorteil* gegenüber dem Nachbarskind, und auf den ersten Blick scheint es keine Möglichkeit zur Arbeitsteilung zu geben. Genau hier kommt aber die Idee des komparativen Vorteils ins Spiel. Sie besagt Folgendes:

Stellen zwei Produzenten dasselbe Gut her, so hat derjenige einen komparativen Vorteil, dessen Opportunitätskosten für die Produktion dieses Gutes geringer sind.

In unserem Beispiel belaufen sich Federers Opportunitätskosten des Autowaschens auf 50 000 Franken, die des Nachbarsjungen auf 60 Franken. Der Junge hat zwar in beiden Tätigkeiten einen absoluten Nachteil, da er weniger produktiv ist. Weil seine Opportunitätskosten für das Autowaschen aber wesentlich tiefer sind, besitzt er bei dieser Tätigkeit einen komparativen Vorteil. Er kann deshalb mit Gewinn an diesem Handel teilnehmen, denn Federer profitiert ebenfalls davon, wenn er dem Jungen für seine Arbeit einen Betrag zwischen 60 und 50 000 Franken bezahlt. Dank dieses Unterschieds im komparativen Vorteil lohnt es sich für beide, sich zu spezialisieren: der Junge auf das Autowaschen, Federer auf den Werbeanlass.

→ **Absoluter Vorteil**
Gegenüber dem Handelspartner höhere Produktivität bei der Produktion eines Gutes.

Wir können diese Überlegung eins zu eins auf Länder übertragen. Natürlich ist es so, dass die Industrieländer praktisch alle Güter effizienter produzieren können

Internationale Arbeitsteilung

als die Entwicklungsländer. Anders gesagt: Die Industrieländer haben absolute Vorteile in mehr oder weniger allen Tätigkeiten. Dennoch können beide mit jeweils sehr grossem Gewinn miteinander Handel treiben, weil die Entwicklungsländer komparative Vorteile in der Produktion von Gütern haben, bei denen der Produktivitätsunterschied nicht so gross ist. In der Regel sind dies Tätigkeiten, die weniger Investitionen in Kapital oder Technologien benötigen, zum Beispiel die Produktion von Landwirtschaftsgütern oder Textilien.

Die beiden Konzepte, die wir in diesem Abschnitt kennengelernt haben – die Vorteile der Spezialisierung und die Idee des komparativen Vorteils –, bilden die Basis zum Verständnis der Frage, warum Handel für alle Beteiligten vorteilhaft ist.

9.4 Wechselkurse

Sobald der Austausch von Gütern Landesgrenzen überschreitet, kommt in der Regel ein weiterer wichtiger Aspekt hinzu. Da Zahlungen in unterschiedlichen Währungen stattfinden, ist das Austauschverhältnis dieser Währungen – der Wechselkurs – relevant. Diese Grösse ist für denn auch für jede Analyse internationaler Arbeitsteilung von zentraler Bedeutung.

So gibt etwa die Entwicklung der Wechselkurse in der Schweiz immer wieder Anlass zu heftigen wirtschaftspolitischen Debatten. Die starke internationale Verflechtung des Landes bringt es mit sich, dass Veränderungen der Wechselkurse starke Auswirkungen auf zahlreiche Unternehmen, ja ganze Branchen haben. So ist es nicht ungewöhnlich, dass die Gewinnentwicklung eines Schweizer Unternehmens zu einem guten Teil von der Entwicklung des Wechselkurses bestimmt wird – ein Faktor, den das Unternehmen durch seine Geschäftstätigkeit gar nicht beeinflussen kann.

9.4.1 Wechselkurs und Geldpolitik

Der Wechselkurs ist der relative Wert einer Währung gegenüber einer anderen. In der Regel ist der Wechselkurs definiert als die inländische Währung geteilt durch die ausländische Währung.

$$\text{Wechselkurs} = \frac{\text{einheimischer Währung}}{\text{ausländische Währung}} = \frac{\text{CHF}}{\text{EUR}} = \frac{1{,}10}{1{,}00} = 1{,}10$$

Der so ausgedrückte Wechselkurs gibt an, was ein Euro in Schweizer Franken kostet. Werden mehr Franken benötigt, um einen Euro zu kaufen, steigt der Wechselkurs, das heisst, der Franken hat sich gegenüber dem Euro abgewertet.

Die Geldpolitik hat einen direkten Einfluss auf den Wechselkurs, weil sie die relative Menge an Franken gegenüber anderen Währungen verändert. Durch das Drucken von Geld erhöht sich im Verhältnis zum ausländischen Geld die Menge an inländischem Geld. Weitet beispielsweise die Schweiz die Geldmenge aus, während diese im Euroraum konstant bleibt, gibt es im Verhältnis zum Euro nun mehr Franken. Damit wird der Euro relativ gesehen knapper und der Franken verliert gegenüber dem Euro an Wert. Diese Abwertung wiederum stimuliert die Exporte, weil es für Europäer billiger wird, Waren aus der Schweiz zu kaufen. Sie erhalten ja für jeden Euro mehr Franken. Gleichzeitig werden aber die Importe reduziert, weil wir in der Schweiz für unsere Franken weniger Euro erhalten und uns deshalb weniger Importe leisten können. Die Abwertung der Währung stimuliert also die Exporte und dämpft gleichzeitig die Importe. Beide Effekte erhöhen die Nettoexporte und damit die gesamtwirtschaftliche Nachfrage nach in der Schweiz produzierten Gütern.

Bis hierher entspricht die Analyse den Erwartungen: Eine Abwertung begünstigt kurzfristig die Exporte. Was aber geschieht langfristig? Langfristig verschwindet der Effekt, denn der Anstieg des nominalen Wechselkurses wird mit der Zeit kompensiert durch den Anstieg des inländischen Preisniveaus. Denn wie wir aus Kapitel 6 wissen, führt eine zu expansive Geldpolitik zu Inflation. Deshalb steigen im Laufe der Zeit die Kosten der Hersteller ebenfalls an, was den Wettbewerbsvorteil wieder zunichtemacht. Der kurzfristige Effekt verschwindet also in der langen Frist, weil langfristig alle Preise vollständig flexibel sind. Es wäre folglich immer wieder aufs Neue eine Abwertung nötig, damit der Effekt nicht verpufft.

INTERNET-VERTIEFUNG
hep-verlag.ch/vwl-plus

Wechselkurskonzepte und Wechselkursregime

9.4.2 Flexible und feste Wechselkurse

Ein Wechselkurs ist dann flexibel, wenn die Zentralbank eines Landes nicht versucht, diesen zu steuern. In diesem Fall strebt die Geldpolitik also kein bestimmtes Kursniveau an. Das trifft zum Beispiel seit Anfang 2015 wieder auf das Verhältnis des Frankens zum Euro zu.

Viele Wechselkurse sind jedoch nicht oder nicht völlig flexibel. Vielmehr werden sie fixiert. Wir wollen im Folgenden analysieren, was die Vor- und die Nachteile solcher Fixkurssysteme sind.

Euro-Untergrenze

Die Nachwehen der Finanz- und Wirtschaftskrise – und hier insbesondere der Schuldenkrise im Euroraum ab Anfang 2010 – führten zu einem zunehmenden Aufwertungsdruck auf den Schweizer Franken. Zahlte man für einen Euro Ende 2009 noch CHF 1.50, so waren es Anfang 2011 noch rund CHF 1.25 und im August 2011 wurde beinahe die Parität von CHF 1.– pro Euro erreicht. Diese massive Aufwertung des Frankens hatte vor allem damit zu tun, dass viele verunsicherte Anleger aus dem Euro in den sicheren Hafen des Schweizer Frankens flüchteten. Eine Entwicklung, die im Sommer 2011 einen guten Teil der Schweizer Exportindustrie in den Ruin zu treiben drohte.
Vor diesem Hintergrund entschloss sich die SNB am 6. September 2011 eine Untergrenze von CHF 1.20 pro Euro zu garantieren und kündigte an, dass sie bereit sei, diese Grenze mit unbeschränkter Ausdehnung der Geldmenge durchzusetzen. Diese Untergrenze konnte – zum Teil mit substanziellen Eurokäufen – in der Folge erfolgreich verteidigt werden.
Seit diesem Beschluss stand der Wechselkurs wieder eindeutig im Zentrum der Geldpolitik. Die SNB hatte zwar ihr Konzept auf Basis von Inflationszielen nicht fallen gelassen, aber die Geldpolitik war wieder vorwiegend von der Wechselkursentwicklung getrieben.
Am 15. Januar 2015 kündigte die SNB überraschend die Aufhebung der Euro-Untergrenze an. Dies führte sofort zu einer sehr starken Aufwertung des Schweizer Frankens. Mit diesem Entscheid hatte die SNB die – von Anfang an als temporäre Massnahme bezeichnete – Orientierung am Wechselkurs nach rund dreieinhalb Jahren wieder aufgegeben.

Internationale Arbeitsteilung

Fixe Wechselkurse haben den wesentlichen Vorteil, dass sie das Risiko von nominellen Wechselkursschwankungen eliminieren oder zumindest stark reduzieren. Durch die Fixierung wird die Wechselkursentwicklung also berechenbarer. Das ist besonders dann von Bedeutung, wenn zwei Länder sehr intensive Handelsbeziehungen miteinander unterhalten. Ein weiterer möglicher Vorteil liegt darin, dass mit einer Fixierung des Wechselkurses die stabile Geldpolitik eines anderen Landes übernommen werden kann. Ein Land, das mit einem stark inflationären Preisniveau kämpft, kann also versuchen, die eigenen Preise zu stabilisieren, indem es seinen Wechselkurs an eine stabilere Währung koppelt.

Ziele für feste Wechselkurse werden zumeist in Bandbreiten definiert. Das heisst, es wird nicht ein genauer Wert für den Wechselkurs angestrebt, sondern ein enges Band definiert, innerhalb dessen der Kurs am Devisenmarkt pendeln kann. Somit muss die jeweilige Zentralbank nicht schon bei minimalen Ausschlägen an den Finanzmärkten reagieren. Sobald der Wechselkurs aber den gesetzten Rahmen zu verlassen droht, muss sie korrigierend eingreifen. Nehmen wir an, einem Land, das Mitglied eines Fixkurssystems ist, drohe eine substanzielle Aufwertung der Währung. Seine Zentralbank ist dann gezwungen, gegen die Aufwertung vorzugehen. Eine Aufwertung bedeutet, dass im Verhältnis zu den anderen Währungen die eigene Währung knapp wird. Soll dieser Aufwertung entgegengewirkt werden, muss die Zentralbank zusätzliches inländisches Geld auf den Markt werfen, um die relative Knappheit der eigenen Währung und damit den Aufwertungsdruck zu mindern. Droht hingegen eine Abwertung, wird die Zentralbank versuchen, den Wechselkurs zu stabilisieren, indem sie inländisches Geld vom Markt nimmt.

Fixe Wechselkurse bringen zwar den Vorteil grösserer Vorhersehbarkeit, dafür entfällt aber die Möglichkeit, eine landesspezifische Geldpolitik zu betreiben. Durch die Anbindung gibt ein Land nämlich seine eigenständige Geldpolitik auf. Sie ist gezwungen, die Geldpolitik des anderen Landes selbst dann mitzutragen, wenn diese Politik zwar den Wechselkurs stabilisiert, aber anderen Interessen des Landes zuwiderläuft. Fixe Wechselkurse führen daher vor allem dann zu Problemen, wenn sich die konjunkturellen Situationen der beteiligten Länder deutlich voneinander unterscheiden.

9.5 Protektionismus und Handelsliberalisierung

Internet-Vertiefung
hep-verlag.ch/vwl-plus

Wohlfahrtseffekte des Protektionismus

Die Analyse in Abschnitt 9.3 zeigt unmissverständlich die positiven Effekte des internationalen Handels. Doch in der Realität beobachten wir regelmässig Fälle von sogenanntem Protektionismus, das heisst Eingriffen in den internationalen Handel, welche die Wohlfahrt reduzieren. In diesem Abschnitt analysieren wir, welche Formen solcher Handelsbeschränkungen es gibt, und gehen der Frage nach, warum es so schwierig ist, sie einzudämmen.

9.5.1 Formen des Protektionismus

Die einfachste und lange Zeit wichtigste Form des Protektionismus sind Zölle. Ein Zoll ist eine Steuer, die beim Import von Gütern erhoben wird. Je höher der *Zollsatz* – also der als Steuer zu bezahlende Prozentsatz des Werts der importierten Ware –, desto weniger wird importiert. Damit reduzieren Zölle beidseitig vorteilhaften Austausch zwischen Ländern, was die Wohlfahrt verschlechtert. Dies gilt auch dann, wenn der Staat durch den Eingriff Zolleinnahmen abschöpfen kann, was in der Vergangenheit oft das Hauptmotiv für die Erhebung von Zöllen war.

Wie in Abschnitt 9.5.4 genauer ausgeführt wird, wurden in mehreren internationalen Verhandlungsrunden im Rahmen der World Trade Organization (WTO) in den letzten Jahrzehnten die Zölle weltweit deutlich abgebaut. Die gewichtige Ausnahme bleibt dabei allerdings der Landwirtschaftsbereich, der in den meisten Industrieländern politisch sensibel ist und der deshalb oft durch hohe Zollschranken vor Konkurrenz geschützt wird. Der weltweite Zollabbau hat aber nicht dazu geführt, dass die Nachfrage inländischer Produzentinnen und Produzenten an schützenden Handelsschranken nachgelassen hätte. Weil Zölle in den meisten Bereichen nicht mehr zulässig waren, entwickelten sich einfach neue Formen des Protektionismus.

Handelsbeschränkungen bestehen eben nicht nur dann, wenn Zölle erhoben werden. Vielmehr gibt es eine ganze Reihe von sogenannten *nichttarifären Handelshemmnissen*, also Schranken, die nicht über Zölle (engl. tariffs) laufen. Ein offensichtliches Beispiel eines nichttarifären Handelshemmnisses sind *Quoten*, die festlegen, dass nur eine bestimmte Menge eines Gutes importiert werden darf. Wie ein Zoll ist auch eine Quote einfach identifizierbar und lässt sich folglich in internationalen Verhandlungen verhältnismässig einfach abbauen. Viel problematischer sind die weniger offensichtlichen nichttarifären Schranken, etwa die *technischen Handelshemmnisse*: Müssen dieselben Güter in verschiedenen Ländern unterschiedlichen technischen Anforderungen genügen, stellt das eine sehr wirksame und schwer abzubauende Handelsschranke dar. Soll nämlich das Gut exportiert werden, muss es erst mühsam umgerüstet werden, um den technischen Vorschriften des Importlandes zu genügen. Das kommt oft so teuer zu stehen, dass sich der Handel nicht mehr lohnt. Als Beispiel für die Bedeutung solcher technischen Handelshemmnisse kann die in Abschnitt 9.6 genauer diskutierte europäische Integration dienen; für ihre Vertiefung war die Beseitigung derartiger Handelshemmnisse eine der grössten Knacknüsse. Ein wichtiger Schritt zur Lösung des Problems war dabei, neben der Vereinheitlichung technischer Vorschriften auch die gegenseitige Anerkennung solcher Vorschriften vorzusehen (sogenanntes *Cassis-de-Dijon-Prinzip*).

Die grosse Herausforderung bei den Handelsliberalisierungen besteht heute – abgesehen vom Landwirtschaftsbereich – sicher nicht mehr im Zollabbau, sondern im Versuch, diese nichttarifären Handelshemmnisse in den Griff zu bekommen. Deshalb spielen Themen wie technische Vorschriften, Vorschriften über das öffentliche Beschaffungswesen oder Subventionen in den heutigen internationalen Verhandlungen zum Abbau von Handelsschranken eine zentrale Rolle. Gelingen hier wirkliche Fortschritte, lässt sich der Handel auch weiterhin deutlich stärken.

→ **Zollsatz**
Abgabesatz, der auf den Import einer Ware oder einer Dienstleistung erhoben wird.

→ **Nichttarifäre Handelshemmnisse**
Alle protektionistischen Massnahmen mit Ausnahme der Zölle, die den freien Austausch von Gütern behindern. Beispiele sind Quoten, unterschiedliche technische Vorschriften und Subventionen.

→ **Quoten**
Mengenmässige Beschränkungen des grenzüberschreitenden Handels. Die häufigste Form ist die Importquote, welche die Einfuhr ausländischer Güter auf eine bestimmte Menge einschränkt.

→ **Technische Handelshemmnisse**
Regulierungen und Normen des Importlandes, die den Handel von Gütern verteuern und damit behindern.

→ **Cassis-de-Dijon-Prinzip**
Prinzip, nach dem die EU-Mitgliedsländer beim Handel untereinander jene nationalen technischen Vorschriften gegenseitig anerkennen, die nicht EU-weit vereinheitlicht sind. Der Begriff geht auf ein Urteil des Europäischen Gerichtshofs zurück.

Internationale Arbeitsteilung

Zusammenfassende Übersicht

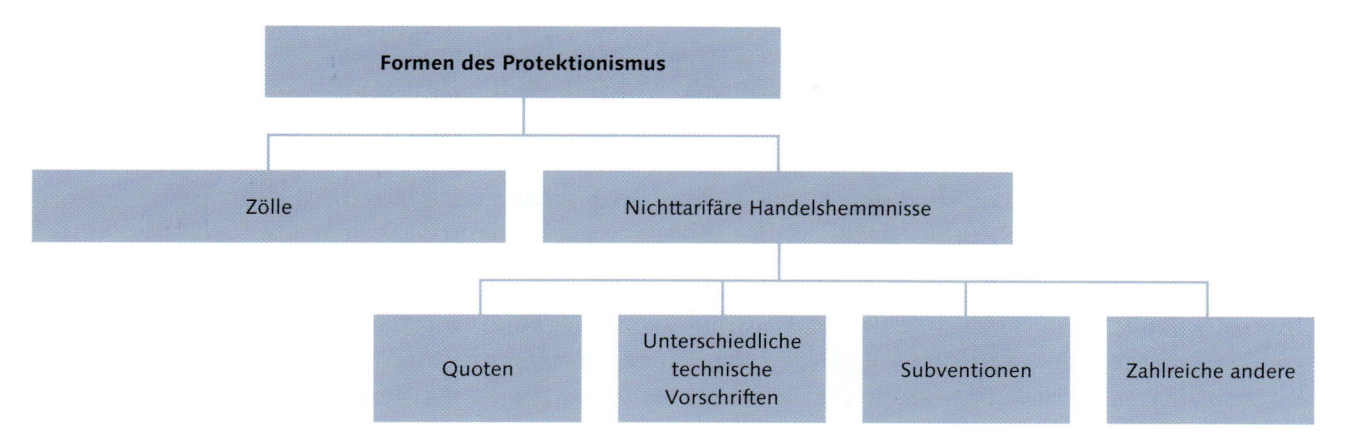

```
                    Formen des Protektionismus
                    ├─────────────┬─────────────┐
                  Zölle    Nichttarifäre Handelshemmnisse
                           ┌──────┬──────────┬──────────┬──────────┐
                         Quoten  Unterschiedliche  Subventionen  Zahlreiche andere
                                 technische
                                 Vorschriften
```

9.5.2 Warum gibt es Protektionismus?

Doch warum ist der Protektionismus trotz seiner klar negativen Wohlfahrtseffekte so weit verbreitet? Dies lässt sich nur mit einer politisch-ökonomischen Analyse beantworten.

→ **Freihandel**
Grenzüberschreitender Handel, der nicht durch Zölle und andere Handelshemmnisse beeinträchtigt wird.

Jeder Übergang von einer Situation mit Zoll zu einer Situation mit *Freihandel* bringt eine deutliche Umverteilung mit sich. Sie erfolgt zugunsten der Konsumentinnen und Konsumenten und zulasten der betroffenen Produzenten und des Staates. Auch wenn der Gesamteffekt für die Volkswirtschaft eindeutig positiv ist, gibt es bei einer solchen Änderung der Politik also klar erkennbare Benachteiligte. Die Erfahrung zeigt aber, dass jede Umverteilung, die klare Verlierer schafft, politisch schwer zu realisieren ist. Ein Abbau des Protektionismus ist also wirtschaftspolitisch äusserst schwierig durchzusetzen.

Ein mögliches Argument für die politische Attraktivität des Freihandels könnte jedoch sein, dass die Konsumenten insgesamt ja mehr gewinnen, als die Produzenten und der Staat verlieren. Doch hier kommt die unterschiedliche Organisierbarkeit von Interessen ins Spiel. Wie in Kapitel 3 dargelegt, lassen sich Produzenteninteressen politisch wesentlich einfacher organisieren als Konsumenteninteressen. Produzenten bilden nämlich eine kleine, homogene Gruppe; Konsumenten dagegen eine grosse, heterogene Gruppierung. Eine Reduktion von Zöllen würde zumindest kurzfristig zu einem Nachteil für die Produzenten führen. Diese haben also ein starkes Interesse, sich politisch zu organisieren, um den Zollabbau zu bekämpfen. Die Konsumentinnen und Konsumenten hätten zwar als Gesamtheit ein noch grösseres Interesse, für den Zollabbau zu kämpfen. Jede und jeder Einzelne von ihnen hätte aber dabei viel weniger zu gewinnen, als der einzelne Produzent zu verlieren hat. Denn der Produzent ist darauf spezialisiert, ein einzelnes Gut anzubieten, während der typische Konsument Hunderte von verschiedenen Gütern nachfragt.

Man kann aber mit Fug und Recht bezweifeln, ob der Protektionismus den Produzenten längerfristig wirklich nützt. Durch den Protektionismus kann sich eine Produzentengruppe zwar für eine gewisse Zeit eine künstliche (da auf Staatseingriffen beruhende) Rente sichern. Doch mit der Zeit wird es für sie zunehmend

Protektionismus und Handelsliberalisierung

dringlicher, ihre Strukturen den sich laufend ändernden wirtschaftlichen Verhältnissen anzupassen. Das Aufschieben des Strukturwandels macht die zuletzt unvermeidliche Anpassung immer schmerzhafter, weshalb der Protektionismus über kurz oder lang auch den vermeintlichen Gewinnern schadet. Eindrücklich führt uns dies das Beispiel der schweizerischen Landwirtschaft vor Augen. Jahrzehntelanger Protektionismus hat diese Branche international so abgeschottet, dass die heutigen Strukturen kaum noch konkurrenzfähig sind. Auch wenn in den letzten Jahren verschiedene Anpassungsschritte an den internationalen Wettbewerb erfolgt sind, steht doch noch ein grosser Strukturwandel bevor.

Um es nochmals zu unterstreichen: Protektionismus kann zwar kurzfristig Schutz bieten, er schadet aber mittel- bis langfristig auch den Produzenteninteressen. In der politischen Debatte überwiegen aber – nicht unerwartet – die unmittelbar sichtbaren Effekte und damit die kurzfristige Betrachtungsweise. Entsprechend spielen protektionistische Produzenteninteressen in der *Handelspolitik* eine grosse Rolle.

Auch der Staat selbst verliert bei einem Zollabbau eine Einnahmequelle. In wenig entwickelten Ländern, wo die Erhebung von direkten oder indirekten Steuern schwierig ist, machen die Zolleinnahmen oft sogar einen gewichtigen Teil der ganzen Staatseinnahmen aus. Entsprechend setzen sich die Vertreter dieser Staaten nicht stark für einen Zollabbau ein. Die Gesamtheit dieser politisch-ökonomischen Aspekte macht es sehr schwierig, Protektionismus abzubauen. Oft sind mühsame internationale Verhandlungen erforderlich, um eine Freihandelspolitik innenpolitisch durchzusetzen, obwohl sie ja eigentlich im ureigensten gesamtwirtschaftlichen Interesse läge.

→ **Handelspolitik**
Alle staatlichen Massnahmen, die den internationalen Handel eines Landes gezielt beeinflussen. Wird auch als Aussenhandelspolitik bezeichnet.

Trade talks between China and the US

Handelsgespräche zwischen China und den USA: «Wir führen konstruktive Gespräche.»

Auch wenn der freie Handel für die beteiligten Länder vorteilhaft wäre, ist der Abbau von Protektionismus in der politischen Realität eine schwierige und langwierige Angelegenheit. Dies spricht die Karikatur mit dem doppeldeutigen Begriff «constructive talks» an. Er bedeutet im Zusammenhang mit Handelsgesprächen normalerweise, dass die Parteien beim Abbau von Handelsschranken Fortschritte erzielen. In der Karikatur deutet er aber darauf hin, dass zusätzliche Handelsschranken konstruiert werden.

Internationale Arbeitsteilung

9.5.3 Formen der Handelsliberalisierung

Die *Handelsliberalisierung*, also der Abbau von protektionistischen Schranken zwischen Ländern, kann auf drei Arten erfolgen: multilateral, regional oder bilateral.

Die erste Möglichkeit besteht in der multilateralen Handelsliberalisierung. «Multilateral» bedeutet, dass am Zollabbau möglichst alle oder zumindest doch die meisten Länder beteiligt sind. Diese Form der Handelsliberalisierung wird im Rahmen der Welthandelsorganisation *WTO* vorangetrieben. Ihr gehören inzwischen praktisch alle Länder der Erde an. Durch Verhandlungen im Rahmen der WTO wurden in den letzten Jahrzehnten zahlreiche Zölle zwischen den Mitgliedsländern erfolgreich abgebaut.

Eine zweite Form bildet die regionale Handelsliberalisierung, auch als *regionale Integration* bezeichnet. Bei dieser Variante sind nicht alle Länder beteiligt, sondern nur Gruppen von Ländern mit besonders engen Handelsbeziehungen. Das wichtigste Beispiel einer regionalen Handelsliberalisierung ist die Europäische Union (EU).

Die dritte Form ist die bilaterale Handelsliberalisierung, das heisst ein Abkommen zwischen zwei Ländern oder Ländergruppen. Solche Abkommen werden meist als *Freihandelsabkommen* bezeichnet.

Regionale Integration und Freihandelsabkommen sind pragmatische Antworten auf die Tatsache, dass der Zollabbau auf der multilateralen Ebene oft nur schleppend vorangeht. Im Rahmen der WTO muss dafür nämlich Einigkeit zwischen praktisch allen Ländern der Erde erzielt werden. Da ist es verständlich, dass Länder mit bereits sehr intensiven Handelsbeziehungen über regionale oder bilaterale Abkommen rascher vorankommen wollen. Solche nicht-multilateralen Abkommen vertiefen zwar die Handelsbeziehungen zwischen den Mitgliedern (Vorteil), diskriminieren aber die Handelspartner ausserhalb des Integrationsraums (Nachteil). Diesen Punkt werden wir in Abschnitt 9.6.1 genauer analysieren.

Zusammenfassende Übersicht

> **Formen der Handelsliberalisierung**
> - Multilateral (zwischen allen Ländern)
> - Regional (zwischen mehreren geografisch nahen Ländern)
> - Bilateral (zwischen zwei Ländern)

→ **Handelsliberalisierung**
Massnahmen zur Förderung des freien Handels, insbesondere der Abbau von Zöllen und anderen Handelshemmnissen.

→ **WTO**
Abkürzung für «World Trade Organization» (Welthandelsorganisation). Institution, innerhalb derer multilaterale Handelsverträge abgeschlossen werden.

→ **Regionale Integration**
Handelsliberalisierung zwischen einzelnen, geografisch meist nahe gelegenen Ländern. Oft wird auch nur der Begriff Integration verwendet.

→ **Freihandelsabkommen**
Meist bilaterale Abkommen, die den Handel zwischen den beteiligten Staaten liberalisieren.

Protektionismus und Handelsliberalisierung

9.5.4 Die WTO

Die Welthandelsorganisation WTO ist eine internationale Organisation mit Sitz in Genf. Innerhalb dieser Institution werden internationale Handelsverträge ausgehandelt, welche die meisten Länder der Welt umfassen. Sie hatte im Juni 2015 161 Mitglieder. Gegründet wurde die WTO 1994 als Dachorganisation für drei Verträge:

- GATT: Abkommen über den internationalen Handel mit Waren,
- GATS: Abkommen über den internationalen Handel mit Dienstleistungen,
- TRIPS: Abkommen zum internationalen Schutz des geistigen Eigentums.

Den multilateralen Charakter der Organisation erkennt man besonders an einem der beiden Grundprinzipien, nämlich dem Prinzip der *Meistbegünstigung*. Es besagt, dass ein Abbau von Handelsschranken, der einem Mitgliedsland der WTO gewährt wird, gleichzeitig auch für alle anderen Mitglieder gelten muss. Damit wird also eine Diskriminierung ausdrücklich ausgeschlossen. Weil bei der bilateralen und regionalen Liberalisierung die Mitgliedsländer gegenüber den anderen Ländern ausdrücklich bevorzugt werden, widersprechen diese Abkommen eigentlich dem Prinzip der Meistbegünstigung. Damit solche Abkommen unter WTO-Mitgliedern zulässig sind, müssen folglich Ausnahmen zur Meistbegünstigung möglich sein. Um das Prinzip nicht zu verwässern, beruhen diese Ausnahmen aber auf klaren Regeln. Die Hauptregel dabei ist, dass Bilateralismus und Regionalismus im Wesentlichen den gesamten Handel umfassen müssen. Will man

→ **Meistbegünstigung**
Prinzip der WTO, nach dem der Abbau einer Handelsschranke gegenüber einem Mitgliedsland gleichzeitig auch für alle anderen WTO-Mitgliedsländer gelten muss.

«Bauern gegen/für die WTO» – «Da müssen wir noch ein paar Details klären.»

Wir sind es uns in der Schweiz derart gewohnt, dass Bauern gegen Zollabbau und damit gegen die WTO eintreten, dass uns oft gar nicht bewusst ist, dass die Bauern in Entwicklungsländern das genau umgekehrt sehen können. Sie sind nämlich Leidtragende des Agrarprotektionismus, der sie daran hindert, ihre komparativen Vorteile in der Landwirtschaft auszuspielen und ihre Produkte in reichere Länder zu exportieren. Sie gehören also in der Regel zu den Befürwortern der entsprechenden Bemühungen der WTO.

Internationale Arbeitsteilung

also solche im Prinzip diskriminierenden Verträge abschliessen, müssen sie sehr umfassend sein; punktuelle Zugeständnisse in Einzelbereichen sind nicht zulässig.

→ **Inländerbehandlung**
Prinzip der WTO, nach dem inländische Produkte gegenüber Produkten anderer WTO-Mitgliedsländer nicht durch Regulierungen bevorzugt werden dürfen.

Das zweite Grundprinzip, auf dem die WTO beruht, ist die *Inländerbehandlung*. Inländische Waren und Dienstleistungen dürfen gegenüber den Produkten aus anderen WTO-Mitgliedsländern nicht durch Regulierungen bevorzugt werden. Der Begriff Inländerbehandlung verdeutlicht die Grundidee, dass nämlich alle – also auch die Ausländer – wie Inländer behandelt werden sollen.

Die Verhandlungen in der WTO laufen in sogenannten «Runden» ab, in denen über mehrere Jahre hinweg in verschiedenen Bereichen gegenseitige Öffnungsschritte ausgehandelt werden. Bis in die 1960er-Jahre ging es im Rahmen des GATT vor allem um den Abbau von Zöllen. In den 1970er-Jahren wurde anschliessend dazu übergegangen, auch nichttarifäre Handelshemmnisse zu berücksichtigen. Mit der Uruguay-Runde von 1986–1994 wurden dann die Verhandlungsthemen so ausgebaut, dass die WTO gegründet wurde, die auch Dienstleistungen und geistiges Eigentum umfasst. Seit 2001 läuft die neunte, die sogenannte Doha-Runde.

Zusammenfassende Übersicht

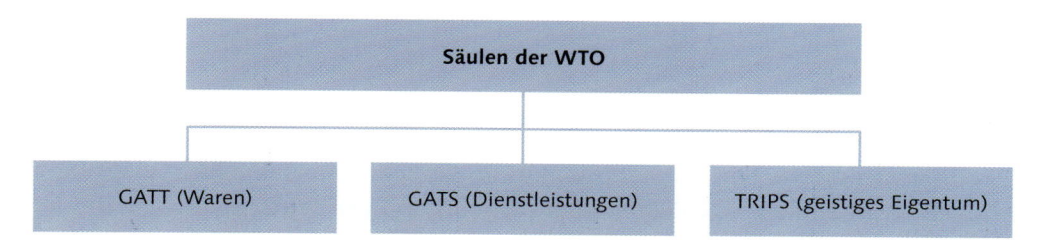

```
                    Säulen der WTO
         ┌─────────────────┼─────────────────┐
   GATT (Waren)   GATS (Dienstleistungen)   TRIPS (geistiges Eigentum)
```

9.6 Regionale Handelsabkommen (Integration)

Regionale Handelsabkommen zwischen mehreren Ländern haben in den letzten Jahren sehr stark an Bedeutung gewonnen. Vor allem der europäische Integrationsraum – die frühere Europäische Gemeinschaft (EG) und heutige Europäische Union (EU) – hat sich als sehr dynamisch erwiesen. Für die Schweiz als Land mitten in Europa ist dies von höchster Bedeutung. Wir werden im Folgenden zunächst die Wohlfahrtseffekte von Integrationsräumen analysieren, anschliessend die verschiedenen konkreten Formen der Integration abhandeln und zuletzt die Entwicklung der europäischen Integration skizzieren.

9.6.1 Wohlfahrtseffekte von Integrationsräumen

Regionale Integration erhöht den Freihandel, ist aber nicht mit Multilateralismus gleichzusetzen, da nur gewisse Länder beteiligt sind. Durch die Integration entsteht eine Diskriminierung, und zwar gegenüber den Ländern, die nicht Mitglieder sind: im Fall der EU also zwischen den EU-Mitgliedern und beispielsweise der Schweiz oder den USA.

Die Integration schafft deshalb zwar zusätzlichen Handel, verzerrt aber gleichzeitig auch den schon bestehenden Handel dadurch, dass nicht mehr alle in gleichem Ausmass daran teilnehmen können. Ob und wie stark ein Integrationsraum die gesamte Wohlfahrt erhöht, hängt davon ab, ob der zusätzliche Handel, die sogenannte *Handelsschaffung*, grösser ist als die Verzerrung der Handelsströme, die sogenannte *Handelsumlenkung*. Die Handelsumlenkung entsteht dadurch, dass man gewisse Güter nicht mehr vom weltweit billigsten Produzenten bezieht, sondern von einem Produzenten innerhalb des Integrationsraums. Dieser ist dann nur deshalb der billigste Produzent, weil sein Produktpreis von keinem Zoll mehr belastet wird.

Wegen der Handelsumlenkung schafft die Bildung von Integrationsräumen zwar einen tieferen Wohlfahrtsgewinn als der globale Freihandel. Die Integration ist aber in der Regel effizienter als das Festhalten an Zöllen gegenüber allen Ländern. Besonders positiv wirkt sich die Integration dann aus, wenn die Zölle in der Ausgangslage sehr hoch und damit stark verzerrend waren und wenn möglichst viele Länder an der Integration beteiligt sind. Für die europäische Integration lässt sich deshalb annehmen, dass ihre starke Erweiterung in den letzten Jahren eindeutig positiv auf die Wohlfahrt der Mitgliedsländer gewirkt hat. In diesem Integrationsraum, der heute 28 Länder umfasst, wird der Gewinn durch Handelsschaffung in den meisten Fällen den Verlust durch Handelsumlenkung deutlich übertreffen.

9.6.2 Formen von regionalen Abkommen

Es gibt verschiedene Formen der Integration, die sehr unterschiedlich weit gehen können: vom einfachen Zollabbau bis zur vollständigen wirtschaftlichen Union. Schematisch lassen sich dabei fünf verschiedene Integrationsformen unterscheiden, je nach Ausmass der Handelsliberalisierung und Koordination der Wirtschaftspolitik zwischen den Partnerländern. **Abbildung 9.4** stellt ihre wichtigsten Unterscheidungsmerkmale dar, ausgehend vom tiefsten bis hin zum höchsten Integrationsgrad.

Die *Freihandelszone* ist die einfachste Form der Integration. In ihr wird der Handel zwischen den Mitgliedsländern des Integrationsraums liberalisiert, in der Regel durch den Verzicht auf Zölle. Gegenüber allen anderen Ländern behält jedes Mitglied die Freiheit, seine Aussenhandelspolitik nach eigenem Ermessen auszugestalten.

Die *Zollunion* geht einen wichtigen Schritt weiter. Zusätzlich zum Zollabbau verfolgen die Mitgliedsländer eine gemeinsame Aussenhandelspolitik: Gegenüber allen Nichtmitgliedsländern werden die gleichen Zölle erhoben. Dies hat einen stark handelserleichternden Effekt, da es nicht mehr nötig ist, beim internationalen Handel mit Produkten *Ursprungsnachweise* zu erbringen. In einer Freihandelszone benötigt man diese, um zu verhindern, dass Güter aus Drittländern zuerst in das Mitgliedsland mit dem tiefsten Aussenzoll importiert und anschliessend zollfrei in die anderen Länder des Integrationsraums exportiert werden. Ein Wegfall dieser aufwändigen Ursprungsnachweise reduziert die Transaktionskosten des Handels und hat deshalb eine ähnliche Wirkung wie ein zusätzlicher Zollabbau. Die EU war zum Beispiel bis Anfang der 1990er-Jahre im Wesentlichen eine Zollunion.

In einem *Binnenmarkt* können nicht nur Waren und Dienstleistungen zwischen den Mitgliedsländern frei zirkulieren, sondern auch die Produktionsfaktoren Ar-

→ **Handelsschaffung**
Erhöhung der Menge an gehandelten Gütern durch wirtschaftliche Integration.

→ **Handelsumlenkung**
Güter werden nicht mehr vom weltweit günstigsten Produzenten bezogen, sondern vom günstigsten Produzenten innerhalb des Integrationsraums, dessen Preise nicht mehr durch Zölle belastet sind.

→ **Freihandelszone**
Integrationsform, bei der Zölle und andere Handelsbeschränkungen zwischen den Mitgliedsländern abgeschafft werden, die Aussenzölle gegenüber Nichtmitgliedern aber nicht vereinheitlicht werden.

→ **Zollunion**
Integrationsform, bei der Zölle und andere Handelsbeschränkungen zwischen den Mitgliedsländern abgeschafft werden und gegenüber Nichtmitgliedern die gleichen Zölle erhoben werden.

→ **Ursprungsnachweis**
Erklärung über die Warenherkunft, wobei als Herkunftsland das Land aufgeführt wird, in dem die letzte wesentliche Be- oder Verarbeitung des Produkts stattgefunden hat.

→ **Binnenmarkt**
Integrationsform, bei der nicht nur Güter, sondern auch die Produktionsfaktoren Arbeit und Kapital frei gehandelt werden können.

Internationale Arbeitsteilung

Abb. 9.4
Formen der wirtschaftlichen Integration

	Keine Zölle zwischen den Mitgliedern	Gemeinsame Aussenzölle	Mobilität der Produktionsfaktoren	Gemeinsame Währung	Gemeinsame Wirtschaftspolitik
Freihandelszone	×				
Zollunion	×	×			
Binnenmarkt	×	×	×		
Währungsunion	×	×	×	×	
Vollständige Wirtschaftsunion	×	×	×	×	×

→ **Vier Freiheiten**
Der freie Austausch von Waren, Dienstleistungen, Arbeit und Kapital.

beit und Kapital. Man spricht in diesem Fall von den sogenannten *vier Freiheiten*, das heisst dem freien Austausch von Waren, Dienstleistungen, Arbeit und Kapital. Ein Beispiel für einen Binnenmarkt ist die EU seit 1992.

→ **Währungsunion**
Integrationsform, bei der die nationalen Währungen zugunsten einer gemeinsamen Währung aufgegeben werden.

In der *Währungsunion* werden die nationalen Währungen zugunsten einer gemeinsamen Währung aufgegeben. Das bedeutet, dass die Mitgliedsländer ihre nationale Geldpolitik an eine supranationale (überstaatliche) Behörde abtreten. Dieser Integrationsschritt ist insofern sehr weitreichend, als damit das wichtigste Instrument der makroökonomischen Politik, die Geldpolitik nämlich, nicht mehr vom einzelnen Mitgliedsland selbst gestaltet werden kann. Kommt dazu, dass eine Währungsunion nur dann gut funktionieren kann, wenn die Mitgliedsländer auch die Wirtschaftspolitik und hier vor allem die Finanzpolitik zu einem gewissen Grad untereinander koordinieren. Bekanntestes Beispiel ist die Europäische Währungsunion, die 1999 realisiert wurde.

→ **Vollständige Wirtschaftsunion**
Integrationsform, bei der eine gemeinsame Wirtschaftspolitik verfolgt wird.

Bei der *vollständigen Wirtschaftsunion* schliesslich wird eine gemeinsame Wirtschaftspolitik in den wichtigsten Bereichen verfolgt. In wirtschaftspolitischer Hinsicht unterscheidet sich eine vollständige wirtschaftliche Union kaum mehr von einem Nationalstaat. Die Diskussionen zur Weiterentwicklung der EU drehen sich unter anderem stark um die Frage, wie weit die Wirtschaftspolitik zentralisiert werden soll, wie weit also in Richtung einer vollständigen Wirtschaftsunion gegangen werden soll.

Abbildung 9.5 zeigt, dass sich inzwischen weltweit ein ganzes Netz von unterschiedlich weitgehenden Integrationsräumen gebildet hat; die Attraktivität dieser Form von internationaler Öffnung ist ungebrochen.

Regionale Handelsabkommen (Integration)

Abb. 9.5
Weltkarte mit Integrationsräumen (Stand 2016)

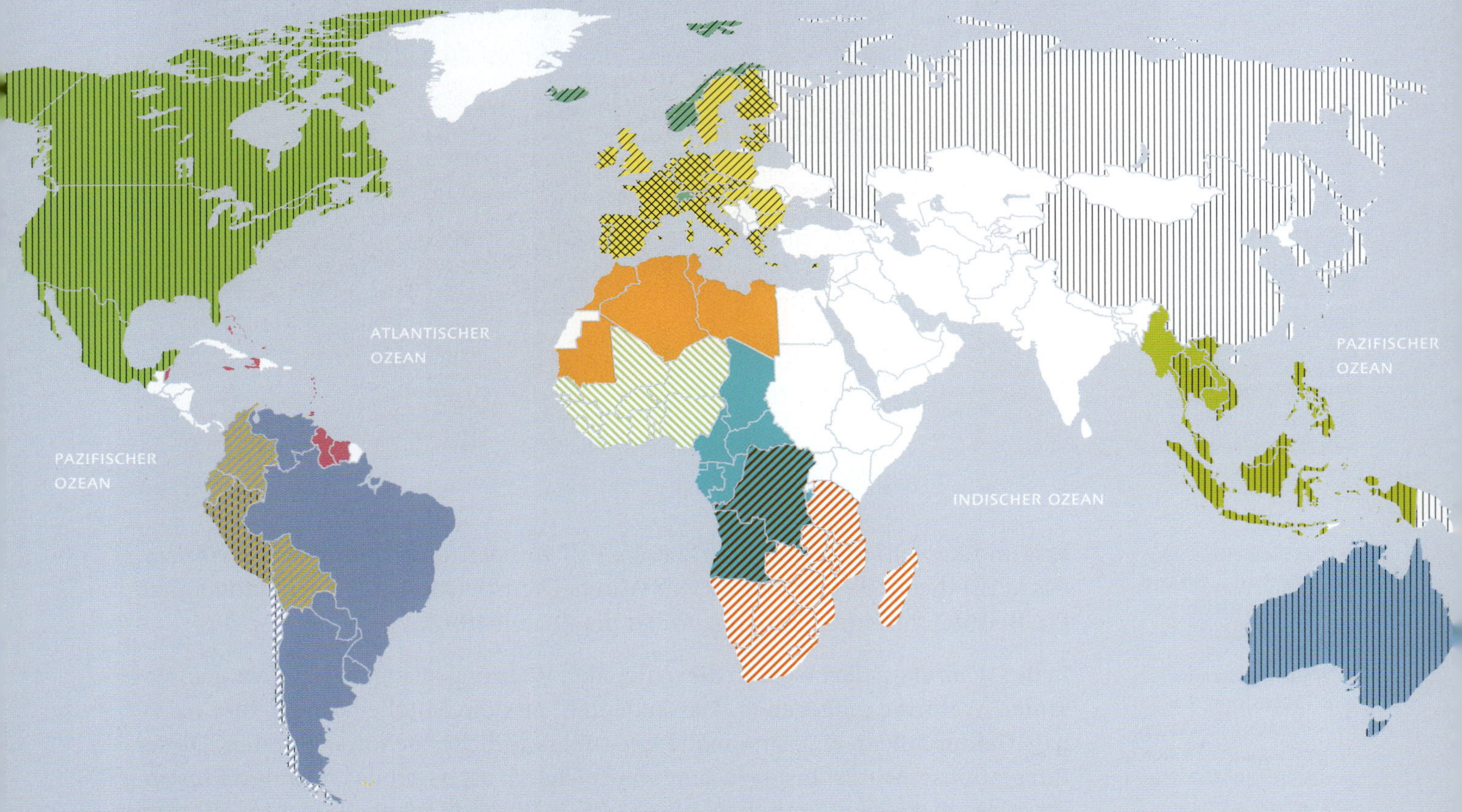

Amerika
- Andengemeinschaft
- Mercosur – gemeinsamer Markt im südlichen Lateinamerika; schraffiert: assoziierte Mitglieder
- Nordamerikanische Freihandelszone (NAFTA)
- Karibische Gemeinschaft (CARICOM)

Europa
- Europäische Union (EU)
- Europäische Währungsunion (EWU)
- Europäische Freihandelsassoziation (EFTA)
- Europäischer Wirtschaftsraum (EWR)

Afrika
- Maghreb-Union
- Wirtschaftsgemeinschaft westafrikanischer Staaten (ECOWAS)
- Wirtschaftsgemeinschaft zentralafrikanischer Staaten (CEEAC)
- Südafrikanische Entwicklungsgemeinschaft (SADC)

Asien
- Verband Südostasiatischer Staaten (ASEAN)
- Australisch-neuseeländische Wirtschaftsgemeinschaft (CER)

Asien – Pazifik – Amerika
- Asiatisch-pazifische wirtschaftliche Zusammenarbeit (APEC)

Internationale Arbeitsteilung 9

Die Konferenz von Bretton Woods im Jahre 1944 dürfte eine der erfolgreichsten der Geschichte gewesen sein. Sie legte den Grundstein für die liberale Weltwirtschaftsordnung nach dem Zweiten Weltkrieg und führte unter anderem zur Gründung von IWF, Weltbank und GATT, der Vorläuferorganisation der heutigen WTO. Auf dem Foto spricht übrigens John Maynard Keynes, der bei dieser Konferenz eine prägende Rolle spielte.

→ **Bretton-Woods-Konferenz**
Konferenz der Alliierten, abgehalten 1944 in Bretton Woods (USA), um die Grundpfeiler der globalen wirtschaftlichen Zusammenarbeit nach dem Zweiten Weltkrieg festzulegen.

→ **Weltbank**
Internationale Organisation, die zum Ziel hat, die wirtschaftliche Entwicklung insbesondere von Entwicklungsländern zu fördern und geeignete Projekte zu finanzieren.

→ **Römische Verträge**
Abkommen zwischen Belgien, Deutschland, Frankreich, Italien, Luxemburg und den Niederlanden, mit dem unter anderem die Europäische Wirtschaftsgemeinschaft (EWG), die Vorgängerin der Europäischen Gemeinschaft (EG), gegründet wurde.

9.6.3 Die Europäische Union

Der Ursprung der europäischen Integration liegt im Wiederaufbau nach dem Zweiten Weltkrieg. Die legendäre *Konferenz von Bretton Woods* im Jahre 1944 schuf die Basis für eine gesunde wirtschaftliche Zusammenarbeit in Europa. Entscheidend war die Behandlung der Kriegsverlierer. Nach dem Ersten Weltkrieg hatten die Siegermächte unerfüllbare Reparationszahlungen (also Entschädigungen für die Kriegsschäden) gefordert. Nach dem Zweiten Weltkrieg dagegen wurde mithilfe des Marshall-Plans alles daran gesetzt, den Verlierermächten wirtschaftlich möglichst rasch wieder auf die Beine zu helfen und sie in den internationalen und vor allem europäischen Handel zu integrieren. An der Bretton-Woods-Konferenz wurden einerseits die Eckpfeiler der globalen wirtschaftlichen Zusammenarbeit konzipiert: der Internationale Währungsfonds (IWF), die *Weltbank* und die Welthandelsorganisation (GATT, heute WTO). Andererseits wurde auch der Grundstein für die europäische Integration gelegt

Auf zwei Wegen hat sich die europäische Integration in der Nachkriegszeit weiterentwickelt. Einerseits wurde die wirtschaftliche Zusammenarbeit vertieft, von einer relativ lockeren Zollunion bis hin zu einer Währungsunion. Andererseits haben sowohl die frühere Europäische Gemeinschaft (EG) als auch die heutige Europäische Union (EU) konsequent auf Erweiterung gesetzt. In mehreren Schritten wurde der Integrationsraum durch die Aufnahme neuer Mitgliedsländer ausgedehnt.

Für die Vertiefung der europäischen Integration waren die folgenden Etappen entscheidend:

1957 *Römische Verträge.* Sie hatten das Ziel, innerhalb des europäischen Integrationsraums einen Binnenmarkt zu schaffen. Tatsächlich erreicht wurden während der nächsten 30 Jahre aber im Wesentlichen lediglich die Errichtung einer Zollunion und die Einigung auf eine gemeinsame Agrarpolitik.

1986 *Einheitliche Europäische Akte.* Mit diesem Vertrag sollte der Binnenmarkt, der schon in den Römischen Verträgen skizziert worden war, realisiert werden. Konkret ging es um die Durchsetzung der vier Freiheiten, also des

Regionale Handelsabkommen (Integration)

freien Austausches von Waren, Dienstleistungen, Arbeit und Kapital. Das Programm wurde unter dem Schlagwort «EG 92» verkauft, also mit dem messbaren Ziel, bis 1992 den Binnenmarkt zu vollenden. Dieses Ziel wurde weitgehend erreicht.

1992 *Vertrag von Maastricht*, auch EU-Vertrag genannt. Sein Ziel war die Vollendung der Wirtschafts- und Währungsunion. Die Einführung des Euro gelang 1999 (zunächst nur als Buchgeld, dann 2002 durch Einführung von Noten und Münzen). Weiter wurden mit diesem Vertrag auch die drei Pfeiler der Integration definiert, die deutlich machen, dass neben der wirtschaftlichen auch die politische Integration vorangetrieben werden sollte. Es sind dies (i) die Europäische Gemeinschaft (EG), also die Wirtschaftsverträge der Europäischen Union, (ii) die gemeinsame Aussen- und Sicherheitspolitik und (iii) die vertraglich geregelte Zusammenarbeit in der Justiz- und Innenpolitik, etwa im Rahmen des *Schengener Abkommens*. Mit diesen Meilensteinen wurde die EG (Europäische Gemeinschaft) zur EU (Europäische Union).

1997 Vertrag von Amsterdam. Dieses Abkommen konkretisierte die politische Integration weiter. Ziel war die Schaffung eines gemeinsamen Raums von Sicherheit und Freiheit. Der Vertrag von Amsterdam stellte eine Ergänzung und Verstärkung des EU-Vertrags dar, vor allem was die nichtwirtschaftlichen Vertragsteile betrifft.

2001 Vertrag von Nizza. Sein Ziel lag darin, die Institutionen so anzupassen, dass die Osterweiterung der EU bewältigt werden konnte. Dieser Vertrag hätte mit der europäischen Verfassung vervollständigt werden sollen. In Frankreich und in den Niederlanden wurde aber 2005 dieser Verfassungsentwurf abgelehnt. Es zeigte sich dabei ein Missbehagen der Mitgliedstaaten gegenüber einer Stärkung der EU-Institutionen, von der eine zunehmende Übertragung nationaler Kompetenzen nach Brüssel befürchtet wird.

2007 Vertrag von Lissabon. Nach dem Scheitern eines eigentlichen Verfassungsvertrags einigten sich die EU-Staaten darauf, stattdessen einen neuen EU-Reformvertrag zu beschliessen. Dieser ist weniger umfassend als ursprünglich geplant, enthält aber doch einige grössere institutionelle Anpassungen, wie etwa die Einsetzung eines EU-Präsidenten mit maximal fünfjähriger Amtszeit oder die Schaffung eines «Hohen Repräsentanten für Aussen- und Sicherheitspolitik» (also eines Aussenministers mit eigenem diplomatischem Dienst). Der Vertrag wurde 2007 unterzeichnet und 2009 in Kraft gesetzt.

→ **Vertrag von Maastricht**
Abkommen, mit dem die Mitgliedstaaten der Europäischen Gemeinschaft (EG) die Europäische Union (EU) gründeten. Der Vertrag lieferte unter anderem die Grundlage für die Vollendung der Europäischen Wirtschafts- und Währungsunion.

→ **Schengener Abkommen**
Europäischer Vertrag über die Zusammenarbeit im Bereich der inneren Sicherheit, mit dem insbesondere die Personenkontrollen an den gemeinsamen Grenzen abgeschafft werden sollen.

Zusammenfassende Übersicht

```
                    Drei Säulen der EU
        ┌──────────────────┼──────────────────┐
   1. Säule            2. Säule            3. Säule
Europäische        Gemeinsame Aussen-   Polizeiliche und justizielle
Gemeinschaft EG    und Sicherheitspolitik   Zusammenarbeit
(Wirtschaftsabkommen)                    in Strafsachen
```

Internationale Arbeitsteilung

→ **EFTA**
Abkürzung für «European Free Trade Association». Diese Freihandelszone wurde 1960 als Gegengewicht zur damaligen EG gegründet.

→ **Europäischer Wirtschaftsraum (EWR)**
Der EWR erweitert den europäischen Binnenmarkt um drei der vier EFTA-Staaten: Island, Norwegen und Liechtenstein.

Parallel zur Vertiefung und Erweiterung der EU erfolgte in Europa die Entwicklung der *EFTA*, eines Integrationsraums also, der sich auf die Bildung einer Freihandelszone beschränkt. Die EFTA wurde 1959 gegründet. Heute besteht sie nur noch aus vier Ländern, da die meisten Mitgliedsländer im Laufe der Zeit der EU beigetreten sind. Zur EFTA gehören derzeit noch die Schweiz, Norwegen, Island und Liechtenstein.

1993 kam als jüngster Integrationsraum der *Europäische Wirtschaftsraum (EWR)* dazu, der darauf abzielte, einen Binnenmarkt zwischen der EFTA und den EU-Ländern einzuführen. Von den vier EFTA-Mitgliedern sind drei, nämlich Norwegen, Island und Liechtenstein, Mitglieder des EWR. Die Schweiz lehnte den Beitritt zum EWR 1992 in einer Volksabstimmung ab.

Abbildung 9.6 zeigt anhand einer Europa-Karte den heutigen Stand der europäischen Integration.

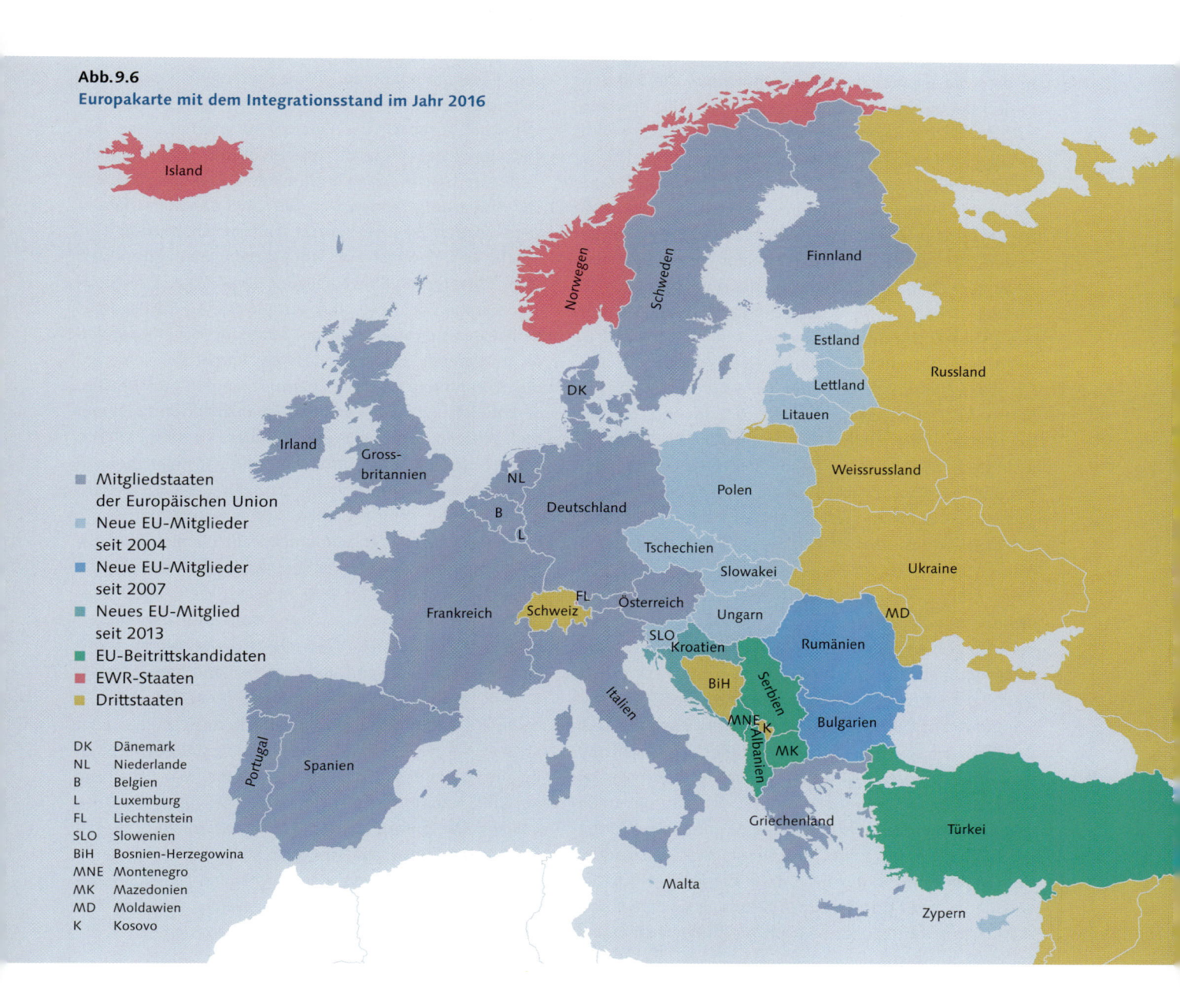

Abb. 9.6
Europakarte mit dem Integrationsstand im Jahr 2016

Legende:
- Mitgliedstaaten der Europäischen Union
- Neue EU-Mitglieder seit 2004
- Neue EU-Mitglieder seit 2007
- Neues EU-Mitglied seit 2013
- EU-Beitrittskandidaten
- EWR-Staaten
- Drittstaaten

DK	Dänemark
NL	Niederlande
B	Belgien
L	Luxemburg
FL	Liechtenstein
SLO	Slowenien
BiH	Bosnien-Herzegowina
MNE	Montenegro
MK	Mazedonien
MD	Moldawien
K	Kosovo

Ursachen der Euro-Krise

Seit 2010 kämpft die Eurozone mit der schwersten Krise seit ihrer Gründung, das Vertrauen in die Währungsunion ist erschüttert. Die Ursachen dieser Krise liegen in Konstruktionsfehlern der Währungsunion. Seit der Einführung des Euro bauten sich in der Währungsunion nämlich – von der Öffentlichkeit lange unbemerkt – gewaltige makroökonomische Ungleichgewichte auf. Entscheidend dafür war, dass der Euro das vor allem in den südlichen Euroländern übliche hohe Zinsniveau drastisch gesenkt hatte, wie wir in der **Abbildung 9.7** sehen. Die Linien stellen den Unterschied dar zwischen den Zinsen von Staatsanleihen Deutschlands und denen der wirtschaftlich geschwächten, sogenannten GIPS-Länder (Griechenland, Irland, Portugal, Spanien). Die Einführung des Euro ist mit blossem Auge zu erkennen. Es ist der Zeitpunkt, an dem diese Unterschiede verschwinden, die Differenz zu den deutschen Zinsen also gegen null fällt. In Irland, Portugal und Spanien wurde der Euro 1999 eingeführt, in Griechenland 2001. Vorher betrieben einige dieser Länder traditionell eine lockere Geldpolitik, welche ihre nationalen Währungen laufend nominell ab- und damit die Zinserträge aus Investorensicht entwertete. Anleger liessen sich dafür entschädigen, indem sie höhere Zinsen verlangten. Seit dem Euro gingen die Anleger jedoch davon aus, dass die Risiken nun ebenso klein seien wie bei den als sicher geltenden deutschen Anleihen. In der Krise zeigte sich, dass diese Annahme falsch war.

Für die Volkswirtschaften der GIPS-Länder wirkte der drastische Zinsrückgang äusserst stimulierend. Sie verzeichneten einen regelrechten Boom. Die Nachfrage im Inland erhöhte sich stark, da die niedrigen Zinsen Investitionen und Konsum ankurbelten. Dieser Boom bewirkte Ungleichgewichte in zwei Bereichen: Erstens reduzierte sich die Wettbewerbsfähigkeit der GIPS-Länder. Zweitens blähten sie ihre Staatsausgaben auf.

Zum ersten Effekt: Die zusätzliche Nachfrage aufgrund des Booms war so stark, dass die Produktion nicht nachkam; für den Aufbau neuer Produktionskapazitäten wird stets eine gewisse Zeit benötigt. Die hohe zusätzliche Nachfrage stiess auf ein eher fixes Angebot. Die Folge war ein Anstieg der Preise und Löhne in diesen Ländern. Die Inflation lag deshalb spürbar höher als in Deutschland und anderen EU-Ländern. Das Inflationsgefälle hatte eine fatale Nebenwirkung. Es erhöhte das inländische Kostenniveau und verringerte damit die Wettbewerbsfähigkeit der Exportunternehmen dieser Länder. Vor der Einführung des Euro hätte die höhere Inflation einfach zu einer nominellen Abwertung der jeweiligen Währung geführt und so die Wettbewerbsfähigkeit wiederhergestellt. Nun bestand aber dieser Anpassungsmechanismus nicht mehr. Die höheren Inflationsraten übersetzten sich direkt in Kostennachteile. Die Exporte sanken, während die Importe rasant zunahmen. Den Importüberschuss finanzierten die Länder durch Schulden im Ausland.

Gleichzeitig – und dies war der zweite Effekt des künstlichen Booms dieser Länder – weitete auch der Staat seine Ausgaben stark aus. Die durch den Boom sprudelnden Steuereinnahmen wurden direkt ausgegeben. Die Staatsausgaben wuchsen zwischen 2000 und 2007 Jahr für Jahr um 5 % (Portugal) bis über 11 % (Irland). Dabei wurde ignoriert, dass der Boom eine künstliche Übertreibung war, also nicht auf verbesserter Leistungsfähigkeit der Länder basierte. Stattdessen behandelte man die gestiegenen Steuereinnahmen, als ob sie dauerhaft zur Verfügung stünden.

Mit dem Ausbruch der Finanzkrise wurden diese Ungleichgewichte plötzlich offensichtlich. Überschuldet, wettbewerbsschwach und ohne das Korrekturinstrument der Abwertung fanden sich die GIPS-Länder in fataler Lage wieder. Es kam zum gesamtwirtschaftlichen Einbruch. Der Kontrast zum vorangegangenen Boom war stark. Entsprechend hoch fiel auch der Rückgang der Steuereinnahmen aus. Die stark ausgeweiteten Staatsausgaben liessen sich aber schon aus innenpolitischen Gründen nicht aggressiv kürzen, sodass ein immer grösserer Teil durch Staatsverschuldung finanziert werden musste. Diese Entwicklung führte auf den Finanzmärkten zu einem schlagartigen Vertrauensverlust in diese Länder. Plötzlich machte sich die Sorge breit, dass sie gar nicht mehr in der Lage sein könnten, ihren Schuldendienst zu leisten. Nicht nur die Währungsentwicklung, sondern auch die Zahlungsfähigkeit der Schuldner stellt nämlich ein Risiko einer Kreditvergabe dar – eine Tatsache, welche die Zinsentwicklung vor der Krise in keiner Weise widerspiegelt hatte. Mit grosser Verspätung realisierten die Anleger, dass trotz gemeinsamer Währung zwischen den Staatsanleihen von Deutschland und Griechenland grosse Unterschiede bestanden, wie die Zinskurve der **Abbildung 9.7** ab Mitte 2008 zeigt. Zwar gingen die Zinsaufschläge wieder etwas zurück, als sich die Finanzmärkte stabilisierten. Zu Beginn des Jahres 2010 aber, als sich die finanzielle Lage der GIPS-Länder weiter verschlechterte, brach die Krise voll aus. Die Zinsen für griechische Staatsanleihen stiegen in kürzester Zeit massiv an, und auch die drei anderen Länder mussten steigende Risikoprämien zahlen. Damit verschlechterte sich ihre Situation weiter, weil sich ihre wachsenden Schulden immer stärker verteuerten.

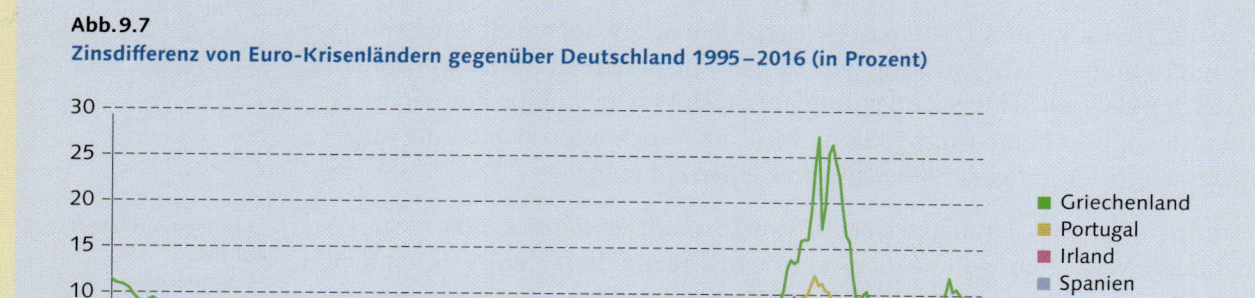

Internationale Arbeitsteilung

Abb. 9.7
Zinsdifferenz von Euro-Krisenländern gegenüber Deutschland 1995–2016 (in Prozent)

- Griechenland
- Portugal
- Irland
- Spanien

Quelle: EZB, Zinsen für Staatsanleihen mit 10-jähriger Laufzeit

Gerät ein privater Haushalt in eine Schuldenspirale, endet dies oft im zumindest teilweisen Konkurs. Die Gläubiger müssen in dem Fall anerkennen, dass eine volle Rückzahlung nicht möglich ist und sie zumindest Teile ihrer Kredite abschreiben müssen. Im Prinzip ist es bei einem überschuldeten Staat ähnlich. Die Geschichte kennt viele Staatsbankrotte. Geldgeber streben dann danach, mithilfe einer Umschuldung zumindest einen Teil zurückzuerhalten. Dabei verzichten sie auf den Rest in der Hoffnung, dass das Schuldnerland so eher in der Lage sein könnte, die verbliebenen Schulden zu bedienen. Der Spatz in der Hand (teilweise Rückzahlung) wird als besser erachtet als die Taube auf dem Dach (ganze Summe, die aber nicht zurückgezahlt werden kann).

Die offensichtliche Lösung der Verschuldungskrise im Euroraum wäre also eine solche teilweise Abschreibung der Schulden gewesen. So wäre akzeptiert worden, dass die Gläubiger in der Boomperiode unvorsichtig Kredite vergeben hatten und nun die Kosten dieses Fehlers mitzutragen hätten. Das Problem war allerdings, dass ein grosser Teil dieser Schuldenpapiere von europäischen Banken gehalten wurde, die ohnehin aufgrund ihrer Fehler vor Ausbruch der Finanzkrise in Schwierigkeiten steckten, also keine Polster mehr besassen. Damit drohte eine Wiederholung der Bankenkrise – eine Finanzkrise II sozusagen. Angesichts dieses Dilemmas entschieden sich die EU und die Europäische Zentralbank dafür, die Euro-Krisenländer massiv zu unterstützen.

9.7 Schweizer Aussenwirtschaftspolitik

Die Schweiz ist ein kleines Land, das wirtschaftlich schon sehr früh konsequent auf die internationale Arbeitsteilung gesetzt hat. Entsprechend hoch ist auch der Anteil des Handels am Schweizer Bruttoinlandprodukt: Die Summe aus Exporten und Importen macht heute rund 100% des BIP aus. Noch intensiver ist die internationale Investitionstätigkeit von Schweizer Unternehmen.

Ein vordringliches Ziel der Schweizer *Aussenwirtschaftspolitik* ist es, diese starke internationale Verflechtung des Landes vertraglich abzusichern. Wir werden hier zunächst die grundsätzliche strategische Ausrichtung der Schweizer Aussenwirtschaftspolitik skizzieren und dann die Beziehungen zur EU – dem mit Abstand wichtigsten Handelspartner – genauer erläutern.

→ **Aussenwirtschaftspolitik**
Massnahmen zur Absicherung der wirtschaftspolitischen Interessen eines Landes gegenüber dem Ausland.

9.7.1 Stark international ausgerichtete Schweiz

Die Schweiz ist ein kleines Land und verfügt kaum über natürliche Rohstoffe. Auf sich alleine gestellt wäre es ihr mit diesen Voraussetzungen kaum möglich gewesen, über ein bescheidenes Wohlstandsniveau hinauszukommen. Wenn die Schweiz heute eines der reichsten Länder der Erde ist, dann nur deshalb, weil es ihr gelungen ist, sich schon früh und nachhaltig in die Weltwirtschaft zu integrieren.

Um zu beurteilen, wie stark ein Land wirtschaftlich international verflochten ist, betrachtet man am besten seine Exporte. Damit man die Daten international vergleichen kann, werden die Exporte dabei als Prozentsatz des Bruttoinlandproduktes ausgewiesen. Wir sehen die Entwicklung dieser Messgrösse für die Schweiz und drei Vergleichsländer in **Abbildung 9.8**.

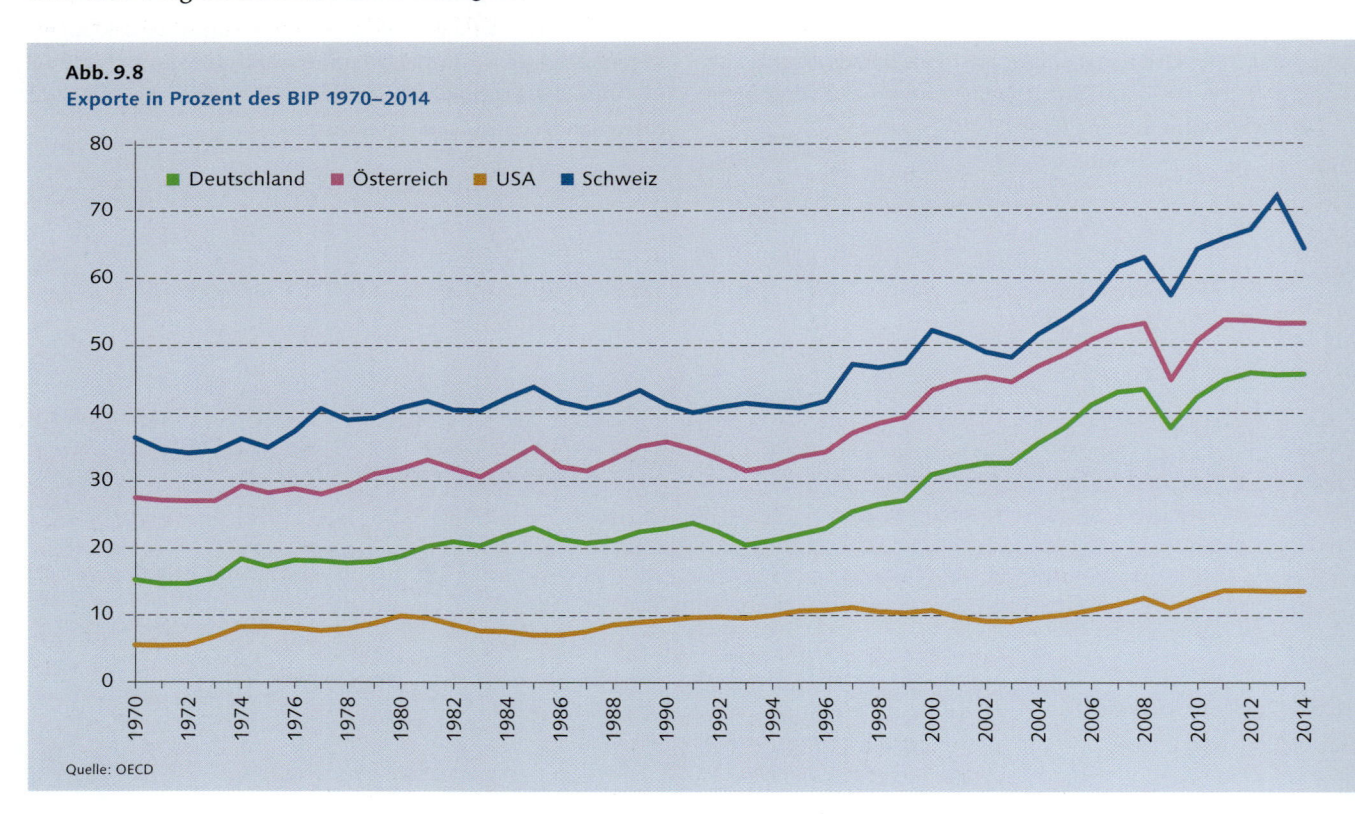

Abb. 9.8
Exporte in Prozent des BIP 1970–2014

Quelle: OECD

Internationale Arbeitsteilung 9

Die Schweiz weist eine sehr hohe Exportquote aus.

Die Schweizer Exporte machen heute etwa zwei Drittel des BIP aus; ein beträchtlicher Teil der in der Schweiz produzierten Waren und Dienstleistungen wird also exportiert. Der Anteil ist im internationalen Vergleich hoch, wenn auch – wie uns der Vergleich mit Österreich zeigt – nicht aussergewöhnlich. Deutschland und die USA haben hingegen deutlich tiefere Exportquoten. Heisst dies aber, dass diese beiden Länder wirtschaftlich weniger offen sind? Nicht notwendigerweise. Grosse Länder haben einen wesentlich grösseren inländischen Markt, können sich damit innerhalb ihrer Grenzen stärker spezialisieren und werden bei ansonsten ähnlichen Voraussetzungen immer weniger exportieren als kleinere Volkswirtschaften.

Neben den relativen Vergleichen gibt uns **Abbildung 9.8** noch eine weitere interessante Information: Die Exportquote steigt in den betrachteten Ländern über die Zeit an. Das bedeutet, dass die Exporte in den vergangenen Jahrzehnten stärker gewachsen sind als das BIP, dass also die internationale Arbeitsteilung laufend voranschreitet.

Neben dem Handel mit Waren und Dienstleistungen wird auch die internationale Mobilität von Kapital immer bedeutender. Und gerade dieser Aspekt zeigt uns die enorme internationale Verflechtung der Schweizer Wirtschaft. Es gibt kaum ein anderes Land, das einen derart hohen Anteil an Direktinvestitionen im Ausland aufweist wie die Schweiz.

9.7.2 Grundpfeiler der Schweizer Aussenwirtschaftspolitik

Die Aussenwirtschaftsstrategie des Bundesrates bildet einen geeigneten Ansatzpunkt, um die wichtigsten Elemente der Schweizer Aussenwirtschaftspolitik darzustellen. Sie leitet sich nämlich direkt von der Frage ab, wovon die positiven Wohlfahrtseffekte der internationalen Arbeitsteilung abhängen. Die Analyse führt zu drei Schlussfolgerungen, die uns nach der bisherigen Diskussion in diesem Kapitel nicht überraschen:

- Exporte erhöhen die Wohlfahrt.
- Importe erhöhen die Wohlfahrt.
- Eine möglichst weitgehende globale Arbeitsteilung erhöht die Wohlfahrt.

Schweizer Aussenwirtschaftspolitik

Die Schweiz exportiert nicht nur Waren wie Uhren, Maschinen oder Pharmaprodukte, sondern auch Dienstleistungen, etwa im Tourismus.

Diese Aussagen sind in der wirtschaftspolitischen Diskussion nicht unumstritten. Vor allem die zweite Aussage, dass Importe sich positiv auf die Wohlfahrt auswirken, wird gerne infrage gestellt. Nach unseren politisch-ökonomischen Überlegungen ist dies leicht zu verstehen. Wir haben ja gesehen, dass Produzenten kurzfristig profitieren, wenn es keine Konkurrenz durch Importe gibt. Und weil die gut organisierten Produzenteninteressen in der wirtschaftspolitischen Diskussion stark präsent sind, werden steigende Importe oft als etwas Negatives dargestellt. Zu Unrecht, wie unsere gesamtwirtschaftliche Betrachtung gezeigt hat, die auch die Konsumenteninteressen berücksichtigt.

Diese drei Aussagen zu den Wohlfahrtswirkungen des internationalen Handels bestimmen die strategische Ausrichtung der schweizerischen Aussenwirtschaftspolitik:

- Zur Förderung der Exporte wird angestrebt, ausländische Märkte für schweizerische Produkte und Produktionsfaktoren zu öffnen.
- Zur Förderung von Importen werden protektionistische Schranken abgebaut, um den Marktzutritt für ausländische Güter zum Schweizer Binnenmarkt offen zu halten.
- Zur Förderung der globalen Arbeitsteilung werden unsere Handelspartner bei ihrer Integration in die Weltwirtschaft unterstützt, damit möglichst viele Länder möglichst intensiv an der globalen Spezialisierung teilnehmen können.

Zusammenfassende Übersicht

```
            Pfeiler der Schweizer Aussenwirtschaftspolitik
           ┌──────────────────────┼──────────────────────┐
   Förderung des           Förderung des          Unterstützung anderer
Marktzutritts im Ausland  Marktzutritts in die Schweiz  Länder bei der Integration
 (Erleichterung Exporte)  (Erleichterung Importe)    in die Weltwirtschaft
```

9.7.3 Schweizer Integrationspolitik

Die Schweiz ist mit der EU wirtschaftlich ausgesprochen stark verflochten. Die Lieferungen in die EU machen rund 55% der schweizerischen Exporte aus und entsprechen jährlich über 110 Milliarden Franken. Bei den Importen stammen über 70% aus der EU, was jährlich gut 120 Milliarden Franken entspricht. Dennoch hat sich die Schweiz wirtschaftspolitisch weit weniger stark integriert als die anderen europäischen Länder. Wegen der überragenden Bedeutung der EU für den Schweizer Aussenhandel ist die Haltung gegenüber dem europäischen Integrationsprozess aber nach wie vor eine der wichtigsten, wenn nicht die wichtigste aussenwirtschaftspolitische Frage. Und auch für die EU besteht ein wirtschaftliches Interesse an vertieften Beziehungen zur Schweiz, denn sie ist nach den USA immerhin das weltweit zweitgrösste Exportland der EU.

Wie haben sich die Beziehungen der Schweiz zur Europäischen Gemeinschaft bzw. zur EU bisher entwickelt? Hier die wichtigsten Stationen:

1972 Freihandelsabkommen für den Warenverkehr (ohne Landwirtschaft) mit der EG. Lange Zeit war dies mit Abstand der wichtigste Integrationsschritt der Schweiz in Richtung EG/EU. Mit dem Abkommen wurde zwischen der EFTA und der damaligen EG eine Freihandelszone errichtet, ausgenommen ist dabei die Landwirtschaft.

1992 Ablehnung des Beitritts zum Europäischen Wirtschaftsraum (EWR). Das negative Ergebnis bei der Volksabstimmung machte klar, dass die Schweiz einen anderen Weg einschlagen würde als die restlichen europäischen Staaten, zumal ja die übrigen in der EFTA verbliebenen Staaten das Abkommen unterzeichneten. Die nächsten Integrationsschritte der Schweiz zielten darauf ab, in bestimmten Bereichen, bei denen gemeinsame Interessen bestanden, sektorielle Abkommen anzustreben. Diesen sogenannten «bilateralen Weg» beschreitet die Schweiz seither mit einigem Erfolg.

2000 Annahme der *Bilateralen I*. Dies war ein Paket von sieben Abkommen über den Personenverkehr, den Landverkehr, den Luftverkehr, die Forschung, das öffentliche Beschaffungswesen, die Agrarprodukte und die technischen Handelshemmnisse. Den wirtschaftlich bedeutendsten Schritt stellte dabei das Abkommen über den freien Personenverkehr dar. Er ermöglicht den Bürgerinnen und Bürgern der EU und der Schweiz, die irgendwo in der Schweiz oder in der EU eine Arbeitsstelle finden, diese ohne Einschränkung antreten zu können.

2001 Ablehnung der Initiative «Ja zu Europa». Diese Initiative wollte Verhandlungen über einen EU-Beitritt auslösen. Ihre Ablehnung verdeutlichte, dass ein EU-Beitritt in naher Zukunft kaum auf der politischen Traktandenliste erscheinen würde.

2004 Abkommen über die *Bilateralen II*. Das zweite Paket umfasste neun Abkommen, von denen vor allem drei von grösserer Bedeutung waren. Zwei davon, nämlich die Abkommen über die Zinsbesteuerung und über die Betrugsbekämpfung, betrafen Anliegen der EU. Das vom Volk 2005 angenommene Abkommen zur Teilnahme der Schweiz an der Sicherheitszusammenarbeit im

→ **Bilaterale I**
Vertragswerk zwischen der EU und der Schweiz, das infolge der Ablehnung des EWR-Beitritts ausgehandelt wurde. Es ist als Paket konzipiert und enthält insgesamt sieben Abkommen, darunter eines zum freien Personenverkehr.

→ **Bilaterale II**
Vertragswerk zwischen der EU und der Schweiz, das die Bilateralen I ergänzt. Es umfasst insgesamt neun Abkommen, darunter die Sicherheitszusammenarbeit im Rahmen von «Schengen-Dublin».

Rahmen von «Schengen-Dublin» (verstärkte Zusammenarbeit von Polizei, Justiz und Asylwesen) dagegen wurde von der Schweiz als Anliegen eingebracht.

2009 Annahme der Weiterführung der Personenfreizügigkeit und der Ausdehnung auf Rumänien und Bulgarien in einer Volksabstimmung.

2014 Annahme der Initiative «Gegen Masseneinwanderung». Das Schweizer Stimmvolk entscheidet sich damit gegen die Fortführung der Personenfreizügigkeit. In der Folge ist das Verhältnis zwischen der Schweiz und der EU angespannt. Wie der bilaterale Weg weitergeführt werden kann, ist offen.

Internationale Arbeitsteilung

ZUSAMMENFASSUNG ANHAND DER LERNZIELE

1 Die Zahlungsbilanz

Jede internationale Transaktion wird in der Zahlungsbilanz eines Landes festgehalten, wobei als Zahlungseingang jeder Zufluss an finanziellen Mitteln verbucht wird und als Zahlungsausgang jeder Abfluss an Mitteln. Die Zahlungsbilanz unterteilt sich in die Leistungsbilanz und in die Kapitalverkehrsbilanz. Die Leistungsbilanz erfasst alle Transaktionen von realen Leistungen wie Waren oder Dienstleistungen. In der Kapitalverkehrsbilanz werden die Käufe und Verkäufe von Kapitalanlagen im weitesten Sinne abgebildet.

2 Zunehmende Globalisierung

Der internationale Austausch von Waren, Dienstleistungen, Arbeit, Kapital und Wissen hat in den letzten Jahrzehnten deutlich zugenommen. Diese zunehmende Globalisierung der Wirtschaft hat dazu geführt, dass die weltweite Arbeitsteilung heute mehr Menschen integriert als je zuvor.

3 Komparative Vorteile und die Arbeitsteilung

Komparative und nicht absolute Vorteile bestimmen die Arbeitsteilung. Auch ein Land, das in allen Gebieten einen absoluten Produktivitätsrückstand hat, kann mit Gewinn an der internationalen Arbeitsteilung teilnehmen. Es spezialisiert sich auf die Tätigkeiten, bei denen seine Opportunitätskosten im Verhältnis zu reicheren Ländern am geringsten sind, denn dort liegt sein komparativer Vorteil.

4 Wechselkurs

Der Wechselkurs ist in der Schweiz definiert als die inländische Währung geteilt durch die ausländische Währung, also z. B. Franken pro Euro. Die Geldpolitik hat einen direkten Einfluss auf den Wechselkurs, weil sie die relative Menge der einheimischen Währung gegenüber den anderen Währungen verändert. Kurzfristig führt etwa eine expansive Geldpolitik zu einer Abwertung der Währung.

5 Kosten des Protektionismus

Öffnet ein Land seine Grenzen dem internationalen Handel, so steigt seine Wohlfahrt. Dabei ist es belanglos, ob das Land Exporteur oder Importeur eines Gutes ist; die gesamtwirtschaftliche Wohlfahrt steigt in jedem Fall. Zollschranken reduzieren folglich die Wohlfahrt, da die Kosten der Einschränkung des beidseitig vorteilhaften Austausches durch die Zolleinnahmen nicht vollständig kompensiert werden. Auch nichttarifäre Handelshemmnisse reduzieren die Wohlfahrt.

Internationale Arbeitsteilung

6 Die politische Ökonomie des Protektionismus
Protektionistische Massnahmen sind aus politisch-ökonomischen Gründen schwer zu eliminieren, da hier gut organisierte Interessengruppen (inländische Produzenten) kurzfristig auf der Verliererseite stehen. Die Gewinner einer Marktöffnung (vor allem die Konsumentinnen und Konsumenten) lassen sich jedoch politisch nur schwer organisieren und mobilisieren.

7 Formen der Handelsliberalisierung
Handelshemmnisse kann man auf drei Arten abbauen: multilateral (gegenüber allen Ländern), regional (gegenüber einigen Ländern) und bilateral (gegenüber einem Land). Multilateraler Freihandel stellt aus Wohlfahrtssicht klar die beste Lösung dar, ist aber politisch oft schwierig umzusetzen. Regionale Handelsliberalisierung wird auch als Integration bezeichnet. Sie führt zu positiv wirkender Handelsschaffung (zusätzlicher Austausch mit den Mitgliedern des Integrationsraums) und zu negativ wirkender Handelsumlenkung (es wird oft nicht mehr vom weltweit billigsten Produzenten importiert). Sind viele Länder beteiligt, so überwiegen in der Regel die positiven Effekte der Integration deutlich.

8 Formen der wirtschaftlichen Integration
Eine Integration kann unterschiedliche Stufen der Zusammenarbeit beinhalten. Mit zunehmender Intensität der Integration geht dies von Freihandelszonen (Zollabbau zwischen Mitgliedern) über Zollunionen (gemeinsame Aussenzölle) zu Binnenmärkten (freier Austausch von Waren, Dienstleistungen, Arbeit und Kapital), Währungsunionen (gemeinsame Währung) und vollständigen Wirtschaftsunionen (gemeinsame Wirtschaftspolitik).

9 Entwicklung der europäischen Integration
Die Europäische Union ist der weltweit wichtigste Integrationsraum. Sie entwickelte sich in den letzten Jahrzehnten stark, und zwar einerseits über die Vertiefung (von einer Zollunion über einen Binnenmarkt zu einer Währungsunion), andererseits über die Erweiterung (Aufnahme zusätzlicher Mitgliedsländer; heute 28 Staaten).

10 Schweizer Aussenwirtschaftspolitik
Die Schweizer Aussenwirtschaftspolitik versucht, die Märkte vor allem mit Verträgen im Rahmen der WTO (multilaterale Öffnung), aber auch über bilaterale Abkommen mit wichtigen Handelspartnern zu öffnen. Die EU ist mit Abstand der wichtigste Handelspartner der Schweiz. Über sektorielle bilaterale Abkommen versucht die Schweizer Aussenwirtschaftspolitik, die Handelsbeziehungen mit der EU zu vereinfachen und zu vertiefen.

9 Internationale Arbeitsteilung

ZENTRALE BEGRIFFE

Zahlungsbilanz →244
Leistungsbilanz →244
Kapitalverkehrsbilanz →245
Direktinvestition →245
Portfolioinvestition →245
Globalisierung →246
Wertschöpfungskette →247
Komparativer Vorteil →249
Absoluter Vorteil →250
Zollsatz →254
Nichttarifäre Handelshemmnisse →254
Quoten →254
Technische Handelshemmnisse →254
Cassis-de-Dijon-Prinzip →254
Freihandel →255
Handelspolitik →256

Handelsliberalisierung →257
WTO →257
Regionale Integration →257
Freihandelsabkommen →257
Meistbegünstigung →258
Inländerbehandlung →259
Handelsschaffung →260
Handelsumlenkung →260
Freihandelszone →260
Zollunion →260
Ursprungsnachweis →260
Binnenmarkt →260
Vier Freiheiten →261
Währungsunion →261
Vollständige Wirtschaftsunion →261
Bretton-Woods-Konferenz →263
Weltbank →263

Römische Verträge →263
Vertrag von Maastricht →264
Schengener Abkommen →264
EFTA →265
Europäischer Wirtschaftsraum (EWR) →265
Aussenwirtschaftspolitik →268
Bilaterale I →271
Bilaterale II →271

Internationale Arbeitsteilung

REPETITIONSFRAGEN KAPITEL 9

1
a) Erklären Sie, weshalb die Zahlungsbilanz immer ausgeglichen sein muss.
b) Wodurch zeichnen sich die Zahlen der Schweizer Zahlungsbilanz im internationalen Vergleich aus? Nennen Sie die entsprechenden Unterbilanzen und beschreiben Sie die «auffälligsten» Posten.

2 Was versteht man unter dem Begriff «Aufspaltung der Wertschöpfungskette»?

3
a) Definieren Sie den zentralen Begriff des komparativen Vorteils.
b) Bei der Produktion welcher Arten von Waren und Dienstleistungen hat die Schweiz in Ihrer Einschätzung eher komparative Vorteile, bei welcher Nachteile?
c) In vielen Entwicklungsländern wurde über lange Zeit eine Strategie verfolgt, die wie folgt argumentierte: «Weil die Produzenten ja ohnehin keine Chance im globalen Wettbewerb haben, muss man die Märkte mit Zöllen von der Konkurrenz abschotten. Erst wenn die Produzenten eine gewisse Grösse und Wettbewerbsfähigkeit erreicht haben, kann man den Markt schrittweise öffnen.» Diskutieren Sie diese Strategie aus ökonomischer Sicht.

4 «Die Marktöffnung im Landwirtschaftsbereich ist ein Nullsummenspiel: Was die Konsumenten durch tiefere Preise an Wohlfahrt gewinnen, geht bei den Bauern, die nun weniger verdienen, gleich wieder verloren.» Nehmen Sie zu dieser Aussage Stellung und argumentieren Sie mithilfe eines Angebot-Nachfrage-Diagramms.

5 Erklären Sie, was die Vor- und die Nachteile eines fixen Wechselkurses sind.

6 Weshalb setzt sich die Politik meist nicht für einen vollständigen Zollabbau ein, wenn dieser doch zu sinkenden Preisen und grösserer gesamtwirtschaftlicher Wohlfahrt führen würde? Argumentieren Sie aus politischökonomischer Sicht.

7
a) Weshalb stehen der Bilateralismus und die regionale Integration eigentlich im Widerspruch zu den WTO-Prinzipien?
b) Wirkt die regionale Integration in jedem Fall positiv auf die Wohlfahrt? Begründen Sie.
c) Zählen Sie die fünf Formen der wirtschaftlichen Integration auf, und beschreiben Sie deren Merkmale.

8
a) Nehmen Sie zur folgenden Aussage Stellung: «Ziel der Aussenwirtschaftspolitik sollte es sein, die Exporte zu fördern und die Importe einzudämmen, denn schliesslich gehen Importe bei der Berechnung des BIP als negativer Betrag ein.»
b) Nennen Sie die drei Stossrichtungen der Schweizer Aussenwirtschaftspolitik.

Glossar

Absoluter Vorteil Gegenüber dem Handelspartner höhere Produktivität bei der Produktion eines Gutes.

Abwertung Verringerung des Werts einer Währung gegenüber einer anderen Währung, sodass pro Einheit der Währung weniger Einheiten der anderen Währung gekauft werden können.

Aktie Wertpapier, mit dessen Kauf sich der Anleger zum anteilsmässigen Besitzer des Unternehmens macht; damit beteiligt er sich an der Wertsteigerung und – über die Dividende – am Gewinn des Unternehmens.

Allmendgüter Güter, die zwar rivalisierend im Gebrauch, aber nicht ausschliessbar sind. Bei Allmendgütern besteht die Gefahr der übermässigen Nutzung des Gutes.

Allokation der Ressourcen Entscheid darüber, wofür die knappen Ressourcen eingesetzt werden.

Anbieter Wirtschaftliche Akteure, die Güter auf einem Markt zum Verkauf anbieten.

Angebotskurve Grafische Darstellung der angebotenen Mengen in Abhängigkeit vom Preis.

Angebotsüberhang Die angebotene Menge übersteigt die nachgefragte Menge, weil der herrschende Preis über dem Gleichgewichtspreis des Marktes liegt.

Anreiz Faktor, der einen wirtschaftlichen Akteur motiviert, sich für eine bestimmte Handlungsalternative zu entscheiden.

Antizyklische Konjunkturpolitik Beeinflussung der Konjunktur durch eine expansive Geld- und Fiskalpolitik in einer Rezession und eine restriktive während eines Booms. Wird auch als keynesianische Konjunkturpolitik bezeichnet.

Äquivalenzprinzip Versicherungsprinzip, wonach die versicherte Leistung den bezahlten Beiträgen entspricht.

Arbeitslosenquote Prozentualer Anteil der Arbeitslosen an der Erwerbsbevölkerung.

Arbeitslosenversicherung Sozialversicherung, die erwerbslosen Personen während der Arbeitssuche ein Einkommen garantiert.

Arbeitsmarktliche Massnahmen Gesamtheit aller Massnahmen, mittels deren arbeitslose Personen arbeitsmarktfähig gehalten werden und rasch wieder in den Arbeitsprozess eingegliedert werden sollen.

Arbeitsmarktregulierungen Gestaltung des Arbeitsmarktes durch Gesetze und Verordnungen.

Arbeitsproduktivität Menge an produzierten Gütern pro geleistete Arbeitsstunde.

Arbeitsteilung Aufteilung des Produktionsprozesses in einzelne Arbeitsschritte, die durch jeweils verschiedene Personen oder Unternehmen ausgeführt werden.

Asymmetrische Information Bei einer Markttransaktion verfügt die eine Seite über mehr und bessere Informationen als die Gegenseite.

Ausschliessbarkeit Eigenschaft eines Gutes, wonach ein Akteur einen anderen am Gebrauch eines Gutes hindern kann.

Aussenhandelspolitik siehe → Handelspolitik

Aussenwirtschaftspolitik Massnahmen zur Absicherung der wirtschaftspolitischen Interessen eines Landes gegenüber dem Ausland.

Automatische Stabilisatoren Staatliche Einnahmen und Ausgaben, die so ausgestaltet sind, dass bei einem Rückgang der gesamtwirtschaftlichen Nachfrage automatisch die Nachfrage stimuliert wird.

Bank für Internationalen Zahlungsausgleich (BIZ) Internationale Organisation mit Sitz in Basel, die unter anderem Regeln für die Ausstattung der Banken mit Eigenkapital festlegt. Die BIZ verwaltet einen Teil der internationalen Währungsreserven und gilt deshalb auch als Zentralbank der Zentralbanken.

Bank-Run Krisensituation, bei der die meisten Einleger gleichzeitig ihre Einlagen bei einer Bank abheben möchten und die Bank wegen mangelnder liquider Mittel zu dieser Auszahlung nicht in der Lage ist.

Bedürfnis Wunsch, einen empfundenen Mangel zu beseitigen oder zu mildern.

Beitragssatz Prozentsatz des versicherten Lohnes, der als Beitrag («Prämie») für eine Sozialversicherung bezahlt werden muss.

Beschäftigung Anteil der Personen im erwerbsfähigen Alter, die einer bezahlten Arbeit nachgehen.

Beveridge-Kurve Grafische Darstellung des Zusammenhangs zwischen der Anzahl Arbeitsloser und der Anzahl offener Stellen.

Bilaterale I Vertragswerk zwischen der EU und der Schweiz, das infolge der Ablehnung des EWR-Beitritts ausgehandelt wurde. Es ist als Paket konzipiert und enthält insgesamt sieben Abkommen, darunter eines zum freien Personenverkehr.

Bilaterale II Vertragswerk zwischen der EU und der Schweiz, das die Bilateralen I ergänzt. Es umfasst insgesamt neun Abkommen, darunter die Sicherheitszusammenarbeit im Rahmen von «Schengen-Dublin».

Binnenmarkt Integrationsform, bei der nicht nur Güter, sondern auch die Produktionsfaktoren Arbeit und Kapital frei gehandelt werden können.

Binnensektor Unternehmen und Branchen, die ihre Güter vorwiegend im Inland absetzen.

BIP siehe → Bruttoinlandprodukt (BIP)

Boom siehe → Hochkonjunktur

Bretton-Woods-Konferenz Konferenz der Alliierten, abgehalten 1944 in Bretton Woods (USA), um die Grundpfeiler der globalen wirtschaftlichen Zusammenarbeit nach dem Zweiten Weltkrieg festzulegen.

Bretton-Woods-System Ein System fixer Wechselkurse, an dem die wichtigsten Währungen der Welt, mit dem US-Dollar als Leitwährung, beteiligt waren.

Bruttoinlandprodukt (BIP) Wert der gesamten Produktion (abzüglich Vorleistungen) von Gütern, die während eines Jahres in einem Land hergestellt werden.

Budgetdefizit Die Ausgaben eines öffentlichen Haushalts übersteigen innerhalb einer Budgetperiode dessen Einnahmen.

Cassis-de-Dijon-Prinzip Prinzip, nach dem die EU-Mitgliedsländer beim Handel untereinander jene nationalen technischen Vorschriften gegenseitig anerkennen, die nicht EU-weit vereinheitlicht sind. Der Begriff geht auf ein Urteil des Europäischen Gerichtshofs zurück.

Clubgüter Güter, die ausschliessbar, aber nicht rivalisierend im Gebrauch sind.

CO_2-Abgabe Schweizerische Lenkungsabgabe auf fossile Brennstoffe, wie z. B. Heizöl oder Erdgas. Die Einnahmen werden vollständig an die Bevölkerung und die Unternehmen zurückverteilt.

Crowding-out Verdrängung privater Investitionen, weil durch die staatliche Nachfrage nach Krediten die Zinsen steigen.

Deflation Anhaltender Rückgang des Preisniveaus (Preise aller Güter).

Depression Eine besonders schwere und lang anhaltende Rezessionsphase.

Deregulierung Lockerung oder Beseitigung staatlicher Regulierungen.

Devisen Gelder und Kontoguthaben in einer Fremdwährung.

Glossar

Dienstleistung Immaterielles, d.h. körperlich nicht vorhandenes Gut.

Direkte Steuer Steuer, die aufgrund von persönlichen Merkmalen der steuerpflichtigen Personen oder Unternehmen erhoben wird, etwa aufgrund des Einkommens oder des Vermögens.

Direktinvestition Substanzielle Beteiligung eines inländischen Investors an einem ausländischen Unternehmen.

Dividende Ausschüttung des Gewinns einer Aktiengesellschaft an die Aktionäre.

Dreimonats-Libor für Schweizer Franken Zinssatz auf dem Londoner Markt für dreimonatige, in Schweizer Franken lautende Kredite zwischen Banken.

Dreisäulenprinzip Konzept der schweizerischen Altersvorsorge, wobei die 1. Säule durch die Alters- und Hinterlassenenversicherung (AHV), die 2. Säule durch die berufliche Vorsorge (BV) und die 3. Säule durch die private Vorsorge gebildet wird.

Duale Berufsbildung Bildungssystem mit paralleler Ausbildung im Betrieb und in der Berufsschule.

Effizienz Situation, in der es mit den gegebenen Ressourcen nicht möglich ist, mehr von einem Gut zu produzieren, ohne dass von einem anderen Gut weniger hergestellt werden kann. Im weiteren Sinne bezeichnet Effizienz eine Situation, in der die Wohlfahrt der Akteure maximiert ist.

EFTA Abkürzung für «European Free Trade Association». Diese Freihandelszone wurde 1960 als Gegengewicht zur damaligen Europäischen Gemeinschaft (EG) gegründet.

Eidgenössische Finanzmarktaufsicht (FINMA) Behörde, die in der Schweiz die wichtigsten Finanzmarktteilnehmer beaufsichtigt.

Eigenhandel Bankgeschäft, das darin besteht, Wertpapiere auf eigene Rechnung zu handeln, um daraus einen Gewinn zu erzielen.

Eigenkapital Finanzierung der Vermögenswerte eines Unternehmens über die Miteigentümer des Unternehmens.

Eigenkapitalanforderungen Regulierung, die verlangt, dass eine Bank einen gewissen minimalen Anteil an Eigenkapital hält.

Eigentumsrechte Durchsetzbare Rechte, die das Eigentum der Menschen schützen.

Elastizität Ausmass der Reaktion einer Grösse auf die Veränderung einer anderen wirtschaftlichen Grösse.

Emissionsrecht siehe → Umweltzertifikat

Entstehungsseite des BIP Berechnung des BIP über die entstandene Wertschöpfung bei der Produktion von Gütern.

Erwerbsbevölkerung Alle arbeitsfähigen und arbeitswilligen 15- bis 64-jährigen Personen.

Erwerbsquote Prozentualer Anteil der Erwerbsbevölkerung an der Gesamtheit der 15- bis 64-Jährigen.

Erwerbstätigenquote Prozentualer Anteil der Bevölkerung im erwerbsfähigen Alter zwischen 15 und 64 Jahren, der einer bezahlten Arbeit nachgeht.

Europäischer Wirtschaftsraum (EWR) Der EWR erweitert den europäischen Binnenmarkt um drei der vier EFTA-Staaten: Island, Norwegen und Liechtenstein.

Externalitäten siehe → Externe Effekte

Externe Effekte Auswirkung einer Handlung eines ökonomischen Akteurs auf die Handlungen eines anderen, ohne dass sich dies in den Preisen widerspiegelt. Externe Effekte werden auch als Externalitäten bezeichnet.

Finanzmärkte Organisierte Märkte, auf denen Wertpapiere gehandelt werden.

Finanzpolitik Massnahmen zur Steuerung der Einnahmen und Ausgaben des Staates.

Finanzstabilität Situation, in der die Finanzmärkte und die Banken ihre Funktionen problemlos erfüllen können.

Fiskalpolitik Beeinflussung der Konjunktur durch die Gestaltung der Staatseinnahmen und -ausgaben.

Fixer Wechselkurs Wechselkurssystem, bei dem die Kurse der beteiligten Währungen innerhalb einer gewissen Bandbreite gegeneinander fixiert sind.

Fixkosten Kosten, die unabhängig davon anfallen, wie viel von einem Gut produziert wird.

Flexibler Wechselkurs Wechselkurs, der sich auf dem freien Markt bildet, ohne dass die Zentralbank versucht, diesen Kurs mit gezielten geldpolitischen Eingriffen zu gestalten.

Föderalismus Die einzelnen Gliedstaaten (z. B. Kantone oder Bundesländer) eines Landes bewahren ein grosses Mass an politischer Eigenständigkeit.

Freihandel Grenzüberschreitender Handel, der nicht durch Zölle und andere Handelshemmnisse beeinträchtigt wird.

Freihandelsabkommen Meist bilaterale Abkommen, die den Handel zwischen den beteiligten Staaten liberalisieren.

Freihandelszone Integrationsform, bei der Zölle und andere Handelsbeschränkungen zwischen den Mitgliedsländern abgeschafft werden, die Aussenzölle gegenüber Nichtmitgliedern aber nicht vereinheitlicht werden.

Fremdkapital Finanzierung der Vermögenswerte eines Unternehmens über Geldgeber, die nicht Eigentümer des Unternehmens sind.

Friktionelle Arbeitslosigkeit Arbeitslosigkeit, die beim Stellenwechsel dadurch entsteht, dass die neue Stelle erst gefunden werden muss. Die friktionelle Arbeitslosigkeit wird auch als Sucharbeitslosigkeit bezeichnet.

Fristentransformation Volkswirtschaftliche Funktion der Banken, dafür zu sorgen, dass kurzfristig angelegte Spargelder für langfristige Investitionsprojekte zur Verfügung gestellt werden.

Gebühr Zahlungen an den Staat für klar definierte Gegenleistungen, wie z. B. für das Ausstellen eines Reisepasses.

Geldmarkt Teil des Finanzmarkts, auf dem sich die Banken gegenseitig kurzfristige Kredite geben.

Geldmarktzins Zinsen, die für sehr kurzfristige Kredite auf dem Geldmarkt verlangt werden.

Geldmenge Menge an Mitteln, die für Zahlungen verwendet werden können.

Geldmengenziel Geldpolitisches Ziel, das Preisstabilität über die Beeinflussung der Geldmenge erreichen will.

Geldpolitik Steuerung des Geldangebots durch die Zentralbank. Bei einer expansiven Geldpolitik wird die Geldmenge erhöht, bei einer restriktiven reduziert.

Geldschöpfung Schaffung von Geld, indem die Zentralbank den Geschäftsbanken und schliesslich die Geschäftsbanken weiteren Akteuren Kredite gewähren.

Geldschöpfungsmultiplikator Faktor, um den sich eine von der Zentralbank geschaffene Geldeinheit durch die Geldschöpfung der Geschäftsbanken maximal erhöhen kann.

Gesamtarbeitsvertrag siehe → Tarifvertrag

Gesamtwirtschaftliche Nachfrage Die gesamte, während einer bestimmten Periode gekaufte Menge an Gütern.

Gesamtwirtschaftliche Produktionsfunktion Beziehung zwischen der in einer Volkswirtschaft produzierten Menge an Gütern (reales BIP) und den insgesamt dafür eingesetzten Produktionsfaktoren.

Gesamtwirtschaftliches Angebot Die gesamte, während einer bestimmten Periode produzierte Menge an Gütern.

Geschäftsbanken Kommerzielle Geldinstitute, die Gelder entgegennehmen und als Kredite vergeben. Alle Banken ausser der Zentralbank werden als Geschäftsbanken bezeichnet.

Glossar

Gesetz der Nachfrage Die nachgefragte Menge sinkt mit steigenden Preisen, wenn alle anderen Einflüsse konstant gehalten werden.

Gesetz des abnehmenden Grenznutzens Je mehr man von einem Gut bereits konsumiert hat, desto geringer wird der Nutzen einer zusätzlich konsumierten Einheit.

Girokonten der Geschäftsbanken bei der Zentralbank Konten, welche die Geschäftsbanken bei der Zentralbank haben. Diese sind so liquide wie Bargeld und werden deshalb zur Notenbankgeldmenge gezählt.

Gleichgewicht Situation, in der kein wirtschaftlicher Akteur einen Grund hat, seine Handlungen anzupassen.

Gleichgewichtige Arbeitslosigkeit siehe → Sockelarbeitslosigkeit

Globalisierung Zunehmende wirtschaftliche Verflechtung von Volkswirtschaften durch die raschere Verbreitung von Technologien und das Wachstum des globalen Handels und der internationalen Finanzströme.

Grenznutzen Zusätzlicher Nutzen, der entsteht, wenn eine zusätzliche Einheit eines Gutes konsumiert wird.

Güter Mittel zur Befriedigung menschlicher Bedürfnisse.

Handelsbilanz Stellt die Exporte eines Landes den Importen gegenüber. Der Saldo der Handelsbilanz entspricht den Nettoexporten.

Handelsliberalisierung Massnahmen zur Förderung des freien Handels, insbesondere der Abbau von Zöllen und anderen Handelshemmnissen.

Handelspolitik Alle staatlichen Massnahmen, die den internationalen Handel eines Landes gezielt beeinflussen. Wird auch als Aussenhandelspolitik bezeichnet.

Handelsschaffung Erhöhung der Menge an gehandelten Gütern durch wirtschaftliche Integration.

Handelsumlenkung Güter werden nicht mehr vom weltweit günstigsten Produzenten bezogen, sondern vom günstigsten Produzenten innerhalb des Integrationsraums, dessen Preise nicht mehr durch Zölle belastet sind.

Harte Kartelle Absprachen, die den Wettbewerb besonders drastisch einschränken. Darunter fallen Preis-, Mengen- und Gebietskartelle.

Hochkonjunktur Gesamtwirtschaftliche Situation, in der wegen der grossen Nachfrage die Produktionsfaktoren übermässig ausgelastet sind. Wird auch als Boom bezeichnet.

Homo oeconomicus Verhaltensmodell der Volkswirtschaftslehre, das davon ausgeht, dass sich die Menschen bei Entscheiden rational verhalten und ihren Nutzen maximieren.

Homogene Güter Güter, die sich in ihrer Qualität nicht unterscheiden und vollkommen gegeneinander austauschbar sind.

Humankapital Fähigkeiten, Fertigkeiten und Wissen der Arbeitskräfte, in der Regel erworben durch Aus- und Weiterbildung.

Hyperinflation Sehr starke Inflation. Als Faustregel gilt: Liegen die monatlichen Inflationsraten über 50 %, wird von Hyperinflation gesprochen.

Indikator Eine beobachtbare Grösse, die Aufschlüsse über eine nicht beobachtbare Grösse oder einen nur schwer messbaren Zustand gibt.

Indirekte Steuer Steuer, die auf Markttransaktionen im weitesten Sinne erhoben wird. Ein typisches Beispiel ist die Mehrwertsteuer.

Inflation Anstieg des generellen Preisniveaus, meist gemessen als prozentuale Veränderung des Preises für einen umfassenden Warenkorb.

Inflationsprognose Vorhersage der zukünftigen Inflationsentwicklung, meist unter Zuhilfenahme statistischer Modelle.

Inflationssteuer Einnahmen, die der Staat durch übermässige Geldschöpfung erzielt. Alle Haushalte und Unternehmen, die Geld halten, «bezahlen» diese Steuer, da sich ihr Geld durch die Inflation laufend entwertet.

Inflationsziel Geldpolitisches Ziel, das direkt die Preisstabilität anvisiert.

Informelle Wirtschaftsbeziehungen Aufgrund fehlender Rechtssicherheit handeln die Akteure nicht über anonyme Märkte, sondern nur mit ihnen bekannten Personen oder Unternehmen.

Inländerbehandlung Prinzip der WTO, nach dem inländische Produkte gegenüber Produkten anderer WTO-Mitgliedsländer nicht durch Regulierungen bevorzugt werden dürfen.

Innovation Erfindung oder Verbesserung eines Produkts oder einer Produktionsmethode und deren Durchsetzung auf dem Markt.

Insolvenz Zustand, in dem ein Unternehmen so überschuldet ist, dass es nicht mehr in der Lage ist, das Fremdkapital zurückzuzahlen.

Interessengruppen Unterschiedlich stark organisierte, nicht gewählte Gruppierungen, die versuchen, den politischen Prozess zu ihren Gunsten zu beeinflussen.

Intermediär Klassische Funktion der Geschäftsbanken; sie sorgen dafür, dass die Ersparnisse der Haushalte zu den Investoren fliessen.

Internalisierung Berücksichtigung der externen Effekte durch die Verursacher.

Internationaler Währungsfonds (IWF) Internationale Organisation, die unter anderem zum Ziel hat, die Stabilität des internationalen Finanzsystems zu fördern.

Investitionsausgaben Ausgaben der Unternehmen und der öffentlichen Hand für sehr langlebige Güter.

Investmentbanking Bankgeschäft, das v. a. darin besteht, Unternehmen bei Finanzmarktgeschäften zu unterstützen.

Kalte Progression Anstieg der realen Steuerlast, der dadurch entsteht, dass bei Inflation Arbeitnehmende mit steigenden Nominallöhnen in höhere Steuerklassen kommen, auch wenn sie real nicht mehr verdienen.

Kapitaldeckungsverfahren Finanzierungsmethode von Versicherungen, bei der die Beiträge der Versicherten auf dem Kapitalmarkt angelegt werden, um aus Beitragssumme und Zinserträgen später den Versicherungsanspruch abzudecken.

Kapitalmarkt Markt, auf dem sich die Unternehmen und der Staat Geld in Form von langfristigen Krediten beschaffen können.

Kapitalverkehrsbilanz Teilbilanz der Zahlungsbilanz, welche alle grenzüberschreitenden Zuflüsse und Abflüsse von Kapital erfasst.

Kartell Gruppe von Unternehmen, die sich absprechen, um eine monopolistische Stellung zu erlangen.

Kaufkraft Menge an Gütern, die mit einer bestimmten Menge Geld gekauft werden kann.

Keynesianische Konjunkturpolitik siehe → Antizyklische Konjunkturpolitik

Klimarappen Kleine Abgabe pro importierten Liter Benzin oder Diesel. Die Einnahmen der Abgabe werden im Inland und Ausland in Projekte zur Verminderung von Treibhausgasen investiert.

Kommissionsgeschäft Teil des Bankgeschäftes, bei dem die Bank gegen eine Entschädigung (Kommission) Dienstleistungen für den Kunden erbringt.

Komparativer Vorteil Gegenüber dem Handelspartner tiefere Opportunitätskosten bei der Produktion eines Gutes. Für die Spezialisierung kommt es nur auf den komparativen, nicht den absoluten Vorteil an.

Komplementärgüter Güter, die sich in ihrem Nutzen ergänzen und deshalb oft gemeinsam nachgefragt werden.

Glossar

Konjunktur Auslastung der Produktionsfaktoren in einer Volkswirtschaft, betrachtet über einen kürzeren Zeitraum (Quartale, einzelne Jahre).

Konjunkturbeobachtung Ermittlung der aktuellen konjunkturellen Situation mittels Interpretation geeigneter Indikatoren.

Konjunkturelle Arbeitslosigkeit Arbeitslosigkeit, die in einer konjunkturellen Schwächephase entsteht, da aufgrund der beschränkten gesamtwirtschaftlichen Nachfrage mehr Arbeitslose als offene Stellen vorhanden sind.

Konjunkturprognose Vorhersage der zukünftigen konjunkturellen Entwicklung mithilfe von Prognosemodellen.

Konjunkturzyklus Schwankungen der gesamtwirtschaftlichen Aktivität, gekennzeichnet durch das Aufeinanderfolgen einer Auf- und einer Abschwungsphase.

Konsumentenrente Zahlungsbereitschaft eines Konsumenten für ein Gut, abzüglich des Preises, den er tatsächlich dafür bezahlen muss.

Kosten-Nutzen-Analyse Untersuchung, die für eine bestimmte Entscheidung die erwarteten Kosten dem erwarteten Nutzen gegenüberstellt.

Kreditausfallrisiko Risiko im Bankgeschäft, dass die Kreditnehmer nicht mehr in der Lage sind, die Kreditzinsen zu zahlen oder den Kredit zurückzuzahlen.

Kreditprüfung Die Bank überprüft vor der Vergabe von Krediten, ob der Kreditnehmer willens und fähig ist und sein wird, die regelmässigen Zinszahlungen zu leisten und den Kredit am Ende der Laufzeit zurückzuzahlen.

Kronzeugenregelung Strafbefreiung oder Strafreduktion für Unternehmen, die als Mittäter helfen, Verstösse gegen das Kartellgesetz aufzudecken.

Kündigungsschutz Vorschriften, welche die Entlassung von Arbeitskräften erschweren oder verhindern.

Kyoto-Protokoll Internationale Vereinbarung über verbindliche Reduktionsziele beim Ausstoss von CO_2, abgeschlossen 1997 in der japanischen Stadt Kyoto.

Landesindex der Konsumentenpreise (LIK) Index, der die Preisentwicklung eines für Schweizer Haushalte repräsentativen Warenkorbs misst.

Langfristiges Wirtschaftswachstum siehe → Wachstum

Leistungsbilanz Teilbilanz der Zahlungsbilanz, welche hauptsächlich alle Einnahmen und Ausgaben aus dem Handel von Produkten und aus der internationalen Verwendung von Produktionsfaktoren erfasst. Wird in der Schweiz auch als Ertragsbilanz bezeichnet.

Leitwährung Referenzwährung bei einer Wechselkursfixierung zwischen mehreren Ländern.

Leitzins Zentraler kurzfristiger Zinssatz für die Kommunikation der Geldpolitik.

Lenkungsabgabe Besteuerung einer umweltschädigenden Tätigkeit mit dem Ziel, die externen Effekte zu internalisieren.

Leverage Verschuldungsgrad eines Unternehmens.

Liberalisierung Öffnung eines bisher monopolistischen Marktes durch die Zulassung von Wettbewerb.

LIK siehe → Landesindex der Konsumentenpreise (LIK)

Liquide Mittel Finanzielle Mittel wie z. B. Bargeld oder Kontoguthaben, mit denen Zahlungen getätigt werden können.

Liquidität Leichtigkeit, mit der man ein Wertpapier oder ein Kontoguthaben zu Geld machen kann, um damit Zahlungen zu tätigen.

Liquiditätsrisiko Risiko im Bankgeschäft, das darin besteht, dass eine Bank nicht genügend liquide Mittel hat oder beschaffen kann, um Fremdkapitalgeber zu bedienen, die ihr Geld zurückhaben möchten.

Lohn-Preis-Spirale Selbstverstärkender Prozess, bei dem ein Anstieg des Preisniveaus einen Anstieg der Löhne bewirkt, der wiederum zu einer Preisanpassung nach oben führt.

Lohnstückkosten Lohnkosten pro produzierte Einheit eines Gutes.

Lohnsubvention Staatlicher Lohnzuschuss an Personen, die durch ihr Einkommen aus der Erwerbstätigkeit ein Existenzminimum nicht erreichen.

Lorenzkurve Grafische Darstellung der Verteilung von Einkommen oder Vermögen in einer Gesellschaft.

Makroökonomie Teilgebiet der Volkswirtschaftslehre, das sich mit gesamtwirtschaftlichen Phänomenen wie der Inflation, den Konjunkturschwankungen oder dem langfristigen Wachstum befasst.

Makroökonomische Stabilisierung Wirtschaftspolitische Massnahmen zur Glättung konjunktureller Schwankungen.

Makroprudentielle Regulierung Regulatorische Massnahme, die auf die Stabilität des gesamten Bankensystems (alle Banken gemeinsam) abzielt.

Marginaler Entscheid Der zusätzliche Nutzen aus einer Entscheidung wird den zusätzlichen Kosten gegenübergestellt. Überwiegt der Nutzengewinn, entscheidet man sich dafür.

Markt Ort oder Institution, wo Angebot und Nachfrage von Waren, Dienstleistungen oder Produktionsfaktoren zusammentreffen.

Markträumung Die nachgefragte Menge entspricht der angebotenen Menge. Voraussetzung für Markträumung ist, dass der Marktpreis dem Gleichgewichtspreis entspricht.

Marktrisiko Risiko, dass bei einer Bank, die Eigenhandel betreibt, der Marktwert der gehaltenen Wertpapiere drastisch einbrechen kann und damit die Solvenz einer wenig kapitalisierten Bank gefährdet.

Marktversagen Situation, in welcher der Markt keine effiziente Allokation der Ressourcen hervorbringt.

Marktwirtschaft Wirtschaftssystem, in dem die Produktions- und Konsumentscheide dezentral durch Märkte koordiniert werden.

Marktzutrittsschranken Faktoren, die potenzielle Konkurrenten davon abhalten, in einen bestehenden Markt einzutreten.

Mehrwertsteuer (MWST) Indirekte Steuer, die als Prozentsatz des Mehrwerts (Verkaufspreis abzüglich Preis der Vorleistungen) der verkauften Güter erhoben wird.

Meistbegünstigung Prinzip der WTO, nach dem der Abbau einer Handelsschranke gegenüber einem Mitgliedsland gleichzeitig auch für alle anderen WTO-Mitgliedsländer gelten muss.

Mikroökonomie Teilgebiet der Volkswirtschaftslehre, das sich mit den Entscheidungen der Haushalte und Unternehmen sowie mit deren Zusammenspiel auf einzelnen Märkten befasst.

Mikroprudentielle Regulierung Regulatorische Massnahme, die auf die Stabilität einzelner Banken abzielt.

Mindestlohn Gesetzlich oder vertraglich festgelegtes Lohnminimum mit landes- oder branchenweiter Verbindlichkeit.

Mindestpreis Gesetzlich vorgegebener Minimalpreis eines Gutes. Unterhalb dieses Preises darf das Gut auf dem Markt nicht gehandelt werden.

Mindestreservesatz Prozentualer Anteil der Kundenguthaben, der von den Banken als Sicherheit liquide gehalten werden muss und nicht als Kredite vergeben werden darf.

Mitnahmeeffekt Staatliche Zuschüsse, die private Ausgaben finanzieren, welche ohnehin getätigt worden wären.

Monetarismus Ökonomische Theorie, nach der Inflation immer durch ein Überangebot an Geld verursacht wird.

Monetisierung der Verschuldung Finanzierung einer Staatsverschuldung über die Geldschöpfung. Dies führt zu einer hohen Inflation und reduziert damit zusätzlich den realen Wert der bestehenden Verschuldung.

Glossar

Monopolmacht Ein Unternehmen ist auf einem bestimmten Markt der einzige Anbieter und kann wegen der fehlenden Konkurrenz die Preise auf diesem Markt beeinflussen.

Monopolrente Rente, die ein Monopolist im Vergleich zum vollkommenen Wettbewerb zusätzlich erhält, weil er seine Preise unabhängig vom Wettbewerb gewinnmaximierend festlegen kann.

Nachfragekurve Grafische Darstellung der nachgefragten Menge in Abhängigkeit vom Preis.

Nachfrager Wirtschaftliche Akteure, die Güter erwerben möchten und auf einem Markt als Käufer auftreten.

Nachfragestimulierung Positive Beeinflussung der gesamtwirtschaftlichen Nachfrage mittels wirtschaftspolitischer Massnahmen.

Nachfrageüberhang Die nachgefragte Menge übersteigt die angebotene Menge, weil der herrschende Preis unter dem Gleichgewichtspreis des Marktes liegt.

Nachhaltige Staatsfinanzierung Die Ausgaben des Staates sind langfristig (über einen Konjunkturzyklus hinweg) durch die ordentlichen Einnahmen gedeckt.

Nachhaltigkeit Situation, in der die Möglichkeiten der kommenden Generationen durch heutige Handlungen nicht eingeschränkt werden.

Nachsorge In der Regel durch den Staat organisierte, nachträgliche Beseitigung einer Umweltverschmutzung.

Natürliches Monopol Monopolsituation, die deshalb besteht, weil die hohen Fixkosten der Produktion potenzielle Konkurrenten davon abhalten, in den Markt einzutreten.

Negativer Nachfrageschock Unerwarteter Rückgang der gesamtwirtschaftlichen Nachfrage.

Nettoexporte Wert der Exporte einer Volkswirtschaft abzüglich des Werts der Importe.

Nichttarifäre Handelshemmnisse Alle protektionistischen Massnahmen mit Ausnahme der Zölle, die den freien Austausch von Gütern behindern. Beispiele sind Quoten, unterschiedliche technische Vorschriften und Subventionen.

Nominale Grösse Eine wirtschaftliche Kenngrösse, die nicht um die Inflation korrigiert und damit zu laufenden Preisen bewertet wird.

Nominales BIP Die gesamte, zu laufenden Preisen bewertete Produktion von Gütern einer Volkswirtschaft.

Nominalzins Preis für die Überlassung von Geld, den der Schuldner dem Gläubiger zahlen muss.

Notenbankgeldmenge Summe an Bargeld im Umlauf und an Geld auf Girokonten der Geschäftsbanken bei der Zentralbank.

Nutzen Mass für das Wohlbefinden oder die Zufriedenstellung eines wirtschaftlichen Akteurs.

Obligation Wertpapier, das bezeugt, dass man dem ausstellenden Unternehmen einen Kredit gegeben hat und damit einen Anspruch auf einen vereinbarten jährlichen Zins hat.

OECD Organisation von 34 Ländern, die sich einer demokratischen Regierungsform und der Marktwirtschaft verpflichtet fühlen. Die OECD erarbeitet wirtschaftspolitische Entscheidungsgrundlagen in Form von Publikationen und Statistiken.

Offenmarktpolitik Kauf und Verkauf von Aktiva (hauptsächlich Wertschriften) durch die Zentralbank, um ihre geldpolitischen Ziele zu erreichen.

Öffentliche Güter Güter, die im Gebrauch weder rivalisierend noch ausschliessbar sind und deshalb auf einem freien Markt in ungenügendem Ausmass zur Verfügung gestellt werden.

Ökonomie Je nach Zusammenhang ein Synonym für die Volkswirtschaftslehre als Wissenschaft oder ein Synonym für die Gesamtwirtschaft eines Landes (Volkswirtschaft).

OPEC Abkürzung für «Organization of the Petroleum Exporting Countries», das Kartell der wichtigsten Erdöl exportierenden Staaten.

Opportunitätskosten Kosten, die bei einer Entscheidung für eine Handlung dadurch anfallen, dass die Vorteile einer alternativen Handlung nicht realisiert werden können.

Pensionskasse Vorsorgeeinrichtung von Unternehmen oder der öffentlichen Hand, über welche die berufliche Vorsorge (2.Säule) abgewickelt wird.

Planwirtschaft Wirtschaftssystem, in dem eine zentrale Planungsbehörde über die Produktion und damit auch den Konsum von Gütern entscheidet.

Politische Konjunkturzyklen Aus wahltaktischen Gründen ausgelöste Konjunkturzyklen.

Politische Ökonomie Zweig der Volkswirtschaftslehre, der politische Prozesse mit ökonomischen Konzepten untersucht.

Polizeirechtlicher Umweltschutz Staatliche Vorschriften in Form von Geboten und Verboten, die umweltschädigende Tätigkeiten einschränken sollen.

Portfolioinvestition Kauf von ausländischen Wertpapieren (v.a. Aktien und Obligationen), die nicht zu einer grösseren Beteiligung an Unternehmen führen.

Präferenz Bevorzugung einer bestimmten Handlungsalternative, die sich aus der individuellen Bewertung aller Handlungsalternativen ergibt.

Preis Mass für die Knappheit von Gütern.

Preisniveau Höhe der Preise in einem Land, meist gemessen als Preis eines repräsentativen Warenkorbs.

Preissignal Information, welche die Preise den Marktteilnehmern über die relative Knappheit eines Gutes vermitteln.

Preisstabilität Situation, in der die Preise aller Güter weder übermässig steigen (Inflation) noch fallen (Deflation).

Preisüberwachung Behörde der schweizerischen Wettbewerbspolitik, die für jene Bereiche zuständig ist, bei denen aufgrund natürlicher Monopole oder von Regulierungen kein Wettbewerb möglich ist.

Private Güter Güter, die rivalisierend und ausschliessbar im Gebrauch sind. Die meisten Güter sind private Güter.

Private Kosten Kosten, die bei der Produktion von Gütern beim Produzenten anfallen.

Privater Konsum Konsumausgaben der privaten Haushalte.

Produktionsfaktoren Materielle und immaterielle Mittel zur Herstellung von Gütern.

Produktionspotenzial BIP einer Volkswirtschaft bei einer normalen Auslastung der Produktionsfaktoren.

Produzentenrente Erlös eines Produzenten für ein Gut, abzüglich der Kosten, die ihm für den Erwerb oder die Herstellung des Gutes entstanden sind.

Progressive Steuer Steuer, bei der die ökonomisch leistungsfähigeren Wirtschaftssubjekte prozentual stärker besteuert werden.

Proportionale Steuer Steuer, bei der der Steuersatz bei jedem Einkommen gleich hoch ist.

Protektionismus Handelspolitische Massnahme mit dem Ziel, die inländischen Produzenten vor ausländischer Konkurrenz zu schützen.

Qualifikation Voraussetzungen bezüglich Ausbildung, Fähigkeiten und Fertigkeiten, die eine Arbeitnehmerin oder ein Arbeitnehmer für eine Stelle vorweisen kann.

Quantitätsgleichung Ökonomische Identität, nach der das nominale BIP der Geldmenge multipliziert mit der Umlaufgeschwindigkeit des Geldes entsprechen muss.

Quantitätstheorie des Geldes Theorie, die besagt, dass in einer Volkswirtschaft langfristig ein proportionaler Zusammenhang zwischen der Entwicklung von Geldmenge und Preisniveau besteht.

Quoten Mengenmässige Beschränkungen des grenzüberschreitenden Handels. Die häufigste Form ist die Importquote,

Glossar

welche die Einfuhr ausländischer Güter auf eine bestimmte Menge einschränkt.

Reale Grösse Eine wirtschaftliche Kenngrösse, die um die Inflation korrigiert wird.

Reales BIP Die gesamte, zu konstanten Preisen bewertete Produktion von Gütern einer Volkswirtschaft.

Realkapital Anlagen und Einrichtungen, die zur Produktion von Gütern eingesetzt werden.

Reallohn Lohn, der um die Inflation korrigiert ist und somit anzeigt, welche Menge an Gütern damit gekauft werden können.

Realzins Um die Inflation korrigierter Nominalzins.

Rechnungsabschluss Gegenüberstellung der tatsächlichen Einnahmen und Ausgaben eines öffentlichen Haushalts. Diese definitiven Zahlen liegen im Gegensatz zum Budget, das die geplanten Einnahmen und Ausgaben zeigt, erst mit einer gewissen Verzögerung vor.

Regionale Integration Handelsliberalisierung zwischen einzelnen, geografisch meist nahe gelegenen Ländern. Oft wird auch nur der Begriff Integration verwendet.

Regulierung Begrenzung des Handlungsspielraums der wirtschaftlichen Akteure durch Gesetze und Verordnungen.

Regulierungsfolgeabschätzung Verfahren, um die Auswirkungen neuer Regulierungen auf die Volkswirtschaft aufzuzeigen.

Relative Knappheit Knappheit eines Gutes im Verhältnis zur Knappheit anderer Güter.

Relativer Preis Preis eines Gutes im Verhältnis zum Preis anderer Güter.

Rent-Seeking Statt Ressourcen produktiv zu verwenden, werden diese eingesetzt, um über den politischen Prozess Umverteilungen zu erreichen.

Repo-Geschäft Sehr kurzfristige Geschäfte der Zentralbank mit den Geschäftsbanken. Die Geschäftsbank erhält dabei für kurze Zeit liquide Mittel, wofür die Zentralbank den sogenannten Repo-Zins verrechnet.

Reservationslohn Individuell erwarteter minimaler Lohn. Für einen Lohn unter diesem Minimum verzichtet eine Arbeitnehmerin oder ein Arbeitnehmer auf eine Beschäftigung.

Ressourcen Materielle oder immaterielle Mittel, die für die Produktion von Gütern oder zur Befriedigung von Konsumbedürfnissen verwendet werden können.

Rezession Periode, in der die Produktionsfaktoren schlecht ausgelastet sind. Die realen Einkommen nehmen ab, und die Arbeitslosigkeit steigt.

Rivalität Eigenschaft eines Gutes, wonach der Gebrauch des Gutes verhindert, dass ein anderer wirtschaftlicher Akteur das Gut konsumieren kann.

Römische Verträge Abkommen zwischen Belgien, Deutschland, Frankreich, Italien, Luxemburg und den Niederlanden, mit dem unter anderem die Europäische Wirtschaftsgemeinschaft (EWG), die Vorgängerin der Europäischen Gemeinschaft (EG), gegründet wurde.

Sachwerte Physische Güter wie Immobilien oder Schmuck, die bei Inflation im Gegensatz zu Bargeld nicht an Wert verlieren.

Schengener Abkommen Europäischer Vertrag über die Zusammenarbeit im Bereich der inneren Sicherheit, mit dem insbesondere die Personenkontrollen an den gemeinsamen Grenzen abgeschafft werden sollen.

Schock Eine bedeutende, plötzliche und unerwartete Änderung einer wirtschaftlichen Kenngrösse.

Schuldenbremse Finanzpolitischer Mechanismus zur Stabilisierung der Staatsverschuldung unter Berücksichtigung des Konjunkturzyklus.

Sichteinlagen Bankguthaben, über die innert kurzer Frist verfügt werden kann.

Sockelarbeitslosigkeit Die Anzahl freier Stellen entspricht der Anzahl Arbeitsloser. Die Sockelarbeitslosigkeit wird auch als gleichgewichtige Arbeitslosigkeit bezeichnet.

Solidaritätsprinzip Versicherungsprinzip, bei dem es zwischen den Versicherten zu starken Umverteilungen kommt. Die Beiträge richten sich nach der finanziellen Leistungsfähigkeit der Versicherten, die Versicherungsleistungen nach deren Bedürftigkeit.

Sozialabgaben Zahlungen für die Sozialversicherungen, die nicht via Steuern über das staatliche Budget, sondern über Lohnabzüge bei den Versicherten finanziert werden.

Soziale Kosten Gesamte Kosten der Produktion von Gütern, also auch diejenigen, die aus externen Effekten resultieren.

Soziale Marktwirtschaft Marktwirtschaftlich organisiertes Wirtschaftssystem, in dem der Staat politisch gewünschte Umverteilungen von Einkommen und Vermögen vornimmt.

Sozialkapital Ressourcen, die sich aus den Beziehungen zwischen Menschen ableiten, also aus deren Teilnahme am sozialen Netzwerk.

Sozialversicherungen Obligatorische staatliche Versicherungen, die soziale Risiken abdecken und vorwiegend über Lohnabzüge finanziert werden.

Spareinlagen Bankeinlagen, die nicht direkt für den Zahlungsverkehr bestimmt sind.

Spezialisierung Die Unternehmen und die einzelnen Arbeitnehmenden konzentrieren sich auf bestimmte eingeschränkte Abläufe innerhalb des Produktionsprozesses.

Staatsausgaben Konsum- und Investitionsausgaben der öffentlichen Hand.

Staatskonsum Staatliche Konsumausgaben für Güter.

Staatsquote Ausgaben aller öffentlichen Haushalte und der obligatorischen Sozialversicherungen, gemessen als Prozentsatz des nominalen BIP.

Staatsversagen Versagen des Staates, ineffiziente Allokationen in einer Marktwirtschaft zu korrigieren.

Staatsverschuldung Alle Schulden der öffentlichen Haushalte.

Stabilisierungsmassnahmen Wirtschaftspolitische Massnahmen, um konjunkturelle Schwankungen zu dämpfen.

Stagflation Gleichzeitiges Auftreten einer stagnierenden Wirtschaft und einer Inflation.

Steuer Abgabe, die der Staat von Unternehmen und Haushalten einfordert und der keine direkte Gegenleistung gegenübersteht.

Steuerglättung Gleichmässige Besteuerung über die Zeit hinweg.

Steuerinzidenz Analyse der Verteilungswirkung einer Steuer. Die Steuerinzidenz zeigt auf, welche Bevölkerungsgruppe eine Steuer schliesslich bezahlt.

Steuerklasse Ein definierter Bereich des steuerbaren Einkommens, für den ein bestimmter Steuersatz gilt. In progressiven Systemen gilt: je höher die Steuerklasse, desto höher der Steuersatz.

Stimulierung siehe → Nachfragestimulierung

Strukturbruch Grosse, schockartige und in einem kurzen Zeitraum stattfindende Veränderung in der Branchenstruktur.

Strukturelle Arbeitslosigkeit Vom strukturellen Wandel verursachte Arbeitslosigkeit, bei der die Qualifikationen der arbeitslosen Personen nicht zu den Qualifikationsprofilen der offenen Stellen passen.

Strukturwandel Veränderungen in der Wirtschaftsstruktur eines Landes, insbesondere was die relative Bedeutung verschiedener Branchen betrifft.

Substitut in der Produktion Andere Güter, die ein Unternehmen mit der bestehenden Ressourcenausstattung ebenso gut produzieren könnte.

Glossar

Substitutionsgüter Güter, welche dieselben oder sehr ähnliche Bedürfnisse befriedigen.

Sucharbeitslosigkeit siehe → Friktionelle Arbeitslosigkeit

Taggeld Auszahlung von Geld während jener Periode, in der eine Person Anspruch auf Leistungen aus einer Sozialversicherung hat.

Tarifvertrag Vertrag zwischen Arbeitgeberverbänden und Gewerkschaften, der die Löhne und weitere Arbeitsbedingungen in einer bestimmten Branche regelt. Tarifverträge werden in der Schweiz als Gesamtarbeitsverträge bezeichnet.

Technische Handelshemmnisse Regulierungen und Normen des Importlandes, die den Handel von Gütern verteuern und damit behindern.

Technischer Fortschritt Verbesserung der Technologie, welche zu einer Steigerung der Produktivität der Produktionsfaktoren führt.

Technologie Wissen darüber, auf welche Art Arbeit und Kapital kombiniert werden können, um Güter zu produzieren.

Termineinlagen Einlagen, die für eine bestimmte Zeitspanne den Geschäftsbanken zur Verfügung gestellt werden und erst nach Ablauf dieser Frist wieder verfügbar sind.

Teuerungsausgleich Erhöhung von nominalen Grössen (z. B. Löhne oder Renten), sodass bei Inflation (Teuerung) der erlittene Kaufkraftverlust ausgeglichen wird.

Too-big-to-fail-Problem Problem, dass gewisse Banken so gross sind, dass sie nicht Konkurs gehen können, ohne das gesamte Finanzsystem zu gefährden.

Transaktion Ein wirtschaftlicher Handel, bei dem z. B. Güter gegen Geld getauscht werden.

Transaktionskonten Bankeinlagen, die für Zahlungen verwendet werden.

Transaktionskosten Kosten des Austausches von Gütern. Damit ist nicht der Preis des gehandelten Gutes gemeint, sondern die durch die Transaktion zusätzlich anfallenden Kosten (z. B. Informations-, Verhandlungs-, Abwicklungs- und Kontrollkosten).

Transfer Meist staatliche Leistungen, die man ohne direkte Gegenleistung erhält.

Trendwachstum siehe → Wachstum

Umlageverfahren Finanzierungsmethode von Versicherungen, bei der die Beiträge der Versicherten unmittelbar für die Finanzierung der heutigen Versicherungsleistungen verwendet werden.

Umlaufgeschwindigkeit des Geldes Anzahl Transaktionen, die mit einer Einheit Geld in einer Periode durchgeführt werden.

Umwandlungssatz Prozentsatz des angesparten Pensionskassengeldes, das pensionierten Personen pro Jahr als Rente ausgezahlt wird.

Umweltzertifikat Handelbares Recht, das dem Inhaber dieses Rechts erlaubt, eine bestimmte Menge an Schadstoffen an die Umwelt abzugeben. Umweltzertifikate werden auch als Emissionsrechte bezeichnet.

Universalbank Bank, die in allen wesentlichen Bankgeschäften tätig ist.

Unkonventionelle Geldpolitik Geldpolitische Massnahme, die nicht auf eine Beeinflussung der kurzfristigen Zinsen zielt.

Ursprungsnachweis Erklärung über die Warenherkunft, wobei als Herkunftsland das Land aufgeführt wird, in dem die letzte wesentliche Be- oder Verarbeitung des Produkts stattgefunden hat.

Verfügbares Einkommen Einkommen eines Haushalts abzüglich Steuern und Sozialabgaben, zuzüglich staatliche Transfers und Renten.

Vermögensverwaltung Bankgeschäft, das in der Bewirtschaftung von privaten Vermögen nach den Vorstellungen der Eigentümer besteht.

Verschuldungsquote Gesamter Bestand der Staatsverschuldung, gemessen als Prozentsatz des nominalen BIP eines Jahres.

Verteilungsseite des BIP Berechnung des BIP über die Verteilung der erzielten Wertschöpfung an die Unternehmen (Gewinne) und Arbeitnehmenden (Löhne).

Vertikaler Finanzausgleich Finanzielle Umverteilung zwischen den Ebenen eines föderalistischen Staates; in der Schweiz zwischen Bund, Kantonen und Gemeinden.

Vertrag von Maastricht Abkommen, mit dem die Mitgliedstaaten der Europäischen Gemeinschaft (EG) die Europäische Union (EU) gründeten. Der Vertrag lieferte unter anderem die Grundlage für die Vollendung der Europäischen Wirtschafts- und Währungsunion.

Vertragsrechte Rechte, die sich aus einem Vertrag zwischen ökonomischen Akteuren ergeben.

Verursacherprinzip Grundsatz, nach dem die Verursacherin oder der Verursacher einer Umweltverschmutzung die Kosten ihrer Beseitigung zu tragen hat.

Verwendungsseite des BIP Berechnung des BIP über die gesamten Ausgaben der privaten Haushalte, der Unternehmen, des Staates und des Auslandes für im Inland produzierte Güter.

Verzerrung der relativen Preise Zustand, in dem die relativen Preise nicht die richtigen Signale über die Knappheit der entsprechenden Güter wiedergeben.

Vier Freiheiten Der freie Austausch von Waren, Dienstleistungen, Arbeit und Kapital.

Vollständige Konkurrenz Marktsituation, in der weder Produzenten noch Konsumenten über genügend Marktmacht verfügen, um die Preise zu beeinflussen.

Vollständige Wirtschaftsunion Integrationsform, bei der eine gemeinsame Wirtschaftspolitik verfolgt wird.

Vorleistung Wert der von anderen Unternehmen bezogenen Güter, die in die Produktion eingehen.

Vorsteuerabzug Eine Unternehmung kann die Mehrwertsteuer, die sie auf Vorleistungen für die Produktion bezahlt hat, von der Mehrwertsteuer abziehen, die sie dem Staat schuldet.

Wachstum Langfristige Entwicklung des Wohlstandes einer Volkswirtschaft, gemessen am realen BIP. Wird auch als Trendwachstum oder langfristiges (Wirtschafts-)Wachstum bezeichnet.

Wachstumsdeterminanten Bestimmungsfaktoren des Wirtschaftswachstums.

Wachstumsrate Prozentuale Zunahme des BIP innerhalb einer bestimmten Zeiteinheit.

Währungsunion Integrationsform, bei der die nationalen Währungen zugunsten einer gemeinsamen Währung aufgegeben werden.

Ware Materielles, d. h. greifbares, körperlich vorhandenes Gut.

Warenkorb Gewichtetes Bündel von Gütern, das für die Inflationsmessung anhand der Ausgaben eines durchschnittlichen Haushalts zusammengestellt wird.

Wechselkurs Preis einer Währung, ausgedrückt in einer anderen Währung.

Wechselkursziel Geldpolitisches Ziel, bei dem der Wechselkurs gegenüber einer anderen Währung innerhalb einer festgelegten Bandbreite gehalten wird.

Weltbank Internationale Organisation, die zum Ziel hat, die wirtschaftliche Entwicklung insbesondere von Entwicklungsländern zu fördern und geeignete Projekte zu finanzieren.

Welthandelsorganisation siehe → WTO

Wertpapier Ein Dokument, das den Inhaber als Eigentümer einer Sache oder einer Forderung ausweist und deshalb einen Wert besitzt. Im engeren Sinne werden Finanzmarkttitel wie Aktien oder Obligationen als Wertpapiere bezeichnet.

Glossar

Wertschöpfung Wertsteigerung bei der Produktion, indem bestehende Güter in ein neues Gut umgewandelt werden. Entspricht dem Wert der produzierten Güter abzüglich der Vorleistungen.

Wertschöpfungskette Die gesamte Abfolge von einzelnen, wertschöpfenden Produktionsschritten, die ein Produkt bis zu seiner Fertigstellung durchläuft.

Wettbewerbsbehörde Staatliche Institution, die für einen funktionierenden Wettbewerb sorgt und monopolistische Stellungen und Kartelle bekämpft.

Wettbewerbskommission Bezeichnung für die staatliche Wettbewerbsbehörde in der Schweiz. Sie ist überall dort zuständig, wo Wettbewerb möglich wäre.

Wirkungsverzögerungen der Konjunkturpolitik Zeit, die vom Auftreten eines konjunkturellen Problems bis zur Wirkung der wirtschaftspolitischen Gegenmassnahmen verstreicht.

Wirtschaftlicher Akteur Einzelne Personen, Unternehmen, staatliche Einheiten oder jeweils eine Gruppe davon, die wirtschaftliche Transaktionen tätigen.

Wohlfahrt Gesamte Rente, die auf einem Markt entsteht. Diese entspricht der Summe aus Konsumenten- und Produzentenrente.

Wohlfahrtsverlust Verminderung der Wohlfahrt durch einen preisverzerrenden Eingriff in einen Markt.

Wohlstand Ökonomisches Versorgungsniveau einer Volkswirtschaft.

Wohlwollender Diktator Gedankenkonstrukt, bei dem ein vollständig informierter, allmächtiger und wohlwollender Entscheidungsträger die gesamtwirtschaftliche Wohlfahrt zu optimieren versucht.

WTO Abkürzung für «World Trade Organization» (Welthandelsorganisation). Institution, innerhalb derer multilaterale Handelsverträge abgeschlossen werden.

X-Ineffizienz Ein Unternehmen produziert mit den vorhandenen Ressourcen weniger, als maximal möglich wäre.

Zahlungsbereitschaft Betrag, den ein Konsument maximal zu zahlen bereit ist, um ein bestimmtes Gut zu erwerben.

Zahlungsbilanz Bilanz, die alle internationalen Transaktionen eines Landes erfasst und per Definition immer ausgeglichen sein muss. Sie zeigt das Ausmass der internationalen Verflechtung einer Volkswirtschaft.

Zentralbank Institution, die im Gesamtinteresse des Landes für die Geldpolitik verantwortlich ist.

Zentralisierte Lohnverhandlungen Lohnverhandlungen zwischen Vertretern von Arbeitgebern (Verbänden) und Arbeitnehmern (Gewerkschaften), deren Ergebnisse branchenweite Gültigkeit haben.

Zielkonflikt Situation, in der die Erreichung eines Zieles verhindert, dass gleichzeitig ein anderes Ziel erreicht werden kann.

Zins siehe → Nominalzins

Zinsdifferenzgeschäft Traditionelles Bankgeschäft; die Bank verdient daran, dass ihre Zinszahlungen an die Einleger tiefer sind als die Zinsen, die sie aus der Kreditvergabe erhält.

Zinseszins Zinszahlung, die bei einer Geldanlage für bereits früher gutgeschriebene und dem Kapitalstock zugeschlagene Zinsen geleistet wird.

Zollsatz Abgabesatz, der auf den Import einer Ware oder einer Dienstleistung erhoben wird.

Zollunion Integrationsform, bei der Zölle und andere Handelsbeschränkungen zwischen den Mitgliedsländern abgeschafft werden und gegenüber Nichtmitgliedern die gleichen Zölle erhoben werden.

Zwillingsdefizit Gleichzeitiges Auftreten eines Budgetdefizits und eines Handelsbilanzdefizits in einem Land.

Stichwortverzeichnis

Auf den blau hervorgehobenen Seiten wird der entsprechende Begriff definiert. Diese Definitionen sind im Glossar zusammengefasst.

Abschwung 117
Absoluter Vorteil **250**
Abwertung **125**, 271
AHV 232
Akteur, wirtschaftlicher **47**
Aktie **196**
Allmendgüter **73**
Allokation der Ressourcen **64**
Altersvorsorge 232
Alters- und Hinterlassenenversicherung (AHV) 232
Amsterdam, Vertrag von 263
Anbieter **27**
Angebot **44**
 – gesamtwirtschaftliches **104**
Angebotskurve **44**
Angebotsökonomie 127
Angebotsüberhang **48**, 68
Anreiz **37**, 76
Antizyklische Konjunkturpolitik **122**, 126
Äquivalenzprinzip **233**
Arbeit (Produktionsfaktor) 104, 109
Arbeitgeberorganisation 77
Arbeitseinkommen, Bilanz der 244
Arbeitslosenquote **20**
 – internationaler Vergleich 22
 – standardisierte 22, 142
Arbeitslosenversicherung **153**, 129, 156
Arbeitslosigkeit 20, 144, 146
 – friktionelle **146**
 – gleichgewichtige **144**
 – internationaler Vergleich 22
 – konjunkturelle **144**, 147
 – strukturelle **146**, 148
Arbeitsmarktliche Massnahmen **157**
Arbeitsmarktpolitik 115, 155
Arbeitsmarktregulierungen **152**
Arbeitsproduktivität **109**, 131
Arbeitsteilung **47**, 112
 – globale 250
Arbeitszeitregulierungen 154
Asymmetrische Information **71**
Aufschwung 117
Aufwertung **184**, 252
Ausbildung 154
Ausgabenregel 229
Ausschliessbarkeit **73**
Aussenwirtschaftspolitik 115, 266
Automatische Stabilisatoren 128
Bank 196
Bank für Internationalen Zahlungsausgleich (BIZ) **204**
Bank-Run **203**
Bankensystem 204
Bankgeschäft 199
Bedürfnis **36**, 39

Bedürfnispyramide 40
Beitragssatz **158**
Berufliche Vorsorge 232
Beschäftigung **17**, 20
Beveridge-Kurve **144**
Big-Mac-Index 82
Bilaterale I **271**
Bilaterale II **271**
Bildung 154
Bildungspolitik 115
Binnenmarkt **260**
Binnensektor **131**
BIP **18**
 – Entstehungsseite des **100**, 104
 – internationaler Vergleich 19, 108
 – nominales **98**
 – reales **98**
 – schweizerisches 19, 102
 – Verwendungsseite des **100**
 – Verteilungsseite des **100**
Bretton-Woods-Konferenz 263
Bretton-Woods-System **183**
Bruttoinlandprodukt → BIP
Budgetdefizit **123**, 214
Budgetüberschuss 214
Bundesrat 81, 129, 185, 269
Bundesrechnung 215
Cassis-de-Dijon-Prinzip **254**
Clubgüter **73**
CO_2-Abgabe **89**
Crowding-out **223**
Defizit 223
Deflation **180**
Demografie 234
Depression 117
Deregulierung **81**
Devisen **171**
Dienstleistung **36**
Dienstleistungsbilanz 244
Direkte Steuer **217**, 227
Direktinvestition **245**
Doha-Runde 259
Dividende **196**
Dreimonats-Libor für Schweizer Franken 187
Dreisäulenprinzip **232**
Duale Berufsbildung **156**
Effizienz **66**, 230
EFTA **265**
EG 261
Eidgenössische Finanzmarktaufsicht (FINMA) **205**
Eigenhandel **201**
Eigeninteresse 63
Eigenkapital **200**
Eigenkapitalanforderungen **204**
Eigentumsrechte **69**, 116
Einarbeitungszuschuss 159
Einheitliche Europäische Akte 264
Einkommen, verfügbares **123**
Einkommenssteuer 128, 178, 217
Elastizität **50**, 220

Emissionsrechte **87**
Entscheide, individuelle 26
Entscheide, marginale **37**
Entstehungsseite des BIP **100**, 104
Entwicklungsländer 69, 116, 249
Ergänzungsleistungen 231
Ertragsbilanz **244**
Ertragssteuer 227
Erwerbsbevölkerung **142**
Erwerbsquote **142**, 149
Erwerbstätigenquote **130**, 142
Erwerbstätigkeit 149
Euro 251, 266
EU-Beitritt 272
Europäische Union (EU) 257, 269
Europäische Wirtschafts- und Währungsunion 261
Europäischer Wirtschaftsraum (EWR) **265**, 271
EU-Vertrag **264**
Expansive Fiskalpolitik 123
Expansive Geldpolitik 125, 171
Exporte 54, 103, 125, 266
 – in Prozent des BIP 268
Externe Effekte **71**, 84
Fed 173
Federal Funds Rate 173
Finanz- und Wirtschaftskrise 133, 189, 207
Finanzausgleich, vertikaler **217**
Finanzierung 196
Finanzmarkt **196**
Finanzpolitik **219**, 115
Finanzstabilität **17**, 187
Fiskalpolitik 119, **122**
 – expansive 123
 – schweizerische 132
Fixer Wechselkurs **75**, 183, 252
Fixierter Lohn 150
Fixkosten **80**
Flexibler Wechselkurs **75**, 252
Föderalismus 216
Freihandel **255**
Freihandelsabkommen **257**, 271
Freihandelszone **260**
Fremdkapital **200**
Friktionelle Arbeitslosigkeit 146
Fristentransformation **198**
Fusionskontrolle 83
GATS 258
GATT 258
Gebühr **218**
Geld 168
Geldmarkt **187**, 173
Geldmarktzins **173**
Geldmenge **124**, 169, 183
Geldmengenziel **183**
Geldpolitik **119**, 124
 – expansive 125, 171
 – restriktive 171
 – schweizerische 132, 185
 – unkonventionelle **181**

285

Stichwortverzeichnis

Geldschöpfung 174, 185
Geldschöpfungsmultiplikator 173
Geldstrom 53
Geldumlaufgeschwindigkeit 175
Gesamtarbeitsvertrag 157
Gesamtwirtschaft 26
Gesamtwirtschaftliche Nachfrage 104, 112, 122, 126
Gesamtwirtschaftliche Produktionsfunktion 110
Gesamtwirtschaftliches Angebot 104
Geschäftsbanken 169
Gesetz der Nachfrage 41
Gesetz des abnehmenden Grenznutzens 39
Gewerkschaft 77, 152
Girokonten der Geschäftsbanken bei der Zentralbank 171
Gleichgewicht 48
Gleichgewichtige Arbeitslosigkeit 144
Globale Arbeitsteilung 248
Globalisierung 246, 268
Grenznutzen 39
Güter 27, 73
– homogene 49
– öffentliche 71
– private 73
Gütermarkt 39, 53
Güterstrom 53
Handelsbilanz 224
Handelshemmnisse 254
– nichttarifäre 254
– technische 254
Handelsliberalisierung 257, 260
Handelspolitik 256
Handelsschaffung 260
Handelsumlenkung 260
Harte Kartelle 83
Hochkonjunktur 107, 117, 122, 224
Hochpreisinsel 82
Homo oeconomicus 63
Homogene Güter 49
Humankapital 109
Hyperinflation 176
Immaterielle Güter 36, 40
Importe 54, 103, 125, 224
– in Prozent des Welt-BIP 247
Indikator 120
– gleichlaufender 121
– nachlaufender 121
– vorlaufender 121
Indirekte Steuer 218, 227
Inflation 22, 27, 184
– erwartete 180
– internationaler Vergleich 23
– Kosten der 176
Inflationsprognose 186
Inflationssteuer 219
Inflationsziel 184
Informelle Wirtschaftsbeziehungen 70, 116
Inländerbehandlung 259
Innovation 64, 79
Insolvenz 203
Integration 259
– regionale 257

Integrationspolitik 271
Integrationsräume 259, 261
Interessengruppen 77
Intermediär 197
Internalisierung 87
Internationaler Währungsfonds (IWF) 219, 261
Invalidenversicherung 231
Investition (Nachfragekomponente) 104
Investitionsausgaben 102
Investmentbanking 201
IWF 219, 261
Kalte Progression 178
Kapital (Produktionsfaktor) 104, 109
Kapitaldeckungsverfahren 232
Kapitaleinkommen, Bilanz der 244
Kapitalmarkt 214
Kapitalsteuer 227
Kapitalverkehrsbilanz 245
Kartell 80, 83
– hartes 83
Kartellgesetz 83
Kaufkraft 166
Keynes, John Maynard 126
Keynesianische Konjunkturpolitik 122
Klimarappen 89
Knappheit 62
– relative 62
Kobra-Effekt 38
Kommissionsgeschäft 201
Komparativer Vorteil 249
Komplementärgüter 42
Konjunktur 105, 117
Konjunkturbeobachtung 120
Konjunkturelle Arbeitslosigkeit 144, 147
Konjunkturpolitik 122, 131
– antizyklische 122
– Wirkungsverzögerungen der 126
Konjunkturprognose 121
Konjunkturzyklus 117, 224
– politischer 128
Konsum (Nachfragekomponente) 105
– privater 102
Konsumentenrente 67
Koordination der Märkte 64
Korruption 70, 114
Kosten
– private 85
– soziale 85
Kosten-Nutzen-Analyse 70
Krankenkassenprämie 167
Krankenversicherung 231
Kreditausfallrisiko 203
Kreditmarkt 27
Kreditprüfung 198
Kronzeugenregelung 84
Kündigungsschutz 153
Kyoto-Protokoll 89
Landesindex der Konsumentenpreise (LIK) 166
Landwirtschaft (Sektor) 112
Landwirtschaftspolitik 78
Langfristiges Wirtschaftswachstum
→ Wachstum
Laufende Übertragungen 244

Leistungsbilanz 244
Leistungsbilanzüberschuss in Prozent des BIP 246
Leitwährung 183
Leitzins 173
Lenkungsabgabe 87
Leverage 200
Liberalisierung 81
Libor 186
LIK → Landesindex der Konsumentenpreise
Liquide Mittel 174
Liquidität 169
Liquiditätsrisiko 202
Lissabon, Vertrag von 262
Lohn 153
– fixierter 150
Lohn-Preis-Spirale 179
Lohnstückkosten 153
Lohnsubvention 159
Lohnverhandlung, zentralisierte 152
Lorenzkurve 103
Luxussteuer 222
M1 170
M2 170
M3 170
Magische Vielecke 74
Makroökonomie 28, 104, 124
Makroökonomische Stabilisierung 224
Makroprudentielle Regulierung 204
Makro-Schema 105, 110, 117, 147, 174, 229
Marginaler Entscheid 37
Markt 27, 47
Marktgleichgewicht 48
Marktgrösse 247
Markträumung 48
Marktrisiko 203
Marktversagen 69
– Korrektur von 71, 78, 84
Marktwirtschaft 62
– soziale 62
Marktwirtschaftlicher Umweltschutz 87
Marktzutritt 49, 80, 268
Marktzutrittsschranken 79
Maslow, Abraham 40
Materielle Güter 36, 40
Mehrwertsteuer 227
Meistbegünstigung 258
Mikroökonomie 28
Mikroprudentielle Regulierung 204
Mindestlohn 152
Mindestpreis 68
Mindestreservesatz 173
Mitnahmeeffekt 127
Monetarismus 183
Monetisierung der Verschuldung 226
Monopol, natürliches 80
Monopolmacht 71
Monopolrente 79
Mutterschaftsentschädigung 231
Nachfrage 39
– gesamtwirtschaftliches 104
Nachfragekomponenten 105, 119
Nachfragekurve 41

Stichwortverzeichnis

Nachfrageökonomie 127
Nachfrager 27
Nachfrageschock, negativer 126
Nachfragestimulierung 122
Nachfrageüberhang 48
Nachhaltige Staatsfinanzierung 214, 74
Nachhaltiges Wachstum 112
Nachhaltigkeit 112
Nachlaufender Indikator 121
Nachsorge 86
Natürliches Monopol 80
Negativer Nachfrageschock 126
Nettoexporte 103, 105, 125
Nichttarifäre Handelshemmnisse 254, 257
Nizza, Vertrag von 264
Nominale Grösse 178
Nominales BIP 98
Nominalzins 180
Notenbankgeldmenge 169
Notenumlauf 171
Nutzen 39
Obligation 197
OECD 70
Offenmarktpolitik 171
Öffentliche Güter 71
Ökonomie 37
 – politische 76
OPEC 65
Opportunitätskosten 36
 – der Geldhaltung 177
Pensionskasse 228
Planwirtschaft 62
Politische Konjunkturzyklen 127
Politische Ökonomie 76
Polizeirechtlicher Umweltschutz 86
Portfolioinvestition 245
Präferenz 42
Preis 64
Preiseingriff, staatlicher 68
Preiselastizität der Nachfrage 50
Preisniveau 166, 82
Preissignal 66
Preisstabilität 17, 22, 166, 185
Preisüberwachung 83
Private Güter 73
Private Kosten 85
Privater Konsum 102
Produktionsfaktoren 53, 108
Produktionsfunktion,
 gesamtwirtschaftliche 110
Produktionspotenzial 106
Produktivität 153
Produktivitätssteigerung 111, 149
Produzentenrente 67
Prognose
 – Inflations- 186
 – Konjunktur- 121
Progression, kalte 178
Progressive Steuer 231, 121
Proportionale Steuer 231
Protektionismus 65, 254
Qualifikation 146
Quantitätsgleichung 174
Quantitätstheorie des Geldes 176

Quoten 254
Reale Grösse 178
Reales BIP 98, 174
 – internationaler Vergleich 19, 108
Realkapital 109
Reallohn 150
Realzins 180
Rechnungsabschluss 215
Regionale Arbeitsvermittlungsstellen (RAV) 157
Regionale Handelsabkommen 259
Regionale Integration 257
Regulierung 69
 – der Arbeitszeit 154
 – des Arbeitsmarktes 152
Regulierungsfolgeabschätzung 70
Relative Knappheit 62
Relativer Preis 64
 – Verzerrung der 177
Rente 67
Rentenalter 234
Rent-Seeking 77
Repo-Geschäft 188
Reservationslohn 150
Ressourcen 27
 – Allokation der 64
 – natürliche 104
Restriktive Geldpolitik 171
Rezession 106, 117, 122, 147, 175, 229
Ricardo, David 249
Risiken 202
Rivalität 73
Rohstoffe 114
Römische Verträge 263
Rückkaufvereinbarung 188
Sachwerte 177
Schengener Abkommen 264
Schock 118
Schuldenbremse 131, 228
Schweizerische Nationalbank 132, 185
Schwellenländer 116
Sektor (Wirtschaftssektor) 112
Selbstvorsorge 232
Sichteinlagen 170
Signal 64
Smith, Adam 65, 248
SNB → Schweizerische Nationalbank
Sockelarbeitslosigkeit 144
Solidaritätsprinzip 233
Sozialabgaben 129
Soziale Kosten 85
Soziale Marktwirtschaft 62
Sozialhilfe 231
Sozialkapital 114
Sozialpolitik 230
Sozialversicherungen 157, 227
Sozialwerke der Schweiz 231
Spareinlagen 170
Spezialisierung 168, 246
Staat 69
Staatsanleihen 266
Staatsausgaben 104
 – schweizerische 228
Staatseinnahmen, Formen von 217

Staatsfinanzen 214, 226
Staatsfinanzierung, nachhaltige 214
Staatskonsum 102
Staatsquote 214
Staatssekretariat für Wirtschaft (SECO) 143
Staatsversagen 76
Staatsverschuldung 17, 23, 214, 223
 – internationaler Vergleich 24
 – Nachteile der 225
 – Vorteile der 224
Stabilisierungsmassnahmen 133
Stabilität des Finanzsystems 188
Stagflation 179
Standardisierte Arbeitslosenquote 143
Steuer 217, 122, 129, 226
 – direkte 217, 227
 – Einkommens- 128, 178, 217
 – indirekte 218, 227
 – progressive 231, 129
 – proportionale 231
Steuerglättung 224
Steuerinzidenz 221
Steuerklasse 178
Strategisches Firmenverhalten 80
Strukturbruch 114
Strukturelle Arbeitslosigkeit 146
Strukturwandel 112
Substitut in der Produktion 46
Substitutionsgüter 42
Subvention 254
 – Lohnsubvention 159
Sucharbeitslosigkeit 146
Taggeld 158
Tarifvertrag 156
Technische Handelshemmnisse 254
Technischer Fortschritt 111
Technologie 104, 109, 111, 248
Termineinlagen 170
Teuerungsausgleich 167
Too-big-to-fail-Problem 205
Transaktion 27
Transaktionskonten 170
Transaktionskosten 176
Transfer 54
Trendwachstum → Wachstum
TRIPS 258
Umlageverfahren 232
Umlaufgeschwindigkeit des Geldes 174
Umverteilung 230
Umwandlungssatz 234
Umweltpolitik 84
Umweltschutz 85
 – freiwilliger 85
 – marktwirtschaftlicher 87
 – polizeirechtlicher 86
Umweltzertifikat 87
Unfallversicherung 231
Universalbank 202
Unkonventionelle Geldpolitik 181
Unsichtbare Hand 64
Ursprungsnachweis 260
Uruguay-Runde 259
US-Dollar 183
Verfügbares Einkommen 123

Stichwortverzeichnis

Vermögenssteuer 227
Vermögensverwaltung 201
Verschuldung → Staatsverschuldung
Verschuldungsquote 25, 214
Verteilung 103, 230
Verteilungsseite des BIP 100
Vertikaler Finanzausgleich 217
Vertrag von
– Amsterdam 264
– Lissabon 264
– Maastricht 264
– Nizza 264
Vertragsrechte 69
Verursacherprinzip 87
Verwaltung 77
Verwendungsseite des BIP 100
Verzerrung der relativen Preise 177
Vier Freiheiten 261
Vollständige Konkurrenz 49
Vollständige Wirtschaftsunion 261
Vorlaufender Indikator 121
Vorleistung 99, 45
Vorsteuerabzug 227
Vorteil
– absoluter 250
– komparativer 249
Wachstum 105, 107, 229, 247
– nachhaltiges 112
Wachstumsdeterminanten 114
Wachstumspolitik 114, 129
Wachstumsquelle 108

Wachstumsrate 107, 118
Wachstumstrend → Wachstum
Währungsreserven 245
Währungsunion 261
Ware 36
Warenkorb 166
Wechselkurs 75, 182, 251
– fixer 74, 252
– flexibler 75, 252
Wechselkursziel 182
Weiterbildung 154
Weltbank 263
Welthandelsorganisation (WTO) 257
Weltwirtschaftskrise 124, 148, 181
Wertpapier 171
Wertschöpfung 98
Wertschöpfungskette 247
Wettbewerbsbehörde 81
Wettbewerbsfähigkeit 153
Wettbewerbskommission 83
Wettbewerbspolitik 78, 115
– schweizerische 81
Wirkungsverzögerungen der Konjunkturpolitik 126
Wirtschaftlicher Akteur 47
Wirtschafts- und Währungsunion 261
Wirtschaftskreislauf 52
– einfacher 52
– erweiterter 53
Wirtschaftsordnung 62
Wirtschaftspolitik 74

Wirtschaftsunion, vollständige 261
Wohlfahrt 68, 98
Wohlfahrtseffekt
– der Besteuerung 221
– des Protektionismus 255
– staatlicher Preiseingriffe 68
– von Integrationsräumen 259
Wohlfahrtsverlust 68, 220
Wohlstand 17, 18, 98, 107, 110
Wohlwollender Diktator 76
WTO → Welthandelsorganisation
X-Ineffizienz 79
Zahlungsbereitschaft 39
Zahlungsbilanz 244
Zentralbank 119, 169
– Bilanz einer 171
Zentralisierte Lohnverhandlung 152
Zielband des Dreimonats-Libors für Schweizer Franken 187
Zielgrössen der Wirtschaftspolitik 76
Zielkonflikt 75
Zins
– nominaler 180
– realer 180
Zinsdifferenzgeschäft 200
Zinseszins 108
Zollsatz 254
Zollunion 260
Zwillingsdefizit 224
Zwischenverdienst 159

Bildnachweis

Umschlag: Claude Giger
S. 12: Fotosearch.de
S. 32: Photocase.com; fisheye
S. 34: Thinkstock; Fuse
S. 36: ullstein bild – ddp
S. 38: Fotografie Dr. Thomas Kreutzig, www.pixelio.de
S. 42: Chappatte in *Le Temps*, © 2007
S. 47: Fotografie Philip Letsch
S. 49: Frank and Ernest, © 2004 Thaves
S. 51: ullstein bild – Kucharz
S. 62: Frank and Ernest, © 2005 Thaves
S. 66: Chappatte in *International Herald Tribune*, © 2005
S. 75: Frank and Ernest, © 2004 Thaves
S. 77: Frank and Ernest, © 2008 Thaves
S. 78: Parlamentsdienste, www.parlament.ch
S. 83: © McDonald's Suisse Holding SA
S. 86: Chappatte in *Le Temps*, © 2007
S. 88: ullstein bild – ecopix
S. 100: Getty Images, Stella
S. 107: Frank and Ernest, © 2006 Thaves
S. 111: ullstein bild – Köhler
S. 113: Keystone; Eddy Risch
S. 116: Chappatte in *NZZ am Sonntag*, © 2006
S. 122: Frank and Ernest, © 2009 Thaves
S. 123: ullstein bild – Christof Stache
S. 128: Frank and Ernest, © 2003 Thaves
S. 140: Claude Giger, Basel
S. 144: ullstein bild – Caro/Meyerbroeker
S. 146: Frank and Ernest, © 2007 Thaves
S. 148: ullstein bild
S. 154: Frank and Ernest, © 2006 Thaves
S. 157: Keystone; Martin Ruetschi

S. 162: Keystone; Martin Ruetschi
S. 164: Schweizerische Nationalbank
S. 168: ullstein bild – Mehrl
S. 172: Frank and Ernest, © 2009 Thaves
S. 173: Frank and Ernest, © 1988 Thaves
S. 179: Frank and Ernest, © 1980 Thaves
S. 182: Chappatte in *International Herald Tribune*, © 2007
S. 184: Keystone; Alessandro Della Bella
S. 203: Keystone; Andy Rain
S. 205: Chappatte in *International Herald Tribune*, © 2009
S. 210: Parlamentsdienste, www.parlament.ch
S. 212: Keystone; Alexandra Wey
S. 214: Frank and Ernest, © 1995 Thaves
S. 218: Frank and Ernest, © 2005 Thaves
S. 219: Keystone; Yoshiko Kusano
S. 222: ullstein bild – Imagebroker.net
S. 225: © AlpTransit Gotthard AG
S. 235: iStockphoto; Mark Tenniswood
S. 250: Keystone; EMPICS Sport
S. 256: Chappatte in *International Herald Tribune*, © 2007
S. 258: Chappatte in *Le Temps*, © 2003
S. 263: IMF Archives, www.imf.org
S. 269: ullstein bild – Imagebroker.net
S. 270: Keystone; Martin Ruetschi

S. 14, 58, 60, 94, 96, 138, 192, 194, 240, 242:
Atelier Mühlberg, Basel

Verwendung der Frank and Ernest Karikaturen mit freundlicher Genehmigung der Familie Thaves und der Cartoonist Group. Alle Rechte vorbehalten.